Riekenbrauk
Strafrecht und Soziale Arbeit

Eine Einführung für Studium und Praxis

Riekenbrauk

Strafrecht und Soziale Arbeit

Eine Einführung für Studium und Praxis

Luchterhand

Bibliografische Information Der Deutschen Bibliothek
Die Deutsche Bibliothek verzeichnet diese Publikation in der Deutschen Nationalbibliografie; detaillierte bibliografische Daten sind im Internet über http://dnb.ddb.de abrufbar

www.luchterhand-fachverlag.de

ISBN 3-472-05805-6

Umschlag: arttec grafik, St. Goar
Satz: Hümmer, Waldbüttelbrunn
Druck: Medienhaus Plump, Rheinbreitbach
Printed in Germany, Juni 2004

∞ Gedruckt auf säurefreiem, alterungsbeständigem und chlorfreiem Papier.

Inhalt

Vorwort zur zweiten Auflage

Nicht nur die Tatsache, dass nach gut zwei Jahren die erste Auflage vergriffen war, sondern auch die durchweg positiven Besprechungen sowie die wohlmeinenden Rückmeldungen von FachkollegInnen, PraktikerInnen und StudentInnen haben mich ermutigt, mich an die Arbeit für eine zweite Auflage zu machen. Gleichzeitig war ich daran interessiert, die kritischen Anmerkungen, selbst entdeckten Unzulänglichkeiten und Verbesserungsvorschläge für eine gründliche Überarbeitung zu nutzen.
Außerdem ist in den vergangenen vier Jahren der (Straf-)Gesetzgeber nicht untätig geblieben, so dass es erforderlich wurde, in manchen Passagen Aktualisierungen vorzunehmen. In diesem Zusammenhang ist beispielsweise an die Verschärfung des Sexualstrafrechtes, das so genannte Prostitutionsgesetz und die Einführung der nachträglichen Sicherungsverwahrung in fünf Bundesländern, die jüngst vom Bundesverfassungsgericht für verfassungswidrig erklärt wurde, zu denken.
Insbesondere haben die terroristischen Anschläge in den USA einerseits und spektakuläre Einzelfälle von Gewaltverbrechen, ganz besonders Sexualmorde an Kindern, sowie wiederholte polizeistatistische Meldungen über den vermeintlich kaum noch zu stoppenden Anstieg von jugendlicher Gewaltkriminalität andererseits zu einem öffentlich vermittelten Gefühl von Bedrohung und Gefahr für die innere Sicherheit geführt, das immer wieder Verschärfungen des Strafrechts als Instrument zur Lösung gesellschaftlicher Konflikte populistisch legitimierte. So ist heutige Kriminalpolitik im Wesentlichen durch stetige Sanktionsverschärfungen und Deliktserweiterungen gekennzeichnet, nicht aber durch Entkriminalisierung, wie es einer rationalen, rechtstaatlichen und humanen Politik geschuldet wäre. Gleichwohl sind auch positive kriminalpolitische Initiativen zu vermerken, die – wie die Reform des Sanktionenrechts – auf eine Reduzierung von kurzen Freiheitsstrafen und die Vermeidung der Vollstreckung von Ersatzfreiheitsstrafen abzielen. Bei Fertigstellung des Lehrbuches befanden sich diese Gesetzesreformen wie auch die geplanten Veränderungen des Opferschutzrechtes noch im Gesetzgebungsverfahren, so dass lediglich Hinweise auf die anstehenden Reformen genügen mussten.
Ein Verlagswechsel wurde erforderlich, nachdem der Votum-Verlag von einer anderen Verlagsgruppe übernommen wurde. Den Lektoren des Luchterhand-Verlages, Herrn Fuchs und Frau Schrepfer, danke ich für die Bereitschaft, mein Lehrbuch in das Verlagsprogramm zu übernehmen. Insbesondere die gute Kooperation mit Frau Schrepfer, der ich für ihre konstruktiven Vorschläge dankbar bin, haben zu erheblichen Verbesserungen der Textaufbereitung beigetragen. Mein Dank gilt auch Claudia und Franziska Rieckhoff sowie Gunter Frey, die bei der Überarbeitung des Textes wichtige Hilfe geleistet haben.

Düsseldorf, im März 2004 — Klaus Riekenbrauk

Vorwort zur ersten Auflage

In den letzten Jahrzehnten hat der Gesetzgeber die Schnittstellen von Strafjustiz und sozialer Arbeit mehr und mehr erweitert, wohlwissend, dass da, wo es um Resozialisierung, Erziehung und nicht zuletzt um Hilfe für Menschen geht, sozialpädagogische Kompetenz besonders vonnöten ist. Trotz mancherlei erfolgreicher Bemühungen durch Profilierung und Professionalisierung diesem Auftrag gerecht zu werden, haben die Akteure der Straffälligenhilfe noch immer mit einem Mangel an beruflichem Selbstbewusstsein zu kämpfen, wenn sie Strafjuristen gegenübertreten. Wie oft habe ich in meiner früheren Tätigkeit als Strafverteidiger mit Verwunderung beobachtet, dass Sozialarbeiter oder Sozialpädagoginnen[1] bei Konflikten mit Richtern, Staatsanwälten oder Verteidigern »in Deckung gingen«. Heinz Cornel kann nur beigepflichtet werden, wenn er feststellt, dass die professionelle Unterordnung keineswegs notwendig ist und die sozialarbeiterische Sicht der Dinge keine geringere Bedeutung beigemessen werden darf als der juristischen (1997. S. 12). Aus diesem Grund ist es eine wesentliche Aufgabe in Aus- und Weiterbildung, die Persönlichkeitsentwicklung von Sozialarbeiterinnen zu fördern, die sich selbstbewusst und engagiert für die Belange ihrer Klienten einzusetzen wissen.
Jeder, der die Praxis der Straffälligenhilfe kennen gelernt hat, wird bestätigen, dass es daneben auch und ganz besonders um fundierte Kenntnisse im Bereich des Strafrechts geht. Dieses Lehrbuch soll dazu beitragen, in Studium und Praxis die Rechtskenntnisse zu erlangen, die eine kompetente Arbeit mit straffällig gewordenen Klienten verlangt. Darüber hinaus soll diese Einführung in das Strafrecht verdeutlichen, dass es noch vieler Veränderungen bedarf, um mehr Humanität und Rechtsstaatlichkeit in der Kriminalpolitik durchzusetzen und einen gesellschaftlichen Wandel herbeizuführen, der Strafen überflüssig macht.
Nachdem seit 1986 das bislang einzige – in der 2. Auflage erschienene – Strafrechtslehrbuch für Sozialarbeiter von Albrecht Brühl nicht mehr aktualisiert wurde, bestand in der Fachliteratur eine Lücke. Mit Skripten versuchte ich, diese Lücke für die Teilnehmerinnen meiner Lehrveranstaltungen zu schließen. Dies gelang nur rudimentär und blieb unbefriedigend. So entstand die Idee, ein neues Lehrbuch zu schreiben.
Dass diese Idee überhaupt realisiert werden konnte, verdanke ich zum einen der Geduld von Ingrid und Till, die mich allzu häufig nur »von hinten« sahen, wenn ich mich mit meinem PC abplagte. Weiterer Dank gebührt meinen Anwaltskollegen und Kölner Freunden Heinrich Comes, Lukas Pieplow und Joachim Schmitz-Justen sowie meinem jetzigen Fachhochschulkollegen und Düsseldorfer Freund Utz Krahmer, die kritisch und konstruktiv dem Manuskript zu Leibe gerückt sind und am letzten Schliff mitgewirkt haben. Holger Kern, mein Tutor, war mir ein wichtiger Zuträger, dem ich ebenfalls zu Dank verpflichtet bin. Schließlich bin ich all meinen Studen-

1 Wenn gelegentlich die weibliche oder männliche Form verwendet wird, geschieht dies aus Gründen der besseren Lesbarkeit. Das jeweils andere Geschlecht ist stets mitgemeint.

ten und Studentinnen besonders dankbar, die mit Verbesserungsvorschlägen die ständige Überarbeitung meiner Skripte begleiteten und so den Anstoß gaben, dieses Buch zu schreiben. Von ihnen und den Lesern wünsche ich mir weiterhin kritische Rückmeldungen.

Köln, im Juni 2000 Klaus Riekenbrauk

Abkürzungsverzeichnis

a. A.	andere Auffassung
a. a. O.	am angegebenen Ort
Abs.	Absatz
a. F.	alte Fassung
AG	Amtsgericht
Art.	Artikel
AK	Alternativ-Kommentar
Anm.	Anmerkung
AnwBI.	Anwaltsblatt Aufl. Auflage
AuslG	Ausländergesetz
A V	Ausführungsverordnung
AZ	Aktenzeichen
BAT	Bundesangestelltentarifvertrag
BayObLG	Bayerisches Oberstes Landesgericht
BBG	Bundesbeamtengesetz Bd. Band
Begr.	Begründung
BewHi	Bewährungshilfe – Fachzeitschrift für Bewährungs-, Gerichts- und Straffälligenhilfe
BGB	Bürgerliches Gesetzbuch
BGBI.	Bundesgesetzblatt
BGH	Bundesgerichtshof – (Entscheidungssammlung in Strafsachen)
BGHR	BGH-Rechtsprechung in Strafsachen, herausgegeben von den Richtern des BGH (zitiert nach Paragraph, Stichwort und Nummer)
BKA	Bundeskriminalamt
BR-Drs.	Bundesratsdrucksache
BRRG	Beamtenrechtsrahmengesetz
BSHG	Bundessozialhilfegesetz bspw. beispielsweise
BT-Drs.	Bundestagsdrucksache
BtM	Betäubungsmittel
BtMG	Betäubungsmittelgesetz
BReg.	Bundesregierung
BZRG	Bundeszentralregistergesetz
BVerfG	Bundesverfassungsgericht
BVG	Bundesversorgungsgesetz
BVerwG	Bundesverwaltungsgericht
DBH	Deutsche Bewährungshilfe
ders.	derselbe
d. h.	das heißt

dies.	dieselbe
DVJJ	Deutsche Vereinigung für Jugendgerichte und Jugendgerichtshilfen
EGStGB	Einführungsgesetz zum Strafgesetzbuch
Erl.	Erlass
EuGRZ	Europäische Grundrechte Zeitschrift
etc.	etcetera (und so weiter)
f.	folgende
ff.	fortfolgende
FGG	Gesetz über die Angelegenheiten der freiwilligen Gerichtsbarkeit
Fn	Fußnote
gem.	gemäß
GG	Grundgesetz
GoltdA	Golthammer Archiv
GVG	Gerichtsverfassungsgesetz
GV.NW	Gesetz- und Verordnungsblatt von Nordrhein-Westfalen
h. M.	herrschende Meinung
Hrsg.	Herausgeber
i. d. F.	in der Fassung
lnfAuslR	Informationsbrief Ausländerrecht
i. S. d.	im Sinne der
JA	Jugendamt
Jahrh.	Jahrhundert
JAVollzO	Jugendarrestvollzugsordnung
JGG	Jugendgerichtsgesetz
JGGÄndG	Erstes Gesetz zur Änderung des JGG vom 30. 8. 1990
JMBl. NRW	Justizministerialblatt für das Land Nordrhein-Westfalen
JR	Juristische Rundschau
JVA	Justizvollzugsanstalt
Kap.	Kapitel
KJ	Kritische Justiz (Vierteljahreszeitschrift)
LG	Landgericht
LK	Leipziger Kommentar
Lotse-Info	Lotse-Informationsblatt für ehrenamtlich Tätige in der Straffälligenhilfe
m. E.	meines Erachtens

MedR	Medizinrecht
MRK	Europäische Menschenrechtskonvention
MschKrim	Monatsschrift für Kriminologie und Strafrechtsreform
m. w. N.	mit weiteren Nachweisen
NdsRpfl.	Niedersächsische Rechtspflege
NDV	Nachrichtendienst des Deutschen Vereins
n. F.	neue Fassung
NJW	Neue Juristische Wochenschrift
Nr.	Nummer
NRW	Nordrhein-Westfalen
NStZ	Neue Zeitschrift für Strafrecht
o. a.	oben aufgeführte
OEG	Opferentschädigungsgesetz
OLG	Oberlandesgericht
OwiG	Ordnungswidrigkeitengesetz
PKS	Polizeiliche Kriminalstatistik
PresseG	Pressegesetz
PSB	Periodischer Sicherheitsbericht (2001)
Rdnr.	Randnummer
Reg.	Regierung
RG	Reichsgericht – (Entscheidungssammlung in Strafsachen)
RJGG	Reichsjugendgerichtsgesetz
RLJGG	Richtlinien zum Jugendgerichtsgesetz
Rspr.	Rechtsprechung
Rz.	Randziffer
S.	Seite
s.	siehe
SchKG	Schwangerschaftskonfliktgesetz
SFHÄndG	Schwangeren- und Familienhilfeänderungsgesetz
SGB VIII	Sozialgesetzbuch – Achtes Buch. Kinder- und Jugendhilfe
sog.	so genannt
STA	Staatsanwaltschaft
StGB	Strafgesetzbuch
StPO	Strafprozessordnung
StrEG	Gesetz über die Entschädigung für Strafverfolgungsmaßnahmen
StV	Strafverteidiger (Zeitschrift)
StVollzG	Strafvollzugsgesetz

TOA	Täter-Opfer-Ausgleich
TVBZ	Tatverdächtigenbelastungsziffer (Zahl der Tatverdächtigen pro 100.000 der jeweiligen Wohnbevölkerung)
u.	und
u. a.	unter anderem
U-Haft	Untersuchungshaft
Urt.	Urteil
UVollzO	Untersuchungshaftvollzugsordnung
v.	von, vom
VerfGH	Verfassungsgerichtshof (der Länder),
VGH	Verwaltungsgerichtshof
vgl.	vergleiche
VStGB	Völkerstrafgesetzbuch
VVStVollzG	Verwaltungsvorschriften zum Strafvollzugsgesetz
WHO	World Health Organisation (Weltgesundheitsorganisation)
ZAR	Zeitschrift für Ausländerrecht
z. B.	zum Beispiel
ZSchG	Zeugenschutzgesetz
ZfJ	Zentralblatt für Jugendrecht
ZfStrVo	Zeitschrift für Strafvollzug und Straffälligenhilfe
ZPO	Zivilprozessordnung
z. T.	zum Teil
z. Z.	zurzeit

Einleitung

An den Morgen erinnere ich mich noch genau; es war kurz vor Beginn einer Hauptverhandlung, in der ich seinerzeit als Verteidiger tätig war. Der Vorsitzende der Strafkammer kam aufgeregt auf mich zu und bat mich, doch schnell meinen Mandanten, der gerade versucht habe, sich zu erhängen, in seiner Zelle zu besuchen. Ich solle ihn beruhigen und ihn von derlei »Dummheiten« abhalten. Sofort machte ich mich auf den Weg in den Gerichtskeller, wo mein Mandant bereits seit ca. 2 Sunden eingesperrt war. Ich war froh, als ich unterwegs der Bewährungshelferin begegnete, die mich, nachdem ich ihr in wenigen Worten von dem schrecklichen Vorfall berichtet hatte, in den Keller begleitete. Dort unten schloss der Wachtmeister die Zelle auf. Wir trafen auf einen Mann, der zitternd und völlig verzweifelt auf einer Steinbank saß. Spontan nahm die Bewährungshelferin ihn in den Arm und tröstete ihn mit Worten, die erkennen ließen, dass sie ihn gut kannte und mit ihm und seinem Leben vertraut war. In diesem Augenblick spielte es keine Rolle, dass dieser Mensch wegen schwerer Verbrechen angeklagt war und als äußerst gefährlich galt. Später, nachdem mein Mandant etwa die Hälfte seiner Freiheitsstrafe verbüßt hatte, traf ich zufällig erneut auf diese Bewährungshelferin. Sie war seit der Verurteilung ihres Probanden für diesen »Fall« nicht mehr zuständig und hatte mit ca. 75 straffälligen Menschen, die ihr zugewiesen worden waren, mehr als genug zu tun. Dennoch, so erfuhr ich von ihr, besuchte sie ihn hin und wieder im Gefängnis als Einzige, denn anderen Besuch bekam er nicht mehr.

Die Rede ist von Strafrecht und der damit verbundenen sozialen Arbeit. Die Akteure in beiden Arbeitsfeldern sind Teil eines sehr umfassenden Systems der sozialen Kontrolle. Auf ihre jeweils sehr unterschiedliche Art ist es ihre Aufgabe, für und mit Menschen zu arbeiten, die dadurch aufgefallen sind, dass sie gegen staatlich normierte Verhaltensvorschriften verstoßen haben. Dadurch geben diese Personen, die zunächst in Verdacht geraten und nach Ermittlungen gegebenenfalls einer Straftat überführt werden, hinreichend Anlass, befragt, festgehalten, untersucht, beobachtet, therapiert, erzogen oder sogar eingesperrt zu werden. Es geht um Ordnung und Stabilität gesellschaftlicher und individueller Verhältnisse, die es vor Störungen zu schützen gilt. Die dazu eingesetzten Mittel sind Strafen und Helfen.

Soweit lässt sich in knappen Worten die theoretische Konstruktion von Strafrecht und sozialer Arbeit skizzieren. Aber – so stellt sich die Frage – wo findet das beeindruckende Engagement, die Mühsal und Empathie der Bewährungshelferin ihren Platz in diesem so zweckorientierten System der sozialen Kontrolle, das nüchtern, normativ und ganz und gar emotionslos professionelle Hilfe und Betreuung einfordert? Die Frage lässt sich vielleicht beantworten, wenn es gelingt, den Blick auf die Biographien von Straffälligen zu richten und sich ihre Lebenslagen zu vergegenwärtigen, die verstärkt und zunehmend staatliche Kontrolle und Überwachung herauszufordern scheinen.

Schon immer ist überwiegend die soziale Situation von Klienten und Probanden der Straffälligenhilfe von Armut geprägt. Der überproportionale Anteil von Sozialhilfe-

empfängern, Arbeitslosen, Suchtkranken und Wohnungslosen unter ihnen ist dafür kennzeichnend. Fehlende Schul- und Ausbildungsabschlüsse sowie mangelhafte Selbsthilfepotenziale tragen dazu bei, dass nur wenige Menschen Auswege aus den randständigen Lebenslagen finden. Inhaftierungen und Vorstrafen verstetigen den Prozess sozialer Desintegration und Problemkumulation. Haftentlassene sehen sich nicht selten einer Vielzahl von schier unüberwindlichen Schwierigkeiten gegenüber, die die Chance auf ein »normales« Leben minimieren: der Bruch familiärer und sozialer Beziehungen, Überschuldung, das Übergangswohnheim, der fehlende Arbeitsplatz und das Stigma des »Knackis«. Je weniger konkurrenzfähig, je sozial verletzlicher, je rechtloser oder je ökonomisch und gesellschaftlich verzichtbarer diese Klientel ist, desto umstandsloser schlägt die moralische Degradierung in Praktiken der gesellschaftlichen Ausschließung um (vgl. Cremer-Schäfer 1998, S. 34).
Und genau hier liegt der Ansatzpunkt für eine soziale Arbeit, die sich nicht an den immer mehr um sich greifenden fragwürdigen Ausschließungspraktiken staatlicher Sicherheitspolitik beteiligt, mit denen Gefahrenlagen bekämpft werden sollen. Stattdessen soll einer sozialen Arbeit und Straffälligenhilfe das Wort geredet werden, die sich an dem einzelnen straffällig gewordenen Menschen, seiner prekären Lebenslage und seinen vielleicht noch vorhandenen Stärken orientiert. Dies setzt neben Kommunikationsfähigkeit und Fachwissen in den Bereichen Psychologie, Soziologie und Politik nicht zuletzt grundlegende Kenntnisse des Strafrechts voraus. Darüber hinaus ist weiterführendes Wissen über spezielle Bereiche der mittlerweile weit ausdifferenzierten Straffälligenhilfe erforderlich: der Sozialen Dienste der Justiz sowie der Gerichtshilfe, der Bewährungs- und Jugendgerichtshilfe, der Sozialen Dienste in der U-Haft, im Strafvollzug und im Maßregelvollzug, der Einrichtungen in freier und öffentlicher Trägerschaft zur Durchführung von sozialen Trainingskursen, der Arbeits- und Betreuungsweisungen sowie des Täter-Opfer-Ausgleichs, der Drogen- und der Schwangerschaftskonfliktberatung, sowie der Haftvermeidungs- und Haftentlassenenhilfen.
Aber trotzdem reichen das Fachwissen und die Kenntnisse über Vernetzung, niedrigschwellige Hilfsangebote, Haftvermeidung etc. nicht aus, um eine Arbeit in der Straffällligenhilfe zu leisten, die mehr sein will als die professionelle Verwaltung von Hilfsangeboten und die methodisch saubere Einzelfallbearbeitung. Was notwendigerweise soziale Arbeit mit straffällig gewordenen Menschen begleiten muss, ist vor allem zweierlei: Einmal ist es eine empathische Beteiligung bei der Unterstützung von Klienten, die Vertrauensbeziehungen schaffen hilft. Eine Eigenschaft, die mich insbesondere bei der anfangs vorgestellten Bewährungshelferin beeindruckte. Zum anderen erscheint mir wichtig zu sein, dass Sozialarbeiter und Sozialpädagoginnen ein kritisches Verständnis von Kriminalpolitik besitzen, mit dem verhängnisvolle Veränderungen im Strafrecht rechtzeitig erkannt werden und die Notwendigkeit begriffen wird, sich einzumischen und populistischen Forderungen wie z. B. nach härterem Strafen öffentlich und kollektiv zu widerstehen. Gleichzeitig benötigen die Angehörigen der Straffälligenhilfe eine gehörige Portion an Realitätssinn. Der wird sie befähigen, sich der eigenen sowie der institutionellen Grenzen von Hilfe und Erziehung bewusst zu bleiben und ihren Klienten und sich selbst nicht zu viel zu versprechen, wenn es um Integration oder Ausgrenzung geht. Zurecht weist Helga Cremer-Schäfer

auf den verhängnisvollen Effekt allzu ambitionierter Hilfen mit »enttäuschendem Ausgang« hin:

> »Wenn manche trotz und wegen aller Hilfen und Verbesserungen ihrer Lebenssituation ›versagen‹, wird das in der Regel zum verstärkten ›Defekt‹ der Person uminterpretiert, und das kann bis zum Mangel an Gesellschaftsfähigkeit gehen. Die Adressaten werden zu ›Nicht-Erreichbaren‹ und ›Mehrfachversagern‹, zum ›immer schwieriger werdenden Klientel‹, (...), sie haben ihren Zustand zu verantworten. Das ist nicht nur eine ›Differenzierung‹ des Defizit-Vokabulars, sondern gleichzeitig eine Moralisierung.«[1]

Dieser Gesichtspunkt erscheint mir gerade in Zeiten bedeutsam, in denen sich eine Verlagerung vom klassischen Strafrecht zu einem präventiven Sicherheitsrecht abzeichnet. Geht es bei der herkömmlichen strafrechtlichen Kontrolle noch um die Person des Straftäters, seine individuelle Verantwortlichkeit, die in einem gerichtsförmigen Verfahren festgestellt wird, und schließlich um die schuldangemessene Sanktion verbunden mit einer Resozialisierungsabsicht, so zielt das neue Kontrollrecht auf Gefahrenlagen, auf die sich diffuse Ängste vor fremdem, aggressivem, unangepasstem Verhalten beziehen[2]. Dem Strafrecht weit vorgelagert werden öffentlichen und privaten Ordnungsinstanzen Befugnisse verliehen, um gefährliche Gruppen und gefahrenträchtige Orte kontrollieren zu können. Damit soll vorgeblich jedes Risiko, Opfer von Straftaten zu werden, im Vorfeld ausgeschlossen werden. Die Gruppe der aggressiven Bettler und der alkoholisierten Punker, die Junkie-Szene und der obdachlose »Pöbel« werden zu Störern der städtischen Sicherheit. Sie gilt es nicht nur aus dem expandierenden privaten Raum, den Einkaufspassagen und Bahnhöfen, sondern auch von öffentlichen Plätzen, Einkaufszonen und aus Anlagen zu entfernen. Rechtsstaatliche Freiheitsgarantien stehen unter permanentem Missbrauchsverdacht und stehen damit leichter zur Disposition.
Gefährlichkeit wird in diesen neuen Zusammenhängen auch zum Maßstab für die Kontrolldichte, mit der auf Straffälligkeit abgestuft reagiert wird. »Mehrfachtäter« oder »jugendliche Intensivtäter« sind solche Klassifizierungen, die nach dem Grad ihrer Gefährlichkeit bestimmt werden. Nicht Schuld und daraus abgeleitete Strafzwecke wie Besserung oder Erziehung sind danach die Grundlagen von staatlichen Sanktionen, sondern die Herstellung oder Aufrechterhaltung von Sicherheit wird zum Ziel einer Straffälligen-Verwaltung, der es um eine angemessene Kontrolle derjenigen geht, die als mehr oder weniger gefährlich klassifiziert und schon eingesperrt oder noch in Freiheit belassen werden[3].
Abschließend möchte ich an das Erlebnis mit der engagierten Bewährungshelferin erinnern und im Kontrast zu ihrer »Arbeit« folgendes Szenario vorstellen: Die bisherige Bewährungshilfe wird in eine Justizverwaltungshilfe umgewandelt. Die Fallzahlen werden auf durchschnittlich 600 bis 700 Klienten angehoben. Es bilden sich einzelne Teams, bestehend aus einer Bewährungspflegerin für die besonderen Fälle und Sachbearbeitern aus dem mittleren Dienst für die Masse der Routinefälle sowie einer Bü-

1 Cremer-Schäfer 1998, S. 36
2 vgl. Frehsee 1999, S. 16 ff.
3 Lindenberg/Schmidt-Semisch 1998, S. 381; vgl. auch Klug 2002, S. 426 ff.

ro- und Schreibkraft. Teams, die mit besonders gefährlichen Probanden arbeiten, werden auf Wunsch mit Handfeuerwaffen zum Eigenschutz ausgestattet; eine ständige Sprechfunkverbindung mit der Polizei gehört zum Standard. Der Proband ist verpflichtet, sich etwa in monatlichen Abständen telefonisch bei der Bewährungshilfe zu melden, wo eine automatisierte Stimme folgenden Text spricht:

> »Guten Tag. Sie sind mit der Bewährungsdienststelle XY verbunden. Wir werden Ihnen fünf Fragen stellen. Beantworten Sie diese Fragen gewissenhaft. Wenn sie alle Ihnen gestellte Fragen mit ›Ja‹ beantworten, warten Sie abschließend die Vergabe eines neuen Anruftermins ab. Sollten Sie eine der Ihnen gestellten Fragen mit ›Nein‹ beantworten müssen, werden Sie automatisch in unser Büro durchgestellt. Beantworten Sie nun die fünf Fragen: Erstens: Sind keine neuen Verfahren gegen Sie anhängig? Zweitens: Ist Ihre Arbeitssituation unverändert? Drittens: Erfüllen Sie Ihre gerichtlichen Auflagen? Viertens: ist Ihre Wohnsituation unverändert? Fünftens: Können wir davon ausgehen, dass Ihre Situation stabil ist? Vielen Dank. Schildern Sie abschließend Besonderheiten in Ihrer Lebensführung. Falls Ihnen dies nicht erforderlich erscheint, beantworten Sie diese Frage auch mit ›Ja‹. Vielen Dank. Sie haben auch diese Frage mit ›Ja‹ beantwortet. Warten Sie bitte ca. 15 Sekunden. Sie bekommen dann einen neuen Anruftermin. Sollten Sie diesen Termin nicht wahrnehmen können, so rufen Sie bitte anschließend die folgende Nummer an.«

Es kommt vor, dass auf diese Weise einzelne Bewährungspfleger bis zu 2.000 Probanden »bearbeiten«. Dieses Horror-Szenario beschreiben die Hamburger Kriminologen Michael Lindenberg und Henning Schmidt-Semisch und klären uns darüber auf, dass das bereits US-amerikanische Wirklichkeit ist.

Teil 1: Überblick/Allgemeine Grundlagen des Strafrechts

1. Kapitel: Allgemeine Einführung in das strafjuristische Arbeiten

Grundlegende Literatur: Kreft/Münder: Soziale Arbeit und Recht, 4. Aufl., Weinheim 1994; Brühl: Strafrecht für Sozialarbeiter, 2. Aufl., Weinheim 1986; Bettmer: Strafrecht und Sozialarbeit, Neuwied 1995; Cornel: Neue Kriminalpolitik und Soziale Arbeit, Baden-Baden 2002.

A. Die Bedeutung des Strafrechts für die soziale Arbeit

Im Studium der sozialen Arbeit spielt das Fach Recht neben Pädagogik, Psychologie und Soziologie eine eher ungeliebte Rolle. Die spröde, trockene und äußerst abstrakte Materie und die fremde Welt der Gesetze und Verordnungen werden von den meisten Studenten und Studentinnen lieber gemieden. Dieser studentischen Haltung kommt eine Entwicklung an den Hochschulen entgegen, wonach der Rechts- und Verwaltungsanteil im Studium von weit über 30 Prozent im Jahre 1960 auf etwa 8 Prozent reduziert wurde[1]. Dieser gerade von Praktikern als verhängnisvoll beklagte Bedeutungsverlust des Faches Recht trifft in besonderem Maße auf das Strafrecht zu, das häufig nur noch in den Nischen der Studienordnungen anzutreffen ist. Wenn auch Schätzungen, wonach heute bereits jeder vierte Abgänger einer Hochschule für Soziale Arbeit eine Anstellung im Bereich der Straffälligenhilfe findet[2], mit einer gewissen Skepsis betrachtet werden sollten, so lässt sich doch konstatieren, dass nicht nur im Arbeitsfeld Straffälligenhilfe sondern auch weit darüber hinaus die professionelle Beschäftigung mit strafrechtlichen Fragen durchaus relevant ist.

Folglich ist es erforderlich, dass im Studium sowie zur Vorbereitung auf die Praxis der Straffälligenhilfe und in den benachbarten Feldern der sozialen Arbeit, wie z. B. der Jugendhilfe, Kenntnisse im Strafrecht und über die strafjuristische Arbeitsweise erworben werden.

> »Wer in der Sozialarbeit im Bereich der Strafjustiz tätig sein will oder auch im Bereich der sozialen Hilfen und Jugendhilfe Klientinnen vor Stigmatisierungen, Kriminalisierungen, Ausgrenzungen und Einschluss schützen will, der braucht inhaltliche Kenntnisse des Strafrechts. Er muss etwas wissen über die Probleme, die das Strafrecht gerade sozial mehrfach Benachteiligten, unterprivilegierten Menschen macht und über seine eigenen und die Rechte der Klientinnen gegenüber den Instanzen strafrechtlicher Sozialkontrolle. (…) All dies ist notwendig zur Erreichung einer Handlungskompetenz und Sicherheit im Einzelfall,

---

1 vgl. Höflich 1998, S. 21

2 so Höflich, a. a. O.

> die die strukturelle Benachteiligung der Sozialarbeit gegenüber der Strafjustiz angesichts völlig unterschiedlicher Perspektiven und Einschätzungen der Handlungszusammenhänge wenigstens ansatzweise, wenn nicht ausgleicht, so doch vermindern kann.«[3]

Da die Strafjustiz und ihre juristisch ausgebildeten Akteure andere Aufgaben als Sozialarbeiter zu erfüllen haben und sich die Inhalte und Methoden der beiden Professionen ganz wesentlich unterscheiden, ist es für die Angehörigen der sozialen Arbeit gerade wichtig, die strafjuristische Tätigkeit – zumindest in ihren Grundzügen – kennen zu lernen. Das gleiche sollte umgekehrt auch für die Strafjuristen im Hinblick auf die Tätigkeitsfelder der Straffälligenhilfe gelten. Vielleicht lassen sich auf diesem Weg der gegenseitigen »Kenntnisnahme« die nach wie vor hartnäckigen Vorurteile, die die einen über die anderen »pflegen«, abbauen.

B. Strafrecht – Begriffsbestimmung und Gegenstand

Der **Begriff des Strafrechts** hat mit **Strafen oder Sanktionen zum Zwecke der sozialen Kontrolle** zu tun, also mit Maßnahmen, die einem Menschen ein Übel und Leiden zufügen. Das Muster des Strafens ist eigentlich immer gleich: Am Anfang steht ein Verbot oder ein Gebot. Verstößt irgendwer dagegen, wird mit einer Sanktion auf das verbotene Verhalten reagiert.

In verschiedenen gesellschaftlichen Bereichen stoßen wir auf Strafen: z. B. wird ein Kind wegen Ungehorsams bestraft. Ob die körperliche Züchtigung eines Kindes zulässiges Strafen ist, ist u. a. eine Frage des Zivil- oder Privatrechts. Eine entsprechende Regelung finden wir in § 1631 Abs. 2 BGB. Auch die Vertragsstrafe ist Bestandteil des Zivilrechts, genauer des Vertragsrechts, das ebenfalls im BGB geregelt ist. Mit der Vereinbarung einer Vertragsstrafe als Klausel eines Vertrages sichern sich beispielsweise Kaufleute gegen Vertragsverletzungen ab; im Falle eines Vertragsbruchs muss als Strafe ein vorher bestimmter Geldbetrag gezahlt werden. Beide Arten des Strafens betreffen das Verhältnis der Bürger untereinander. Sie stehen nicht im Zusammenhang mit dem Strafrecht.

Demgegenüber haben wir es bei dem uns interessierenden Strafrecht mit dem **Bestrafen von Bürgern durch den Staat auf der Grundlage von Gesetzen** zu tun. Das BVerfG definiert in weiter Auslegung das Strafrecht als die Gesamtheit der Normen, in denen staatliche Reaktionen anlässlich und aufgrund einer Straftat geregelt sind .[4] Der **Staat als Inhaber des Gewaltmonopols** tritt hier dem Bürger in dem **Verhältnis der Über- und Unterordnung** gegenüber. Er entzieht seinen Bürgern das Recht, selbst Strafgewalt untereinander auszuüben und verhindert folglich jede Art von Selbstjustiz. Strafrecht ist ein besonders ausgeprägter **Teil des auf staatliches Handeln bezogenen Rechts, also sog. Öffentliches Recht.**

Vom Strafrecht muss das **Ordnungswidrigkeitsrecht** unterschieden werden. Ordnungswidrigkeiten kennen wir z. B. aus dem Straßenverkehrsrecht, nach dessen Vorschriften auf falsches Parken – als ein Verstoß gegen die Straßenverkehrsordnung – mit einer Geldbuße reagiert wird. In der Rangordnung staatlicher Eingriffe steht

3 Cornel 1997, S. 168

4 www.bundesverfassungsgericht.de/entscheidungen/frames/2004/2/10

das Recht der Ordnungswidrigkeit unter dem Strafrecht; es betrifft sog. **Verwaltungsunrecht**, dem das Etikett des »Kriminellen« fehlt. Anders als beim Strafrecht nehmen Ordnungswidrigkeiten Bezug auf ein Verhalten, das zwar einer Straftat nahe kommt, jedoch nicht als strafwürdig angesehen wird. Folglich ist die Geldbuße von der Strafe i. S. d. Strafrechts klar zu trennen. Es sind folglich die Rechtsfolgen, die eine klare Unterscheidung zwischen Ordnungswidrigkeiten und Straftaten ermöglichen.[5] Grundlage für das Recht der Ordnungswidrigkeiten ist das Ordnungswidrigkeitengesetz.

C. Exkurs: Recht, Gesetz, Rechtsquellen

Strafrecht, Zivilrecht, Öffentliches Recht, Gesetze ... alles Begriffe, die große Unübersichtlichkeit und Irritationen hervorrufen, so dass es an dieser Stelle erforderlich erscheint, zunächst diese juristischen Termini zu erläutern und einander zuzuordnen. Die grundlegende Bestimmung, die das Verständnis für die staatliche Rechtsordnung erleichtert, ist in Art. 20 Abs. 3 GG enthalten:

> »Die Gesetzgebung ist an die verfassungsmäßige Ordnung, die vollziehende Gewalt und die Rechtsprechung sind an Gesetz und Recht gebunden«.

Dies bedeutet, dass zum einen die an der Gesetzgebung beteiligten Staatsorgane, also der Bundestag als Parlament sowie der Bundesrat als sog. Länderkammer, die Verfassung, insbesondere die Menschen- oder Grundrechte zu beachten haben. Zum anderen dürfen die Verwaltung – von der Bundesregierung bis zur städtischen Behörde – ebenso wie die Gerichte nur auf der Grundlage der Gesetze Entscheidungen treffen. Man unterscheidet in diesem Zusammenhang zwischen dem

➢ **Vorrang des Gesetzes**

und dem

➢ **Vorbehalt des Gesetzes.**

Unter Vorrang des Gesetzes versteht man die **Gesetzmäßigkeit des Verwaltungshandelns**; d. h.: keine Maßnahme der Verwaltung darf gegen das Gesetz verstoßen. Von Vorbehalt des Gesetzes spricht man in den Fällen, in denen die Verwaltung nur handeln darf, wenn sie aufgrund eines Gesetzes ausdrücklich zu diesem Handeln **befugt oder ermächtigt** ist. Insbesondere **bei Eingriffen in die Freiheits- und Eigentumsrechte muss eine gesetzliche Ermächtigungsgrundlage** für die Verwaltung vorliegen.

> Beispiel:
> Die Polizei durchsucht die Wohnung des einer Straftat verdächtigten A. Auf das Verlangen von A, nach Beendigung der Wohnungsdurchsuchung ihm ein Verzeichnis der beschlagnahmten Gegenstände auszuhändigen, reagieren die Polizeibeamten überhaupt nicht.

Die Wohnungsdurchsuchung ist ein Eingriff der Verwaltung (die Polizei ist Teil der Verwaltung) in das Grundrecht der Unverletzlichkeit der Wohnung (Art. 13 Abs. 1 GG):

> »Die Wohnung ist unverletzlich.«

5 vgl. Rosenkötter 2002, S. 15 ff.

Der Vorbehalt des Gesetzes fordert, dass dieser Eingriff nur auf der Grundlage eines Gesetzes geschehen darf. In § 102 StPO ist eine solche Ermächtigungsgrundlage vorhanden:

> »Bei dem, welcher als Täter einer Straftat (...) verdächtig ist, kann eine Durchsuchung der Wohnung (...) sowohl zum Zwecke seiner Ergreifung als auch dann vorgenommen werden, wenn zu vermuten ist, dass die Durchsuchung zur Auffindung von Beweismitteln führen werde.«

Der Vorrang des Gesetzes verlangt, dass während der Durchsuchung die Polizei gesetzmäßig arbeitet. Wenn es in § 107 StPO heißt, dass dem von der Durchsuchung Betroffenen auf Verlangen eine schriftliche Mitteilung zu machen ist, die u. a. die beschlagnahmten Gegenstände aufführt, so handelt in unserem Beispiel die Polizei rechtswidrig, indem sie den Vorrang des Gesetzes, hier § 107 StPO, missachtet.
Da in unserer Rechtsordnung das Strafrecht mit seinem System staatlichen Strafens am stärksten in die Freiheit und das Eigentum der Bürger eingreift, ist das Gebot des Gesetzesvorbehaltes von besonderer Wichtigkeit. In Art. 103 Abs. 2 GG wird dieses **Rechtsstaatsgebot** ausdrücklich hervorgehoben:

> »Eine Tat kann nur bestraft werden, wenn die Strafbarkeit gesetzlich bestimmt war, bevor die Tat begangen wurde.«

In gleicher Weise konkretisiert Art. 104 Abs. 1 GG den Gesetzesvorbehalt bei Freiheitsentziehungen:

> »Die Freiheit der Person kann nur aufgrund eines förmlichen Gesetzes (...) beschränkt werden.«

Ähnlich ist dies auch noch in einer anderen Vorschrift formuliert, nämlich in Art. 5 der Europäischen Konvention zum Schutze der Menschenrechte und Grundfreiheiten (MRK):

> »Jeder Mensch hat ein Recht auf Freiheit und Sicherheit. Die Freiheit darf einem Menschen nur in den folgenden Fällen und nur auf dem gesetzlich vorgeschriebenen Wege entzogen werden: (...)«

Dieser völkerrechtliche Vertrag wurde von allen Mitgliedsstaaten des Europarates 1950 unterzeichnet und 1952 vom Bundestag ratifiziert.[6] Die MRK ist danach **unmittelbar geltendes innerstaatliches Recht** der Bundesrepublik; in der Rangfolge steht sie auf der Stufe der einfachen Gesetze.
Alle zitierten Vorschriften heben die **Bedeutung des Gesetzes** in ganz besonderer Weise hervor. Einige Gesetze haben wir bereits kennen gelernt : GG, StGB, StPO, BGB. Bevor wir die einzelnen Gesetze und ihre Bedeutung im Strafrecht näher beleuchten, soll zuvor erklärt werden, was ein Gesetz ist und welchen Stellenwert es in unserer Rechtsordnung einnimmt. Damit verbunden ist ein allgemeiner Überblick über die Rechtsordnung der Bundesrepublik.

---

6 BGBl. II S. 685, 953

Gesetz

Unter Gesetz verstehen wir eine **generell-abstrakte Regelung, die für eine unbestimmte Zahl von Menschen Geltung hat.**

> Beispiel:
> § 212 Abs. 1 StGB: »Wer einen Menschen tötet, ohne Mörder zu sein, wird als Totschläger mit Freiheitsstrafe nicht unter fünf Jahren bestraft.«

Diese gesetzliche Strafvorschrift ist ein Beispiel für ein

➢ **Bundesgesetz,**

das vom Bundesgesetzgeber, dem Bundestag, nach dem verfassungsmäßig vorgesehenen Gesetzgebungsverfahren unter Mitwirkung des Bundesrates beschlossen und im Bundesgesetzblatt (BGBI.) veröffentlicht wird. Daneben gibt es auch

➢ **Landesgesetze,**

die im Rahmen der Gesetzgebungszuständigkeit (Art. 70 ff. GG) von den Landtagen der einzelnen Bundesländer beschlossen werden. Z. B. das Pressegesetz NRW, das auch Strafvorschriften enthält.
Bei den genannten Gesetzen StGB oder PresseG handelt es sich um sog. einfache Gesetze, die in der Rangfolge unter der

➢ **Verfassung**

stehen. Die bundesdeutsche Verfassung, das **ranghöchste Gesetz**, ist das Grundgesetz vom 23. Mai 1949 (BGBI. S. 1). Alle – einfachen – Gesetze müssen nicht nur in dem im GG vorgeschriebenen Gesetzgebungsverfahren zustande kommen, sondern auch mit den Verfassungsvorschriften, und hier ganz besonders mit den Grund- und Menschenrechten (Art. 1 ff. GG), übereinstimmen. Im letzten Fall spricht man von **Verfassungskonformität.**
Ob ein Gesetz gegen Verfassungsnormen verstößt, entscheidet grundsätzlich das BVerfG. Gerade im Bereich des Strafrechts hat das BVerfG bereits häufiger Strafgesetze auf ihre Verfassungsmäßigkeit hin überprüft und – wie im Fall des § 218 (vgl. unten 16. Kap.) – die Verfassungswidrigkeit und damit die Nichtigkeit des Gesetzes festgestellt. Da die Verfassung die Macht des Staates z. B. durch das System der Gewaltenteilung, mit der Bestimmung der Menschenrechte, dem Demokratiegebot und der föderalen Ordnung wirkungsvoll beschränkt, bedarf das Verfassungsrecht selbst des Schutzes. Eine wichtige Schutzvorrichtung ist in Art. 79 Abs. 2 GG vorgesehen, wonach ein **verfassungsänderndes Gesetz nur mit einer 2/3-Mehrheit** in Bundestag und Bundesrat zustande kommen kann. Darüber hinaus bestimmt Art. 79 Abs. 3 GG, dass eine Änderung des GG, durch welche die Gliederung in Länder oder die in Art. 1 und 20 niedergelegten Grundsätze wie Achtung der Menschenwürde, Demokratie und das Rechts- und Sozialstaatsprinzip berührt werden, prinzipiell ausgeschlossen ist.
Neben der gesamtstaatlichen Verfassung existieren für die Bereiche der Bundesländer auch noch die jeweiligen Länderverfassungen.

Die bedeutsamsten Rechtsquellen sind – nicht nur im Strafrecht – die Verfassungsbestimmungen sowie die einfachen Gesetze.
An dieser Stelle soll noch auf eine in der Rechtswissenschaft gebräuchliche Unterscheidung von

- **Gesetzen im materiellen und formellen Sinne**

hingewiesen werden. Von **Gesetz im formellen Sinne** ist immer dann die Rede, wenn auf die **Entstehung des Gesetzes im verfassungsmäßig vorgeschriebenen Gesetzgebungsverfahren** abgehoben wird, wenn also das formelle oder förmliche Verfahren der Gesetzgebung eingehalten wurde. Nichts anderes ist gemeint, wenn in Art. 104 Abs. 1 GG der Begriff des **förmlichen Gesetzes** gewählt wurde.
Gesetze im materiellen Sinne bestimmen sich nicht durch ihre Form, sondern **allein durch ihren Inhalt, nämlich als generell-abstrakte, verbindlich wirkende Rechtsnormen,** die im konkreten Einzelfall binden, verpflichten, begünstigen, berechtigen. Gesetz im materiellen Sinne ist alles – positiv – gesetzte Recht, also auch Rechtsverordnungen und Satzungen.[7] Wenn es in Art. 3 Abs. 1 GG heißt: »Alle Menschen sind vor dem Gesetz gleich«, so ist damit »Gesetz« im materiellen Sinne gemeint.

Eine andere Rechtsquelle ist die

- **Rechtsverordnung.**

Sie ist ebenso wie das Gesetz eine generell-abstrakte Regelung, die aber in der **Rangfolge unter dem – einfachen – Gesetz** steht. Sie wird – anders als das Gesetz – nicht vom Parlament als der Legislative beschlossen, sondern **von der Exekutive, also der Regierung, den Ministerien oder anderen Exekutivorganen erlassen.** Voraussetzung für den Erlass einer Rechtsverordnung ist ein Gesetz, das die Regierung etc. dazu ausdrücklich ermächtigt.[8] Wenn auch Rechtsverordnungen von Gesetzen abgeleitete Rechtsnormen sind, besitzen sie jedoch die gleiche Verbindlichkeit wie ein Gesetz.
Da der Exekutive gestattet ist, selbst Recht zu setzen, wird das Prinzip der Gewaltenteilung durchbrochen. Diese – allerdings jederzeit widerrufbare – Abgabe von legislativer Gewalt an die Exekutive geschieht aus reinen Zweckmäßigkeitserwägungen. Der eigentliche Gesetzgeber, das Parlament, soll in zumeist untergeordneten Angelegenheiten entlastet werden, in denen schnelle, detaillierte oder nur kurzfristig bedeutsame Regelungen außerhalb des langwierigen Gesetzgebungsverfahrens geboten sind.[9]
Beispiele für eine Rechtsverordnung ist die Straßenverkehrsordnung, die aufgrund des § 6 Abs. 1 des Straßenverkehrsgesetzes erlassen wurde, oder die Anlagen I, II und III, in denen alle dem BtMG unterliegenden Betäubungsmittel aufgeführt sind und die nach § 1 Abs. 2 BtMG durch Rechtsverordnung geändert oder ergänzt werden können.

7 Kreft u. a. 1994, S. 58
8 vgl. Art. 80 GG
9 Kreft u. a. 1994, S. 60

Als eine weitere Rechtsquelle gilt die öffentlich-rechtliche

➢ **Satzung.**

Das Recht der Satzung enthält zwar auch abstrakte Regelungen, ist aber in seiner räumlichen oder persönlichen Geltung beschränkt. Es handelt sich um Vorschriften, die **von sog. öffentlichen Selbstverwaltungskörperschaften zur Regelung ihrer eigenen Angelegenheiten** geschaffen werden. Beispielsweise regelt eine Gemeinde ihre Bauplanung in Form einer Satzung. Ebenso schafft die Hochschule – als eine Körperschaft des öffentlichen Rechts – mit eigenem Satzungsrecht die Grundlagen zur Regelung des Studien- oder Prüfungsbetriebs. Auch hier bedarf es einer gesetzlichen Ermächtigung, nach der eine Selbstverwaltungskörperschaft zum Erlass von Satzungen in bestimmten Angelegenheiten befugt ist.
Mit den genannten Rechtsquellen haben wir einen Überblick über die Arten des

➢ **innerstaatlichen oder nationalen Rechts**

erhalten. Daneben ist das

➢ **Völkerrecht oder das internationale Recht**

eine weitere wichtige Rechtsquelle. Bei der MRK handelt es sich z. B. um internationales Recht, das mit dem Verfahren der Ratifizierung (vergleichbar mit dem Gesetzgebungsverfahren) in innerstaatliches Recht übertragen wurde und wie ein einfaches Gesetz in der Bundesrepublik verbindlich ist. Gleiches gilt für das Völkerstrafgesetzbuch (VStGB), das die Straftaten gegen das Völkerrecht normiert und mit Gesetz vom 26. Juni 2002 ratifiziert wurde.[10]
Schließlich wird noch zwischen

➢ **Öffentlichem und Privat- oder Zivilrecht**

unterschieden. **Das öffentliche Recht** regelt das **Verhältnis zwischen Staat und Bürger, das durch Über- und Unterordnung** gekennzeichnet ist. Im **Privatrecht** treten sich demgegenüber die am Rechtsverkehr Beteiligten – formal betrachtet – **als Gleichberechtigte** gegenüber (z. B. nach dem BGB). Da sich das Strafrecht gerade dadurch auszeichnet, dass der Staat dem Bürger gegenüber mit Strafgewalt auftritt, ist es offensichtlich Teil des Öffentlichen Rechts.
Wie bereits oben erwähnt, sind die **für das Strafrecht wichtigsten Rechtsquellen das StGB mit seinem materiellen Recht und die StPO mit ihrem Verfahrensrecht**. Daneben spielen das Jugendgerichtsgesetz (JGG), das BtMG und das Gerichtsverfassungsgesetz (GVG) als weitere Rechtsquellen eine bedeutsame Rolle. Um sich einen ersten Eindruck von diesen Gesetzen zu verschaffen, ist ein Blick in die Gliederung oder das Inhaltsverzeichnis der Gesetze hilfreich.
Wie die Strafjuristen mit diesen Gesetzen arbeiten, soll nunmehr im folgenden Abschnitt behandelt werden.[11]

---

10 BGBl. I S. 2254

11 in Anlehnung an: Nauke 2002, S. 13 ff.

D. Gesetzesanwendung

Die wesentliche Aufgabe des Strafjuristen ist, **Fälle zu entscheiden**. Unter Fällen verstehen wir Konflikte und Streitigkeiten zwischen Bürgern, die als strafbares Unrecht gewertet werden können.

> Beispiel:
> In der Buchabteilung eines auf Selbstbedienung eingerichteten Warenhauses steckt ein Student ein Taschenbuch ein, ohne zu bezahlen. Er entfernt sich. Am Ausgang des Warenhauses wird er gestellt. Er gibt zu, das Buch ohne Bezahlen eingesteckt zu haben und erklärt, dass er das Buch nur habe lesen und danach habe zurückbringen wollen. Er habe sich vorher erkundigt. Man habe ihm gesagt, wenn er das Buch nur lesen, aber nicht behalten wolle, dann sei sein Verhalten nicht strafbar.

Diesen Fall zu entscheiden, heißt, die Frage zu beantworten: Hat sich der Student strafbar gemacht? Diese Entscheidung kann nicht aufgrund eines Gefühls oder des Gerechtigkeitssinnes, sondern allein auf der Grundlage eines (Straf-) Gesetzes getroffen werden.
Aufgabe der Strafjustiz ist es also, einen Fall auf der **Grundlage einer gesetzlichen Strafbestimmung** klar und überprüfbar zu entscheiden.
Dieses Erfordernis ergibt sich auch aus Art. 103 Abs. 2 GG und § 1 StGB. Danach darf eine Tat nur bestraft werden, wenn die Strafbarkeit vor der Tat gesetzlich bestimmt war.
Die gesetzliche Vorschrift, die bei der Entscheidung unseres Beispielsfalles in Betracht zu ziehen ist, findet sich im StGB und zwar in § 242, der gesetzlichen Bestimmung über den Diebstahl.
Die Rechtstechnik, die bei der Anwendung von Gesetzen geboten ist, soll nun allgemein im Folgenden dargestellt werden.
Die **Gesetzesanwendung** ist die grundlegende Methode, einen Fall nach dem Gesetz zu entscheiden. Diese Methode gehört zum Handwerkszeug, nicht nur des Juristen, sondern auch des Sozialarbeiters, der bspw. als Bewährungshelfer mit dem Gesetz vertraut sein muss, weil er es tagtäglich anwenden muss.
Grundlage der Gesetzesanwendung ist zum einen

➢ **der Sachverhalt, d. h. der konkrete Lebensvorgang,**

in unserem Beispiel die Geschichte des krimi-begeisterten Studenten. Im Studium werden derartige Sachverhalte als Fälle vorgegeben. In der Praxis, insbesondere im Strafprozess, ist die Suche nach dem »wahren« Sachverhalt zumeist mit großen Schwierigkeiten verbunden. Es handelt sich um die Rekonstruktion eines vergangenen Geschehens, das nur noch aufgrund eines Geständnisses, der Erinnerung von Zeugen oder anderer Beweismittel festgestellt werden kann. Häufig ist die »Wahrheit« von dem Ergebnis der Beweisaufnahme im Prozess mehr oder weniger weit entfernt. Aus diesem Grund spricht man auch in aller Vorsicht von der **»prozessualen oder forensischen Wahrheit«.**[12]

12 Hassemer 1990, S. 153

Die weitere Grundlage für die Gesetzesanwendung ist

➢ **das Gesetz im materiellen Sinne oder die Rechtsnorm.**

Als eine erste Schwierigkeit gestaltet sich die **Suche nach dem »passenden« Gesetz.** Welches Gesetz oder welche Rechtsnorm passen könnte, hängt zunächst von der Frage ab, mit der der Sachverhalt gelöst werden soll. Die Frage: Hat sich der Student, als er das Buch mitgenommen hat, strafbar gemacht, lässt sich nur aufgrund eines Strafgesetzes beantworten; die Suche führt also in das StGB. Auf einen anderen Weg würde die Frage führen, ob die Buchhandlung einen Anspruch auf Rückgabe des Buches hat. Es handelt sich dann um eine Frage, die nach dem Privatrecht, konkret nach den Vorschriften des BGB, beantwortet werden muss. Dort wäre also die passende Norm zu suchen.
In einem weiteren Schritt muss nun die als »passend« erscheinende Norm auf den Sachverhalt angewendet, **Sachverhalt und Norm** müssen **einander zugeordnet** werden. Die entscheidende Frage ist: Passt die Norm tatsächlich auf den vorliegenden Sachverhalt?

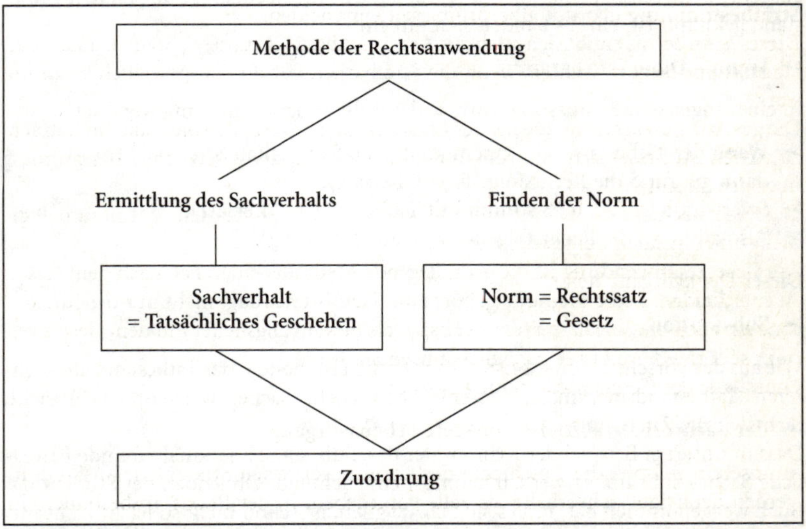

Schaubild 1: Überblick über die Methode der Rechts- oder Gesetzesanwendung

In unserem Beispielsfall könnte § 242 StGB die Norm sein, die auf den Sachverhalt Anwendung findet. Bevor wir diese Frage im einzelnen beantworten, soll das, was wir unter Rechtssatz verstehen, genauer bestimmt werden.

Betrachten wir die Vorschrift von § 242 StGB, erkennen wir eine bestimmte **Struktur, die typisch für einen Rechtssatz** ist:

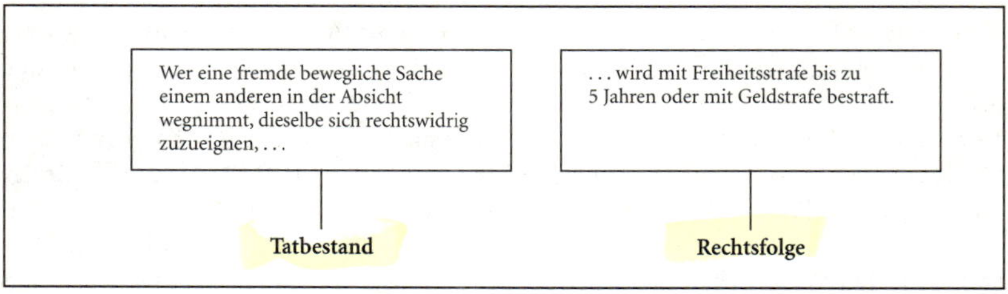

Schaubild 3: Typische Struktur eines Rechtsatzes (§ 242 StGB)

Jeder – vollständige – Rechtssatz besteht aus einem Tatbestand und einer Rechtsfolge. Der Tatbestand benennt in abstrakter Formulierung die Voraussetzungen, die im konkreten Einzelfall vorliegen müssen, damit die Rechtsfolge eintreten kann. Anders ausgedrückt: Wenn der Tatbestand erfüllt ist, tritt die Rechtsfolge, die an den Tatbestand geknüpft ist, ein. Es handelt sich um ein

➢ **Wenn – Dann – Programm.**

In einer **logischen Schlussfolgerung** verläuft die Programmlösung wie folgt:

➢ **Wenn** der Tatbestand T in einem konkreten Sachverhalt S verwirklicht ist, **dann** gilt für S die Rechtsfolge R (= Obersatz).
➢ S verwirklicht T, d. h., S stimmt mit T überein (= Untersatz).
➢ Also gilt für S die Rechtsfolge R (= Schlussfolgerung).

Dieser Denkvorgang heißt

➢ **Subsumtion.**

Wie aus der Vorschrift von § 242 StGB ersichtlich ist, besteht der Tatbestand aus mehreren Tatbestandsmerkmalen: »fremd, beweglich, Sache, wegnehmen, Absicht, rechtswidrig, Zueignung«.
Dass in unserem Beispiel der Krimi unter das Tatbestandsmerkmal »fremde bewegliche Sache« subsumiert werden kann, ist einleuchtend. Ob jedoch der Student das Buch weggenommen hat, um es sich zuzueignen, ist schon nicht so leicht zu beantworten. Denn das Tatbestandsmerkmal »Zueignung« hat keinen eindeutigen Inhalt. Es kommt darauf an, wie man diesen Gesetzesbegriff zu verstehen hat. Dies ist eine Frage der

➢ **Gesetzesauslegung.**

Der Rechtsanwender stößt bei fast allen Gesetzen auf Rechtsbegriffe, die zu unbestimmt sind, um sie auf einen Sachverhalt ohne weiteres anwenden zu können. In diesen Fällen muss der – mehrdeutige – Rechtsbegriff ausgelegt werden. Dies wird umso mehr erforderlich, wenn wir es mit gänzlich **unbestimmten Rechtsbegriffen** wie z. B. »niedrige Beweggründe« in § 211 StGB (Mord) zu tun haben. Manchem

drängt sich in diesem Zusammenhang die bildhafte Vorstellung vom »Gummiparagraphen« auf.
Mit der Methode der Gesetzesauslegung soll »der im Gesetz objektivierte Wille des Gesetzgebers« gefunden werden, verlangt das BVerfG.[13]

Zu den Methoden der Auslegung gehören:
1. die **grammatische** Auslegung – Grundlage ist der Wortlaut der Norm,
2. die **systematische** Auslegung – Grundlage ist der Zusammenhang der Norm mit anderen Gesetzen,
3. die **historische** Auslegung – Grundlage sind die Gesetzesmaterialien und die Entstehungsgeschichte,
4. die **teleologische** Auslegung – Grundlage ist der Zweck der Norm.

Die genannten Auslegungsmethoden schließen einander nicht aus, sondern ergänzen sich gegenseitig und stehen gleichbedeutend nebeneinander.[14]
In diesem Zusammenhang muss darauf hingewiesen werden, dass in die Auslegung von Gesetzen auch regelmäßig **Wertungen** einfließen, die dem – rechts-politischen – **Vorverständnis des Rechtsanwenders** innewohnen. Wenn z. B. der Gewaltbegriff im Tatbestand der Nötigung (§ 240 StGB) weit ausgelegt wird, um damit die Demonstrationsform von Sitzblockaden als Gewalt zu begreifen, hat das auch etwas mit dem politischen Verständnis von Demonstrationsfreiheit zu tun.[15]
Es ist folglich selbstverständlich, dass bei der Auslegung von Gesetzen Unterschiede zutage treten, die dann auch zu unterschiedlichen Entscheidungen bspw. der Gerichte führen. Zumeist bilden sich in der Auslegung von zentralen Rechtsbegriffen durch die Rechtsprechung der Obergerichte sog. **herrschende Meinungen** (h. M.) heraus, die zwar für die unteren Gerichte keine Bindungswirkung entfalten, jedoch in der Regel als Orientierung berücksichtigt werden.
Die Aufgabe des Rechtsanwenders besteht nun im Berufsalltag darin, mit Hilfe von Gesetzeskommentaren, rechtswissenschaftlicher Literatur und/oder gerichtlichen Entscheidungen herauszufinden, zu welchen Auslegungen es bisher bei gleichgelagerten oder ähnlichen Fällen gekommen ist.
Es soll nun exemplarisch versucht werden, auf dem vorgegebenen Weg den Gesetzesbegriff »Zueignung« i. S. v. § 242 StGB auszulegen.
Die Rechtsprechung des BGH, des höchsten Gerichtes in Strafsachen (und in Zivilsachen), und die Rechtswissenschaft – auch Lehre genannt – vertreten die Ansicht, das Wesen der Zueignung bestehe darin, dass die Sache selbst oder doch der in ihr verkörperte Sachwert vom Täter dem eigenen Vermögen einverleibt wird.[16] Das OLG Celle hat auf der Grundlage dieser h. M. den Taschenbuchfall entschieden. Das Urteil ist in der Neuen Juristischen Wochenschrift (NJW) 1967, S. 1921 erschienen:

13 Bd. 11, S. 129
14 BVerfG Bd. 11, S. 130
15 vgl. BVerfG Bd. 92, S. 16
16 so BGH Bd. 24, S. 119

Leitsatz:
Die Wegnahme eines neuen, zum Verkauf bereitstehenden Buches aus einem Warenhaus, um es zu lesen und danach alsbald zurückzubringen, ist nicht bloß straflose Gebrauchsentwendung, sondern tatbestandsmäßige Zueignungshandlung. OLG Celle, Urt. v. 16. 3. 1967 – 1 Ss 10/67

Aus den Gründen:
1. Der Angeklagte – Philosophiestudent – entnahm aus einem Verkaufsstand eines Warenhauses einen neuen Rowolt – Kriminalroman, den er in die Rocktasche steckte. Er wurde beobachtet und beim Verlassen des Warenhauses gestellt. Der Angeklagte hat sich unwiderlegt dahin eingelassen, er habe das Buch nur durchlesen und es dann zurückbringen wollen. Von einem Studenten der Rechte habe er erfahren, dass ein Gebrauchsdiebstahl nicht strafbar sei. Diese, den meisten Menschen unbekannte Tatsache habe er ausnützen wollen. Man könne ihm wohl einen Vorwurf moralischer Art machen, ein Dieb sei er jedoch nicht, denn er habe nicht mit Zueignungsabsicht gehandelt.
Der Amtsrichter hat den Angeklagten wegen Diebstahls anstelle von vier Tagen Gefängnis zu 40 DM Geldstrafe verurteilt. Hiergegen richtet sich die Revision des Angeklagten mit der Sachrüge, die unbegründet ist.
2. Der Amtsrichter hat zur Zueignung ausgeführt: »Der wirtschaftliche Wert eines neuen Buches für einen Buchhändler oder sonstigen Gewerbetreibenden liegt darin, dass es im neuen, ungebrauchten Zustand verkauft werden kann. Wenn ein Buch einmal gelesen ist, kann der Händler nicht mehr den vollen Preis beanspruchen. Dies weiß auch der Angeklagte. Dass es ihm auch schon zur Tatzeit klar war, ergibt sich aus seiner Schutzschrift, in der er wörtlich ausführt: ›Es erschien mir unzweckmäßig, einen Taschenkriminalroman zu kaufen, da solche Taschenbücher nach ihrer Lektüre m. E. keinen persönlichen Wert mehr repräsentieren; ihr einziger Wert liegt in der Vermittlung einer spannenden Geschichte.‹ Der Angeklagte wollte das Buch lesen, es also in einer Weise verwenden, die einem Verbrauch gleichkommt. Ein Verbrauch liegt vor, wenn die Sache ihre wirtschaftliche Bestimmung nicht mehr erfüllen kann. Der Angeklagte wollte sich den eigenartigen (spezifischen) Wert dieses neuen, zum Verkauf stehenden Buches zuführen. Das ist Diebstahl und keine Gebrauchsentwendung.«
Gegen diese Ausführungen sind rechtliche Bedenken nicht zu erheben. Das Wesen der Zueignung war früher lebhaft umstritten. Teilweise wurde die »Substanztheorie«, teilweise die »Sachwerttheorie« vertreten. Das RG hat mit der Entscheidung in RGSt. 61, 233 beide Theorien vereinigt und daran auch später festgehalten. Der BGH ist dem gefolgt. Nach der in Rechtsprechung und Lehre jetzt herrschenden Ansicht besteht das Wesen der Zueignung darin, dass die Sache selbst oder doch der in ihr verkörperte Sachwert vom Täter dem eigenen Vermögen einverleibt wird.[17] Dieser Begriff bedarf dann der Ergänzung, wenn er – wie hier – der Abgrenzung zwischen Gebrauch und (teilweisem) Verbrauch bedarf. Das RG hat hierzu ausgeführt (RGSt. 44, 336, 336 f.), ein Verbrauch liege dann vor, wenn die Sache infolge des Gebrauchs ihre wirtschaftliche Bestimmung im Wesentlichen nicht mehr erfüllen könne, wenn sie deshalb im Verkehrssinne eine andere Sache geworden sei. Ein solcher Verbrauch sei jedoch dann nicht gegeben, wenn die Sache trotz des Gebrauchs, wirtschaftlich gesehen, weiterbestehe, so dass sie noch als dieselbe gelte wie vorher, wenn auch vielleicht mit gewissen Abnützungsmängeln behaftet. Tatbestandsmäßige Zueignung liegt danach nur vor, wenn die Sache für ihre Zweckbestimmung unbenutzbar geworden ist oder –

17 vgl. Schönke-Schröder, 12. Aufl. § 242 Rz. 45; LK, 8. Aufl. Vorbemerkung D vor § 242; OLG Braunschweig in NdsRpfl. 50, 94; OLG Celle in NdsRpfl. 64, 72 = JR 64, 266 mit zust. Anm. von Schröder

um es mit Rudolphi[18] auszudrücken – wenn eine solche Benutzung erfolgt ist, die der Sache ihre Funktionsfähigkeit in einer bestimmten Richtung endgültig entzieht. Nach Auffassung des Senats kann es nun keinem Zweifel unterliegen, dass neuwertige Sachen, die vom Eigentümer wirtschaftlich für den Verkauf als neue Sachen zum Verkauf bereitgestellt werden, infolge des Gebrauchs aber nicht mehr als neuwertig angesehen werden können, ihre ursprüngliche wirtschaftliche Funktion – und zwar für dauernd – nicht mehr erfüllen können, weil es sich nurmehr um Gebrauchtwaren handelt. Das fabrikneue Kraftfahrzeug des Autohändlers wird zum Gebrauchtwagen, neue Bekleidungsstücke können nach Gebrauch nur im Altwarengeschäft Verwertung finden, gebrauchte Bücher werden in das Antiquariat überführt. Diese Beispiele ließen sich für weite Bereiche des Handels vermehren. Hiernach ist die Annahme des Amtsrichters, der Angeklagte habe sich das Buch – objektiv gesehen – rechtswidrig zugeeignet, frei von Rechtsirrtum. Das Buch sollte von der Firma K. wie von jedem Buchhändler als neues Buch verkauft werden. Als solches wird es zum Verkauf angeboten; der Käufer will dementsprechend auch ein neues Buch erwerben, wenn er hier kauft. Das Buch wäre in einem für den Verkäufer wesentlichen Wert gemindert, wenn der Angeklagte es gelesen hätte. Hierdurch hätte dieser es auch zu seinem eigenen Vorteil verwertet; denn er hätte die Mittel erspart, die er aufwenden müsste, wenn er sich das Buch zum Lesen auf andere Weise verschaffen müsste. (...)

Die an gleicher Stelle veröffentlichte Anmerkung von Deubner macht deutlich, dass auch eine andere Auslegung dieses Tatbestandsmerkmals vertretbar ist.

Zu Nr. 18. Anmerkung: Die Entscheidung erweckt Bedenken, da sie einen Fall strafloser Gebrauchsentwendung als Diebstahl wertet.
Das OLG will im Anschluss an RGSt. Bd. 44, 335 die Abgrenzung zwischen Gebrauchsentwendung und Diebstahl danach vornehmen, ob der Täter die weggenommene Sache verbrauchen oder nur gebrauchen wollte. Geht man hiervon aus, so hat sich der Angeklagte in dem entschiedenen Fall nicht des Diebstahls schuldig gemacht.
Es widerspricht bereits dem allgemeinen Sprachgebrauch, das Lesen eines Buchs als »Verbrauchen« zu bezeichnen. Die Vorsilbe dieses Wortes macht deutlich, dass etwas Endgültiges, nicht Wiederholbares geschieht. Ein Buch – und sei es auch nur ein Taschenbuch – kann aber, solange es halbwegs pfleglich behandelt wird, immer wieder gelesen werden. Dem Sprachgebrauch nach wird es dafür beim Lesen »gebraucht«, nicht aber »verbraucht«.
Die Bedeutung, die der Sprachgebrauch einem bestimmten Worte beilegt, ist nun allerdings für den Inhalt eines gleichlautenden Rechtsbegriffs nicht unbedingt maßgebend. Betrachtet man aber die Fälle genauer, in denen trotz Rückgabe der Sache an den Eigentümer in der Rechtsprechung und in der Lehre ein Verbrauch und damit eine Zueignung angenommen worden ist, so lässt sich feststellen, dass in ihnen die vorgenommene Nutzung der Sache gleichfalls durch ihre Nichtwiederholbarkeit gekennzeichnet ist. Das gilt für den Entzug von Wärme bei Heizungsdampf (RGSt. 44, 335), das Ausbrennenlassen einer elektrischen Batterie, das Abfahren von Autoreifen, das Bemalen einer Zeichenleinwand (...) wie für allgemeine starke Abnutzung eines Kraftwagens.[19] Für eine dem Sprachgebrauch entsprechende Auslegung des Rechtsbegriffes Verbrauch spricht auch die Definition des RG (RGSt. 44, 335 [336]), dass ein Verbrauch dann anzunehmen sei, wenn die Sache infolge des Gebrauchs ihre wirtschaftliche Bestimmung im Wesentlichen nicht mehr erfüllen könne. Da die wirtschaftliche Bestimmung einer Sache darin besteht, genutzt zu werden, ist sie aufgehoben, wenn die Nutzung nicht mehr erfolgen kann. Auch der eben erwähnte Gedanke

18 GoltdA 1965, 31 <39>
19 OLG Hamm, JMBl. NRW 62, 110

> des RG führt daher zur Nichtwiederholbarkeit der Nutzung als dem Wesensmerkmal des Verbrauchs. Die Wegnahme des Buchs erfolgte in dem entschiedenen Fall also zum Gebrauch, nicht aber zum Verbrauch, und folglich wäre die Auskunft, die der Student der Rechtswissenschaft seinem Kollegen von der philosophischen Fakultät gab, zutreffend, sofern bei Wegnahme einer Sache zu bloßem Gebrauch auch stets nur eine straflose Gebrauchsentwendung vorliegt. (...)

So die – gekürzte – Anmerkung des damaligen Landgerichtsrats Karl Deubner, in: NJW 1967, S. 1921.
Das Beispiel verdeutlicht, dass die Auslegung und damit auch die Anwendung von Gesetzen zu unterschiedlichen, zum Teil auch gegensätzlichen Ergebnissen führen kann und einem dynamischen Prozess unterliegen, der nicht selten von der Änderung gesellschaftlicher Einstellungen abhängt.

2. Kapitel: Wozu strafen? – Straftheorien und Kriminalpolitik

Grundlegende Literatur: Hassemer: Einführung in die Grundlagen des Strafrechts, 2. Aufl., München 1990; Vormbaum (Hrsg.): Strafrechtsdenker der Neuzeit, Baden-Baden 1998; Naucke: Über die Zerbrechlichkeit des rechtsstaatlichen Strafrechts, Baden-Baden 2000.

Bevor wir weitere Einzelheiten des Strafrechts kennen lernen, ist es wichtig, zunächst die grundsätzliche Frage nach der Legitimation staatlichen Strafens zu stellen. Warum nimmt der Staat für sich in Anspruch, auf gesellschaftliche Konflikte, Streitigkeiten von Bürgern untereinander, Verstöße gegen das Eigentum oder die körperliche Integrität mit Bestrafung zu reagieren? Immerhin greift er mit Sanktionen wie beispielsweise der Freiheitsstrafe auf einzigartige Weise in die Freiheit von Menschen ein und nimmt damit eine materielle und persönliche Existenzvernichtung in Kauf.

Ein kurzer Blick in die Geschichte verdeutlicht, dass erst mit der Herausbildung der territorialen Fürstenherrschaft im Mittelalter das Strafen zu einer Angelegenheit der Obrigkeit geworden war. Vorher waren es die Konfliktparteien selbst, die Familien und Sippen des Täters wie des Opfers, die sich in einem Kampf um Rache und Genugtuung befehdeten. Zunächst sorgten sich die Herrscher um die Befriedung der streitenden Parteien, indem sie die Täter- und Opferseiten zu Verhandlungen und Vereinbarungen über Wiedergutmachungsleistungen (sog. wergeld) zwangen. Schließlich wurde die Tat und ihre Sühne nicht mehr als eine Privatangelegenheit von Täter und Opfer betrachtet, sondern als ein unmittelbarer Angriff auf die Macht und Souveränität des Herrschers, die es nun mit allen Mitteln zu verteidigen galt. Dabei dienten die Leibes- und Lebensstrafen vornehmlich als öffentliche Demonstration obrigkeitlicher Herrschaft:

> »Wir lesen von Hinrichtungen mittels des Messers, der Axt und des Schwerts, von Enthauptungen mittels eines Bretts oder eines Pflugs, von Menschen, die lebendig begraben werden, im Kerker bis zum verhungern gehalten werden, die mit Nägeln in Kopf, Augen, Schultern oder Knien traktiert, erwürgt oder erdrosselt, ertränkt, entleibt, gevierteilt, gerädert oder mit heißen Zangen gefoltert werden, denen man Hautstreifen vom Leib schneidet, Körperteile ausreißt oder mit Holz- und Eisengeräten abschlägt, die man verbluten lässt, auf dem Scheiterhaufen verbrennt oder mit zahlreichen anderen ausgeklügelten Grausamkeiten behandelt«[1].

In Abkehr von dieser bis weit in die Neuzeit reichenden Strafgewalt und ihrer Funktion von Machtsicherung und gesellschaftlicher Befriedung mündeten die modernen Legitimationsversuche des Strafrechts in die Straftheorien von Aufklärung, Rationalität und Humanität[2]. Die vier bedeutsamsten Straftheorien, die Antworten auf die

1 Rusche/Kirchheimer 1974, S. 33

2 vgl. Naucke 2000, S. 396–402; Cornel 1997, S. 171 ff.

Frage nach der **Legitimität von Strafe** zu geben versuchen, sollen im Folgenden kurz dargestellt werden[3].

A. Theorie der Vergeltung

Ausgangspunkt dieser Theorie ist die **Idee der Gerechtigkeit**. In einer philosophischen Betrachtungsweise wird die Straftat als eine Verletzung der Gerechtigkeit angesehen, so dass nur durch die Strafe die Gerechtigkeit wiederhergestellt werden kann. Das Übel der Tat muss mit dem anderen Übel, der Strafe, vergolten werden. In diesen Zusammenhang passt die bekannte Formel: »Auge um Auge und Zahn um Zahn«. Die Schuld des Täters, die in der Straftat zum Ausdruck gekommen ist, bedarf nach dieser Theorie des gerechten Ausgleichs durch die Bestrafung. Man spricht in diesem Zusammenhang von **Schuldausgleich** oder **Sühne**, womit sie keine vom Täter tatsächlich erbrachte Sühneleistung oder Versöhnung im Auge hat, sondern nur den gewissermaßen »sakramentalen« Vorgang des Strafvollzugs und des Strafleidens.[4] Nach dieser Ansicht verfolgt das Strafen keinen bestimmten Zweck wie die Sicherung oder Besserung des Täters oder die Abschreckung vor weiteren Taten.
Diese **absolute Straftheorie**, die in Deutschland bis weit in dieses Jahrhundert allgemein vertreten wurde, geht auf die Philosophie von **Kant** (1724–1804) und **Hegel** (1770–1831) zurück.[5] Nach Hegel ist das Verbrechen die Negation des Rechts, Strafe die Negation der Negation.[6]

B. Theorie der Generalprävention

Ausgangspunkt der Präventionstheorien bildet der Zweck, der mit der Strafe und zwar sowohl mit ihrer Androhung als auch mit ihrer Vollstreckung verfolgt wird (**relative Straftheorien**). Die Generalprävention bedeutet die **Abschreckung der Allgemeinheit**. Jeder potenzielle Straftäter soll durch die Strafe von zukünftigen Taten abgehalten werden (sog. **negative Generalprävention**). Gleichzeitig hat die Strafe und insbesondere die Strafdrohung auch die Aufgabe, das Rechtsbewusstsein, die Rechtstreue oder die Überzeugung von der Unverbrüchlichkeit des Rechts in der Bevölkerung positiv zu stärken, somit ein soziales Gewissen zu bekräftigen (sog. **positive Generalprävention**). Diese Überlegungen gehen zurück auf die »Theorie des psychologischen Zwangs«, die von dem deutschen Philosophen **P. J. A. von Feuerbach** (1775-1833) begründet wurde.[7]

C. Theorie der Spezialprävention

Im Gegensatz zu der auf die Allgemeinheit bezogenen Theorie der Generalprävention nimmt diese Theorie den einzelnen Täter in den Blick. Dieser soll durch **Resozialisie-**

3 vgl. Hassemer 1990, S. 234 ff. u. 282 ff.
4 Hassemer 1990, S. 282
5 Kant 1968; Hegel 1970, §§ 99, 100
6 Zur Kritik an der absoluten Straftheorie, vgl. Klug 1968, S. 572 ff.
7 ders. 1799, S. 40 ff.

rung oder **Wiedereingliederung**, bei Jugendlichen durch **Erziehung**, von der Begehung weiterer Straftaten abgehalten werden.[8] Damit verbunden ist der weitere Strafzweck, die Gesellschaft vor nicht (mehr) für erziehbar gehaltenen Tätern zu schützen (**Sicherungszweck**). Begründer dieser Theorie ist der Strafrechtswissenschaftler **Franz v. Liszt** (1851–1919), bedeutsamer Verfechter einer modernen Schule des Strafrechts, die in radikaler Abkehr von der Vergeltungstheorie die Wiedereingliederung des Täters in die Gesellschaft zum Ausgangspunkt ihrer Kriminalpolitik machte.[9]

Gesetzlichen Niederschlag hat diese Theorie in dem 1977 in Kraft getretenen Strafvollzugsgesetz (StVollzG) gefunden: nach § 2 Abs. 1 soll der Gefangene im Vollzug der Freiheitsstrafe »fähig werden, künftig in sozialer Verantwortung ein Leben ohne Straftaten zu führen«.

D. Vereinigungstheorie (heute)

Da in der strafrechtswissenschaftlichen Diskussion mittlerweile Einigkeit darüber besteht, dass keine der drei Theorien für sich allein staatliches Strafen zu rechtfertigen vermag, wurde der Versuch unternommen, die **Ansätze der absoluten und relativen Straftheorien zu verbinden.**[10] Die Verbindung der genannten Straftheorien führt zu der Überlegung, dass

> »die Strafe durch das Maß der Tatschuld begrenzt wird, dass also niemand aus spezial – oder generalpräventiven Gründen härter bestraft werden darf, als es dem Gewicht seiner Tat und seines persönlichen Verschuldens entspricht. In dem durch das individuelle Verschulden gezogenen Rahmen sollen dagegen die verschiedenen Strafzwecke, d. h. vor allem Schuldausgleich, Resozialisierung und Generalprävention, möglichst gleichermaßen, wenn auch mit unterschiedlichen Akzentsetzungen, verfolgt werden«[11].

Der BGH hat in seiner Rechtsprechung diesen Gedanken der Vereinigungstheorie aufgegriffen und die einzelnen theoretischen Ansätze in besonderer Weise gewichtet. Danach hat die Strafe nicht die Aufgabe, Schuldausgleich um ihrer selbst willen zu üben, sondern sie ist nur gerechtfertigt, wenn sie sich zugleich als notwendiges Mittel zur Erfüllung der präventiven Schutzaufgabe des Strafrechts erweist. Unter Bezug auf die gesetzgeberischen Veränderungen hebt der BGH hervor, dass eine bedeutsame Schwerpunktverlagerung auf die spezialpräventiven Gesichtspunkte stattgefunden hat, die gerade auch bei der Bemessung der Strafe beachtet werden müssen.[12]

Im Zusammenhang mit der Strafzumessung im Einzelfall finden diese Erwägungen der sog. Vereinigungstheorie auch Eingang in den Regelungsinhalt von § 46 StGB, der in Abs. 1 S. 1 Schuldvergeltung verlangt und in S. 2 auf präventive Aufgaben verweist.

---

8 zu den jeweiligen Begriffen vgl. Cornel 2003, S. 13 ff.
9 ders. 1905, S. 126 ff.
10 vgl. Monika Frommel 1987
11 Roxin/Arzt/Tiedemann 1994, S. 9
12 BGH Bd. 24, S. 42

E. Theorie der präventiven Risikobegrenzung und Integrationsprävention

Nach der von Peter-Alexis Albrecht vertretenen **Theorie des Risikostrafrechts** kommt dem Strafrecht die Aufgabe zu, der allgemein um sich greifenden Furcht vor den wachsenden Risiken in den modernen Industriegesellschaften mit **staatlichen Sicherheitsversprechen** zu begegnen. Damit gerät das Strafrecht »als staatliches Steuerungsmedium in den Sog einer Politik der Risikobegrenzung«.[13] Es geht kaum noch um den Schutz von individuellen Rechtsgütern, sondern um die Stabilität des Gesellschaftssystems. Dabei kommt insbesondere dem Strafrecht die Funktion zu, **Handlungsorientierung und Erwartungsstabilität** zu gewährleisten.[14] In Anlehnung an den Gedanken der positiven Generalprävention soll das Vertrauen der Bevölkerung gegen gesellschaftliche Erschütterungen durch Rechtsbrüche geschützt werden, um die **fortwährende Integration der rechtstreuen Gesellschaftsmitglieder in das System** zu garantieren.
Da angesichts der gegenwärtigen internationalen ökonomischen und sozialen Krisen auch bei weiterem Ausbau des staatlichen Sicherheitsapparates und seiner Befugnisse Strafrecht kaum das Sicherheitsversprechen einzuhalten vermag, kommt ihm insofern eher **symbolische Bedeutung** zu.

F. Die Lehre vom Rechtsgüterschutz

Insbesondere die **kriminologische und soziologische Forschung** der letzten Jahrzehnte hat einen kritischen Diskurs angestoßen, in dessen Verlauf die den vorgestellten klassischen Straftheorien zugrunde liegenden Annahmen zum Teil radikal in Frage gestellt wurden. Durch empirische Untersuchungen konnte bislang weder der Abschreckungseffekt noch die normbildende Wirkung der Strafe bestätigt werden.[15]
In dem Maße, wie die kriminologische Forschung vermehrt ihren Blick auf die **Folgen der Strafrechtspraxis** richtete, also die theoretischen Annahmen der Strafrechtswissenschaft mit empirischen Untersuchungen beispielsweise über die Auswirkungen von Freiheitsstrafen auf das gesetzestreue Verhalten des Gefangenen konfrontierte, bedurfte es neuer Überlegungen zur Legitimation von Strafen. Im Mittelpunkt der in den sechziger Jahren einsetzenden Diskussion stand die Erkenntnis, dass Strafe dann keinen Sinn macht, wenn mit ihr nicht das erreicht werden kann, was eigentlich beabsichtigt ist.
Die Konsequenz daraus ist, dass das Strafen um seiner Legitimität willen fortwährend auf seine Folgen hin überprüft werden muss. Hält Strafrecht nicht, was es verspricht, muss es in Frage gestellt werden. Gerade im Hinblick auf die Freiheitsstrafe und der mit ihr beabsichtigten Resozialisierung fällt die Bilanz für den Rechtswissenschaftler Uwe Wesel desillusionierend aus:

13 ders. 1999, S. 3
14 Jakobs 1993, S. 5
15 vgl. Albrecht 1993, S. 157 ff.; Schellhoss 1993, S. 429 ff; Steinert 1993, S. 9 ff.; Nauke 2002, S. 55 ff.

> »Das bittere Ergebnis bleibt, dass wir eine zureichende Begründung für Strafe nicht haben. Das Strafrecht hat kein rationales Fundament. Es ruht auf der jahrhundertealten Überzeugung, dass Strafe sein müsse, wenn Unrecht begangen worden ist«.[16]

Diese harsche Kritik hat sich zwar in der Strafrechtswissenschaft nicht durchgesetzt, jedoch die rechtspolitische Diskussion nicht unbeeinflusst gelassen. Es wurden vermehrt kriminalpolitische Überlegungen angestellt, dass die Strafe nur unter bestimmten Bedingungen ein legitimes Mittel der sozialen Kontrolle sein darf. Mit Strafen soll nur noch das menschliche Verhalten bedroht werden, das **sozial schützenswerte Rechtsgüter** verletzt. In Betracht kommen danach **nur solche Rechtsgüter, deren Unverletzlichkeit eine Bedingung für ein sozial verträgliches Zusammenleben in einer freien Gesellschaft ist.**[17] Welche sozialen Rechtsgüter unbedingt mit den Instrumenten des Strafrechts geschützt werden müssen, ist eine politische Frage, die der Gesetzgeber zu entscheiden hat. Dabei steht ihm ein gewisser Beurteilungsspielraum zu. Die Grenze dieses Spielraums wird durch die Verfassung, die in Art. 2 Abs. 1 GG die allgemeine Handlungsfreiheit der Bürger schützt, abgesteckt. In diesem Zusammenhang gewinnt nach der Rechtsprechung des BVerfG der **Grundsatz der Verhältnismäßigkeit** eine wichtige Bedeutung:

> »Diesem Grundsatz kommt gesteigerte Bedeutung für die Prüfung einer Strafvorschrift zu, die als schärfste dem Staat zur Verfügung stehende Sanktion ein sozialethisches Unwerturteil über ein bestimmtes Handeln des Bürgers ausspricht. (...) Die Freiheit der Person, die das GG als ›unverletzlich‹ bezeichnet, ist ein so hohes Rechtsgut, dass in sie (...) nur aus besonders gewichtigen Gründen eingegriffen werden darf. Unbeschadet dessen, dass solche Eingriffe unter bestimmten Voraussetzungen auch in Betracht kommen mögen, wenn sie den Betroffenen daran hindern sollten, sich selbst einen größeren persönlichen Schaden zuzufügen, sind sie im allgemeinen nur zulässig, wenn der Schutz anderer oder der Allgemeinheit dies unter Berücksichtigung des Verhältnismäßigkeitsgrundsatzes erfordert. Nach diesem Grundsatz muss ein grundrechtseinschränkendes Gesetz geeignet und erforderlich sein, um den erstrebten Zweck zu erreichen. Ein Gesetz ist geeignet, wenn mit seiner Hilfe der erstrebte Erfolg gefördert werden kann; es ist erforderlich, wenn der Gesetzgeber nicht ein anderes, gleich wirksames, aber das Grundrecht nicht oder weniger stark einschränkendes Mittel hätte wählen können. (...) Ferner muss bei einer Gesamtabwägung zwischen der Schwere des Eingriffs und dem Gewicht sowie der Dringlichkeit der ihn rechtfertigenden Gründe die Grenze der Zumutbarkeit für die Adressaten des Verbots gewahrt sein. (...) Eine Strafandrohung darf nach Art und Maß dem unter Strafe stehenden Verhalten nicht schlechthin unangemessen sein«.[18]

Der Gedanke, dass nur bestimmte wichtige Rechtsgüter mit den Mitteln des Strafrechts geschützt werden, findet im StGB seinen Niederschlag. Die Unterteilung des Besonderen Teils des StGB erfolgt u. a. nach den jeweiligen Rechtsgütern; z. B.:

- §§ 123 ff.: Straftaten gegen die öffentliche Ordnung
- §§ 174 ff.: Straftaten gegen die sexuelle Selbstbestimmung
- §§ 211 ff.: Straftaten gegen das Leben.

---

16 ders. 1991, S. 216
17 vgl. Hassemer 1990, S. 22 ff.
18 BVerfG StV 1994, S. 296

Man unterscheidet dabei zwischen **Individual- und Universalrechtsgütern**, also danach, ob das Rechtsgut einer einzelnen Person (z. B. § 223 – körperliche Unversehrtheit) oder der Allgemeinheit (z. B. § 121 – Staatsgewalt) zuzuordnen ist.
Dass der Rechtsgüterschutz mit dem Mittel des Strafrechts einem zum Teil **radikalen Wandel** unterliegt, lässt sich am Beispiel des § 175 a. F. aufzeigen. Im Reichsstrafgesetzbuch hieß es unter der Überschrift: »Verbrechen und Vergehen gegen die Sittlichkeit«, in § 175:

> »Die widernatürliche Unzucht, welche zwischen Personen männlichen Geschlechts oder von Menschen mit Tieren begangen wird, ist mit Gefängnis zu bestrafen.«

Sittlichkeit als eigenständiges Rechtsgut sowie die Vorschrift von § 175 existieren im heutigen StGB nicht mehr. Dies ist das Ergebnis einer ca. hundert Jahre lang geführten politischen Auseinandersetzung über die rechtliche Geltung von »Sittlichkeit und Sexualität« und das Recht des Staates, mit Strafandrohung zwischenmenschliche Beziehungen zu regulieren.[19]
Ein anderes Beispiel ist § 218 StGB, eine Vorschrift, die wie keine andere bis in die Gegenwart Streit über die Frage auslöst, welches Rechtsgut das sozial schützenswertere ist: Das Rechtsgut des ungeborenen Lebens oder das der Selbstbestimmung der Frau. Nachdem sich der Gesetzgeber 1992 für eine stärkere Berücksichtigung des Selbstbestimmungsrechts der Frau entschieden hatte (Fristenlösung mit Beratungspflicht), verwarf das BVerfG Teile der Neufassung der §§ 218 ff. als verfassungswidrig mit der Begründung, das Recht des ungeborenen Lebens bedürfe des Schutzes auch mit den Mitteln des Strafrechts und hob das grundsätzliche Verbot des Schwangerschaftsabbruchs hervor.[20]
Ein weiteres Anliegen einer rechtsstaatlichen Kriminalpolitik ist, Strafrecht als »äußerstes Mittel nur im äußersten Fall« zu begreifen (Naucke). Dieser »ultimo-ratio-Gedanke« verpflichtet den Gesetzgeber, von dem Mittel des Strafrechts »nur behutsam und zurückhaltend Gebrauch zu machen«.[21]
Neben der Beachtung der Verfassungsgrundsätze spielt in der Kriminalrechtspolitik die bereits oben angesprochene **Orientierung an den individuellen und sozialen Folgen des Strafens** eine wichtige Rolle. Zur Zeit finden diese Überlegungen z. B. in der Diskussion über die Sinnhaftigkeit des Drogenstrafrechtes immer mehr Bedeutung.[22] In diesem Zusammenhang wird nicht zu Unrecht die Frage aufgeworfen, ob nicht die Kriminalisierung der Drogengebraucher wesentlich zu der massiven psychosozialen und körperlichen Verelendung sowie zu den vielen, zum Teil tödlich verlaufenden Überdosisfällen beiträgt. Da sich diese Auffassung in Expertenkreisen durchgesetzt hat, werden seit längerem Reformen des Betäubungsmittelstrafrechts angemahnt, die nunmehr in einem ersten Schritt mit versuchsweisen Projekten der kontrollierten Heroinvergabe und der Einrichtung von Drogenkonsumräumen realisiert werden.

19 vgl. unten 17. Kap. A.
20 BVerfG Bd. 88, S. 203; vgl. unten 16. Kap. A.
21 BVerfG Bd. 39, S. 47
22 vgl. unten 15. Kap.

Die **Folgenorientierung** hat aber darüber hinaus eine weitere Konsequenz, die neben dem Strafgesetzgeber auch die **Alltagspraxis des Strafjuristen** beeinflusst. So hat beispielsweise der Richter bei Verhängung einer Strafe gem. § 46 Abs. 1 S. 2 StGB die Wirkungen zu berücksichtigen, die von der Strafe für das künftige Leben des Täters in der Gesellschaft zu erwarten sind. Dazu ist es eigentlich erforderlich, dass der Richter umfangreiche Untersuchungen über den Angeklagten anzustellen hat, zu denen er jedoch weder zeitlich und personell noch von seiner Ausbildung her in der Lage ist.[23] Hier eröffnet sich ein breites Feld für eine methodisch gut ausgerüstete Soziale Arbeit, die als Gerichtshilfe in § 160 Abs. 3 StPO eine entsprechende Aufgabe bereits zugewiesen bekommen hat.

Wenn es um das Wissen von abweichendem Verhalten sowie deren Ursachen und Kontrollen, von Erkenntnissen über die Täter und Opfer, die Wirkungen strafjustizieller Reaktionen geht, ist auf einen Wissenschaftszweig zurückzugreifen, der die systematische und methodisch nachvollziehbare Sammlung dieses Wissens betreibt: Die **Kriminologie**.

23 vgl. Hassemer 1990, S. 27

3. Kapitel: Grundzüge der Kriminologie

Grundlegende Literatur: Kaiser u. a. (Hrsg.): Kleines Kriminologisches Wörterbuch, 3. Aufl., Heidelberg 1993; Kunz: Kriminologie, 3. Aufl., Bern u. a. 2001; Janssen/Peters (Hrsg.): Kriminologie für Soziale Arbeit, Münster 1997; Anhorn/Bettinger: Kritische Kriminologie und Soziale Arbeit, Weinheim 2002.

A. Definition und Gegenstand

Eine genaue und alle Bereiche dieser wissenschaftlichen Disziplin einbeziehende Definition gibt es nicht. Sie lässt sich vielleicht am ehesten als eine **empirische Wissenschaft** beschreiben, die in vielfältigen wissenschaftlichen Auseinandersetzungen mit **Kriminalität als einer Form abweichenden Verhaltens sowie der Kontrolle von Kriminalität** befasst ist.[1]

Wesentlicher Gegenstand der Kriminologie ist Kriminalität in allen ihren Erscheinungsformen, Zusammenhängen und Ursachen verbunden mit Erklärungsversuchen über die Entstehung und Kontrolle von Kriminalität.

Der zentrale Begriff der **Kriminalität** bedarf seinerseits einer **Definition.** Sie ist in formaler Betrachtung die Gesamtheit aller **Verhaltensweisen**, die einen **Verstoß gegen die Strafrechtsordnung**, also gegen die Strafgesetze in ihrer jeweiligen gültigen Fassung beinhalten.[2] Damit ist der Begriff der Kriminalität enger gefasst als der Begriff des abweichenden Verhaltens, der auch Verstöße gegen **soziale** Normen einbezieht.

B. Verhältnis von Strafrecht und Kriminologie

Eine **sozialwissenschaftlich orientierte Kriminologie** versteht sich nicht als eine bloße Hilfswissenschaft des Strafrechts, die dem Strafjuristen lediglich Zulieferer von Erkenntnissen über beispielsweise Fragen der Schuld, Verantwortung und Glaubwürdigkeit des Straftäters ist. Vielmehr macht eine solche, eher **auf Eigenständigkeit bedachte Kriminologie** auch das Strafrecht und die damit befassten Instanzen (Polizei, Staatsanwaltschaft, Gericht, Strafvollzug etc.) zum Forschungsgegenstand. So begreift sie sich als **Grundlagenwissenschaft des Strafrechts** insgesamt. Sie untersucht auf der Grundlage dieses Verständnisses z. B. auch die **Wirkungen von strafrechtlicher Verfolgung** auf den Täter (**Stigmatisierung**) als einen Prozess von Kriminalisierung.[3]

Solcherlei Ansinnen stößt bei vielen Strafjuristen nicht gerade auf ungeteilte Freude.[4] Weitaus größer ist die Ablehnung, wenn die Kriminologie die sog. Alltagstheorien von Richtern kritisch kommentiert, die zumeist die theoretische Grundlage beispielsweise für Prognoseentscheidungen bei der Strafaussetzung zur Bewährung darstellen.

1 vgl. Albrecht 1993, S. 308 ff.
2 vgl. Kaiser 1993, S. 238 ff.
3 Hassemer 1993, S. 312 ff.
4 vgl. Schumann 1993, S. 204 ff.

Für den ebenso **an der sozialen Kontrolle beteiligten Sozialarbeiter**[5] ist neben der fortwährend notwendigen Selbstreflexion über die eigene Rolle und Funktion im Strafsystem die Befassung mit kriminologischen Fragestellungen höchst bedeutsam, da auch in seinem Arbeitsfeld viele Entscheidungen der empirischen Absicherung bedürfen, die von der Kriminologie zur Verfügung gestellt werden kann. Dies wird besonders augenfällig im Bereich des Jugendkriminalrechts, in dem die kriminologischen Untersuchungen zur Wirkungsweise von Sanktionen zu dem Ergebnis geführt haben, dass in den meisten Fällen eingriffsintensive Maßnahmen wie Arrest oder Jugendstrafe sich schädlich auf die Entwicklung von Jugendlichen auswirken und im Hinblick auf eine angestrebte »Erziehung« eher kontraproduktiv sind. In konsequenter Beachtung dieser Erkenntnisse ist die Sozialarbeiterin in der Jugendgerichtshilfe verpflichtet, in geeigneten Fällen auf Non-Intervention und Einstellung von Strafverfahren gem. §§ 45, 47 JGG hinzuarbeiten.[6]

C. Das Erscheinungsbild von Kriminalität

Fest steht, dass es **keine auch nur annähernd präzise Erfassung der tatsächlich vorkommenden Kriminalität** gibt.[7] Deswegen ist es wichtig, die Frage zu untersuchen, auf welchem Weg die **Erscheinungsbilder von Kriminalität** in der Gesellschaft entstehen.

Wie Kriminalität wahrgenommen wird, hängt ganz wesentlich von der Interessen-Perspektive ab, aus der sie ins Bild gesetzt wird. Die Medien beispielsweise verfolgen mit ihrer Berichterstattung über zumeist spektakuläre Kriminalfälle (Sex and Crime) andere Interessen als die Polizei, die über statistische Datensammlungen allgemeine, als gültig akzeptierte Bilder von Kriminalität in der Öffentlichkeit produziert und publiziert.

Diese Überlegung darf nicht aus dem Auge verloren werden, wenn von »der Kriminalität« und ihrer jeweiligen medialen, polizeilichen oder wissenschaftlichen Abbildung oder Konstruktion die Rede ist.[8]

I. Die polizeiliche Kriminalstatistik (PKS)

Die PKS ist eine Sammlung von Daten über Straftaten, die der Polizei bekannt geworden sind. Sie wird jährlich vom Bundeskriminalamt (BKA) für die gesamte Bundesrepublik veröffentlicht. Daneben erheben die Bundesländer und großstädtische Polizeipräsidien ebenfalls eigene PKS. In ihnen wird neben den polizeilich bekannt gewordenen Delikten über die Aufklärungserfolge und die ermittelten Tatverdächtigen berichtet.

5 vgl. Janssen/Peters 1997, S. 7 ff.
6 vgl. dazu § 52 Abs. 2 SGB VIII; s. unten 14. Kap. E. II.
7 vgl. Periodischer Sicherheitsbericht 2001, 1 ff.
8 vgl. Althoff 2002, S. 47 ff.

Hier ein Beispiel über die Berichterstattung in der PKS des BKA von 2002 (S. 26):

Jahr	Bevölkerung am 30.06	Veränderung gegenüber dem Vorjahr in %	Fälle	Veränderung gegenüber dem Vorjahr in %	Gesamthäufigkeitszahl	Veränderungen gegenüber dem Vorjahr in %	Bemerkungen
		2	0	0	2		
1955	52 363 500		1 575 310		3 018	bis 1970	
1960	55 422 900		2 034 239		3 660	teilweise	
1965	59 040 600		1 789 319		3 031	Eingangserfassung	0)
1970	61 508 400		2 413 586		3 924		
1971	61 293 700		2 441 413		3 983	ab 1971 Ausgangserfassung	
1972	61 673 500	0,6	2 572 530	5,4	4 171	4,7	
1973	61 967 200	0,5	2 559 974	-0,5	4 131	-1,0	
1974	62 040 900	0,1	2 741 728	7,1	4 419	7,0	
1975	61 832 200	– 0,3	2 919 390	6,5	4 721	6,8	
1976	61 512 900	– 0,5	3 063 271	4,9	4 980	5,5	
1977	61 395 600	– 0,2	3 287 642	7,3	5 355	7,5	
1978	61 310 000	– 01	3 380 516	2,8	5 514	3,0	
1979	61 336 600	0,0	3 533 802	4,5	5 761	4,5	
1980	61 560 700	0,4	3 815 774	8,0	6 198	7,6	
1981	61 665 700	0,2	4 071 873	6,7	6 603	6,5	
1982	61 637 900	-0,0	4 291 975	5,4	6 963	5,5	
1983	61 420 700	-0,4	4 345 107	1,2	7 074	1,6	
1984	61 181 100	-0,4	4 132 783	-4,9	6 755	-4,5	1)
1985	61 015 300	-0,3	4 215 451	2,0	6 909	2,3	
1986	61 047 700	0,1	4 367 124	3,6	7 154	3,5	
1987	61 170 500	0,2	4 444 108	1,8	7 265	1,6	
1988	61 418 000	0,4	4 356 726	-2,0	7 094	-2,4	2)
1989	61 989 800	0,9	4 358 573	0,0	7 031	-0,9	
1990	62 679 000	1,1	4 455 333	2,2	7 108	1,1	3) 4)
1991	65 001 400		4 752 175		7 311		5)
1992	65 765 900	1,2	5 209 060	9,6	7 921	8,3	
1993	80 974 600		6 750 613		8 337		6)
1994	81 338 100	0,4	6 537 748	-3,2	8 038	-3,6	
1995	81 538 600	0,2	6 668 717	2,0>	8 179	1,8	
1996	81 817 500	0,3	6 647 598	-0,3	8 125	-0,7	
1997	82 012 200	0,2	6 586 165	-0,9	8 031	-1,2	
1998	82 057 400	0,1	6 456 996	-2,0	7 869	-2,0	
1999	82 037 000	-0,0	6 302 316	-2,4	7 682	-2,4	
2000	82 163 500	0,2>	6 264 723	-0,6	7 625	-0,7	
2001	82 259 500	0,1	6 363 865	1,6	7 736	1,5	
2002	82 440 300	0,2	6 507 394	2,3	7 893	2,0	

Bemerkungen:
0) 1963: Herausnahme der Verkehrsdelikte
1) Landesinterne Maßnahmen in Baden-Württemberg führten zu einer Mindererfassung, wodurch die Steigerungsrate für das Berichtsjahr 1984 um etwa 2 Prozentpunkte vermindert und 1985 um ca. 1,7 Prozentpunkte überhöht wurde.
2) Die Bevölkerungszahl von 1988 ist als Fortschreibung der Volkszählung 1987 mit den Vorjahren, die auf einem anderen Basisjahr (1971) beruhen, nicht vergleichbar.
3) Ab Berichtsjahr 1990: Einwohner am 01.01. des Berichtsjahres
4) Der Gesamtanstieg ist durch eine Sonderentwicklung in West-Berlin (Grenzöffnung) beeinflusst.
5) Berichtsjahr 1991 und 1992: alte Länder mit Gesamt Berlin
6) Ab Berichtsjahr 1993: Bundesgebiet insgesamt
Wegen erheblicher Anlaufschwierigkeiten waren PKS-Daten für die neuen Länder in den Berichtsjahren 1991 und 1992 viel zu niedrig ausgefallen, so dass sie keine brauchbare Basis für einen Vergleich mit den Daten der Folgejahre bilden. Ab 1993 hat sich die Erfassung in den ländern weitestgehend normalisiert. Nur in Mecklenburg-Vorpommern kam es 1994 durch umfangreiche Nacherfassungen zu einer Überhöhung der Fallzahlen.

Schaubild 3: Die Veränderung von Bevölkerungszahl, Gesamtzahl der registrierten Straftaten und Gesamthäufigkeitszahl seit 1971

II. Fallstatistik der Staatsanwaltschaft

Diese Statistik, die regelmäßig vom Statistischen Bundesamt veröffentlicht wird, enthält im Wesentlichen die bei der Staatsanwaltschaft angefallenen Verfahren sowie ihre Erledigung. Gezählt werden auch die Fälle, die nicht der Polizei, sondern nur der Staatsanwaltschaft bekannt geworden sind; immerhin für 1994 ein Fünftel der Gesamtzahl. Anders als bei der PKS werden auch alle Verkehrsdelikte und Ordnungswidrigkeiten (außer Bußgeldverfahren) mitgezählt. Da es vorkommt, dass mehrere Taten in einem Verfahren verbunden werden oder sich ein Verfahren gegen mehrere Tatverdächtige richtet, ist die Zahl der erfassten Verfahren geringer als die der davon betroffenen Beschuldigten.

Interessant ist die Art der Erledigungen der staatsanwaltlichen Ermittlungsverfahren, die im folgenden Schaubild (Quelle: Statistik der Staatsanwaltschaft 2001, hrsg. vom Statistischen Bundesamt Wiesbaden, Tab. 2.2.) dargestellt sind:

**Erledigungen durch die Staatsanwaltschaft*
– Bundesrepublik Deutschland gesamt –**

erledigte Verfahren insgesamt 4 555 675

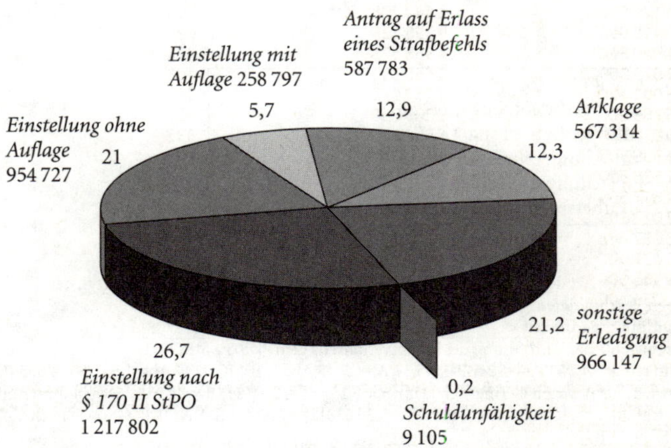

* gezählt werden von der Staatsanwaltschaft beim Landgericht und der Amtsanwaltschaft erledigte Verfahren, nicht Beschuldigte.

¹ u. a. Abgabe an andere Staatsanwaltschaft (n = 191 355), an Verwaltungsbehörde als Ordnungswidrigkeit (n = 216 781), Verbindungen mit einer anderen Sache (n = 206 066), vorläufige Einstellung (n = 117 258, Verweis auf Privatklage (n = 152 630), Antrag auf Eröffnung eines Sicherungsverfahrens (n = 485), Antrag auf vereinfachtes Jugendverfahren (n = 20 237), auf Entscheidung im beschleunigten Verfahren (n = 35 573).

Schaubild 4: Besonders aufschlussreich ist die große Anzahl der Einstellungen und die demgegenüber wenigen Anklageerhebungen.

III. Strafverfolgungsstatistik

In dieser Statistik wird jährlich vom Statistischen Bundesamt und den Statistischen Landesämtern über die gerichtlichen Verfahren berichtet. Es handelt sich – ähnlich wie die Fallstatistik der Staatsanwaltschaft – um eine **Arbeitsstatistik der Gerichte**, aus der entnommen werden kann, in wie viel Fällen jeweils eine Einstellung, eine Verurteilung oder andere endgültige Verfahrenserledigungen vorgekommen sind. Hier ein Beispiel (Quelle: Statistik der Strafgerichte 2001, hrsg. vom Statistischen Bundesamt Wiesbaden, Tab. 2.3 und 4.3.):

Erledigung durch die Gerichte*
– Bundesrepublik Deutschland gesamt –
Beschuldigte insgesamt: 961 173**

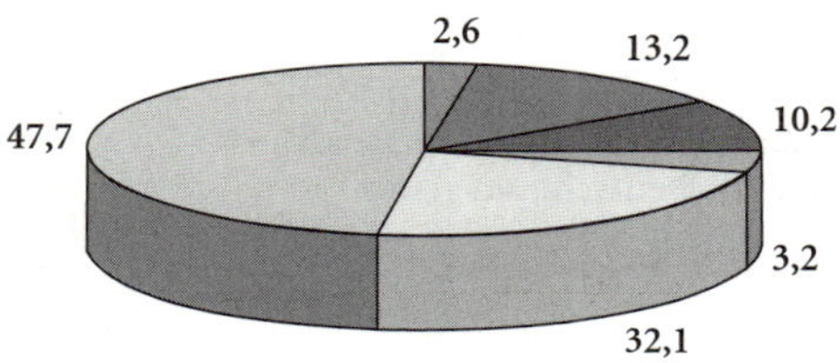

47,7%	Urteil (458 452)
23,1%	Sonstige Erledigung[5] (222 367)
3,2%	Sonstige Einstellung[4] (30 526)
10,2%	Einstellung ohne Auflage[3] (97 976)
13,2%	Einstellung mit Auflage[2] (126 529)
2,6%	Strafbefehlerlass[1] (25 323)

* gezählt wird die Art der Erledigung vor dem Amtsgericht und dem Landgericht bzgl. des einzelnen Beschuldigten.

** ohne Ordnungswidrigkeit.

1 nur Strafbefehle nach Eröffnung des Hauptverfahrens gem. § 408 a StPO

2 Einstellung nach § 153 a Abs. 2 StPO, §§ 37 Abs. 2, 38 Abs. 2 BtMG, § 47 Abs. 1 S. 1 Nr. 2 u. 3 JGG.

3 z.B. Einstellungen wegen Geringfügigkeit nach § 153 Abs. 2 StPO (n = 44 936), wegen unwesentlicher Nebenstraftaten nach § 154 Abs. 2 StPO (n = 39 658), § 47 Abs. 1 S. 1 Nr. 1 JGG sowie nach § 47 Abs. 1 S. Nr. 4 JGG.

4 z.B. Einstellung wegen Auslieferung, Ausweisung oder Abwesenheit des Beschuldigten, wegen Verfahrenshindernissen.

5 z.B. Verbindung mit einer anderen Sache (n = 111 075), Rücknahme der Privatklage/des Einspruchs (n = 63 868), Verweisung an ein anderes Gericht (n = 9 487, Ablehnung der Eröffnung des Hauptverfahrens (n = 4 537).

Schaubild 5: Es fällt auf, dass nur in knapp der Hälfte aller erledigten Verfahren Urteile gefällt werden.

IV. Bundeszentralregister

Eine weitere Quelle für die Darstellung von Kriminalitätsbildern ist das **Bundeszentralregister**, in dem u. a. sämtliche rechtskräftigen Verurteilungen erfasst werden.[9]

V. Periodischer Sicherheitsbericht (PSB)

Mit dem Periodischen Sicherheitsbericht, der zum ersten Mal 2001 von der Bundesregierung herausgegeben worden ist, soll ein neuer Weg amtlicher Berichterstattung über die Kriminalitätslage in Deutschland unternommen werden. Das Anliegen der Autoren ist, die Kriminalitätsdarstellungen auf der Grundlage von Einzelstatistiken, insbesondere der PKS und der Strafverfolgungsstatistik, mittels eines Gesamtbildes, das sämtliche verfügbaren statistischen Informationen sowie wissenschaftliche Befunde berücksichtigt. Vor allem soll auf das Opfer und dessen Kriminalitätsrisiko stärker eingegangen werden. Auch sollen die strafrechtlichen Reaktionen und die staatlichen Maßnahmen zur Kriminalprävention einbezogen werden.[10]

VI. Kritische Anmerkungen zu den Statistiken

Bei genauerer Betrachtung der genannten Statistiken, insbesondere der PKS, wird man feststellen, dass diese Datensammlungen nur ein **unzureichendes, eher verzerrendes Bild der in einer Gesellschaft wie der bundesdeutschen tatsächlich vorkommenden Kriminalität** vermitteln.[11] Wichtige Faktoren, die das statistisch hergestellte Kriminalitätsbild verzerren und Zweifel an ihrer Brauchbarkeit aufkommen lassen, seien im Folgenden kurz aufgezeigt:

- **Dunkelfelduntersuchungen** in der Form repräsentativer Befragungen beweisen, dass nur ein – nicht genau zu bestimmender – Teil von Straftaten überhaupt bekannt werden.
- Das **Anzeigeverhalten** der Bevölkerung erfasst nur einen Teil der Kriminalität und unterliegt ständigen Veränderungen. Manche Delikte werden nicht angezeigt, weil es kein unmittelbar betroffenes Opfer gibt (z. B. bei Abtreibung und Drogenerwerb) oder weil Anzeigen als wenig erfolgversprechend oder mit Tabuverletzungen verbunden sind (Sexueller Missbrauch). So ergab eine repräsentative Befragung von Frauen 1992 in Hannover, dass die Anzeigenquote bei Vergewaltigung nur 19 Prozent betrug[12]. Über Strafanzeigen werden jedoch mehr als 90 Prozent aller polizeilich registrierten Straftaten aufgedeckt.[13]
- Die **materiellen und personellen Ressourcen der Strafverfolgungsbehörden** (Polizei, Zoll, Staatsanwaltschaft) tragen wesentlich dazu bei, ob und in welchen Deliktsbereichen Kriminalität nicht nur entdeckt, sondern auch wirksam verfolgt wird. Politische Entscheidungen über die Ressourcenverteilung bestimmen darü-

9 vgl. unten 11. Kap. A.
10 PSB 2001, S. 1
11 Kerner 1993, S. 300
12 Maier 1994, S. 84
13 Heinz 1993 b, S. 27 ff.

ber, wie intensiv die Verfolgung von Straftaten insgesamt oder in gewissen Schwerpunkten (Umweltkriminalität, Korruption, Steuerbetrug, Drogenhandel) erfolgt.

- Die PKS enthält **Daten über Personen, die einer kriminellen Tat verdächtigt werden**; möglicherweise stellt sich im weiteren Verlauf des Strafverfahrens heraus, dass der Verdacht unbegründet war. Auch ist nicht jeder angezeigte Sachverhalt zwingend eine Straftat. Es kommt auf die jeweilige Zuschreibung und Definition durch den laienhaft informierten Anzeigenden, die Polizei, die Staatsanwaltschaft, das Gericht und das Rechtsmittelgericht an. Aufschlussreich sind Studien, die die Unterschiedlichkeit dieser Definitionsprozesse bei den Instanzen sozialer Kontrolle sichtbar machen. Nach einer Untersuchung von Klaus Sessar[14] unterstellte die Polizei in 527 Fällen Tötungsversuch, die STA hielt in nur 144 Fällen diesen Vorwurf aufrecht und schließlich kam es zu bloß 82 Verurteilungen wegen versuchter Tötung.

- Über Veränderungen im Bereich der Kriminalität entscheidet nicht zuletzt der **Gesetzgeber**, der mit der (Ab-)Schaffung von Strafgesetzen allein bestimmt, was kriminell ist.

So wird zurecht in der vom BKA vorgelegten PKS auf diese Aspekte hingewiesen:

> »Die polizeiliche Kriminalstatistik bietet also kein getreues Spiegelbild der Kriminalitätswirklichkeit, sondern eine je nach Deliktsart mehr oder weniger starke Annäherung an die Realität. Gleichwohl ist sie für Legislative, Exekutive und Wissenschaft ein Hilfsmittel, um Erkenntnisse über die Häufigkeit der erfassten Fälle sowie über Formen und Entwicklungstendenzen der Kriminalität (...) zu gewinnen«.[15]

Zusammenfassend lässt sich die **PKS als ein Arbeitsbericht der Polizei als Strafermittlungsbehörde** charakterisieren.
Was im Laufe der Strafverfolgung aus den Verfahren wird, zeigt das folgende Schaubild eindrucksvoll (Quelle: Polizeiliche Kriminalstatistik 2000, hrsg. vom Bundeskriminalamt Wiesbaden, Tab. 24 S. 66 und Tab. 55, S. 92; Strafverfolgungsstatistik 2000, hrsg. vom statistischen Bundesamt Wiesbaden, Tab. 2.1, 2.3 und 4.1.):

14 ders. 1981
15 PKS BKA 2002, S. 7

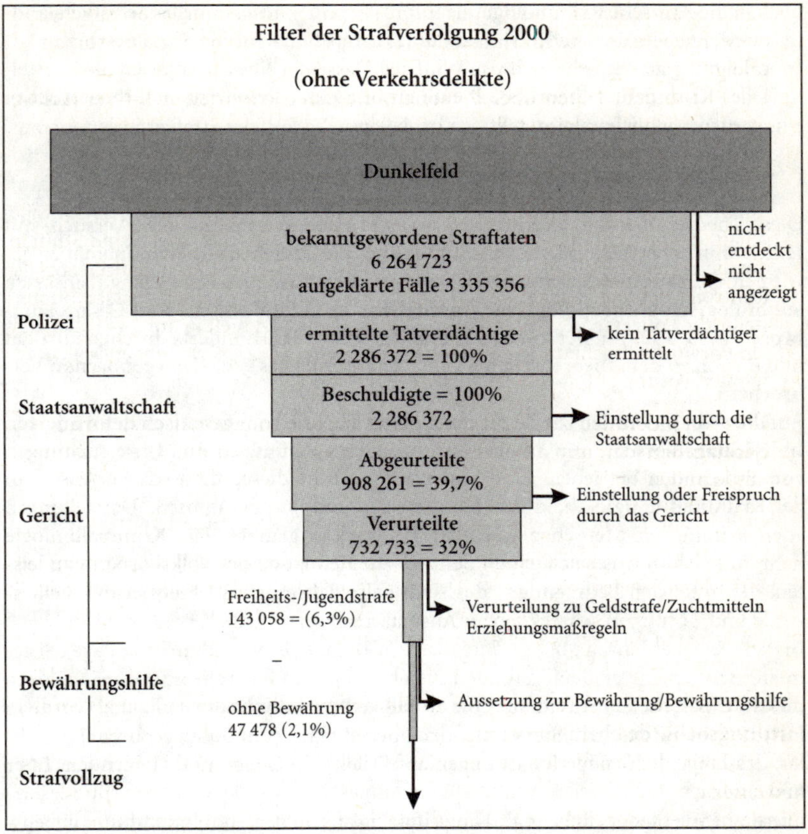

Schaubild 6: Dieses Filtermodell liefert einen Überblick über den Gang der Strafverfolgung.

D. Kriminalitätstheorien

Die zentrale, die Kriminologie von Anfang an interessierende Frage war und ist, wie es eigentlich zu kriminellem Verhalten kommt, welche Faktoren für »das Verbrechen« ursächlich sind. Die an dieser Fragestellung entfachte Diskussion hat eine Vielzahl von Theorien abweichenden Verhaltens hervorgebracht[16], die darzustellen den Rahmen des Buches sprengen würde. Eine für die Soziale Arbeit interessante Analyse der Kriminalitätstheorien liefern Peters und Janssen in ihrer Publikation: Kriminologie für Soziale Arbeit.[17] Daneben bieten Anhorn/Bettinger (2002) einen wichtigen Ein-

16 Lamnek 1993, S. 55 ff.
17 S. 40 ff. und 75 ff.

blick in die Kritische Kriminologie als Impuls für ein »professionelles Selbstverständnis« und eine »kritisch-reflexive Handlungskompetenz« für die Soziale Arbeit.
In Anlehnung an das Lehrbuch von Winfried Hassemer[18] beschränke ich die Darstellung der Kriminalitätstheorien auf eine grobe Skizze der wichtigsten theoretischen Ansätze, die sich wie folgt unterscheiden lassen:

I. Theorie vom »defekten Individuum«

Diese Theorie über den »Verbrecher« war der erste wissenschaftliche Versuch, mit Hilfe empirischer Methoden Erkenntnisse über die Ursachen von Kriminalität zu gewinnen. Ausgangspunkt waren medizinische Untersuchungen von Gefängnisinsassen auf **biologisch-anthropologische Anomalien**, die der italienische Arzt Cesare **Lombroso** (1835–1909) in der zweiten Hälfte des letzten Jahrhunderts durchgeführt hat und die ihn zu dem theoretischen Schluss veranlassten, es gebe den »**geborenen Verbrecher**«.
Auf dieser Basis wurden zur Bestätigung dieser Theorie vom **genetisch deformierten Individuum** Forschungen an ein- und zweieiigen Zwillingen und Untersuchungen von Erbschäden betrieben. Eine Fortsetzung erfuhr dieser theoretische Ansatz in der **Kriminalbiologie**, die durch biometrische und photographische Darstellungen »den kriminellen Menschen« sichtbar zu machen glaubte. Die Kriminalbiologie nahm für sich in Anspruch, einen Beitrag »zur Reinigung des Volkskörpers« zu leisten, der unter den Bedingungen des Nationalsozialismus mit Internierung, Leibesstrafe und Tötung in schrecklichem Ausmaß realisiert wurde.[19]
In den sechziger Jahren noch meinte man ernsthaft, eine besondere Erbanlage bei gemeingefährlichen Personen gefunden zu haben: Das »**Mörderchromosom**«, das nach diesem theoretischen Ansatz für eine auffällige Aggressivität steht. Zuletzt wurde in Heft 19/96 der Zeitschrift Stern unter der Überschrift: »Zum Bösen geboren«? berichtet, dass angeblich »neue Forschungen auf Defekte in Genen und Gehirn der Täter hinweisen«.[20]
Diese Theorie blendet die soziale Umwelt völlig aus, in der jedes Individuum neben – vermuteten oder bewiesenen – genetisch bedingten Anlagen seine spezifische Prägung durch vielerlei Einflüsse erfährt. Aber auch die kriminelle Tat selbst ist, gerade wenn sie als schweres Verbrechen wie Mord oder Vergewaltigung begangen wird, fast immer ein Ergebnis von Interaktion zwischen Täter und Opfer oder eine Reaktion auf soziale Benachteiligungen. Schon aus diesen Überlegungen heraus wird diese Theorie vom defekten Individuum ernsthaft nicht mehr in der modernen Kriminologie vertreten.

18 a. a. O., S. 27–67
19 vgl. Justizministerium NRW 1997
20 vgl. zu dem neuerlichen Biologismus in der Kriminologie, Sack 1999, S. 209 ff.

II. Theorie von der »defekten Sozialisation«

Die Vertreter dieser Theorie verorten die kriminogenen Faktoren nicht im Körper des Täters sondern in der **Sozialisation**, in deren Verlauf **kriminelles Verhalten erlernt** wird. Familie, Freundeskreis, Schule, Nachbarschaft sind die Instanzen, die für eine fehlerhafte, **defekte Biographie** eines Menschen verantwortlich gemacht werden. Über sie lernt das Kind, der Jugendliche und Heranwachsende Normen und Wertvorstellungen, die das deliktische Verhalten bestimmen. Damit verbinden lassen sich **individual- und sozialpsychologische oder psychoanalytische Theorien**, die Aussagen über Lernen, soziale Einflussnahme auf das Individuum oder frühkindliche Störungen im Eltern-Kind-Verhältnis treffen und Zusammenhänge zu delinquentem Verhalten aufzeigen.

Die **Sozialisationstheorie** gründet sich auf zahlreiche empirische Untersuchungen, von denen die Forschungsarbeit des amerikanischen Ehepaars **Glueck** über den Kontext von defektem Elternhaus (**broken home**) und defekter Entwicklung im Jugendalter besonders hervorsticht.[21]

Während bei der Broken-home-Theorie die Familie mit ihren Störungen und Defiziten im Mittelpunkt des Erkenntnisinteresses steht, wird bei der **kriminologischen Lerntheorie** von **Sutherland** (1924) der »differentielle Kontakt« zu kriminellen Personen oder Gruppen als Ausgangspunkt für abweichendes Verhalten analysiert. Die Interaktion insbesondere in Kleingruppen bildet danach die Basis für das Erlernen von normabweichenden Motiven und Techniken.

In diesen Zusammenhang passt auch die von **Cohen** 1955 entwickelte Theorie der **kriminellen Subkultur**. Danach bilden sich in sozial abgesonderten Gruppen (Jugendgangs, Banden) eigenständige Normen und Wertvorstellungen heraus, die in völligem Kontrast zu der herrschenden Kultur stehen. Eine weitere Sozialisationstheorie stellt demgegenüber die Frage, ob bei überführten Straftätern nicht eher Schuld und Scham als Selbstbewusstsein und eigenständiges Normverständnis vorherrschen. **Sykes und Matza** (1957) beobachteten in den fünfziger Jahren in den USA, dass eine Vielzahl von delinquenten Personen erlernte Techniken anwandten, die von ihnen begangenen Straftaten »schönzureden« oder zu »neutralisieren«. **Diese Neutralisierungstechniken** lassen sich in fünf Typen unterscheiden:

1. Die Leugnung der Verantwortlichkeit für die Tat, indem die Tat dem Zufall oder ungünstigen Umständen zugeschoben wird.
2. Die Leugnung, einen Schaden angerichtet oder Unrecht getan zu haben, indem die Folgen der Tat bagatellisiert werden.
3. Die Leugnung eines Opfers, indem dem Opfer die Schuld zugewiesen wird und das eigene Verhalten als »gerechte Strafe« für Fehlverhalten des Opfers uminterpretiert wird.
4. Die Herabsetzung derer, die die Strafverfolgung betreiben, und die als korrupt oder ungerecht disqualifiziert werden.
5. Die Berufung auf höherwertige Instanzen, die in Verbindung mit den subkulturellen Normvorstellungen die Tat als gerechtfertigt erscheinen lassen.

21 Glueck/Glueck 1972

III. Theorie von der »defekten Sozialstruktur«

Bei kritischer Betrachtung der Sozialisationstheorien fällt auf, dass das **Augenmerk zu sehr auf das Individuum und seine Entwicklung** gerichtet ist, ohne dabei zu berücksichtigen, dass es eben auch noch **gesellschaftliche, soziale und ökonomische Bedingungen** gibt, die in ihren Veränderungen jeweils mehr oder weniger den Einzelnen beeinflussen. Will man einen vollständigeren Blick auf die Ursachen von kriminellem Verhalten werfen, darf die **Sozialstruktur einer Gesellschaft** nicht unberücksichtigt bleiben.

Die **Anomietheorie** nimmt sich dieser Perspektive an. Sie wurde in den dreißiger Jahren im Wesentlichen von **Robert Merton** entwickelt. Diese Theorie geht – mit Blick auf die US-amerikanische Gesellschaft – davon aus, dass es eine deutliche **Kluft zwischen kulturell bestimmten Zielen und den sozial und ökonomisch zur Verfügung stehenden Mitteln zu ihrer Verwirklichung** gibt. Anders ausgedrückt: die Chancen, mit den eigenen Mitteln (Geld, Arbeitskraft, Vermögen) ein wohlständiges Leben (Prosperität, soziale Sicherheit, Status, Anerkennung) führen zu können, sind ungleich verteilt. Während das kulturell vermittelte und auch internalisierte Ziel für alle gleichermaßen Geltung besitzt (»Hast du was, bist du was!«), lässt sich für einen Teil der Gesellschaftsmitglieder das angestrebte Ziel nicht sofort oder nie erreichen. Diejenigen, die bei der Chancenverteilung benachteiligt und nicht in der Lage sind, auf legalem Wege am gesellschaftlichen Reichtum zu partizipieren, greifen eher auf illegale Mittel zurück, um einen als ungerecht empfundenen Zustand individuell zu verbessern. Die **Ursache von abweichendem Verhalten** lässt sich also nicht in der Person des Delinquenten und seiner die Sozialisation bestimmenden Umwelt, sondern **in der sozialen und kulturellen Struktur der Gesellschaft** finden.

Als Reaktionen des Einzelnen auf die defekte Sozialstruktur unterscheidet Merton **fünf Arten von Einstellungs- und Verhaltensmustern:**

1. Konformität: Ziele und Mittel werden bejaht, man passt sich an.
2. Ritualismus: Ziele werden nach unten korrigiert oder aufgegeben, die Mittel bleiben akzeptiert, man richtet sich ein (z. B. durch Mehrarbeit).
3. Apathie: Ziele und Mittel werden abgelehnt, man zieht sich aus der Gesellschaft zurück (Außenseiter, Clochards, Süchtige).
4. Innovation: Bei Akzeptanz der Ziele werden die rechtlich vorgegebenen Mittel abgelehnt; an ihre Stelle treten die illegalen Mittel (z. B. Kriminalität).
5. Rebellion: Sowohl Ziele als auch Mittel werden bekämpft (z. B. politisch motivierte Kriminalität)

Die **Anomietheorie** weist ein großes Maß von Plausibilität auf, wenn man **Erklärungen für die Eigentums- oder Vermögenskriminalität** sucht. Andere Delinquenzarten wie Gewaltkriminalität lassen sich mit diesem theoretischen Ansatz nicht analysieren.

Überhaupt fällt auf, dass die bisher vorgestellten Theorien immer nur Erklärungsansätze bieten, die für bestimmte Deliktsarten mal mehr, mal weniger oder gar nicht taugen. Aus diesem Dilemma heraus wurden sog. **Mehrfaktorenansätze** entwickelt,

die **aus verschiedenen Theorien jeweils für brauchbar erkannte theoretische Versatzstücke** zusammenführten.
Die Kritik des Eklektizismus (Beliebigkeit der Auswahl) ist insofern nicht ganz von der Hand zu weisen, aber auch nicht immer zu vermeiden.
Der Hauptangriff auf die vorgenannten Kriminalitätstheorien wurde und wird jedoch aus anderer Richtung und mit anderen Überlegungen geführt, die ihre Grundlage, nämlich zwischen Kriminellen und Nicht-Kriminellen zu unterscheiden und das Besondere, das Abweichende zum Forschungsgegenstand zu machen, ganz und gar in Frage stellen.

IV. Theorie der Kriminalisierung

Mit Hilfe von sog. **Dunkelfelduntersuchungen** konnte nachgewiesen werden, dass die den Strafverfolgungsinstanzen bekannt gewordenen Straftaten nur einen Teil der insgesamt vorkommenden Kriminalität einer Gesellschaft darstellen. Aus verschiedenen Gründen bleibt eine Vielzahl von Delikten und damit von Delinquenten unsichtbar, so dass eine **Grenzziehung zwischen der Gruppe »der Kriminellen« und der der »Nicht-Kriminellen« nicht möglich** ist. Hinzu kommt, dass beispielsweise die Dunkelfeldforschung auf dem Gebiet der Jugendkriminalität zu dem Ergebnis gekommen ist, dass **jugendliche Delinquenz als normal und ubiquitär** (gleichmäßig verteilt) beschrieben werden kann.[22]
Das Ergebnis solcher Gedanken ist mithin »**umwerfend**«: Wer der Gruppe der Kriminellen zuzuordnen ist, entscheidet nicht das Verhalten, sondern die **Zuschreibung, die Definition des Verhaltens als kriminell**. Kriminalität und der »Kriminelle« werden danach durch die Instanzen sozialer Kontrolle produziert.
Aus welchen Gründen ein Straftäter oder eine Straftat vom Dunkel- in das Hellfeld überführt wird und es zu einer Strafverfolgung bis hin zu einer rechtskräftigen Verurteilung kommt, hängt von vielerlei Faktoren ab, die bereits oben bei der kritischen Betrachtung der PKS (3. Kap. C. V.) angedeutet wurden.
Dieser theoretische Ansatz ist richtungsweisend für die **Theorie des labeling approach**, die in der Bundesrepublik in dem Sozialwissenschaftler **Fritz Sack** ihren bedeutsamsten Vertreter hat. Danach ist Kriminalität nicht Eigenschaft eines Verhaltens sondern **Ergebnis eines Definitionsprozesses.**[23] Die Kontrollinstanzen selektieren aus einer Gesamtmenge lediglich eine Teilmenge von begangenen Taten und etikettieren diese als kriminell (**Etikettierungsansatz**). Dieser Vorgang – auch als **Stigmatisierung** benannt – erreicht in der Regel zumeist sehr einseitig die Mitglieder der unteren randständigen Schichten.
Die Forderung, die sich danach an die Kriminologie zu richten hat, bezieht sich folglich auf die **Analyse der Kriminalisierungsmechanismen.**[24]
In der Tat ist das damit verbundene Anliegen mehr als gerechtfertigt, das Forschungsprinzip des Labeling-Ansatzes für den – auch empirischen – Nachweis der Ungleich-

22 Walter 2001, S. 114 ff.
23 Sack 1968, S. 431 ff.
24 Zu den neueren Theorieansätzen auf der Basis des labeling approach, vgl. Lamnek 1997

heit in der Anwendung des Straf(-prozess)rechts als einem Instrument der sozialen Kontrolle nutzbar zu machen.

Fraglich ist jedoch, ob – wie es die radikalen Vertreter des labeling approach propagieren – man gänzlich auf die ätiologischen (d. h. ursachenbegründenden) Kriminalitätstheorien verzichten kann. Denn wenn der Einwand richtig ist, dass die Kontrollinstanzen das Dunkelfeld lediglich selektiv aufhellen, muss es auch ein Wissen über Verhaltensweisen im Dunkelfeld geben. »Wäre Kriminalität nur das Ergebnis von Definition, so könnte es ein Dunkelfeld gar nicht geben: Wird krimineller Status zugeschrieben, so ist das Kriminalität, wird die Zuschreibung unterlassen, so ist das Nicht-Kriminalität«.[25] Es erscheint m. E. gerechtfertigt, sich weiteres Wissen um die Ursachen von Tat und Tätern zu verschaffen. Die Taten rechtsextremistischer Gewalttäter z. B. müssen analysiert werden, um vielleicht nicht nur mit den herkömmlichen Mitteln des Strafrechtssystems reagieren zu können.

Wolfgang Nauke ist beizupflichten, wenn er in einer zusammenfassenden Bewertung der Kriminalitätstheorien feststellt:

> »Alle diese neueren Bemühungen laufen in dem Versuch zusammen, die Kriminologie als Teil eines sozialwissenschaftlichen Forschungsbereichs zu sehen, der zahlreiche Wissenschaften zusammenfasst und der sich dem Gesamtgegenstand:
> - Wirklichkeit des Entstehens der Strafandrohung durch den Gesetzgeber,
> - Wirklichkeit der Straftatbegehung durch den Täter,
> - Wirklichkeit der Straftataufklärung, der Strafverhängung und des Strafvollzugs durch die Justizorganisation zuwendet«[26].

25 Hassemer 1990, S. 65

26 ders. 2002, S. 60

Teil 2: Straftat und Strafverfahren

4. Kapitel: Die Akteure des Strafverfahrens

Grundlegende Literatur: Meyer-Goßner: StPO Kommentar, 46. Aufl., München 2003

Da das Strafverfahren wie kein anderes staatliches Verfahren in die Freiheitsrechte der Bürger eingreift, ist es ein **besonderes Gebot der Rechtsstaatlichkeit, die Funktionen und die Machtpotenziale der am Strafverfahren Beteiligten angemessen zu verteilen**. Im Folgenden sollen die Akteure in ihrer spezifischen Stellung und mit ihren Befugnissen vorgestellt werden.

A. Die staatlichen Prozessorgane

Die staatlichen, am Strafverfahren beteiligten Prozessorgane sind

- **die Staatsanwaltschaft,**
- **die Polizei und**
- **das Gericht.**

Gerade die Trennung von Staatsanwaltschaft als Ermittlungs- und Anklagebehörde einerseits und Gericht als urteilendem Organ andererseits ist Ausdruck des rechtsstaatlichen Bemühens, die Gefahr der Voreingenommenheit bei der Urteilsfindung zu bannen. Gleichzeitig bedeutet diese Trennung eine Abkehr von dem bis zur Zeit der Aufklärung (18. Jahrhundert) geltenden Inquisitionsprozess, bei dem die Funktionen der Ermittlung, Anklage und Verurteilung in einer Person verbunden waren und damit die Erforschung der Wahrheit u. a. durch »Vorurteils«bildung erheblich beeinträchtigt war.[1]

I. Staatsanwaltschaft

»Die Staatsanwaltschaft ist ein dem Gericht gleichgeordnetes Organ der Strafrechtspflege, dem die Strafverfolgung und Mitwirkung im Strafverfahren obliegt«.[2] Sie ist nach § 150 GVG von den Gerichten unabhängig. Ihre Aufgaben sind,

- die **Ermittlungen** führen (§ 160 StPO),
- **Anklage** zu erheben (§ 152 StPO),
- an der **Hauptverhandlung teilzunehmen** (§ 226 StPO) und
- die **Vollstreckung der Strafurteile** durchzuführen (§ 451 StPO).

1 Naucke 2002, S. 175

2 Meyer-Goßner GVG vor § 114 Rdnr. 1

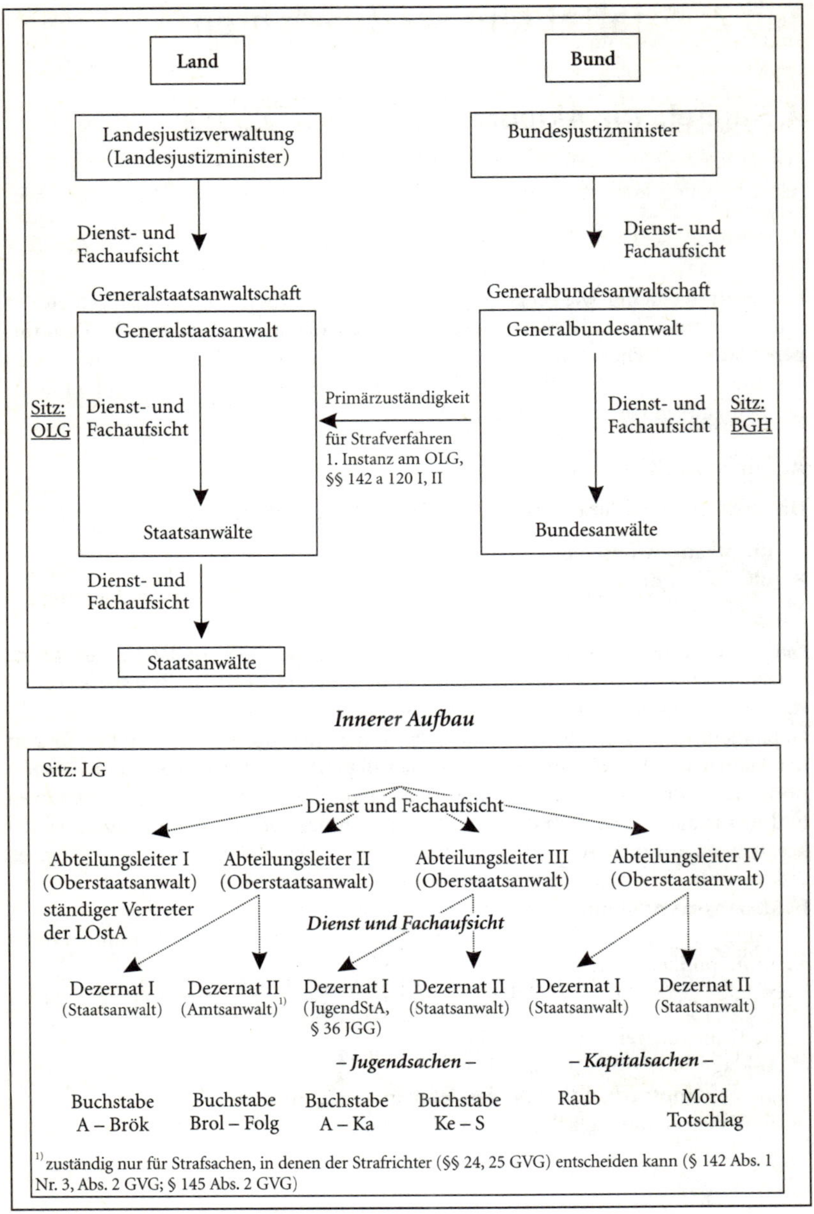

Schaubild 7: Dienst- und Fachaufsicht der Staatsanwaltschaft in den Bundesländern und im Bund sowie der innere Behördenaufbau

Zur Erfüllung ihrer Aufgaben stehen der Staatsanwaltschaft weitgehende **Zwangsbefugnisse**, wie Festnahme, Beschlagnahme, Durchsuchung und Telefonüberwachung zu, allerdings nur bei Gefahr im Verzuge und anschließender richterlicher Genehmigung. Deswegen wird sie zurecht »**Herrin des Vorverfahrens**« genannt.
Die Organisation der Staatsanwaltschaft ist im GVG geregelt. Sie lässt sich als eine streng **hierarchisch gegliederte Justizbehörde** charakterisieren, an deren Spitze ein leitender, weisungsbefugter Beamter steht. Bei jedem Strafgericht (Landgericht, Oberlandesgericht, Bundesgerichtshof) ist eine Staatsanwaltschaft eingerichtet. Beim Amtsgericht nimmt die staatsanwaltlichen Aufgaben die beim örtlich zuständigen Landgericht eingerichtete Staatsanwaltschaft durch einzelne Staats- oder Amtsanwälte wahr.

II. Polizei

Die Beamten der Polizei sind im Rahmen der Strafverfolgung **Hilfsbeamte der Staatsanwaltschaft** (§ 152 GVG). In dieser Funktion sind sie verpflichtet, den Anordnungen der Staatsanwaltschaft Folge zu leisten.
Gem. § 163 StPO ist ihre Aufgabe, Straftaten zu erforschen und alle keinen Aufschub gestattenden Anordnungen zu treffen. Die Polizei hat damit das Recht und die Pflicht des **»ersten Zugriffs«.**
Wenn auch im Gesetz das Unterordnungsverhältnis der Polizei zur Staatsanwaltschaft hervorgehoben wird, so hat mit der Zeit eine **weitgehende Machtverschiebung zugunsten der Polizeibehörden** stattgefunden. Dies liegt im Wesentlichen darin begründet, dass die technische und personelle Ausstattung der Polizei im Vergleich zur Staatsanwaltschaft weitaus besser ist und die kriminalistischen Strategien in der Regel bei der Polizei entwickelt werden.[3]
Die Organisation der Polizei fällt nach dem verfassungsrechtlich bestimmten föderalen Aufbau der Bundesrepublik in die **Zuständigkeit der Länder**. Die in den entsprechenden Landesgesetzen festgelegten Aufgaben der Polizei umfassen neben der Strafverfolgung auch noch andere Bereiche (z. B. Schutzpolizei, Verkehrspolizei, Bereitschaftspolizei). In diesen Tätigkeitsfeldern steht die **Gefahrenabwehr** im Vordergrund, wobei das Schutzgut die öffentliche Sicherheit und Ordnung ist (z. B. die Bergung von Unfallopfern, Einschreiten bei nächtlicher Ruhestörung etc.).
Die Aufgaben der Strafverfolgung werden behördenintern von den **Abteilungen der Kriminalpolizei** wahrgenommen.
Neben den großstädtischen **Polizeipräsidien** und den **Kreispolizeibehörden** gibt es in jedem Bundesland ein eigenes **Landeskriminalamt.**
Auf Bundesebene besteht das **Bundeskriminalamt**, das u. a. für die Strafverfolgung der Straftaten zuständig ist, die in den Zuständigkeitsbereich des Generalbundesanwalts (§ 142 a GVG) fallen.

3 vgl. Schumann 1993, S. 207

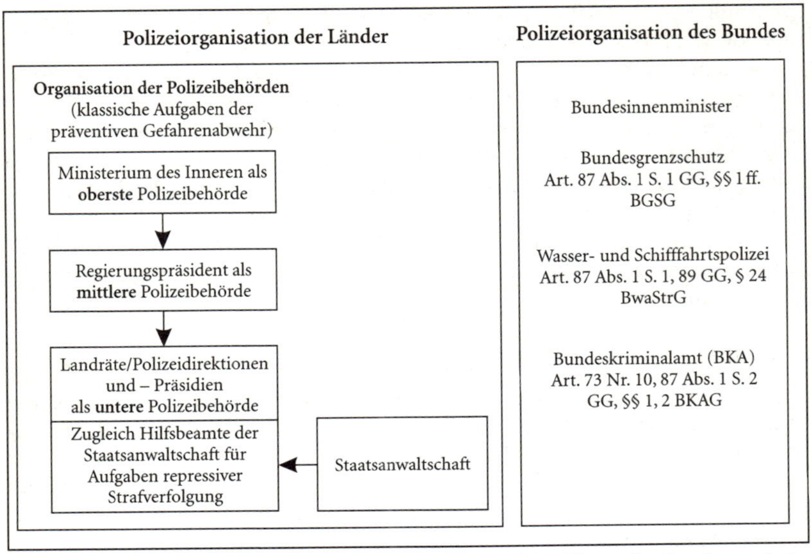

Schaubild 8: Aufbau und Organisation der Polizei auf der Ebene des Bundes und der Länder

III. Das Gericht

Die bedeutendste Stellung im Strafverfahren nimmt das Gericht ein, das mit seinem Urteil über Schuld und Unschuld, Bestrafung oder Freispruch entscheidet.
Anders als die Staatsanwaltschaft ist das Gericht ein **Justizorgan besonderer Art** und nicht mit einer Behörde zu vergleichen. Grund dafür ist die **Sonderstellung des Richters**, die in der Verfassung verankert ist.
Einmal ist in Art. 97 GG bestimmt, dass die Richter **unabhängig und nur dem Gesetz unterworfen** sind. Das heißt, dass niemand auf die richterliche Tätigkeit Einfluss nehmen darf und der Richter in seinem Amt unanfechtbar, also nicht absetzbar oder versetzbar ist. Die äußere Grenze richterlicher Unabhängigkeit wird durch die Strafvorschrift der Rechtsbeugung (§ 339 StGB) gezogen. Diese Regelung verbietet dem Richter, bei seiner beruflichen Tätigkeit das Recht zum Vorteil oder zum Nachteil einer Seite zu verletzen.
Ein weiteres Organisationsprinzip ist der **Grundsatz des »gesetzlichen Richters«**. In Art. 101 Abs.1 GG heißt es dazu:

> »Ausnahmegerichte sind unzulässig. Niemand darf seinem gesetzlichen Richter entzogen werden.«

Dieses **Prozessgrundrecht** gewährleistet, dass zum einen für die Aburteilung einer bestimmten Straftat kein besonderes Gericht eingerichtet werden darf und zum andern Manipulationen bei der Gerichtsbesetzung und der Zuweisung einer Strafsache zu einem Gericht durch die **gesetzlichen Zuständigkeitsregelungen** ausnahmslos verhindert werden. Die Bestimmungen über die Zuständigkeiten müssen so eindeutig sein, dass bei Begehung einer Straftat bereits feststeht, vor welchem Gericht die Strafsache verhandelt werden wird.

Es wird grundsätzlich zwischen der **örtlichen und der sachlichen Zuständigkeit** unterschieden.

➢ Die örtliche Zuständigkeit ist in §§ 7 ff. StPO geregelt. In der Regel ist der Gerichtsstand bei dem Gericht begründet, in dessen Bezirk die Straftat begangen wurde. Daneben können auch der Wohnsitz oder Ergreifungsort den Gerichtsstand begründen.

➢ Die Regelungen über die sachliche Zuständigkeit sind demgegenüber im GVG enthalten. Ein Überblick ist in der folgenden Übersicht enthalten:

Gericht	**Sachliche Zuständigkeit 1. Instanz**	**Strafgewalt**
AG Strafrichter ●	**§ 25 GVG n. F.** 1. Privatklagen 2. Straftaten, wenn keine höhere Strafe als 2 Jahre zu erwarten ist	
Schöffengericht ○●○ erweitertes Schöffengericht ○●●○	**§§ 24, 28 GVG** Verbrechen und Vergehen Ausnahmsweise aber nicht, § 24 n. F. a. wenn Zuständigkeit des LG nach § 74 II GVG (Strafkammer als Schwurgericht) oder nach § 74 a GVG (Staatsschutzkammer) oder wenn die Zuständigkeit des OLG nach § 120 GVG begründet ist; b. wenn mehr als vier Jahre Freiheitsstrafe oder Unterbringung in einem psychiatrischen Krankenhaus oder Sicherungsverwahrung zu erwarten ist; c. wenn die Staatsanwaltschaft wegen der besonderen Bedeutung beim LG anklagt.	**§ 24 II GVG n. F.** – Geldstrafe und Freiheitsstrafe bis vier Jahre – alle Maßregeln mit Ausnahme der Unterbringung in einem psychiatrischen Krankenhaus und Sicherungs-Verwahrung
LG Große Strafkammer ○●●(●)○	**§ 74 GVG i. V. m § 76 II GVG n. F.** Verbrechen u. Vergehen 1. Wenn mehr als vier Jahre Freiheitsstrafe oder Unterbringung in einem psychiatrischen Krankenhaus oder Sicherungsverwahrung zu erwarten sind, es sei denn, dass die Zuständigkeit einer Strafkammer als Schwurgericht (§ 74 II GVG) oder des OLG (§ 120 GVG) gegeben ist; oder 2. wenn die Staatsanwaltschaft trotz geringerer Straferwartung wegen der besonderen Bedeutung bei der großen Strafkammer angeklagt	– uneingeschränkt

(Fortsetzung nächste Seite)

Gericht	Sachliche Zuständigkeit 1. Instanz	Strafgewalt
Strafkammer als Schwurgericht ○●●●○	**§ 74 II GVG i. V. m. § 76 I GVG** erschöpfender Zuständigkeitskatalog, insbes. vorsätzliche Tötungsverbrechen und Verbrechen mit Todesfolge	– uneingeschränkt
OLG Strafsenat ●●●●●	**§ 120 GVG** Staatsschutzsachen und Völkermord	– uneingeschränkt

Schaubild 9: Übersicht über die sachliche Zuständigkeit der Gerichte in 1. Instanz

Mit Ausnahme des Strafrichters als Einzelrichter und der BGH- und OLG-Strafsenate sind bei der Besetzung der übrigen Gerichte grundsätzlich **Schöffen** vorgesehen. Es handelt sich bei den Schöffen um **ehrenamtliche Laienrichter**, die in der Hauptverhandlung das Richteramt in vollem Umfang und mit gleichem Stimmrecht wie die Berufsrichter ausüben (§§ 30, 77 GVG).

Alle vier Jahre werden Schöffen in einem im GVG geregelten Verfahren aufgrund einer von den Gemeinden erstellten Vorschlagsliste den Strafgerichten zugewählt.[4]

Die **Neutralität oder Unparteilichkeit** ist ein weiteres wichtiges Merkmal richterlicher Unabhängigkeit. Der Angeklagte muss sich darauf verlassen können, dass das gegen ihn eingeleitete Strafverfahren in strikter Wahrung dieses Grundsatzes durchgeführt wird und »ohne Ansehen der Person« geurteilt wird. Es steht gleichwohl außer Frage, dass eine absolute innere Unabhängigkeit kaum erreicht werden kann, weil auch Richter Menschen mit Schwächen sind. Hinzu kommt, dass Richter – wie die meisten Juristen – in der Regel einer anderen Schicht entstammen als Angeklagte und deren Lebensverhältnissen und Wertvorstellungen nicht selten fremd gegenüberstehen.[5]

Gibt ein Richter durch eine Äußerung oder sein Verhalten dem Angeklagten Anlass für die **Besorgnis der Befangenheit**, kann dieser den Richter gem. § 24 StPO ablehnen. Andere gesetzliche Ausschließungsgründe liegen vor, wenn ein Richter selbst durch die Straftat verletzt ist oder mit dem Beschuldigten verwandt ist (§ 22 StPO).

B. Der Beschuldigte

Der Beschuldigte (zur terminologischen Unterscheidung zwischen Beschuldigtem, Angeschuldigtem und Angeklagtem vgl. § 157 StPO) ist angesichts der Macht- und Zwangsbefugnisse der staatlichen Prozessorgane der schwächste Verfahrensbeteiligte. Gerade deswegen unterliegt er dem besonderen Schutz der Verfahrensvorschriften, die sicherstellen sollen, dass er **nicht zum bloßen Objekt staatlichen Handelns** wird.

4 vgl. Lüthke/Müller 1997, S. 131 ff.

5 vgl. Lüthke/Müller 1997, S. 53 unter Hinweis auf Lamprecht 1995

Wesentliche, das gesamte Strafverfahren bestimmende Grundsätze sind im GG, in der MRK und der StPO enthalten:

- Die **Unschuldsvermutung** (Art. 6 Abs. 2 MRK),
- Anspruch auf ein **faires Verfahren**,
- unbedingter **Schutz der menschlichen Würde** (Art. 1 Abs. 1 GG),
- uneingeschränktes **Recht zur Verteidigung** (Art. 6 Abs. 3 MRK),
- Anspruch auf den **gesetzlichen Richter** (Art. 97 GG),
- Anspruch auf **rechtliches Gehör** (Art. 103 Abs. 1 GG).

Daneben ist der Beschuldigte in seinem Recht geschützt, von seiner Aussagefreiheit Gebrauch zu machen, z. B. im gesamten Verfahren zu schweigen (§§ 136, 243 Abs. 4 StPO).

Demgegenüber hat der Beschuldigte die Pflicht, vor Gericht und bei der Staatsanwaltschaft zu erscheinen, wenn er dorthin geladen wird (§§ 163 a Abs. 3 i. V. m. §§ 133 ff. StPO). Weiterhin ist er verpflichtet, nach §§ 81 a und 81 b StPO zulässige körperliche Untersuchungen oder erkennungsdienstliche Behandlungen zu dulden; diese Verpflichtung erstreckt sich jedoch nicht auf eine aktive Beteiligung des Beschuldigten an solchen Maßnahmen.[6]

C. Verteidiger

Der Verteidiger ist in seiner Funktion als **Beistand des Beschuldigten** unabhängig und nimmt – dem Gericht und der Staatsanwaltschaft gleichgeordnet – die Aufgabe wahr, die Rechte seines Mandanten allseitig zu wahren, zur Beachtung aller ihm günstigen rechtlichen und tatsächlichen Umstände beizutragen und auf strenge Anwendung der Verfahrensvorschriften hinzuwirken.[7] Dabei ist er im Rahmen der Gesetze verpflichtet, **einseitig zugunsten des Beschuldigten** gegenüber den Strafverfolgungsbehörden und dem Gericht tätig zu werden.[8]

Die parteiliche, dem Interesse des Beschuldigten verpflichtete Stellung des Verteidigers ist eine wesentliche Bedingung für ein faires Verfahren. In den allermeisten Fällen ist der dem Verdacht einer Straftat ausgesetzte Bürger hilflos und auf Unterstützung angewiesen. Welcher Beschuldigte weiß schon um seine Rechte und die Möglichkeiten einer kompetenten Verteidigung? Häufig ist es allein die Angst vor dem anonymen Machtapparat der Polizei und der Justiz und die völlige Unkenntnis dessen, was auf einen zukommt, die den Beschuldigten zu unüberlegtem, den eigenen Interessen entgegengesetztem Handeln verleiten. So sollte es auch zu den Aufgaben von Sozialarbeiterinnen gehören, kompetente und engagierte Rechtsanwälte zu kennen und für die frühzeitige Einschaltung von Verteidigern zu sorgen.

Verteidiger können nach § 138 StPO Rechtsanwälte und Rechtslehrer an deutschen Hochschulen sein.

Gem. § 137 StPO kann sich der Beschuldigte **in jeder Lage des Verfahrens** des Beistandes eines Verteidigers (maximal drei) bedienen.

6 BGH Bd. 34, S. 46
7 BGH Bd. 12, S. 369
8 Meyer-Goßner vor § 137 Rdnr. 1

Es ist die gesetzlich zwingend vorgeschriebene Pflicht der Polizei, vor der ersten Vernehmung den Beschuldigten zu belehren, dass er sich mit einem Verteidiger in Verbindung setzen und beraten kann (§§ 163 a Abs. 4, 136 StPO). Unterbleibt eine solche Belehrung, wird dem Beschuldigten das Recht zur Kontaktaufnahme verwehrt oder der Beschuldigte nicht ausreichend in seinen Bemühungen zur Kontaktaufnahme von der Polizei unterstützt, können die Vernehmungen nicht verwertet werden, wenn der Verwertung durch den Beschuldigten widersprochen wird.[9]

Wichtige Rechte des Verteidigers sind,

- die gesamten Strafakten einzusehen (§ 147 StPO)
- ungehindert schriftlichen und mündlichen Kontakt mit dem Beschuldigten zu halten (§ 148 StPO),
- bei gerichtlichen Untersuchungshandlungen anwesend zu sein,
- Erklärungen abzugeben, Fragen und Beweisanträge zu stellen sowie
- Rechtmittel einzulegen.

Gerade das **Akteneinsichtsrecht** gewinnt besondere Bedeutung angesichts des Umstandes, dass der Beschuldigte selbst kein derartiges Recht hat und ohne Kenntnis der Akten gegenüber der Staatsanwaltschaft und dem Gericht grob benachteiligt ist. Trotz der für den Beschuldigten wichtigen Funktion des Verteidigers ist in Strafverfahren vor dem Jugendrichter nur etwa jeder Sechste anwaltlich vertreten, in entsprechenden Verfahren gegen Erwachsene nur etwa jeder Zweite.[10] Der Grund dafür ist zumeist die Befürchtung, einen Anwalt nicht bezahlen zu können. Da es im Strafprozess **keine Prozesskostenhilfe** wie bspw. im Zivil- oder Verwaltungsverfahren gibt, ist die Kostenfrage auch nicht unberechtigt. Dem Gebot der Gerechtigkeit würde es widersprechen, wenn allein das Einkommen oder Vermögen darüber entscheidet, ob jemand ordentlich verteidigt wird. (Dass dies in der Realität auch oft der Fall ist, braucht nicht weiter erläutert zu werden.)
Der Gesetzgeber hat ansatzweise die Problematik erkannt, die in Fällen auftritt, in denen ein faires Verfahren nicht mehr gewährleistet ist, wenn der Beschuldigte ohne Verteidiger bleibt.

In § 140 StPO sieht das Gesetz daher die Mitwirkung eines Verteidigers als unbedingt erforderlich an, wenn

- die Hauptverhandlung in erster Instanz vor dem LG oder OLG stattfindet,
- dem Beschuldigten ein Verbrechen[11] zur Last gelegt wird,
- der Beschuldigte sich mindestens drei Monate in Haft befindet oder
- die Unterbringung für Zwecke der psychiatrischen Begutachtung in Frage kommt (§ 81 StPO).

Andere Fälle der sog. **notwendigen Verteidigung** liegen auch vor,

- wenn in Vergehenssachen vor dem Amtsgericht wegen der Schwere der Tat (es ist z. B. ein Jahr Freiheitsstrafe zu erwarten oder der Widerruf einer Bewährung

9 BGH StV 1996, S. 187
10 vgl. Barton 1997, S. 133 f.
11 vgl. § 12 StGB

droht) oder wegen der schwierigen Sach- oder Rechtslage die Mitwirkung eines Verteidigers als geboten erscheint oder

- wenn ersichtlich ist, dass sich der Beschuldigte nicht selbst verteidigen kann, weil er z. B. Analphabet oder Ausländer mit großen Verständigungsschwierigkeiten ist (§ 140 Abs. 2).[12]

Hat der Beschuldigte in den aufgezeigten Fällen keinen Verteidiger, so wird ihm vom Gericht ein Verteidiger beigeordnet, der aus der Staatskasse bezahlt wird. Gem. § 142 Abs. 1 StPO muss dem Beschuldigten die Gelegenheit gegeben werden, innerhalb einer bestimmten Frist den Pflichtverteidiger seines Vertrauens zu benennen.

Man unterscheidet somit **Wahlverteidiger und Pflichtverteidiger**. Während das Mandat eines Wahlverteidigers ohne Gründe jederzeit durch Kündigung beendet werden kann, ist für die Beendigung eines Pflichtverteidigermandats eine Entscheidung des Gerichts erforderlich, die nur im Fall einer erheblichen Zerrüttung des Vertrauensverhältnisses zwischen Mandant und Anwalt vorgesehen ist.

Weitere Unterstützung bei seiner Verteidigung kann sich der Beschuldigte nur noch über den sog. Beistand verschaffen, der im Verfahren über ein Anhörungsrecht verfügt. Als Beistand kann das Gericht den Ehegatten oder den gesetzlichen Vertreter des Beschuldigten zulassen (§ 149 StPO).

D. Zeugen und Sachverständige

Um eine Straftat aufzuklären, ist es erforderlich, auf alle Beweismittel zurückzugreifen, mit deren Hilfe eine wahrheitsgemäße Rekonstruktion der Tat möglich ist. Dies ist insbesondere dann nötig, wenn der Beschuldigte die Tatbegehung bestreitet oder schweigt. Zu den insoweit bedeutendsten Beweismitteln gehört der Zeugenbeweis. Da der Sachverständigenbeweis seltener ist und viele Regelungen, die für Zeugen gelten, auch auf Sachverständige zutreffen, soll sich die Darstellung auf den Zeugenbeweis beschränken.[13]

I. Pflichten des Zeugen

Häufig ist die Erforschung der Wahrheit ohne die Aussagen von Zeugen nicht möglich. Von den Wahrnehmungen und dem Erinnerungsvermögen des Zeugen hängt es zuweilen ab, ob ein Beschuldigter verurteilt oder freigesprochen wird. Sind die im Verfahren gemachten Zeugenaussagen falsch, sind Fehlurteile nicht ausgeschlossen. Aus diesen Gründen hat der Gesetzgeber dem Zeugen einige Pflichten auferlegt, deren Verletzung nicht unerhebliche Folgen für ihn haben können; es handelt sich konkret um die Pflicht,

- zur Vernehmung zu erscheinen,
- wahrheitsgemäß auszusagen und
- sich vereidigen zu lassen.

12 vgl. dazu Meyer-Goßner § 140 Rdnr. 21 ff.

13 vgl. § 72 StPO

Erscheint der Zeuge trotz ordnungsgemäßer Ladung nicht, werden ihm nicht nur die Kosten auferlegt, die durch sein Fehlen verursacht wurden, sondern es kann auch gegen ihn ein **Ordnungsgeld** oder eine **Ordnungshaft** verhängt werden ; schließlich kann er auch zwangsweise durch die Polizei vorgeführt werden (§ 51 StPO).
Weigert sich der Zeuge, eine Aussage zu machen oder diese zu beeiden, so kann ebenfalls gegen ihn Ordnungsgeld oder -haft bis zu sechs Monaten angeordnet werden (§ 70 StPO).
Sagt der Zeuge falsch aus, so macht er sich gem. § 153 StGB strafbar und kann mit Freiheitsstrafe von drei Monaten bis zu fünf Jahren bestraft werden. Schwört er falsch, ist dies ein Verbrechen (Meineid) und wird mit Freiheitsstrafe nicht unter einem Jahr geahndet (§ 154 StGB).
Angesichts dieser erheblichen Risiken die mit der Zeugenaussage verbunden sein können, hat der Zeuge das Recht, einen **Rechtsbeistand**, zumeist einen Anwalt, hinzuzuziehen, um sich vor einer Aussage beraten und während einer Aussage betreuen zu lassen. Durch das Zeugenschutzgesetz vom 30. April 1998 besteht die Möglichkeit, dass einem Zeugen für die Vernehmung ein Rechtsanwalt auf Kosten der Staatskasse beigeordnet werden kann, wenn ersichtlich ist, dass er seine Befugnisse bei der Vernehmung nicht selbst wahrnehmen und seinen schutzwürdigen Interessen auf andere Weise nicht Rechnung getragen werden kann (§ 68 b StPO). Liegen dem Verfahren besonders schwere Straftaten, namentlich **Sexualstraftaten** zugrunde, besteht **für den Zeugen** sogar ein **Rechtsanspruch auf Beiordnung eines Rechtsanwaltes** (§ 68 b S. 2).
Schließlich hat der Zeuge auch einen Anspruch auf eine angemessene Behandlung und auf Schutz seiner Ehre. Gem. § 68 a StGB sind z. B. Fragen nach Tatsachen, die dem Zeugen zur Unehre gereichen, nur ausnahmsweise zulässig. Das Gleiche gilt bei Fragen nach Vorstrafen. Nach § 171 b GVG kann die Öffentlichkeit in der Hauptverhandlung ausgeschlossen werden. wenn die Vernehmung schutzwürdige Interessen des Zeugen berührt, wie bei Schilderungen aus der Intimsphäre. Das ist regelmäßig der Fall, wenn Opfer von Vergewaltigungen zeugenschaftlich vernommen werden (zum Opferschutz vgl. unten 18. Kap. B. I.).

II. Zeugnis- und Auskunftsverweigerungsrecht

Der Zeuge kann sich unter bestimmten Umständen auf weitere Schutzrechte berufen, wenn eine wahrheitsgemäße Aussage ihn in einen besonders schwerwiegenden Konflikt verwickeln würde. Der Gesetzgeber hat deswegen auch in diesem Zusammenhang die Grenzen der Wahrheitsfindung dort bestimmt, wo andere, für den Zeugen schutzwürdige Rechtsgüter gefährdet sind, die bei einer Abwägung mit dem Grundsatz der strafrechtlichen Sachverhaltsaufklärung Vorrang genießen sollen.

1. Zeugnisverweigerungsrecht

Das Gesetz erlaubt dem Zeugen, sein Zeugnis zu verweigern, um den Schutz
- der **Familienbeziehungen** und
- des **Vertrauensverhältnisses** zwischen Angehörigen bestimmter Berufe und denen, die ihre Hilfe und Sachkunde in Anspruch nehmen, zu gewährleisten.

Diese **Zeugnisverweigerungsrechte** sind in §§ 52 und 53 StPO geregelt.

Gem. § 52 können von diesem Recht folgende Angehörige Gebrauch machen:
- der oder die **Verlobte** des Beschuldigten,
- der **Ehegatte** des Beschuldigten (auch nach Scheidung)
- der **Lebenspartner** (nach dem Lebenspartnerschaftsgesetz vom 16. Februar 2001 (BGBl. I S. 266) des Beschuldigten (auch nach Beendigung der Lebenspartnerschaft) und
- wer mit dem Beschuldigten **in gerader Linie verwandt** (Eltern, Kinder; Großeltern, Enkel; Urgroßeltern, Urenkel) **oder verschwägert** (Eltern, Großeltern, Urgroßeltern des Ehegatten), in der Seitenlinie bis zum dritten Grad verwandt (Geschwister, Nichten und Neffen) oder bis zum zweiten Grad verschwägert (Schwager, Schwägerin) ist oder war.[14]

Gem. § 53 sind u. a. folgende Berufsgeheimnisträger zur Zeugnisverweigerung berechtigt:
- Geistliche,
- Verteidiger,
- Rechtsanwälte, Steuerberater, Ärzte, Apotheker, Hebammen und
- Journalisten.

Wichtig ist, dass **Sozialarbeiter oder Sozialpädagoginnen** nur in folgenden **Ausnahmefällen** ein Zeugnisverweigerungsrecht gem. § 53 besitzen:
- wenn sie Mitglieder oder Beauftragte einer anerkannten Beratungsstelle nach dem Gesetz über die Schwangerschaftskonfliktberatung (§ 53 Abs. 3 a) oder
- Berater für Fragen der Betäubungsmittelabhängigkeit in einer anerkannten Beratungsstelle sind (§ 53 Abs. 3 b).

Obwohl alle anerkannten Sozialarbeiter und -pädagoginnen gem. § 203 StGB der Schweigepflicht unterliegen, steht ihnen das Zeugnisverweigerungsrecht nur in den genannten Ausnahmefällen zu. Es gibt weitere Ausnahmen, die im Zusammenhang mit der Schweigepflicht noch behandelt werden.[15]
Für alle genannten Berufsangehörige gilt, dass das Zeugnisverweigerungsrecht sich nur auf das bezieht, was ihnen in ihrer beruflichen Eigenschaft anvertraut oder bekannt geworden ist.
Gem. § 53 a StPO erstreckt sich das Zeugnisverweigerungsrecht auch auf die Gehilfen und die Personen, die zur Vorbereitung auf den Beruf an der berufsmäßigen Tätigkeit teilnehmen, also auch auf **Praktikantinnen.**
Die genannten beruflichen Geheimnisträger dürfen jedoch dann nicht das Zeugnis verweigern, wenn sie aufgrund einer Erklärung des von der Schweigepflicht geschützten Beschuldigten von der Verpflichtung zur Verschwiegenheit entbunden worden sind (§ 53 Abs. 2 S. 1 StPO).

14 vgl. dazu §§ 1589, 1590 BGB
15 vgl. unten 20. Kap. A. II. 5. b.

2. Verschwiegenheitspflicht von Angehörigen des öffentlichen Dienstes

Nach den Vorschriften der Beamtengesetze (§ 61 BBG) und des Bundesangestelltentarifvertrages (§ 9 BAT) sind die Angehörigen des öffentlichen Dienstes, also

- Beamte gleichermaßen wie
- Angestellte (bspw. des Jugendamtes)

zur Verschwiegenheit über das, was sie in ihrer beruflichen Tätigkeit erfahren, **verpflichtet**. Diese Pflicht besteht auch, wenn sie als Zeugen vor Gericht aussagen sollen (§ 54 Abs. 1). Insoweit steht ihnen ein Zeugnisverweigerungsrecht zu. Der Geltungsbereich von § 54 StPO erstreckt sich ebenfalls auf die »anderen Personen des öffentlichen Dienstes«, also auch auf die Mitarbeiter der Kirchen als Körperschaften des öffentlichen Rechts und der privatrechtlichen Vereinigungen, die den Kirchen rechtlich zugeordnet sind, z. B. die Wohlfahrtsverbände der Caritas oder der Diakonie.[16]
Die Pflicht zur Verschwiegenheit entfällt, wenn der jeweilige Dienstvorgesetzte (in der Stadtverwaltung ist das der ›Ober-‹Bürgermeister) den Bediensteten von seiner Amtsverschwiegenheit entbindet und eine Aussagegenehmigung erteilt. Eine solche Aussagegenehmigung darf nur versagt werden, wenn die Aussage dem Wohl des Bundes oder eines Bundeslandes Nachteile bereiten oder die Erfüllung öffentlicher Aufgaben ernstlich gefährden oder erheblich erschweren würde (so § 62 Abs. 1 BBG).[17]

3. Auskunftsverweigerungsrecht

Schließlich kann gem. § 55 StPO jeder Zeuge die Auskunft auf solche Fragen verweigern, deren Beantwortung ihn selbst oder einen der in § 52 Abs. 1 bezeichneten Angehörigen der Gefahr aussetzen würde, wegen einer Straftat oder Ordnungswidrigkeit verfolgt zu werden. Dieser Zeugenschutz gründet auf dem rechtstaatlichen Grundsatz, dass sich niemand selbst einer Straftat bezichtigen muss, auch wenn er als Zeuge zur Aussage verpflichtet ist.

4. Zeugenbelehrung

Gem. § 57 StPO sind die Zeugen über ihre Pflichten zu belehren. Die Belehrung umfasst auch die Hinweise auf das Zeugnisverweigerungs- bzw. Auskunftsverweigerungsrecht (§§ 52 Abs. 3, 55 Abs. 2 StPO).

16 OLG Köln Sozialrecht aktuell 6/1998, S. 29; Papenheim 2001, S. 299

17 vgl. 20. Kap. A. II. 6.

5. Kapitel: Das Strafverfahren

Grundlegende Literatur: Naucke: Strafrecht – eine Einführung, 10. Aufl., 2002; Hassemer: Einführung in die Grundlagen des Strafrechts, 2. Aufl., 1990; Roxin/Arzt/Tiedemann: Einführung in das Strafrecht und Strafprozessrecht, 3. Aufl., 1994; Meyer-Goßner: Strafprozessordnung, Kommentar, 46. Aufl., München 2003.

A. Allgemeines

Das **materielle Strafrecht**, das im Wesentlichen im StGB geregelt ist, gibt Auskunft zu den Fragen, unter welchen Voraussetzungen sich eine Person strafbar macht und welche Strafen für ein Delikt angedroht werden. Demgegenüber ist das **Strafverfahren** mit seinen **grundlegenden Vorschriften in der StPO** dafür vorgesehen, unter strenger Beachtung bestimmter Regeln zuverlässig herauszufinden, ob der Vorwurf einer Straftat berechtigt ist oder nicht, sowie eine gerechte Strafe für den Fall einer Verurteilung zu bilden.[1]

B. Rechtsquellen

Neben der StPO gibt es noch weitere Rechtsquellen, die das Strafverfahren rechtlich ausformen. So enthält das **Jugendgerichtsgesetz** zahlreiche Sondervorschriften, die im Verfahren gegen Jugendliche (14–17-jährige) und Heranwachsende (18–20-jährige) dem Gesichtspunkt der »Erziehung« besondere Beachtung schenken.[2]

Weiterhin sind die Vorschriften des **Gerichtsverfassungsgesetzes** (GVG) für das Strafverfahren in verschiedener Hinsicht bedeutsam. Sie enthalten Regelungen über
- die Öffentlichkeit und Ordnung der Hauptverhandlung,
- die Organisation, Zusammensetzung und die Zuständigkeit der Gerichte und der Staatsanwaltschaft,
- die Gerichtssprache und
- das Beratungs- und Abstimmungsverfahren der Gerichte.

Die das Strafverfahren prägenden »einfachen« Gesetze werden überlagert von den **Verfassungsnormen des GG.** Da es im gesamten Strafprozess um die tiefgreifendsten Einschränkungen von Freiheitsrechten überhaupt geht (z. B. bei Anordnungen der Untersuchungshaft oder Beschlagnahmen), spielen insbesondere die **Menschenrechte** eine übergeordnete Rolle. So ist es verständlich, wenn anlässlich von Strafverfahren das BVerfG angerufen wird, um Verstöße gegen Verfassungsrecht zu rügen, wie es z. B. häufig bei überlanger Dauer von Untersuchungshaft der Fall ist und damit gegen das Rechtsstaatsgebot sowie den Verhältnismäßigkeitsgrundsatz verstoßen wird.[3]

1 vgl. Naucke 2002, S. 173 ff.
2 vgl. unten 14. Kap. D.
3 vgl. Meyer-Goßner § 121 Rdnr. 1

Schließlich müssen sich die Maßnahmen im Strafverfahren auch an den Vorschriften der **Europäischen Menschenrechtskonvention** (MRK) überprüfen lassen.

C. Die einzelnen Verfahrensabschnitte

Das folgende Schaubild vermittelt einen ersten Überblick über den Gang eines Strafverfahrens, das mit einem Urteil endet:

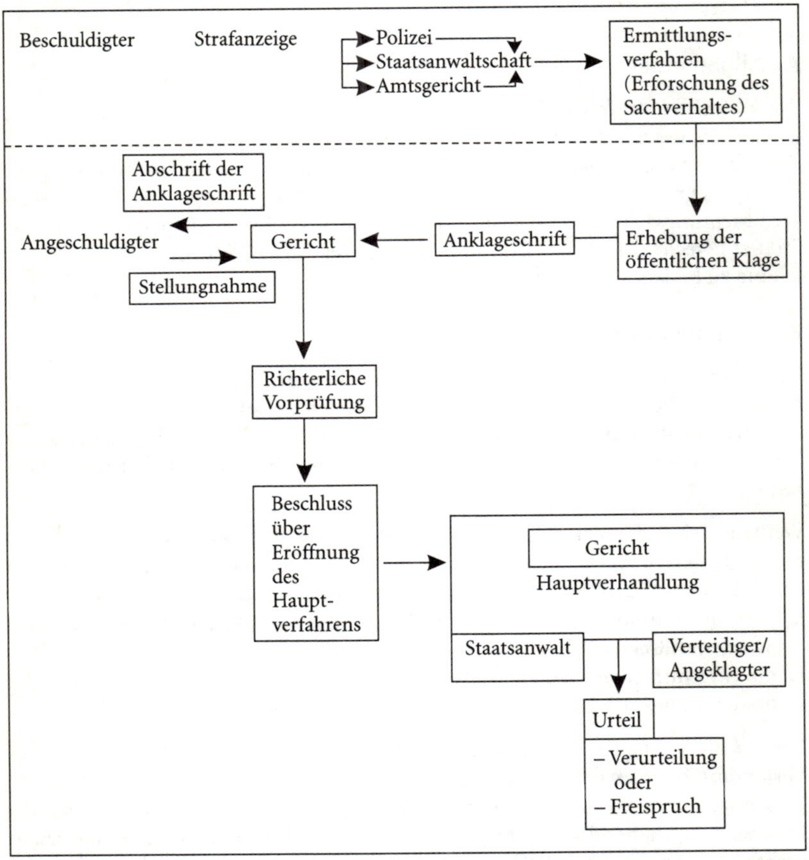

Schaubild 10: Das Strafverfahren von der Anzeige bis zum Urteil

Es lassen sich **insgesamt 3 Verfahrensabschnitte** unterscheiden:
1. Das Ermittlungs- oder Vorverfahren,
2. Das – gerichtliche – Zwischenverfahren,
3. Die Hauptverhandlung.

Diese drei Abschnitte bilden insgesamt das sog. **Erkenntnisverfahren**. Es handelt sich um ein Verfahren, in dem **Erkenntnisse über die Tat und den Beschuldigten** gesammelt und zur Grundlage einer staatsanwaltlichen oder gerichtlichen Entscheidung, insbesondere eines Urteils gemacht werden.
Die wesentlichen Rechtsgrundlagen für das Erkenntnisverfahren finden sich im zweiten Buch der StPO, also in den §§ 151–295.
Im Anschluss an das Erkenntnisverfahren, das in der Regel mit einem Urteil endet, wird das **Vollstreckungsverfahren** eingeleitet, wenn die Verurteilung rechtskräftig geworden ist.

D. Grundsätze und Prinzipien des Strafverfahrens

I. Das Rechtsstaatsprinzip

Das in Art. 20 Abs. 1 GG verankerte **Rechtsstaatsprinzip** verlangt, dass der Strafprozess nach gesetzlich genau festgelegten Regeln stattfindet. Dazu gehört auch das Recht, nur vor dem **gesetzlichen Richter** zur Verantwortung gezogen zu werden (Art. 101 Abs. 1 S. 1 GG). Das heißt, dass auf der Grundlage klarer und eindeutiger Zuständigkeitsvorschriften bereits bei Tatbegehung feststeht, welches Gericht tätig wird.
Weiterhin fordert das Rechtsstaatsprinzip die **Achtung der Menschenrechte**, wie sie im GG konstituiert sind und auch in der MRK ihren Niederschlag gefunden haben.
Ein weiterer Grundsatz, der aus dem Rechtsstaatsgedanken hergeleitet wird, ist der **Verhältnismäßigkeitsgrundsatz**. Danach darf jede im Strafverfahren vorkommende Freiheitsbeschränkung nicht außer Verhältnis zum Zweck der angeordneten Maßnahme stehen und muss geeignet und notwendig sein, um den Zweck auch zu erreichen.[4]

II. Das Offizialprinzip

Dieses Prinzip besagt, dass der mit der Tat entstehende Strafanspruch allein dem Staat zusteht (**Strafmonopol**) und grundsätzlich ohne Rücksicht auf den Willen des Verletzten **von Amts wegen (offiziell) durch die staatlichen Organe** durchgesetzt wird. Eine Ausnahme davon wird bei den sog. Antragsdelikten gemacht.[5]

III. Das Akkusationsprinzip

Dieser Grundsatz legt die **Trennung von Anklagebehörde und Gericht** fest. Das Gericht kann nur aufgrund einer Anklage tätig werden, auf deren Erhebung das Gericht keinerlei Einfluss hat.[6] Das **Akkusationsprinzip** muss als eine geschichtlich begründete **Absage an den sog. Inquisitionsprozess** verstanden werden, bei dem das Amt des Ermittlers, Anklägers und Richters in einer Person vereint sein konnte.

---

4 vgl. Meyer-Goßner Einl. Rdnr. 20
5 vgl. unten
6 vgl. § 151 StPO

IV. Das Legalitätsprinzip

Danach ist gem. §§ 152 Abs. 2, 170 Abs. 1 StPO die **Staatsanwaltschaft gesetzlich verpflichtet**, immer dann, wenn tatsächliche Anhaltspunkte für eine Straftat vorliegen, ein Ermittlungsverfahren einzuleiten und bei **hinreichendem Tatverdacht** die öffentliche Klage, also die Anklage, zu erheben.
Dieses Prinzip ist durch die Strafandrohung nach § 258 a StGB (Strafvereitelung im Amt) und die Klageerzwingung durch den Geschädigten (§§ 172 ff. StPO) abgesichert.
Das Legalitätsprinzip gilt allerdings nicht uneingeschränkt, sondern wird durch das sog. **Opportunitätsprinzip** durchbrochen, das die Staatsanwaltschaft und die Gerichte ermächtigt, ein Verfahren auch bei hinreichendem Tatverdacht einzustellen (§§ 153 ff. StPO; §§ 45, 47 JGG; § 31 a BtMG).

V. Der Untersuchungsgrundsatz

Nach diesem Grundsatz erfolgt die **Wahrheitserforschung von Amts wegen** und zwar bereits im staatsanwaltlichen Ermittlungsverfahren (§ 160 Abs. 2 StPO). Das Gericht ist zur selbständigen Aufklärung berechtigt und verpflichtet sowie an Anträge der Beteiligten nicht gebunden (§ 155 Abs. 2 StPO).
Daraus ergibt sich die Konsequenz, dass ein Geständnis das Gericht nicht bindet und auch ohne Beweisanträge von Seiten des Beschuldigten oder der Staatsanwaltschaft die Aufklärung des Tatvorwurfs zur gesetzlichen Aufgabe des Gerichts gehört. Im Unterschied dazu gilt im Zivilprozess etwas anderes; hier müssen die Parteien, also Kläger und Beklagter, dem Gericht den Sachverhalt darlegen und beweisen. Nur auf der Grundlage des von den Parteien vorgetragenen Sachverhaltes darf das Zivilgericht entscheiden.

VI. Prinzip der materiellen Wahrheit

Eng mit dem vorgenannten Grundsatz ist das Prinzip der materiellen Wahrheit verbunden, wonach eine **strafjuristische Entscheidung nur auf Tatsachen gestützt** werden darf, die **nach Überzeugung des Gerichts als wahrheitsgemäß** feststehen. Nach § 244 Abs. 2 StPO hat das Gericht zur Erforschung der Wahrheit die Beweisaufnahme von Amts wegen auf alle Tatsachen und Beweismittel zu erstrecken, die für die Entscheidung von Bedeutung sind.
Im Gegensatz dazu würde ein Prinzip der formellen Wahrheit stehen, das lange Zeit die Rechtsprechung auch in Deutschland geprägt hat. Danach kann z. B. als wahr angesehen werden, was eine bestimmte Anzahl von besonderen Zeugen übereinstimmend bekundet haben.

VII. Unschuldsvermutung

In Art. 6 Abs. 2 MRK heißt es:

> »Bis zum gesetzlichen Nachweis seiner Schuld wird vermutet, dass der wegen einer strafbaren Handlung Angeklagte unschuldig ist«.

Dieser auch aus dem Rechtsstaatsprinzip herzuleitende Grundsatz der Unschuldsvermutung will verhindern, dass allein schon aufgrund eines Verdachtes jemand als schuldig behandelt wird, ohne dass ihm in einem gesetzlich geregelten Verfahren seine Schuld rechtskräftig[7] nachgewiesen ist.[8]

E. Das Ermittlungsverfahren

In über 90 Prozent aller Fälle beginnen Ermittlungsverfahren aufgrund von **Strafanzeigen.**[9]

Gem. § 158 Abs. 1 StPO können Strafanzeigen bei der Polizei, der Staatsanwaltschaft oder dem Amtsgericht formlos, mündlich oder schriftlich angebracht werden. Erhält die Staatsanwaltschaft von einer Straftat über eine Anzeige oder auf andere Art Kenntnis, ist sie gem. § 160 Abs. 1 StPO verpflichtet, die Ermittlungen zur Aufklärung der Tat einzuleiten.

Diese Verpflichtung beruht auf dem die Staatsanwaltschaft bindenden Offizial- bzw. Legalitätsprinzips, das in § 152 Abs. 2 StPO verankert ist und es ihr zur Pflicht macht, wegen aller verfolgbaren Straftaten einzuschreiten, sofern zureichende tatsächliche Anhaltspunkte vorliegen.

Bei der Erfüllung dieser Strafverfolgungsaufgaben bedient sich die Staatsanwaltschaft der **Polizei**. Sie hat **als ihr Hilfsorgan** den staatsanwaltlichen Weisungen gem. § 152 GVG nachzukommen, sie ist also **weisungsgebunden.**

Wenn die Polizei – wie es zumeist in der Praxis der Fall ist – zuerst über Strafanzeigen oder sonstwie von einer Straftat erfährt, hat sie die Ermittlungen zunächst selbständig zu führen und nach Abschluss der Ermittlungsarbeit den Vorgang unverzüglich an die Staatsanwaltschaft abzugeben (§ 163 StPO).

Bei bestimmten Untersuchungshandlungen, wie bspw. Wohnungsdurchsuchungen (§ 105 Abs. 1 StPO), körperlichen Untersuchungen (§ 81 a Abs. 2 StPO), DNA-Identitätsfeststellungen (§ 81 f StPO) oder Haftbefehlen (§ 114 Abs. 1 StPO) ist die **Mitwirkung des Ermittlungsrichters** erforderlich. Die Staatsanwaltschaft kann nicht allein über diese mit Eingriffen in die Freiheit oder das Eigentum verbundenen Maßnahmen entscheiden, sondern muss in der Regel vorher diese bei dem zuständigen Ermittlungsrichter beantragen (§ 162 StPO). Ausnahmsweise kann auch ohne die vorherige Mitwirkung des Ermittlungsrichters eine der genannten Untersuchungshandlungen durch die Polizei oder die Staatsanwaltschaft vorgenommen werden, wenn Gefahr im Verzuge ist (z. B. bei einer Blutprobe zur Feststellung der Blutalkoholkonzentration).

Exkurs: Strafantrag

Im allgemeinen Sprachgebrauch werden die **Begriffe Strafanzeige und Strafantrag** synonym verwendet. Aber schon aus dem Wortlaut von § 158 StPO ergibt sich, dass sich Strafantrag und Strafanzeige unterscheiden.

---

7 vgl. 10. Kap. A.

8 vgl. Meyer-Goßner A 4, Art. 6 MRK Rdnr. 12 ff.

9 vgl. Heinz 1993 b, S. 27 ff.

Der Strafantrag wird für die Verfolgung bestimmter – leichterer – Delikte zur gesetzlichen Voraussetzung gemacht. Zum Beispiel kann ein Diebstahl, der in der Familie vorkommt, gem. § 247 StGB nur verfolgt und letztlich bestraft werden, wenn der Geschädigte einen Strafantrag stellt. Man spricht hierbei von sog. **Antragsdelikten**. Andere Antragsdelikte sind bspw. Diebstahl geringwertiger Sachen (§ 248 a StGB; z. Z. bis zu einem Wert von ca. 25 Euro[10]; nach der jüngsten Rechtsprechung der OLGe Zweibrücken und Hamm nunmehr 50 Euro), Körperverletzung (§ 223 StGB), Beleidigung (§ 185 StGB) oder Sachbeschädigung (§ 303 StGB). Es handelt sich also insgesamt um Straftaten, deren Verfolgung wegen ihres Bagatellcharakters nicht unbedingt im öffentlichen Interesse liegt. Deswegen soll der durch die Tat Geschädigte die Möglichkeit haben, mit einem Strafantrag darüber zu entscheiden, ob eine Strafverfolgung überhaupt stattfindet.
Gem. § 158 Abs. 2 StPO bedarf ein Strafantrag der **schriftlichen Form**. Antragsberechtigt ist nach § 77 StGB **nur der Verletzte**, bzw. der **Geschädigte**. Der Antrag muss innerhalb einer Frist von drei Monaten ab Kenntnis der Tat und des Täters gestellt werden (§ 77 b StGB). Bis zum rechtskräftigen Abschluss des Verfahrens kann der Strafantrag gem. § 77 d StGB zurückgenommen werden.

I. Die Festnahme

Hin und wieder steht am Beginn oder im Verlauf des Ermittlungsverfahrens die Festnahme des Verdächtigen. Unter welchen Voraussetzungen eine vorläufige, ohne richterliche Beteiligung erfolgte Festnahme zulässig ist, regeln die §§ 127–127 b StPO.

1. Festnahme auf »frischer Tat«

Gem. § 127 Abs. 1 StPO ist neben der Polizei auch jeder Bürger und jede Bürgerin auch ohne richterliche Anordnung berechtigt, einen Verdächtigen vorläufig festzunehmen, wenn er auf »frischer Tat« betroffen, also bei Begehung einer rechtswidrigen Tat oder unmittelbar danach am Tatort oder in dessen unmittelbarer Nähe gestellt oder verfolgt wird und er der Flucht verdächtig ist oder seine Identität nicht sofort festgestellt werden kann. Liegen keine Anhaltspunkte vor, die auf eine Flucht hinweisen, und gibt der Verdächtige seine Personalien bekannt, so ist eine Festnahme unzulässig.[11]

2. Festnahme zur Durchsetzung der Hauptverhandlungshaft

Der auf frischer Tat Verfolgte kann nach der 1997 neu geschaffenen Vorschrift des § 127 b StPO zur Realisierung der sog. Hauptverhandlungshaft von der Staatsanwaltschaft oder Polizei auch vorläufig festgenommen werden, wenn
- eine unverzügliche Entscheidung im beschleunigten Verfahren[12] wahrscheinlich ist und
- bestimmte Tatsachen befürchten lassen, dass er der Hauptverhandlung fernbleibt.

10 Tröndle/Fischer § 248 Rdnr. 3
11 vgl. Meyer-Goßner § 127 Rdnr. 11
12 vgl. §§ 417–420 StPO

3. Vorführung vor dem Haftrichter

Liegen die Voraussetzungen eines Haftbefehls, d. h. ein dringender Tatverdacht sowie die entsprechenden Haftgründe, vor, so sind Staatsanwaltschaft und Polizei zur vorläufigen Festnahme berechtigt, wenn Gefahr im Verzug besteht, also die Festnahme infolge der Verzögerung gefährdet wäre, die durch die Herbeiführung eines Haftbefehls eintreten würde.

Die Festnahme durch die Polizei ist **zeitlich begrenzt.** Nach § 128 StPO muss der Festgenommene, sofern er nicht entlassen wird, **unverzüglich dem Richter vorgeführt** werden, der dann nach der Vernehmung über die Fortdauer der Inhaftierung, nämlich über die **Anordnung der Untersuchungshaft**, entscheidet. Die richterliche Vorführung muss spätestens bis Ablauf des Tages nach der Festnahme erfolgen. Das bedeutet, dass die Polizei in keinem Fall eine verdächtige Person länger festhalten darf. Diese Regelung entspricht Art. 104 Abs. 3 S. 1 GG, wonach niemand von der Polizei aufgrund eines Tatverdachts länger als unbedingt erforderlich festgehalten werden darf. **Spätestens am Ende des Tages, der dem Tag der Festnahme folgt, muss der Festgenommene freigelassen werden, wenn nicht ein Haftbefehl durch den Richter ergangen ist.**

4. Festnahme zur Feststellung der Identität

Zur Feststellung der Identität des Tatverdächtigen lässt § 163 b Abs. 1 S. 2 StPO darüber hinaus zu, dass dieser von der Staatsanwaltschaft oder Polizei festgehalten wird, wenn seine Identität gar nicht oder nur unter erheblichen Schwierigkeiten festgestellt werden kann. Zu dem gleichen Zweck und unter den gleichen Voraussetzungen können auch die Person des Verdächtigen und seine mitgeführten Sachen durchsucht werden. Allerdings ist dabei strikt der Verhältnismäßigkeitsgrundsatz zu wahren.

Ist zur Feststellung der Identität längere Zeit erforderlich, muss der festgehaltene Verdächtige unverzüglich dem Richter vorgeführt werden, der über Zulässigkeit und Fortdauer der Freiheitsentziehung eine Entscheidung treffen muss (§ 163 c Abs. 1 StPO). Ist die Identität festgestellt worden und sind keine weiteren Ermittlungsmaßnahmen erforderlich, muss die Freiheitsentziehung sofort beendet und der Festgehaltene entlassen werden. Länger als zwölf Stunden darf der Verdächtige auf keinen Fall festgehalten werden (§ 163 c Abs. 3 StPO).

II. Die Vernehmung

Der Festnahme folgt zumeist die erste **verantwortliche Vernehmung des Beschuldigten**. Auch kann es vorkommen, dass der Beschuldigte, der nicht festgenommen wurde, zu einer Vernehmung geladen wird. Dabei ist zu beachten, dass er der Ladung durch die Polizei nicht nachkommen muss, der Ladung durch die Staatsanwaltschaft (§ 163 a Abs. 3 StPO) und das Gericht jedoch in jedem Fall.

Eine der strengsten Regeln der StPO betrifft die **Belehrung des Beschuldigten**, die vor Beginn einer jeden Vernehmung durch die Polizei, die Staatsanwaltschaft (§ 163 a Abs. 2 und 3 StPO) oder den Ermittlungsrichter (§ 136 StPO) erfolgen muss.

Die Belehrung muss gem. § 136 Abs.1 StPO folgendes unbedingt enthalten:

1. Erklärung darüber, welche Tat dem Beschuldigten zur Last gelegt wird; Staatsanwaltschaft und Gericht müssen darüber hinaus auch erklären, welche Strafvorschriften in Betracht kommen.
2. Hinweis darauf, dass es dem Beschuldigten nach dem Gesetz freisteht, sich zu der Beschuldigung zu äußern oder zu schweigen.
3. Weiterer Hinweis darauf, dass er schon vor der Vernehmung einen von ihm zu wählenden Verteidiger zu Rate ziehen kann.
4. Belehrung darüber, dass er zu seiner Entlastung einzelne Beweiserhebungen beantragen kann.

Welche Bedeutung der Gesetzgeber dieser Belehrung beimisst, beweist die Rechtsprechung des BGH, wonach eine Vernehmung ohne vorherige Belehrung im weiteren Verfahren nicht mehr verwertet werden darf.[13]

§ 136 a StPO enthält eine wichtige Ergänzung zu der vorangegangenen Vorschrift; diese Norm verbietet jede Beeinträchtigung der Willensentschließung und der Willensbetätigung durch Misshandlung, durch Ermüdung, durch körperlichen Eingriff, durch Verabreichung von Mitteln, durch Quälerei, durch Täuschung oder durch Hypnose. Weiter sind Drohungen mit unzulässigen Maßnahmen oder Versprechungen von gesetzlich nicht vorgesehenen Vorteilen ebenfalls verboten. Auch hier gilt, dass Aussagen, die unter Verletzung dieses Verbotes zustande gekommen sind, unter keinen Umständen verwertet werden dürfen.

III. Die Untersuchungshaft und Haftbefehl

Die Untersuchungshaft (U-Haft) wird im Ermittlungsverfahren, also vor einer rechtskräftigen Verurteilung angeordnet, um den **ordnungsgemäßen Ablauf des weiteren Strafverfahrens** zu sichern. Sie verlangt vom Haftrichter eine Risikoabwägung in einem Spannungsverhältnis von Eilbedürftigkeit und Sorgfaltspflicht.[14]

Da die U-Haft schon bei einem dringenden Tatverdacht angeordnet werden kann, sind die **gesetzlichen Bedingungen für die Anordnung sehr streng** gehalten, zumal mit der Inhaftnahme ein massiver Eingriff in die persönliche Freiheit verbunden ist. Folglich ist eine restriktive, also zurückhaltende Anwendung von U-Haft geboten. In ständiger Rechtsprechung hat das BVerfG auf die Diskrepanz zwischen der Eingriffsbefugnis des Staates und dem Persönlichkeitsschutz mit der in Art. 6 Abs. 2 MRK bestimmten Unschuldsvermutung hingewiesen und daraus die Forderung abgeleitet, dass »diese Maßnahme schon gegen einen einer Straftat lediglich Verdächtigen zu ergreifen (…) nur in streng begrenzten Ausnahmefällen zulässig sein« kann.[15] Die Anordnung der **U-Haft** darf demnach nur unter strenger Beachtung der gesetzlichen Voraussetzungen und **als ultima ratio** eingesetzt werden.

Trotzdem werden Jahr für Jahr zu viele Beschuldigte in U-Haft genommen. Die Schätzungen schwanken zwischen 42.000 und knapp 70.000 Menschen pro Jahr (bezogen

13 BGH Bd. 38, S. 214
14 Cornel 2003 a, S. 235
15 Bd. 19, S. 347

auf die Zeit vor 1990)[16] Es sind somit Zweifel angebracht, ob das Postulat des BVerfG tatsächlich in der Praxis ernstgenommen wird. Pointiert fasst Helmut Geiter die Kritik an der U-Haft zusammen:

> »Je mehr die Untersuchungshaft aber quantitativ eines der bedeutsamsten Instrumente reaktiver strafrechtlicher Kontrolle darstellt, man gar von einem Funktionswandel der Untersuchungshaft, einer unzulässig vorweggenommenen Sanktion spricht, desto eher wird Kritik nachvollziehbar, die mit dem Unterton eines Vorwurfs der Rechtsbeugung versehen, darin gipfelt, die Haftpraxis von Staatsanwaltschaften und Gerichten gehe oftmals Wege ›die neben dem Gesetz‹ verliefen«.[17]

1. Die gesetzlichen Voraussetzungen des Haftbefehls

Gem. § 114 Abs.1 StPO wird die U-Haft auf Antrag der Staatsanwaltschaft durch schriftlichen Haftbefehl des zuständigen Haftrichters angeordnet.

Nach § 112 Abs. 1 sind folgende Voraussetzungen erforderlich:

1. **Dringender Tatverdacht**; d. h., wenn aufgrund bestimmter Tatsachen die Wahrscheinlichkeit groß ist, dass der Beschuldigte Täter oder Teilnehmer einer Straftat ist.[18]
2. **Haftgrund**
   - **Flucht** (§ 112 Abs. 2 Nr. 1 StPO)
   - **Fluchtgefahr** (§ 112 Abs. 2 Nr. 2 StPO) oder
   - **Verdunkelungsgefahr** (§ 112 Abs. 2 Nr. 3 StPO)
   - bei Kapitalverbrechen (§ 112 Abs. 3 StPO)
   - Wiederholungsgefahr (§ 112 a StPO)
3. **Verhältnismäßigkeit** (§ 112 Abs. 1 S. 2 StPO); d. h., wenn die U-Haft zu der Bedeutung der Sache und der zu erwartenden Strafe oder Maßregel außer Verhältnis steht, ist ihre Anordnung unzulässig. Dies wird in der Regel bei Bagatelldelikten oder in den Fällen anzunehmen sein, bei denen eine nur geringe Bestrafung zu erwarten ist. Auch müssen in diesem Zusammenhang die Auswirkungen der Freiheitsentziehung auf die persönliche und soziale Lage des Beschuldigten (wie Gesundheitszustand, familiäre Situation etc.) berücksichtigt werden.[19]

Der Gesichtspunkt der Verhältnismäßigkeit wird in § 113 StPO noch einmal konkretisiert. Bei leichteren Taten mit Strafandrohungen von bis zu sechs Monaten oder Geldstrafen von bis zu 180 Tagessätzen[20] darf U-Haft wegen Verdunkelungsgefahr nicht angeordnet werden. Auch darf bei diesen Taten U-Haft wegen Fluchtgefahr nur verhängt werden, wenn der Beschuldigte

- sich dem Verfahren bereits einmal entzogen oder konkrete Vorbereitungen zur Flucht getroffen hat,
- keinen festen Wohnsitz oder Aufenthalt in Deutschland hat oder
- sich über seine Person nicht ausweisen kann (§ 113 Abs. 2 StPO).

---

16 vgl. Cornel 2003 a, S. 261

17 Geiter 1998, S. 6

18 Meyer-Goßner § 112 Rdnr. 5–7

19 vgl. Meyer-Goßner § 112 Rdnr. 11 und 11 a

20 vgl. unten 7. Kap. B. II. 1.

Zur Annahme eines festen Aufenthaltes reicht es aus, wenn der Beschuldigte einen Ort nachweisen kann, an dem er wenigstens für bestimmte Zeit erreichbar ist[21]. Liegen die gesetzlichen Voraussetzungen für die Anordnung eines Haftbefehls vor, muss der Haftrichter weiterhin prüfen, ob nicht der Grundsatz der Verhältnismäßigkeit gebietet, den **Haftbefehl außer Vollzug** zu setzen, also ihn nicht vollstrecken zu lassen. Dies kommt nach § 116 Abs. 1 StPO dann in Betracht, wenn weniger einschneidende Maßnahmen als ausreichend angesehen werden, um den Zweck der U-Haft auch so zu erreichen.

Als solche Maßnahmen zählt § 116 Abs. l S. 2 StPO u. a. auf:
- regelmäßige Meldepflicht z. B. bei der Polizei,
- das Gebot, den Wohnort nicht ohne Erlaubnis des Richters zu verlassen sowie
- die Stellung einer Sicherheit, also einer Kaution (§ 116 a StPO).

Ähnliche Einschränkungen gelten auch für jugendliche Beschuldigte.[22]

Gegen die Anordnung und Vollstreckung der U-Haft bestehen folgende Rechtsmittel:
- die mündliche Haftprüfung, die beim Haftrichter zu beantragen ist (§ 117 StPO) und
- die Beschwerde, über die die zuständige Strafkammer beim Landgericht entscheidet, wenn der Haftrichter ihr nicht abhilft.
- Hilft die Strafkammer als Beschwerdeinstanz dem Rechtsmittel nicht ab, so ist die weitere Beschwerde möglich, über die das Oberlandesgericht (OLG) entscheidet.

Auch wenn keine Rechtsmittel eingelegt werden, muss nach sechs Monaten von Amts wegen die Sache dem OLG zur Prüfung über die Zulässigkeit der fortdauernden U-Haft vorgelegt werden (§ 121 StPO).

2. Statistisches

Nach der Strafverfolgungsstatistik befanden sich im Jahre 2002 von den insgesamt 908.439 Personen, gegen die ein Ermittlungsverfahren eingeleitet worden ist, 34.510 in Untersuchungshaft. Als Haftgrund wurde in fast 95 Prozent der Fälle Flucht oder Fluchtgefahr, in 4,4 Prozent der Fälle Verdunkelungsgefahr und in 4,1 Prozent der Fälle Wiederholungsgefahr angegeben. Dabei entfallen auf die männlichen Untersuchungsgefangenen fast 92 Prozent[23].

21 Meyer-Goßner § 113 Rdnr. 6
22 vgl. unten 14. Kap. D. III.
23 Statistisches Bundesamt, Fachserie 10, R 3, Tab. 6.1

Das folgende Schaubild gibt einen Überblick über die Dauer der U-Haft[24]:

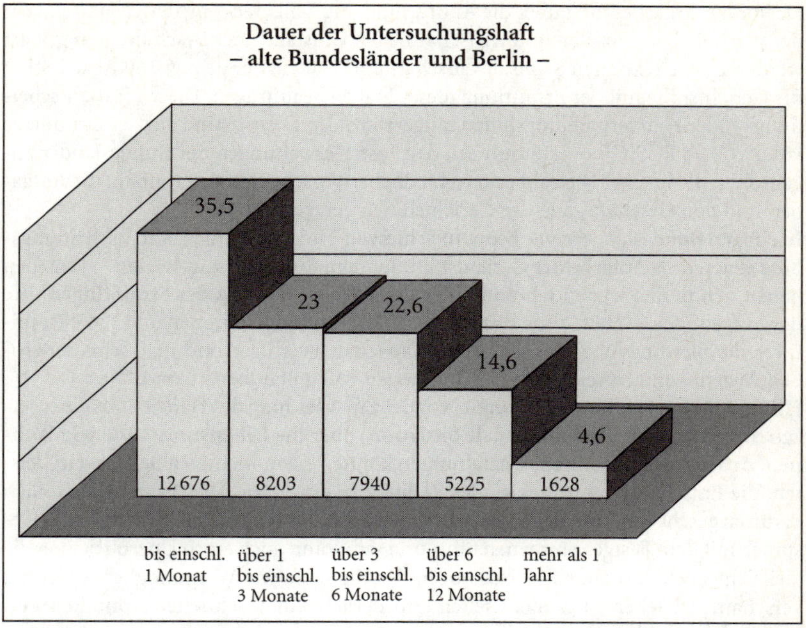

Schaubild 11: Im Jahre 2001 befanden sich über 40 Prozent der Untersuchungshäftlinge länger als 3 Monate in Haft.

Bemerkenswert ist, dass immerhin knapp die Hälfte aller Untersuchungsgefangenen nach ihrer Aburteilung entlassen werden, weil sie lediglich zu Sanktionen verurteilt wurden, die als Geldstrafe oder Freiheitsstrafe mit Bewährung die Fortsetzung der U-Haft entbehrlich machen.[25] Dieser Befund lässt vermuten, dass es für Haftrichter auch andere, nicht im Gesetz vorgesehene Gründe gibt, die U-Haft anzuordnen. In diesem Zusammenhang ist von sog. apokryphen, also verborgenen Haftgründen die Rede[26], die zu dem insbesondere von der Anwaltschaft erhobenen Vorwurf Anlass geben, dass in Deutschland zu viel und zu schnell verhaftet wird.[27]

24 Jehle 2003, S. 22

25 vgl. Kaiser/Schöch 2003, S. 51

26 vgl. Schlothauer/Weider 2001, S. 5 f.

27 a. a. O.

3. Haftvermeidungshilfe

Da vor der Entscheidung über die Anordnung und Vollstreckung der U-Haft Fragen der persönlichen, sozialen und wirtschaftlichen Umstände des Beschuldigten geklärt werden müssen, können Staatsanwaltschaft und Haftrichter gem. § 160 Abs. 3 StPO die Gerichtshilfe mit der Ermittlung dieser Fragen beauftragen. Die als Haftentscheidungs- oder Haftvermeidungshilfen tätigen Sozialen Dienste sind auf der Grundlage von Art. 294 EGStGB organisatorisch den Justizverwaltungen der Bundesländer zugeordnet, die in einer Vielzahl unterschiedlicher Vorschriften den Aufbau, die Aufgaben und den Geschäftsgang der Gerichtshilfen geregelt haben.[28]
In einigen Bundesländern wie bspw. in Schleswig-Holstein ist die Haftentscheidungshilfe generell als Aufgabe der Gerichtshilfe auf dem Erlassweg zugewiesen.[29] Daneben haben sich in den letzten Jahren immer mehr **freie Träger in der Straffälligenhilfe** der Aufgabe der U-Haftvermeidung und -verkürzung angenommen und Projekte initiiert, die allerdings über nur sehr wenig Kapazitäten verfügen und angesichts der großen Anzahl von vermeidbaren Inhaftierungen völlig überfordert sind.[30]
Hilfe zu Haftvermeidung hat bereits vor der Entscheidung des Haftrichters einzusetzen. **Ermittlungen über die soziale Situation, über die Lebensumstände wie Wohnen, Arbeit und persönliche Beziehungen** können einen wichtigen Beitrag dazu leisten, die Entscheidungsgrundlage des Richters zu erweitern. Dies kann vornehmlich dadurch geschehen, dass der Sozialarbeiter/die Sozialarbeiterin ein ausführliches Gespräch mit dem Festgenommenen führt und sich somit auch einen Überblick über die vielleicht noch vorhandenen Ressourcen des Klienten, wie Wohnmöglichkeiten etc. verschafft. Daneben ist es nicht selten erforderlich, einen **schnellen Kontakt zu einem Strafverteidiger** herzustellen, der bereit und in der Lage ist, evtl. im Rahmen einer Pflichtverteidigung die anwaltliche Vertretung zu übernehmen. Ein entscheidender Beitrag zur Haftvermeidung lässt sich allerdings nur in dem Maße leisten, wie es gelingt, **Alternativen zur U-Haft** nachzuweisen, zu vermitteln, anzuregen und im günstigsten Falle konkret anzubieten. Voraussetzung dafür ist jedoch, dass bei fehlender Unterkunft ein Wohn- und Betreuungsangebot gemacht werden kann, um den Haftgrund der Fluchtgefahr ausräumen zu können.[31] Ist der Festgenommene drogenabhängig, gelingt eine Haftvermeidung oder -verkürzung in der Praxis oft nur dann, wenn ein Therapieplatz zur Verfügung steht.
Trotz ermutigender sozialer Arbeit zur Haftvermeidung, ob sie nun durch Projekte freier Träger oder durch die Gerichtshilfe geleistet wird, muss festgestellt werden, dass die bisherigen Ergebnisse eher ernüchternd sind. In einer empirischen Bestandsaufnahme der U-Haft in NRW, in der die Chancen einer Haftvermeidung durch Sozialarbeit untersucht und beurteilt wird, zieht Helmut Geiter folgendes Resümee:

28 vgl. Block 1994, S. 117 ff.; Cornel 2003 a, S. 264 ff.

29 vgl. Cornel 1994, S. 209; Kurze 1996, S. 67 ff.

30 vgl. Kawamura 1994, S. 409 ff.; Cornel 2003 a, S. 267 f.

31 vgl. Kawamura, a. a. O.

»Bei der kriminalpolitischen Planung von Haftentscheidungshilfen/Haftvermeidungshilfen (HEH/HVH) der Gerichtshilfen sind die Rechnungen bisher ›ohne den Wirt‹ gemacht worden. Die meisten Staatsanwälte und Haftrichter sind nämlich nicht dazu bereit, die Sozialarbeiter regelmäßig mit derartigen Aufträgen zu betrauen. (...) Die Ursache dieser Verweigerungshaltung ist weniger in den speziellen Tätigkeitsbereichen HEH/HVH der Gerichtshilfe angelegt. Sie fußt vielmehr auf tiefergehenden Einstellungen der Entscheidungsträger, sowohl zu haftrelevanten Grundsatzfragen als auch zur – jedenfalls schon im Ermittlungsverfahren einsetzenden – Sozialarbeit. Juristen und Sozialarbeiter haben – den unterschiedlichen Berufsfeldern entsprechend – kein einheitliches Problemverständnis. (...) Daher darf es eigentlich nicht verwundern, dass sie sich gegenseitig vielfach mit Unverständnis oder gar Misstrauen begegnen. (...) Die meisten Juristen (...) scheinen angesichts der vorhandenen Reibungspunkte zwischen diesen Berufsgruppen eine Störung ihrer eingespielten Arbeitsabläufe zu befürchten und halten die Sozialarbeiter der Gerichtshilfe fern, zumindest an dessen (des Ermittlungsverfahrens, K. R.) Beginn«.[32]

4. Untersuchungshaft

Die Vollstreckung der U-Haft bedeutet **für den betroffenen Beschuldigten den massivsten Eingriff des Staates in sein Leben**. Zumeist völlig unvorbereitet wird der Beschuldigte aus allen sozialen Bezügen herausgerissen.[33] Er erlebt sich als Objekt von permanenter Kontrolle und Überwachung, die wenige Quadratmeter große Gefängniszelle wird für nicht absehbare Zeit zum Mittelpunkt seines Lebens, das von Entbehrungen, Isolation, Unsicherheit, Angst und Demütigung geprägt ist. Insbesondere die erste Zeit wird zum **traumatischen Erlebnis.**[34] Die Beziehungen zur Familie, zu Nachbarn und Freunden werden einer harten Belastungsprobe ausgesetzt; nicht selten zerbrechen Ehen und Partnerschaften, Bekannte und Arbeitskollegen wenden sich ab. Die dadurch ausgelösten existenziellen Krisen führen hin und wieder zu Suiziden und Selbsttötungsversuchen.[35]

Dass **soziale Arbeit** unter solchen Bedingungen **Schwerstarbeit** ist, braucht wohl nicht weiter begründet zu werden. Dies gilt umso mehr, wenn ihr Anspruch auf sozialpädagogische Hilfestellung in der Regel gegen die institutionellen Interessen von Sicherheit und Ordnung durchgesetzt werden muss.[36]

Die **Rechtsgrundlage für die Vollstreckung** der U-Haft ist **§ 119 StPO**. Ein nach diesem Gesetz zu beachtender Grundsatz ist, dem Verhafteten nur solche Beschränkungen aufzuerlegen, die der Zweck der U-Haft oder die Ordnung in der Vollzugsanstalt erfordert (§ 119 Abs. 3 StPO). Daneben bestimmt § 119 Abs. 1 und 2 StPO, dass der Untersuchungsgefangene nicht mit anderen Gefangenen in demselben Raum untergebracht werden darf und von Strafgefangenen getrennt zu halten ist. Diese Regelung ist die einzige gesetzliche Bestimmung, die die Bedingungen der U-Haft festlegt.

Die konkrete Ausgestaltung der Haftbedingungen erfolgt in der Praxis auf der Grundlage der **Untersuchungshaftvollzugsordnung** (UVollzO). Es handelt sich dabei um

---

32 Geiter 1998, S. 354 f.

33 Cornel 2003 a, S. 253 f.

34 vgl. Schlothauer/Weider 2001, S. 1

35 vgl. Seebode 1988, S. 66

36 vgl. Beckmann 1996, S. 82

eine **bundeseinheitlich geltende Verwaltungsanordnung**, die auf einer Vereinbarung der Landesjustizverwaltungen beruht und die mit Geltung seit 1. Januar 1977 im ganzen Bundesgebiet einheitlich angewendet wird.
Die in der UVollzO enthaltenen Verwaltungsvorschriften sind für das Personal der Vollzugsanstalt verbindlich, nicht jedoch für den Richter, der gem. § 119 Abs. 6 StPO bestimmte Maßnahmen der U-Haft anordnen kann, ohne an die UVollzO gebunden zu sein.

In der UVollzO sind zu folgenden Bereichen Haftregelungen enthalten:
- U-Haftanstalten (Nr. 11–14)
- Aufnahme und Entlassung (Nr. 15–17)
- Grundsätze der Behandlung der Gefangenen (Nr. 18–21)
- Besuche und ihre Kontrolle (Nr. 24–27)
- Schriftverkehr und seine Überwachung (Nr. 28–35)
- Verkehr mit Verteidigern, Bewährungs- und Gerichtshelfern (Nr. 36–37 a)
- Telefonate, Telegramme, Pakete, Hörfunk, Fernsehen, Vor- und Ausführung (Nr. 38–41)
- Arbeit, Selbstbeschäftigung und Freizeit (Nr. 42–46)
- Seelsorge (Nr. 47–48 a)
- Ernährung, Kleidung, Bettlager und Haftraum (Nr. 50–55)
- Ärztliche Versorgung (Nr. 56–59)
- Maßnahmen zur Sicherheit und Ordnung der Anstalt und Disziplinarmaßnahmen (Nr. 61–72)
- Beschwerderechte (Nr. 73–75).[37]

In Nr. 49 wird die soziale Hilfe wie folgt geregelt:

> »(1) Dem Gefangenen wird bei der Aufnahme (...), während des Vollzugs der Untersuchungshaft wie auch bei der Entlassung (...) die soziale Hilfe der Anstalt angeboten, soweit es ihrer bedarf. Sie soll die nachteiligen Auswirkungen der Verhaftung mildern und den Wiedereintritt in geordnete Lebensverhältnisse erleichtern sowie darauf gerichtet sein, den Gefangenen in die Lage zu versetzen, seine Angelegenheiten selbst zu ordnen und zu regeln. In Frage kommen namentlich Maßnahmen zur Aufrechterhaltung der Familienbande und wertvoller sozialer Beziehungen, zur Erhaltung des Arbeitsplatzes und der Wohnung des Gefangenen und zur Sicherung seines Eigentums sowie zur Betreuung unterhaltsberechtigter Angehöriger oder sonst von ihm Abhängiger durch die für Sozialleistungen zuständigen Stellen. Bei der Entlassung ist dem Gefangenen insbesondere zu helfen, Arbeit und Unterkunft zu finden.
> (2) Die soziale Hilfe darf den Zweck des Verfahrens weder gefährden noch hemmen. Bei Hilfsmaßnahmen ist, soweit erforderlich, mit dem Richter oder dem Staatsanwalt Fühlung zu nehmen«.

Berücksichtigt man die Tatsache, dass ungefähr knapp die Hälfte der Untersuchungsgefangenen nicht zu vollstreckbaren Freiheits- bzw. Jugendstrafen verurteilt, also nach der U-Haft entlassen werden, muss ein wesentlicher Schwerpunkt der sozialen Dienste darauf gerichtet sein, die sozialen Beziehungen des Inhaftierten nach draußen

37 vgl. zu Einzelheiten, insbesondere zur Rspr., Schlothauer/Weider 2001, S. 406 ff.

aufrechtzuerhalten. Insbesondere der Erhalt der persönlichen Beziehung zur Familie, der Bestand des Arbeitsverhältnisses und die Wohnungssituation müssen dabei im Vordergrund der sozialarbeiterischen Bemühungen stehen. Die Hilfsmöglichkeiten nach § 72 BSHG und nach § 34 SGB VIII für junge Häftlinge bieten dafür gewisse Handlungsspielräume.

F. Beendigung des Ermittlungsverfahrens

Wenn die Staatsanwaltschaft die erforderlichen Ermittlungen durchgeführt hat, bestehen mehrere Möglichkeiten, das Verfahren zum – vorläufigen oder endgültigen – Abschluss zu bringen. Dies hängt davon ab, zu welchem Ergebnis die Ermittlungen geführt haben.

I. Anklage

Ist die Staatsanwaltschaft der Auffassung, dass ein **hinreichender Tatverdacht** vorliegt und damit gerechnet werden kann, dass es bei Durchführung der Hauptverhandlung zu einer Verurteilung kommen wird, so erhebt sie gem. § 170 Abs. 1 StPO die **öffentliche Klage durch Einreichung einer Anklageschrift** bei dem zuständigen Gericht.

Der Inhalt der Anklageschrift bestimmt sich nach § 200 StPO. Neben dem Anklagesatz (Bezeichnung des Angeschuldigten, der Tat, Zeit und Ort ihrer Begehung, den gesetzlichen Merkmalen der Straftat und den anzuwendenden Strafvorschriften) sind die Beweismittel und nach § 200 Abs. 2 das wesentliche Ergebnis der Ermittlungen anzugeben. Schließlich enthält sie noch den Antrag an das Gericht, das Hauptverfahren zu eröffnen (§ 199 Abs. 2 StPO).

Mit der Anklageschrift werden die Akten dem zuständigen Gericht vorgelegt (§ 199 Abs. 1 S. 2 StPO). Ist dies geschehen, ist das **Vorverfahren beendet** und die Zuständigkeit in allen weiteren Angelegenheiten wie bspw. Fortdauer der U-Haft geht auf das nunmehr zuständige Gericht[38] über.

38 vgl. 4. Kap. A. III.

Staatsanwaltschaft Mönchengladbach, 21.12.88

Mönchengladbach
– 6 Js 1044/88 –

An das
Amtsgericht
– Strafrichter –

4060 Viersen 1

Anklageschrift

Der K.
geboren am 12. Juli 1963 in Düsseldorf
wohnhaft: z.Zt. JVA Geldern
Deutscher, geschieden

wird angeklagt,

in Viersen
am 27. 8. 1988

fremde bewegliche Sachen einem anderen in der Absicht weggenommen zu haben, dieselben sich rechtswidrig zuzueignen.

Wesentliches Ergebnis der Ermittlungen:

Der Angeschuldigte entwendete aus der Wohnung des Zeugen L. auf der Stormstrasse 64 in Viersen 1:

1 Teekanne, 2 Bügeleisen, 6 Bierkrüge mit Zinndeckel, 2 Zinnbecher, 1 silbernen Becher, 1 Zinnteller, 1 Zinnschale, 1 Leuchter Kupfer, 1 Fotoapparat,

nachdem er die Terrassentür aufgebrochen hatte.

Vergehen nach §§ 242, 243 Abs. 2 StGB

Beweismittel: I. Angaben des Beschuldigten.
II. Zeugen:
1. Karl L., Buchenstrassse 165, 4060 Viersen 1,
2. Hans Bernd C., Stromstrasse 62, 4060 Viersen 1.

Es wird beantragt,
das Hauptverfahren zu eröffnen.

Staatsanwältin

Schaubild 12: Beispiel für eine Anklageschrift

II. Einstellung des Verfahrens aus tatsächlichen oder rechtlichen Gründen

Kommt die Staatsanwaltschaft nach dem Ermittlungsergebnis zu dem Schluss, dass **aus tatsächlichen Gründen der Tatverdacht gegen den Beschuldigten nicht aufrechterhalten werden kann** oder rechtliche Überlegungen eine Verurteilung nicht wahrscheinlich machen, muss sie gem. § 170 Abs. 2 StPO das Verfahren **einstellen.** Hat der Beschuldigte in U-Haft gesessen oder ist er vernommen worden, muss er von der Einstellung in Kenntnis gesetzt werden. Das Gleiche gilt auch für den Strafantragsteller (§ 171 StPO). Dieser hat gem. § 172 StPO die Möglichkeit, zunächst gegen die Einstellungsentscheidung **Beschwerde** einzulegen und in dem Fall, in dem die Beschwerde zurückgewiesen wird, gegen diese Entscheidung das sog. **gerichtliche Klageerzwingungsverfahren vor dem OLG** zu beantragen.

III. Antrag auf Erlass eines Strafbefehls

In **einfach gelagerten Fällen**, in denen die Staatsanwaltschaft eine Hauptverhandlung nicht für erforderlich hält, kann diese bei Vergehen den **Erlass eines Strafbefehls durch das Gericht** beantragen. Die einzelnen, im Folgenden aufgeführten Voraussetzungen sind in § 407 StPO geregelt:

- Nur in Verfahren vor dem Strafrichter und im Verfahren, das zur Zuständigkeit des Schöffengerichts gehört,
- dürfen allein folgende Rechtsfolgen festgesetzt werden:
  - Geldstrafe, Verwarnung mit Strafvorbehalt, Fahrverbot, Verfall etc.;
  - Entziehung der Fahrerlaubnis bei einer Sperre von nicht mehr als zwei Jahren;
  - Freiheitsstrafe bis zu einem Jahr, wenn deren Vollstreckung zur Bewährung ausgesetzt wird; dabei ist jedoch Voraussetzung, dass der Angeschuldigte einen Verteidiger hat.

Dieses Verfahren wird zumeist bei Straßenverkehrsdelikten bevorzugt.
Wenn dem Erlass keine Bedenken entgegenstehen, muss der Richter dem Antrag der Staatsanwaltschaft entsprechen (§ 408 Abs. 3 StPO).
Das weitere Verfahren, insbesondere die Rechtsmittelmöglichkeiten, werden weiter unten[39] behandelt.

IV. Einstellung aus Opportunitätsgründen

Oben wurde bereits darauf hingewiesen, dass nach § 152 Abs. 2 StPO die Staatsanwaltschaft verpflichtet ist, wegen aller verfolgbaren Straftaten tätig zu werden. Dies ist Ausdruck des sog. **Legalitätsprinzips**, mit dem die Grundsätze von Gleichheit vor dem Gesetz und der Gerechtigkeit verwirklicht werden sollen.[40]

39 vgl. 8. Kap. B.

40 vgl. Meyer-Goßner § 152 Rdnr. 2

1. Einstellung ohne Auflagen

Der Gesetzgeber sieht jedoch eine Einschränkung dieses Legalitätsgrundsatzes vor. Aus **Opportunitätserwägungen** kann die Staatsanwaltschaft ein Ermittlungsverfahren **wegen Geringfügigkeit einstellen**, auch wenn die Voraussetzungen für eine Verurteilung vorliegen (§ 153 StPO). Nach dieser Vorschrift müssen drei Bedingungen erfüllt sein:

1. Es muss sich um ein **Vergehen** handeln.[41]
2. Die **Schuld** des Täters, würde sie in einer Hauptverhandlung festgestellt, ist als gering anzusehen.
3. An der Verfolgung besteht **kein öffentliches Interesse.**[42]

In der Regel ist die Zustimmung des Gerichts erforderlich. Allerdings ist bei geringfügigen Vergehen die Einstellung nicht von der Zustimmung des zuständigen Richters abhängig (§ 153 Abs.1 S. 2 StPO).

2. Einstellung mit Auflagen

Wenn die Voraussetzungen unter 2. und 3. nicht gegeben sind, besteht für die Staatsanwaltschaft gem. § 153 a Abs. 1 StPO trotzdem noch die Möglichkeit, das Verfahren mit Zustimmung des zuständigen Gerichts einzustellen. In diesem Fall ist die Einstellung von der Erfüllung bestimmter **Auflagen** abhängig:

- **Schadenswiedergutmachung,**
- **Zahlung eines Geldbetrages** an eine gemeinnützige Einrichtung oder an die Staatskasse,
- **Erbringung gemeinnütziger Leistungen** (z. B. Arbeiten in sozialen Einrichtungen) oder
- das ernsthafte Bemühen, über den **Täter-Opfer-Ausgleich** den Schaden wiedergutzumachen.

Diese Auflagen müssen geeignet sein, das öffentliche Interesse an der Strafverfolgung zu beseitigen.
Werden die Auflagen innerhalb einer Frist von höchstens sechs Monaten erfüllt, wird das Verfahren endgültig eingestellt. Andernfalls wird das Verfahren wiederaufgenommen und die Staatsanwaltschaft kann Anklage erheben.

3. Einstellung im Hinblick auf eine andere Strafe

Eine weitere Einstellungsmöglichkeit sieht § 154 Abs. 1 StPO vor. Danach kann die Staatsanwaltschaft von der Verfolgung absehen, wenn neben der verfolgten Straftat noch eine andere Straftat vorliegt, die bereits rechtskräftig abgeurteilt ist oder derentwegen eine Strafe zu erwarten ist, und im Hinblick darauf die in Aussicht stehende Sanktion nicht beträchtlich ins Gewicht fällt. Die Zustimmung des Gerichtes ist hierbei nicht erforderlich.

---

41 vgl. § 12 StGB

42 Vgl. zu den einzelnen unbestimmten Rechtsbegriffen Meyer-Goßner § 153 Rdnr. 2 ff.

4. Einstellung gem. § 153 b StPO

§ 153 b StPO eröffnet eine weitere interessante Variante: Wird bspw. der **Täter-Opfer-Ausgleich**[43] durchgeführt und damit gem. § 46 a StGB die Voraussetzungen geschaffen, unter denen das Gericht von Strafe absehen könnte, so kann die Staatsanwaltschaft von der Erhebung der Anklage absehen, wenn das zuständige Gericht zustimmt.[44]

5. Einstellung nach dem BtMG

Im **Betäubungsmittelrecht** gibt es neben den Einstellungsbefugnissen nach den §§ 153 ff. noch gem. **§ 31 a und § 37 BtMG** eine weitere spezielle Möglichkeit, ein Strafverfahren einzustellen.[45]

6. Einstellung nach dem JGG

Schließlich sieht das **Jugendstrafrecht** ebenfalls entsprechende Einstellungsmöglichkeiten vor, die in den **§§ 45 und 47 JGG** geregelt sind und die in der Praxis eine wichtige Bedeutung gewonnen haben.[46]

V. Statistisches

Nach der Statistik der Staatsanwaltschaft für das Jahr 2001 wurden in der gesamten BRD **insgesamt 4.555.675 Verfahren** erledigt. Davon wurden

- 12,3 Prozent durch Anklage
- 12,9 Prozent durch Antrag auf Erlass eines Strafbefehls
- 5,7 Prozent durch Einstellung mit Auflagen
- 21 Prozent durch Einstellung ohne Auflagen
- 26,7 Prozent durch Einstellung gem. § 170 Abs. 2 StPO
- 21,2 Prozent durch sonstige Verfahren (z. B. vereinfachtes Jugendverfahren, sofortige Hauptverhandlung) erledigt.[47]

Auffallend ist, dass in lediglich rund 30 Prozent sämtlicher von der Staatsanwaltschaft erledigter Verfahren mit einer Anklage, einem Antrag auf Erlass eines Strafbefehls oder einer Einstellung mit Auflagen eine für den betroffenen Beschuldigten spürbare Maßnahme ergriffen worden ist.

G. Das Hauptverfahren

Nachdem in den vorherigen Kapiteln die Akteure des Strafverfahrens und das Ermittlungsverfahren vorgestellt wurden, soll nun im Folgenden der weitere Verfahrensweg beschrieben werden. Bedingung für das eigentliche gerichtliche Verfahren, die Haupt-

---

43 vgl. 18. Kap. F.

44 vgl. die weiteren gesetzlichen Möglichkeiten für eine Einstellung nach § 153 b in: Meyer-Goßner § 153 b Rdnr. 1

45 vgl. unten 15. Kap. A. IV.

46 vgl. unten 14. Kap. C.

47 Jehle 2003, S. 20

verhandlung, in dem über Schuld oder Unschuld, Verurteilung oder Freispruch entschieden wird, ist, dass die Staatsanwaltschaft das Ermittlungsverfahren mit einer Anklage bei dem zuständigen Gericht beendet hat (§ 170 Abs. 1 StPO) oder der Angeklagte gegen einen Strafbefehl Einspruch eingelegt hat (§ 411 Abs. 1 S. 2 StPO).

I. Die Eröffnung des Hauptverfahrens – Das Zwischenverfahren

Mit der Anklageschrift erhält das Strafgericht auch die komplette Strafakte, um in einem **Zwischenverfahren** überprüfen zu können, ob die Entscheidung der Staatsanwaltschaft sowohl rechtlich als auch auf der Grundlage der ermittelten Fakten sowie der zur Verfügung stehenden Beweismittel gerechtfertigt ist (§§ 199–211 StPO). Bevor das Gericht über den in der Anklageschrift enthaltenen Antrag der Staatsanwaltschaft, das Hauptverfahren zu eröffnen, entscheidet, wird dem Angeschuldigten die Gelegenheit gegeben, zu dem Anklagevorwurf Stellung zu nehmen. Aus diesem Grund wird ihm vom Vorsitzenden des Gerichts die Anklageschrift zugeschickt, mit der Aufforderung zu erklären, ob er einzelne Beweiserhebungen oder Einwendungen gegen die Eröffnung des Hauptverfahrens vorbringen möchte (§ 201 StPO). Liegt ein Fall der notwendigen Verteidigung vor und hat der Angeschuldigte noch keinen Verteidiger[48], so wird zweckmäßigerweise gleichzeitig an ihn der Hinweis zu richten sein, dass er als Verteidiger einen Rechtsanwalt seiner Wahl benennen kann, der ihm von Seiten des Gerichtes beigeordnet wird (§ 142 Abs. 1 S. 2).[49]

Kommt das Gericht nach dem vorbereitenden Verfahren zu dem Ergebnis, dass der Angeschuldigte **einer Straftat hinreichend verdächtig** erscheint, also eine Verurteilung als wahrscheinlich angesehen werden kann[50], beschließt es gem. § 203 StPO die **Eröffnung des Hauptverfahrens**. Diesen Beschluss kann der Angeklagte nicht anfechten (§ 210 StPO).

Wenn nach Ansicht des Gerichts ein hinreichender Tatverdacht nicht vorliegt, lehnt es die Eröffnung des Hauptverfahrens ab. Ist das Gericht der Auffassung, dass ein Gericht niedrigerer Ordnung zuständig ist, so eröffnet es das Hauptverfahren vor diesem Gericht (§ 209 StPO). Wird bspw. die Anklage vor dem Landgericht erhoben, kann dieses das Hauptverfahren beim Amtsgericht eröffnen.

Wenn umgekehrt die gerichtliche Überprüfung ergibt, ein Gericht höherer Ordnung sei zuständig, so gibt es die Strafsache diesem Gericht zur Entscheidung über die Eröffnung des Hauptverfahrens weiter.

In dem **Eröffnungsbeschluss** lässt das Gericht die Anklage zur Hauptverhandlung zu und bezeichnet das Gericht, vor dem die Hauptverhandlung stattfinden soll. Wird die Tat rechtlich anders als in der Anklage gewürdigt, teilt das Gericht dies im Beschluss mit. Auch beschließt es über die Fortdauer der Untersuchungshaft oder der einstweiligen Unterbringung (§ 207 StPO).

---

48 vgl. 4. Kap. C.

49 vgl. Meyer-Goßner § 142 Rdnr. 10

50 vgl. Meyer-Goßner § 203 Rdnr. 2

II. Die Hauptverhandlung

Das wesentliche Kernstück des gesamten Strafverfahrens ist die Hauptverhandlung. Während in dem **staatsanwaltlichen Ermittlungs- und dem gerichtlichen Zwischenverfahren** lediglich **summarisch und vorläufig** über die Tat sowie die Schuld des Täters befunden wurde, muss darüber in der Hauptverhandlung endgültig und genau entschieden werden. Was – nicht selten nach längerer Zeit – noch an »Wahrheit« zu Tage gefördert werden kann, muss – wenn überhaupt – jetzt in einem **streng geregelten Verfahren unter unmittelbarer Beteiligung der Verfahrensbeteiligten** rekonstruiert werden.

1. Die Vorbereitung

Als erstes wird durch den Vorsitzenden des Gerichts der **Termin zur Hauptverhandlung** anberaumt und die Ladung der Verfahrensbeteiligten veranlasst (§§ 213, 214 StPO). Bei der Ladung des Angeklagten ist zu beachten, dass zwischen der Zustellung der Ladungsschrift und dem Tag der Hauptverhandlung eine Frist von mindestens einer Woche liegen muss (Ladungsfrist, § 217 StPO). Der Staatsanwaltschaft und dem Angeklagten ist noch die Gelegenheit eingeräumt, weitere Beweisanträge zu stellen oder die Ladung von Zeugen oder Sachverständigen zu verlangen. Hält das Gericht die Anträge des Angeklagten für begründet, so hat es ihnen nachzukommen. Lehnt es sie ab, hat der Angeklagte das Recht, Zeugen oder Sachverständige selbst laden zu lassen (§ 220 StPO).

2. Die Durchführung der Hauptverhandlung

Der Gang der Hauptverhandlung (§§ 243 ff. StPO) läuft wie folgt ab:

a. Mit dem **Aufruf der Strafsache** beginnt die Hauptverhandlung.
b. Danach stellt der Vorsitzende des Gerichts, der gem. § 238 StPO die Verhandlung leitet und die Vernehmungen durchführt, fest, ob die Prozessbeteiligten, insbesondere der Angeklagte und sein Verteidiger, die Zeugen und Sachverständigen erschienen und die Beweismittel herbeigeschafft sind.
c. Nachdem die Zeugen den Sitzungssaal verlassen haben, vernimmt der Vorsitzende den **Angeklagten über seine Person.**
d. Anschließend verliest der Staatsanwalt den **Anklagesatz.**
e. Im Anschluss daran weist der Vorsitzende den Angeklagten darauf hin, dass es ihm freisteht, sich zur Anklage zu äußern oder zu schweigen. Erklärt der Angeklagte seine Bereitschaft, sich zu äußern, wird er vernommen; dabei soll ihm Gelegenheit gegeben werden, sich gegen die vorliegenden Verdachtsgründe zu verteidigen und Tatsachen vorzutragen, die zu seinen Gunsten sprechen. In diesem Zusammenhang können auch die Vorstrafen erörtert werden; dies jedoch nur dann, wenn sie für die Entscheidung von Bedeutung sind.
f. Danach folgt die **Beweisaufnahme**, in deren Verlauf Zeugen und Sachverständige vernommen, Beweismittel (z. B. Tatwerkzeuge oder der Tatort) in Augenschein genommen und Schriftstücke oder Protokolle verlesen werden.

g. Nach dem Schluss der Beweisaufnahme folgen die **Schlussvorträge** und Anträge (Plädoyers) der Staatsanwaltschaft und des Verteidigers oder des Angeklagten, wenn dieser nicht verteidigt wird.
h. Abschließend hat der Angeklagte das »**letzte Wort**«, bevor sich das Gericht zur Urteilsberatung zurückzieht.
i. Mit der **Urteilsverkündung und der anschließenden Rechtsmittelbelehrung** endet die Hauptverhandlung.

3. Verfahrensgrundsätze der Hauptverhandlung

Strenge Verfahrensregeln prägen die Hauptverhandlung, insbesondere das Beweisverfahren gem. §§ 244–256 StPO (sog. Strengbeweis). Sie sind Ausdruck des Verfassungsgebotes, in einem rechtsstaatlich und fair geführten Verfahren die »Wahrheit« festzustellen. Wesentliche Grundlage für die Garantie der Rechtsstaatlichkeit im Strengbeweisverfahren sind die folgenden Prinzipien:

a. **Öffentlichkeitsgrundsatz**
b. **Mündlichkeitsgrundsatz**
c. **Unmittelbarkeitsgrundsatz.**

zu a. In § 169 GVG heißt es, dass die Verhandlung vor dem erkennenden Gericht, also auch die Hauptverhandlung vor dem Strafgericht, grundsätzlich öffentlich ist. Wenn früher die Öffentlichkeit der Gerichtsverhandlungen noch dazu diente, in Abkehr von geheim geführten Prozessen die öffentliche Kontrolle und den Schutz vor Willkür sicherzustellen, so steht heute ganz überwiegend das **Informationsinteresse der Allgemeinheit** im Vordergrund.[51] Die Öffentlichkeit besteht darin, dass sich jedermann ungehindert über Ort und Zeit der Verhandlung frei informieren und sich im Rahmen der tatsächlichen Gegebenheiten Zutritt zum Gerichtssaal verschaffen kann.[52] Der Grundsatz der Öffentlichkeit unterliegt aber Einschränkungen, wenn dem **Persönlichkeitsschutz** gegenüber dem Angeklagten oder Zeugen Vorrang eingeräumt wird. Nach § 169 S. 2 GVG sind Film-, Fernseh- oder Rundfunkaufnahmen unzulässig. Hauptverhandlungen gegen Jugendliche sind grundsätzlich nicht öffentlich (§ 48 JGG). Hat das Verfahren die Unterbringung in einem psychiatrischen Krankenhaus oder einer Entziehungsanstalt zum Gegenstand, kann das Gericht in Einzelfällen die Öffentlichkeit ausschließen. Das Gleiche gilt, soweit Umstände aus dem persönlichen Lebensbereich eines Prozessbeteiligten oder eines durch die Tat Verletzten zur Sprache kommen, deren öffentliche Erörterung schutzwürdige Interessen verletzen würde (§ 171 b GVG). Dies ist in der Regel bei Verhandlungen in Sexualstrafsachen der Fall. Die Möglichkeit, die Öffentlichkeit auszuschließen, sieht weiterhin § 172 GVG vor, wenn Gefahr für Leib, Leben oder Freiheit eines Zeugen besteht, ein privates Geheimnis erörtert wird, dessen unbefugte Offenbarung durch den Zeugen oder Sachverständigen mit Strafe bedroht ist (im Fall von § 203 StGB) oder eine Person unter 16 Jahren vernommen wird.[53]

---

51 so Meyer-Goßner § 169 GVG Rdnr. 1
52 a. a. O., Rdnr. 3
53 vgl. zum Opferschutz 18. Kap. B.

zu b. Der Grundsatz der Mündlichkeit gebietet, nur den mündlich erörterten und vorgetragenen Prozessstoff dem Urteil zugrunde zu legen.[54] § 261 StPO macht es nämlich dem Gericht zur Pflicht, über das Ergebnis der Beweisaufnahme nach seiner freien, aus dem »Inbegriff der Verhandlung geschöpften Überzeugung« zu entscheiden. Lediglich das, **was mündlich in der Verhandlung vorgebracht wurde, darf das Gericht zu seiner Überzeugungsbildung heranziehen**. Tatsachen, die sich bloß aus der Strafakte ergeben, müssen unberücksichtigt bleiben, wenn sie nicht in die Verhandlung eingeführt wurden.

zu c. Das Prinzip der Unmittelbarkeit muss im Beweisverfahren dann beachtet werden, wenn es um die Wahrnehmung von Zeugen- und Sachverständigen und deren Wiedergabe in der Hauptverhandlung geht. Beruht der Beweis einer Tatsache auf solchen Wahrnehmungen, müssen die Zeugen oder Sachverständigen **unmittelbar vor Gericht** vernommen werden; die Verlesung von früheren Vernehmungsprotokollen oder schriftlichen Erklärungen sind unzulässig (§ 250 StPO). Der Unmittelbarkeitsgrundsatz bedeutet somit, dass der **Personalbeweis grundsätzlich Vorrang vor dem Urkundenbeweis** haben soll. Daher dürfen auch Vernehmungen nicht durch das Abspielen von Ton- oder Film- bzw. Videoaufzeichnungen ersetzt werden. Von diesem Grundsatz werden allerdings Ausnahmen gemacht:

- Gem. § 251 Abs. 1 StPO ist die Protokollverlesung z. B. dann statthaft, wenn ein Zeuge gestorben oder der Aufenthalt nicht ermittelt werden kann (Nr. 1) oder alle Prozessbeteiligten mit der Verlesung einverstanden sind (Nr. 4).
- Auch wird von der Rechtsprechung die Vernehmung des »Zeugen vom Hörensagen« als zulässig angesehen. Dies betrifft z. B. die Wahrnehmungen von sog. V-Leuten, die wegen fehlender Aussagegenehmigung gem. § 54 StPO dem Gericht nicht zur Verfügung stehen und deren Wissen lediglich mittelbar in das Beweisverfahren durch Zeugenaussagen von Beamten der Polizei oder des Verfassungsschutzes eingeführt wird.[55] Die Zulässigkeit dieser Beweisführung wird zu Recht wegen ihrer zum Teil zwielichtigen Hintergründe in Frage gestellt, insbesondere auch dann, wenn der Zeuge keine Auskunft über die Person und die Motive seines Informanten gibt.[56]
- Die neuen Vorschriften des Zeugenschutzgesetzes von 1998 rücken ebenfalls von dem Grundsatz der Unmittelbarkeit ab.[57]

4. Rechte und Pflichten des Angeklagten in der Hauptverhandlung

In der Praxis der Strafjustiz kommt es häufig vor, dass der Angeklagte erst in der Hauptverhandlung die Gelegenheit wahrnimmt, sich zu dem Anklagevorwurf der Staatsanwaltschaft zu äußern bzw. sich dagegen zu verteidigen. Da in vielen Fällen der Angeklagte den anderen Prozessbeteiligten intellektuell hoffnungslos unterlegen ist und sich einem undurchschaubaren Justizapparat, einem unbekanntem Recht so-

54 BGH NStZ 90, S. 229
55 BVerfG NJW 92, S. 168
56 Joachim 1992, S. 245 ff.
57 vgl. dazu unten 18. Kap. B. III.

wie einer unverständlichen Fachsprache ausgeliefert fühlt, wird er de facto zum Objekt eines von Juristen beherrschten Verfahrens degradiert, wenn er nicht im Beistand eines Verteidigers ist. Unter solchen Umständen kann von einer Verteidigung durch den Angeklagten selbst keine Rede sein. Gleichwohl stehen ihm formal eine Reihe von Rechten zu, die es ihm ermöglichen, sich wirksam zu verteidigen.

a. Die Rechte des Angeklagten, in der Hauptverhandlung zu seiner Verteidigung aktiv beizutragen, lassen sich wie folgt zusammenfassen:

- Umfassendes **Schweigerecht** (§ 243 Abs. 4 StPO),
- **Recht auf Anwesenheit** während der gesamten Hauptverhandlung (beachte aber die Möglichkeit des Ausschlusses gem. § 247 StPO),
- Recht auf kostenlose Beiordnung eines Dolmetschers bei Angeklagten, die der deutschen Sprache nicht mächtig sind (Art. 6 Abs. 3 e MRK),
- Recht auf unmittelbare Befragung von Zeugen und Sachverständigen (§ 240 Abs. 2 StPO),
- **Beweisantragsrecht** (§ 244 StPO),
- **Anhörungsrechte** (z. B. § 248 S. 2 StPO),
- **Erklärungsrecht** (§ 257 Abs. 1 StPO),
- Recht auf Schlussvortrag (§ 258 Abs. 1 StPO),
- Recht auf das »letzte Wort« (§ 258 Abs. 2 StPO).

b. Demgegenüber stehen folgende Pflichten des Angeklagten:

- Pflicht, zur Hauptverhandlung zu erscheinen (§ 230 StPO; bei unentschuldigtem Ausbleiben des Angeklagten kann die zwangsweise Vorführung angeordnet oder Haftbefehl erlassen werden),
- Anwesenheitspflicht (§ 231 StPO).

An dieser Stelle sei ausdrücklich darauf hingewiesen, dass der Angeklagte, wenn er sich zum Tatvorwurf äußert, **nicht der Wahrheitspflicht unterliegt**, sondern auch die Unwahrheit sagen kann. Nachteile dürfen ihm daraus nicht erwachsen.

H. Das Urteil

Am Ende der Hauptverhandlung steht die **Verkündung des Urteils** (§ 260 Abs. 1 StPO). Zuvor hat sich das Gericht zur nicht öffentlichen und geheimen Beratung und Abstimmung zurückgezogen. Dabei soll das Gericht, wie es in § 261 StPO heißt, über das Ergebnis der Beweisaufnahme nach seiner freien Überzeugung auf der Grundlage der Hauptverhandlung entscheiden. Lässt sich eine Überzeugung für die Schuld des Angeklagten nicht zweifelsfrei bilden, muss er unter Beachtung des Grundsatzes **»Im Zweifel für den Angeklagten«** freigesprochen werden. In der Praxis ist allerdings die Entscheidung des Gerichtes über die Eröffnung des Hauptverfahrens, in der eine erste Schuldvermutung enthalten ist, im Sinne eines Freispruchs sehr selten revidierbar. Die Freispruchsquote liegt mittlerweile unter 3 Prozent.[58]

58 Statistisches Bundesamt, Strafverfolgungsstatistik, 1990–1996, 2.2.

Bei der Abstimmung haben alle Richter, Berufs- wie Laienrichter (Schöffen), das **gleiche Stimmrecht**. Während sonst die einfache Mehrheit genügt, bestimmt § 263 StPO, dass zu Entscheidungen über die Schuldfrage und die Rechtsfolgen, die zum Nachteil des Angeklagten getroffen werden, die Zweidrittelmehrheit erforderlich ist. Das heißt: für einen Freispruch genügt die einfache Mehrheit, für eine Verurteilung ist eine Mehrheit von zwei Dritteln der Stimmen nötig.
Mit dem Urteil entscheidet das Gericht gleichzeitig über die Frage, wer die **Kosten des Verfahrens** zu tragen hat (§ 464 StPO). Wird der Angeklagte verurteilt, hat er gem. § 465 StPO die Kosten des Verfahrens zu tragen. Bei einem Freispruch fallen die Verfahrenskosten sowie die notwendigen Auslagen des Angeklagten (z. B. die Verteidigerkosten) der Staatskasse zur Last (§ 467 StPO).
Wird in dem Urteil eine Freiheitsstrafe oder eine Maßregel der Besserung und Sicherung zur Bewährung ausgesetzt oder eine Verwarnung mit Strafvorbehalt (§ 59 StGB) ausgesprochen, so trifft das Gericht gleichzeitig mit dem Urteil eine Entscheidung über die Dauer, die Auflagen und Weisungen der Bewährung sowie die Anordnung der Bewährungshilfe; diese Entscheidung ergeht in der Form eines Beschlusses (§ 268 a StPO), der selbständig mit der Beschwerde (§ 304 StPO) anfechtbar ist.
Gleichzeitig wird mit dem Urteil auch über die Fortdauer der Untersuchungshaft entschieden (§ 268 b StPO).
Nach der Verkündung des Urteils und der evtl. damit verbundenen Beschlüsse muss das Gericht gem. § 35 a StPO den Verurteilten über die gegen das Urteil und die Beschlüsse zulässigen **Rechtsmittel belehren**. Nach dieser Rechtsmittelbelehrung wird die Hauptverhandlung geschlossen.

6. Kapitel: Die Lehre von der Straftat

Grundlegende Literatur: Tröndle/Fischer: Strafgesetzbuch, Kommentar, 51. Aufl., München 2003; vgl. Angaben im 5. Kapitel; Hassemer: Einführung in die Grundlagen des Strafrechts, 2. Aufl., München 1990.

Im Mittelpunkt des Strafverfahrens steht die Frage, ob der Beschuldigte eine Straftat begangen hat. Bereits zu Beginn des Ermittlungsverfahrens ist es Aufgabe der ermittelnden Polizeibeamten, das sich ihnen darbietende Geschehen als ein **strafbares oder strafloses Verhalten** zu bewerten. Ebenso muss der Staatsanwalt, dem das Ergebnis der kriminalpolizeilichen Ermittlungen in einem Abschlussbericht vorgelegt wird, oder das Gericht, nachdem es die Anklageschrift oder den Antrag auf Erlass eines Strafbefehls von der Staatsanwaltschaft erhalten hat, diese **rechtliche Wertung auf ihre Richtigkeit überprüfen** bzw. eine Neubewertung vornehmen. Schließlich ist es dann die zentrale Aufgabe des Gerichts, im Hinblick auf den in der Hauptverhandlung festgestellten Sachverhalt zu entscheiden, ob die **Tat als Straftat** gewertet werden und der Angeklagte verurteilt werden kann.
Neben dieser Feststellung muss weiterhin geklärt werden, ob die Tat vollendet wurde oder lediglich im Versuchsstadium stecken geblieben ist. Auch ist die Entscheidung bedeutsam, ob der an der Tat Beteiligte als Täter oder nur als Teilnehmer, also als Anstifter oder Gehilfe, gehandelt hat.
Zur Beantwortung all dieser Fragen stehen – wie wir in der allgemeinen Einleitung festgestellt haben – die Strafgesetze zur Verfügung.

A. Die allgemeinen Voraussetzungen der Strafbarkeit

Die **allgemeinen gesetzlichen Voraussetzungen**, die bei jeder Straftat vorliegen müssen, lassen sich anhand folgender Merkmale zusammenfassen:

- **Tatbestandsmäßigkeit**
- **Rechtswidrigkeit**
- **Schuld**

Anders ausgedrückt:
Erst wenn das Verhalten eine tatbestandsmäßige, rechtswidrige und schuldhafte Handlung darstellt, liegt eine Straftat vor, an die das Gesetz die Rechtsfolge der Bestrafung oder einer Maßregel knüpft.

I. Handlung

Unter einer Handlung versteht das Strafrecht jedes **menschliche Verhalten**, das von einem **Willen** getragen ist und das sich **nach außen manifestiert**. Also rein innere Vorgänge wie Absichten oder Wünsche sind strafrechtlich irrelevant.

Man unterscheidet zwischen
- **aktivem Tun** und
- **Unterlassen.**

In manchen Strafgesetzen ist das Unterlassen ausdrücklich unter Strafe gestellt, so z. B. in § 323 c StGB (Unterlassene Hilfeleistung). Man spricht in diesen Fällen von sog. **echten Unterlassungsdelikten**. Daneben wird gem. § 13 StGB auch der bestraft, der es unterlässt, einen Erfolg (d. h. in der Regel die Verletzung eines Rechtsgutes, z. B. den Tod eines Menschen) abzuwenden, der zum Straftatbestand eines Strafgesetzes gehört und der rechtlich verpflichtet ist, dass der Erfolg nicht eintritt (sog. **unechte Unterlassungsdelikte**). Beispielsweise macht sich die Mutter eines Kleinkindes wegen Tötung durch Unterlassung gem. § 212 StGB strafbar, wenn sie ihr Kind nicht ernährt, obwohl sie dazu nach § 1626 BGB (elterliche Sorge) verpflichtet ist, und deswegen das Kind verhungert.

II. Tatbestandsmäßigkeit

Ausgangspunkt für die Bewertung ist das Strafgesetz, das **in seinem Tatbestand abstrakt ein menschliches Verhalten beschreibt**, das mit dem ermittelten Geschehen, dem Sachverhalt, übereinstimmen muss. Diesen Denkvorgang nennen wir **Subsumtion.**[1]

Wir unterscheiden zwischen
- dem **objektiven Tatbestand** als äußerlich wahrnehmbarem Geschehen und
- dem **subjektiven Tatbestand** als dem inneren, geistigen Vorgang, der sich auf den objektiven Tatbestand bezieht.

1. Objektiver Tatbestand (Fallbeispiel)

Am Beispiel eines fiktiven Falles soll die Frage erläutert werden, ob die Angeschuldigten A und B den objektiven Tatbestand erfüllt haben.
Der von der Polizei ermittelte Sachverhalt fasst der Staatsanwalt in der Anklageschrift wie folgt zusammen:

> »Die Angeschuldigten bestiegen ihren PKW und fuhren damit zu der in der Nähe befindlichen DEA Tankstelle. 8 Min. später betraten sie das Tankstellengebäude. Der Angeschuldigte A richtete mit den Worten: »Hände hoch!« den Revolver auf den Tankstellenkassierer M und forderte: »Alles Geld raus.« Daraufhin öffnete der Zeuge die Kasse. Der Angeschuldigte B griff über die Theke hinweg in die Kasse und entwendete alle darin befindlichen Banknoten, insgesamt 400,– Euro. Daraufhin verließen die Angeschuldigten das Tankstellengebäude und flohen.«

Dieser Sachverhalt könnte unter die Tatbestände von §§ 249, 250 Abs. 1 StGB fallen. In § 249 Abs. 1 StGB (Raub) heißt es:

> »Wer mit Gewalt gegen eine Person oder unter Anwendung von Drohungen mit gegenwärtiger Gefahr für Leib oder Leben eine fremde bewegliche Sache einem anderen in der Absicht wegnimmt, sich dieselbe rechtswidrig zuzueignen, wird (...) bestraft.«

1 vgl. oben 1. Kap. D.

In § 250 Abs. 2 Nr. 1 StGB (schwerer Raub) heißt es:

> »..., wenn der Täter oder ein anderer Beteiligter am Raub (1.) bei der Tat eine Waffe (...) verwendet, (...).

Die Frage, die angesichts des ermittelten Sachverhaltes und der genannten Vorschriften vom Strafjuristen zu entscheiden ist, lautet: Hat A mit seinem Verhalten den Tatbestand von §§ 249, 250 StGB erfüllt?
Das Geld, das die beiden weggenommen haben, sind fremde bewegliche Sachen; auch geschah die Wegnahme in der Absicht, das Geld in das eigene Vermögen einzuverleiben, also sich zuzueignen.
Zwar hat A nicht selbst das Geld weggenommen, gleichwohl muss er sich das Handeln seines Komplizen B als Mittäter anrechnen lassen (§ 25 StGB). Ebenso muss sich B die Drohung von A zurechnen lassen, so dass beide – in Arbeitsteilung – gemeinsam, also in Mittäterschaft den Raub gem. § 249 StGB begangen haben.
Ob auch der Tatbestand von § 250 Abs. 2 Nr. 1 StGB erfüllt ist, hängt davon ab, ob es sich bei dem mitgeführten Revolver um eine Waffe handelt. Was eine Waffe ist, lässt sich mit Hilfe von Kommentaren klären. Im Kommentar von Tröndle/Fischer (§ 250 Rdnr. 3 a) wird der Begriff wie folgt definiert:
»Waffen sind nach ständiger Rechtsprechung und h. M. bewegliche Sachen, die ihrer bestimmungsgemäßen Art nach zur Verursachung erheblicher Verletzungen von Personen generell geeignet sind; (...) insbesondere Schusswaffen«.
Da ein Revolver eine Schusswaffe ist, ist auch dieses Tatbestandsmerkmal gegeben.
Die Angeschuldigten haben folglich **objektiv tatbestandsmäßig** i. S. v. §§ 249, 250 StGB gehandelt.
In den Vorschriften des Besonderen Teils des StGB ist eine Vielfalt von Tatbeständen enthalten, die im Einzelfall Auskunft darüber geben, ob eine Handlung tatbestandsmäßig i. S. d. Strafgesetzes ist oder nicht.

2. Subjektiver Tatbestand

Während sich im Bereich des Objektiven die Frage beantworten lässt, was der Täter getan hat, ist im **Bereich des Subjektiven** die Frage zu prüfen, was sich der Täter dabei gedacht hat. Hat die Mutter ihr Kind **vorsätzlich** oder **fahrlässig** verhungern lassen? Was hat A gedacht, als er den Kassenraum der Tankstelle betrat und das Geld geraubt hat?
Nach § 15 StGB ist nur das vorsätzliche Handeln strafbar, wenn nicht das Strafgesetz fahrlässiges Handeln ausdrücklich mit Strafe bedroht. Da das StGB z. B. keinen fahrlässigen Hausfriedensbruch kennt, ist nur der vorsätzlich begangene Hausfriedensbruch (§ 123 StGB) strafbar. Anders ist es bei der Körperverletzung; nach § 230 StGB ist ausdrücklich die fahrlässige Körperverletzung – wie die nach § 223 StGB unter Strafe gestellte vorsätzliche Körperverletzung – ebenfalls strafbar.

Unter Vorsatz, der gesetzlich nicht definiert ist, verstehen wir das Wissen und Wollen der Tatbestandsverwirklichung.[2]

2 Tröndle/Fischer § 15 Rdnr. 3

Vorsätzlich handelt also, **wer um die einzelnen Tatbestandsmerkmale weiß und auch will, dass der Tatbestand erfüllt wird.** Der Dieb weiß, dass es sich um eine fremde bewegliche Sache handelt und er will sie sich in sein Vermögen rechtswidrig einverleiben.
Wer bei Begehung der Tat einen Umstand nicht kennt, der zum gesetzlichen Tatbestand gehört, handelt gem. § 16 StGB nicht vorsätzlich (sog. Tatbestandsirrtum). Derjenige, der der Auffassung ist, dass das von ihm weggenommene Geld sein eigenes ist, obwohl es objektiv einem anderen gehört, kann nicht wegen Diebstahls bestraft werden, weil ihm der Vorsatz fehlt.
Was **Fahrlässigkeit** bedeutet, ist ebenfalls nicht gesetzlich bestimmt.

Man spricht von Fahrlässigkeit, wenn der Täter einen Tatbestand rechtswidrig und vorwerfbar verwirklicht, ohne dies zu erkennen oder zu wollen.[3]

In Anlehnung an § 276 Abs. 1 BGB lässt sich auch sagen, dass derjenige fahrlässig handelt, der die Sorgfalt außer Acht lässt, zu der er verpflichtet und fähig ist, und deshalb einen gesetzlichen Tatbestand verwirklicht.[4] Die Mutter erkennt nicht, dass ihr Verhalten zum Hungertod ihres Kindes führt, und will dies auch nicht; trotzdem ist sie fähig und dazu verpflichtet, sorgfältig, d. h. ausreichend ihr Kind zu ernähren. Diese ihr obliegende Sorgfalt lässt sie außer Acht und handelt folglich fahrlässig.

III. Rechtswidrigkeit

Während im gesetzlichen Straftatbestand in der Regel ein allgemeines Unrechtswerturteil enthalten ist, das ein bestimmtes menschliches Verhalten als rechtswidrig missbilligt, lassen sich auch Fälle denken, in denen **das tatbestandsmäßige Verhalten ausnahmsweise erlaubt ist**. Deswegen ist es erforderlich, die Frage der Rechtswidrigkeit immer dann zu prüfen, wenn Anhaltspunkte dafür vorliegen, dass das eigentlich verbotene Verhalten aufgrund von sog. Rechtfertigungsgründen rechtmäßig ist.
Das StGB enthält lediglich zwei Regelungen mit **Rechtfertigungsgründen**, die **Notwehr** (§ 32 StGB) und den **Notstand** (§ 34 StGB). Nach § 32 StGB handelt der nicht rechtswidrig, der eine Tat begeht, die durch Notwehr geboten ist. Der rechtfertigende Notstand liegt dann vor, wenn der Täter eine Straftat begeht, um eine Gefahr für Leben, Freiheit, Eigentum oder ein anderes Rechtsgut abzuwenden, und bei Abwägung des durch die Tat verletzten mit dem gefährdeten und geschützten Rechtsgut das Letztere wesentlich überwiegt.[5]
Daneben sieht die Rechtsordnung weitere Rechtfertigungsgründe vor, wie bspw. die **Einwilligung** oder gesetzlich vorgesehene **Eingriffsbefugnisse** (vorläufige Festnahme gem. § 127 StPO).
Der Sozialarbeiter, der trotz des strafbewehrten Verbotes gem. § 203 StGB Privatgeheimnisse einem anderen offenbart, handelt nicht rechtswidrig, wenn zuvor der Klient darin eingewilligt hat. Zwar begeht der Arzt bei einer Operation tatbestands-

3 vgl. Tröndle/Fischer § 15 Rdnr. 12 ff.
4 Roxin/Arzt/Tiedemann 1994, S. 57
5 vgl. das Beispiel in Kap. 20 A. II. 2.

mäßig eine Körperverletzung; rechtswidrig ist dieses Verhalten aber nicht, wenn vorher der Patient über den Eingriff ausreichend aufgeklärt wurde und seine Einwilligung erklärt hat.

IV. Schuld

Ein tatbestandsmäßiges, rechtswidriges Verhalten kann nur dann bestraft werden, wenn zusätzlich die Tat schuldhaft begangen wurde. **Auf der dritten Wertungsstufe wendet sich nunmehr der Blick von der rechtswidrigen Tat auf die Person des Täters**. Erst wenn positiv festgestellt werden kann, ob der Täter auch **für seine Tat verantwortlich** ist, ist eine Bestrafung möglich. Es gilt hier der Grundsatz: **Keine Strafe ohne Schuld.**

1. Die verschiedenen Schuldbegriffe

Der strafrechtliche Begriff der Schuld ist nicht einheitlich.

a. Wenn am Ende einer Hauptverhandlung der Angeklagte im Urteil »schuldig« gesprochen wird, heißt dies, dass er der Tat überführt wurde und deswegen bestraft wird. In diesem Zusammenhang spricht man von dem **prozessualen Schuldbegriff**, der dem alltagssprachlichen Begriff von »Schuld« am ehesten entspricht.

b. Schuld als Deliktsmerkmal ist enger gefasst. Sie meint die **subjektive Zurechnung der Tat.**[6] Mit ihr verbindet sich der **Vorwurf, eine rechtwidrige Tat begangen zu haben**, obwohl man auch anders hätte handeln können. In der Kurzformel heißt es: **Schuld ist Vorwerfbarkeit**. Der BGH hat in einer auch heute noch maßgeblichen Entscheidung (2. Bd., S. 200) dazu Folgendes ausgeführt:

> »Strafe setzt Schuld voraus. Schuld ist Vorwerfbarkeit. Mit dem Unwerturteil der Schuld wird dem Täter vorgeworfen, dass er sich nicht rechtmäßig verhalten, dass er sich für das Unrecht entschieden hat, obwohl er sich rechtmäßig verhalten, sich für das Recht hätte entscheiden können.«

Bei diesem Verständnis von Schuld wird stillschweigend vorausgesetzt, dass jeder Mensch in seiner Willensentscheidung und -betätigung frei ist. Dieser Auffassung von **grundsätzlicher menschlicher Willensfreiheit (Indeterminismus)** steht eine andere Lehre gegenüber, die die Möglichkeit menschlicher Freiheit verneint, da der Mensch durch vielerlei Einflüsse geprägt und damit in seinem Handeln vorbestimmt sei, so dass auch niemand für seine Taten persönlich verantwortlich gemacht werden kann (Determinismus). Dieser Streit ist akademischer Natur und spielt für das geltende Strafrecht keine Rolle. Zurecht weist Naucke darauf hin, dass

> »die subjektive Zurechnung von Handlungen, das Verantwortlichmachen für Taten, das Schuldig-sein-können (...) ein so selbstverständliches Organisationsprinzip für zwischenmenschliches Verhalten (ist), dass keine Phantasie ausmalen kann, was geschähe, wenn man dieses Organisationsprinzip generell fallen ließe«.[7]

6 vgl. Naucke 2002, S. 236

7 a. a. O., S. 239

c. Schließlich haben wir es noch mit einem **dritten Schuldbegriff** zu tun, mit dem **der Strafzumessung**. Gem. § 46 StGB ist die Schuld des Täters die Grundlage für die Zumessung der Strafe. An dem **Grad der Schuld bzw. an der Schuldschwere** soll bemessen werden, ob das Verfahren eingestellt werden kann[8], wie der Täter bestraft werden soll (z. B. Geldstrafe oder Freiheitsstrafe) und in welcher Höhe die Strafe ausfallen soll.

2. Schuldausschließungsgründe

Da Schuld als Deliktsmerkmal auf der menschlichen Fähigkeit beruht, zum einen in innerer und äußerer Freiheit seinen Willen zu betätigen, und zum anderen zwischen Recht und Unrecht zu unterscheiden, hat der Gesetzgeber **Umstände berücksichtigt, die die Schuld grundsätzlich oder im Einzelfall ausschließen**.

a. Gem. § 19 sind **Kinder**, also diejenigen, die bei Begehung der Tat das 14. Lebensjahr noch nicht vollendet haben, **generell schuldunfähig**.

b. Ein weiterer **Schuldausschließungsgrund** sieht § 17 StGB vor. Danach handelt der ohne Schuld, dem bei Begehung der Tat die Einsicht fehlt, Unrecht zu tun, und der diesen Irrtum nicht vermeiden konnte. Ob ein solcher »**Verbotsirrtum**« vermeidbar ist oder nicht, hängt immer vom Einzelfall ab. Die Beantwortung dieser Frage ist zumeist mit großen Schwierigkeiten verbunden, wie die Verfahren gegen die sog. Mauerschützen gezeigt haben, die sich für berechtigt hielten, auf unbewaffnete DDR-Flüchtlinge Dauerfeuer zu eröffnen.[9]

c. Der sog. **entschuldigende Notstand** gem. § 35 StGB (nicht zu verwechseln mit dem rechtfertigenden Notstand gem. § 34 StGB) stellt ebenfalls einen Schuldausschließungsgrund dar. Ein solcher die Schuld ausschließender Notstand liegt dann vor, wenn in einer gegenwärtigen, nicht anders abwendbaren Gefahr für Leben, Leib oder Freiheit eine rechtswidrige Tat begangen wird, um die Gefahr von sich, einem Angehörigen oder einer anderen nahestehenden Person abzuwenden.

> Dazu folgendes Beispiel:
> Ein Schiffsbrüchiger stößt den anderen von dem Rettungsring, der nur eine Person trägt, und tötet damit diesen. Es handelt sich um eine rechtswidrige Tat gem. § 212 StGB, die nicht gem. § 34 StGB (rechtfertigender Notstand) gerechtfertigt ist; jedoch entfällt der Schuldvorwurf gem. § 35 StGB.

d. Die bekanntesten Schuldausschließungsgründe sind in der Vorschrift von § 20 StGB geregelt, die die Fälle **seelischer bzw. krankhafter Störungen** behandeln. Ohne Schuld handelt danach derjenige, der bei Tatbegehung

- **wegen einer krankhaften seelischen Störung,**
- **wegen einer tiefgreifenden Bewusstseinsstörung,**
- **wegen Schwachsinns oder**
- **wegen einer schweren anderen seelischen Abartigkeit**

8 vgl. § 153 Abs. 1 StPO, »geringe Schuld«
9 vgl. BGH Bd. 39, S. 35

unfähig ist, das Unrecht der Tat einzusehen oder nach dieser Einsicht zu handeln. Wird eine solche **Schuldunfähigkeit** festgestellt, kann der Täter nicht bestraft werden; in derartigen Fällen ist die Anordnung einer **Maßregel der Besserung und Sicherung** gem. §§ 63, 64 StGB möglich.[10]
Wenn die Schuldfähigkeit aus den genannten Gründen nicht gänzlich ausgeschlossen, sondern lediglich erheblich vermindert ist, kann die Strafe gemildert werden (§ 21 StGB).

Liegen beim Täter Anhaltspunkte für eine der in § 20 StGB aufgeführten Störungen vor, muss das Gericht eine Untersuchung in Betracht ziehen. Es bedient sich dabei **medizinischer, psychiatrischer und/oder psychologischer Sachverständiger**, die aufgrund besonderer Diagnoseverfahren Auskunft über die strafrechtlich relevanten seelischen Störungen geben können. Da derartige Untersuchungen zeitaufwendig sein können, sieht § 81 StPO die Möglichkeit vor, einen Beschuldigten für die Zeit der Untersuchung zwangsweise in einem psychiatrischen Krankenhaus unterzubringen.
Das folgende Schaubild bietet eine Zuordnung psychiatrisch-psychologischer Diagnosen zu den Merkmalen der §§ 20, 21 StGB[11]:

Juristisch	**Psychiatrisch – psychologisch**	
Krankhafte seelische Störungen	*Exogene (organische, symptomatische) Psychosen oder Persönlichkeitsveränderungen bei:* Hirnverletzungen Hirninfektionen Hormonelle Störungen Stoffwechselkrankheiten Allgemeininfektionen Vergiftungen Alkoholrausch Hirnschwund Tumoren Arteriosklerose Wochenbettpsychosen Alkoholismus Eifersuchtswahn Epilepsie	Endogene Psychosen Schizophrenie Hebephrene Form Katatone Form Paranoide Form Defektzustände Paranoia Affektive Psychosen Manisch-depressives Irresein Endogene Depression Manie Hypomanie *Intellektuelle Minderbegabung bekannter Genese*
Tiefgreifende Bewußseinsstörung	Affekt Affektive Erregung Schreck Übermüdung Erschöpfung	

(Fortsetzung nächste Seite)

10 Unterbringung in einem psychiatrischen Krankenhaus oder einer Entziehungsanstalt, vgl. unten 7. Kap. F.

11 in: Rasch 1984, S. 268

Juristisch	**Psychiatrisch – psychologisch**	
Schwachsinn	*Intellektuelle Minderbegabung unbekannter Genese* Schwachsinn Debilität Imbezillität Idiotie	
Schwere andere seelische Abartigkeit	*Persönlichkeitsstörung* Psychopathie Charakteropathie Abnorme Persönlichkeit Charakterneurose Kernneurose Paranoide Persönlichkeit Hysterische Persönlichkeit Asthenische Persönlichkeit Erregbare Persönlichkeit Schizoide Persönlichkeit Antisoziale Persönlichkeit	*Neurosen* Konversionsneurose Phobien Zwangsneurose Reaktive Depression Depressive Neurose Neurotische Depression Hypochondrische Neurose Abnorme Erlebnisreaktion Abnorme/psychopathologische Persönlichkeitsentwicklung Sexuelle Verhaltensabweichung Sexuelle Perversion Sexualpathologische Entwicklung Alkoholismus Medikamentenabhängigkeit Drogensucht

Schaubild 13: Die juristischen Begriffe: Krankhafte seelische Störungen, Tiefgreifende Bewusstseinsstörung, Schwachsinn und schwere andere seelische Abartigkeit und die dazugehörenden psychiatrisch-psychologischen Diagnosen.

B. Der Versuch einer Straftat

Nicht immer gelingt es dem Täter, eine geplante Straftat auch zu Ende zu bringen. Die Gründe dafür können sehr unterschiedlich sein: Der Dieb wird bei der Wegnahme eines Fahrrades entdeckt; die zunächst erfolgte Fälschung einer Unternehmensbilanz wird freiwillig korrigiert, bevor sie überhaupt bekannt gemacht wird. Die Frage, ob auch solche Versuche, eine Straftat zu begehen, strafbar sind, lässt sich nach § 23 StGB beantworten. Danach ist der Versuch eines Verbrechens (§ 12 StGB) stets strafbar, der eines Vergehens nur, wenn die Strafbarkeit im Gesetz ausdrücklich bestimmt ist (z. B. in § 242 Abs. 2 StGB).

Eine – nicht ganz präzise – Definition des Versuchs liefert § 22 StGB, wonach derjenige eine Straftat versucht, der »nach seiner Vorstellung von der Tat zur Verwirklichung des Tatbestandes unmittelbar ansetzt«. Voraussetzung ist also, dass der Täter aufgrund seines bereits gefassten Vorsatzes die Tat beginnt aber nicht vollendet. Dabei macht es große Schwierigkeiten, den – **strafbaren – Versuch** von der – **straflosen –**

Vorbereitung einer Straftat abzugrenzen. Eine schier endlose Zahl von Aufsätzen und Urteilen sind zu dieser Problematik veröffentlicht worden.[12]
Da bei einem Versuch das geschützte Rechtsgut zwar gefährdet aber nicht verletzt wird, sieht das Gesetz in § 23 Abs. 2 StGB die Möglichkeit vor, den Versuchstäter milder zu bestrafen.
Schließlich wird wegen eines Versuchs gar nicht bestraft, wer freiwillig die weitere Ausführung der Tat aufgibt oder deren Vollendung verhindert **(sog. Rücktritt vom Versuch).** Es reicht unter Umständen auch schon das freiwillige und ernsthafte Bemühen, die Vollendung zu verhindern (§ 24 Abs. 1 StGB).

C. Täterschaft und Teilnahme

Sind bei der Planung und Ausführung der Straftat mehrere beteiligt, stellt sich die Frage, ob jeder von ihnen als Täter oder nur als Teilnehmer gehandelt hat und dementsprechend gleich oder unterschiedlich bestraft werden muss. Was nun den Täter vom Teilnehmer unterscheidet, ist in den §§ 25–27 StGB recht allgemein bestimmt. Täter ist gem. § 25 Abs. 1 StGB, wer die Straftat selbst oder durch einen anderen begeht. Begehen mehrere die Tat gemeinschaftlich, so ist jeder Täter und wird auch als Täter bestraft; man spricht dann von **Mittäterschaft**.

Teilnehmer sind
- der **Anstifter**, der vorsätzlich einen anderen dazu bestimmt, vorsätzlich eine rechtswidrige Tat zu begehen (§ 26 StGB), und zum andern
- der **Gehilfe**, der vorsätzlich einem anderen zu dessen vorsätzlich begangener rechtswidrigen Tat Hilfe geleistet hat (§ 27 StGB).

Wer als Gehilfe oder als Mittäter an der Tatbegehung mitgewirkt hat, lässt sich in manchen Fällen nicht einfach entscheiden. Nach der Rechtsprechung kommt es wesentlich auf die innere Einstellung der Beteiligten an; dabei können das eigene Interesse am Taterfolg sowie der Umfang der Tatbeteiligung und der Tatherrschaft bei der Bewertung der Einstellung berücksichtigt werden.[13] Das Schrifttum hebt im Gegensatz zu dieser subjektiven Theorie stärker auf das objektive Kriterium der Tatherrschaft ab[14] und kommt in Anwendung ihrer objektiven Theorie nicht immer zu dem gleichen Ergebnis wie die Rspr. des BGH: wiederum ein Beispiel für die Unterschiede, die bei der Auslegung von Gesetzen bestehen und die mit nicht unerheblichen Konsequenzen verbunden sind. Immerhin muss die Strafe für den Gehilfen gemildert werden (§ 27 Abs. 2 StGB).
Ganz wesentlich bei der Bestrafung von mehreren Beteiligten ist der Grundsatz, dass jeder unabhängig von der Schuld des anderen immer nur nach seiner eigenen Schuld bestraft werden kann (§ 29 StGB). Die krankheitsbedingte Schuldunfähigkeit des einen spielt für die Bewertung der Schuld des gesunden anderen Beteiligten keine Rolle.

---

12 vgl. Tröndle/Fischer § 22 Rdnr. 9 ff.
13 so BGH Bd. 28, S. 349
14 vgl. Roxin 2000

7. Kapitel: Die Rechtsfolgen der Straftat*

Grundlegende Literatur: vgl. Angaben im 5. Kapitel; Streng: Strafrechtliche Sanktionen, 2. Aufl., Stuttgart 2002; Maelicke: Gerichtshilfe, Bewährungshilfe, Führungsaufsicht und soziale Hilfe im Strafvollzug, in: Cornel u. a. (Hrsg.): Handbuch der Resozialisierung, 2. Aufl., Baden-Baden 2003, S. 135 ff.

Wie wir bereits oben festgestellt haben, ist jedes Strafgesetz des Besonderen Teils des StGB nach der gleichen Struktur aufgebaut: der gesetzliche **Straftatbestand** ist jeweils mit einer **Rechtsfolge** verknüpft.

Beispiel: § 303 Abs. 1 StGB (Sachbeschädigung)
Tatbestand: »Wer rechtswidrig eine fremde Sache beschädigt oder zerstört, …
Rechtsfolge: … wird mit Freiheitsstrafe bis zu zwei Jahren oder mit Geldstrafe bestraft.«

Was eine Freiheits- oder Geldstrafe ist und wie das Gericht im Einzelfall die Strafen bestimmt, wird **im Allgemeinen Teil des StGB** geregelt.
Auch geben die Vorschriften des Allgemeinen Teils Auskunft darüber, welche Reaktionen das Strafrecht in den Fällen vorsieht, in denen wegen fehlender oder eingeschränkter Schuld nicht oder in geringerem Umfang bestraft werden kann.

A. Allgemeiner Überblick

Das StGB regelt die »**Rechtsfolgen der Tat**« im dritten Abschnitt des Allgemeinen Teils (§§ 38–76 a StGB). Im folgenden Schaubild ist das System der Rechtsfolgen im Überblick dargestellt.
In dem Schaubild sind nicht die Rechtsfolgen des Jugendstrafrechts berücksichtigt, die das JGG vorsieht. Diese werden weiter unten (14. Kap. B.) behandelt.

* Die Reform des Sanktionenrechts befindet sich bei Abschluss des Manuskriptes noch im Gesetzgebungsverfahren (BT-Drs. 15/2725). Nach In-Kraft-Treten des Reformgesetzes werden die Änderungen im Internet unter http://www.jugendhilfe-netz.de/fachservice/index.html dargestellt.

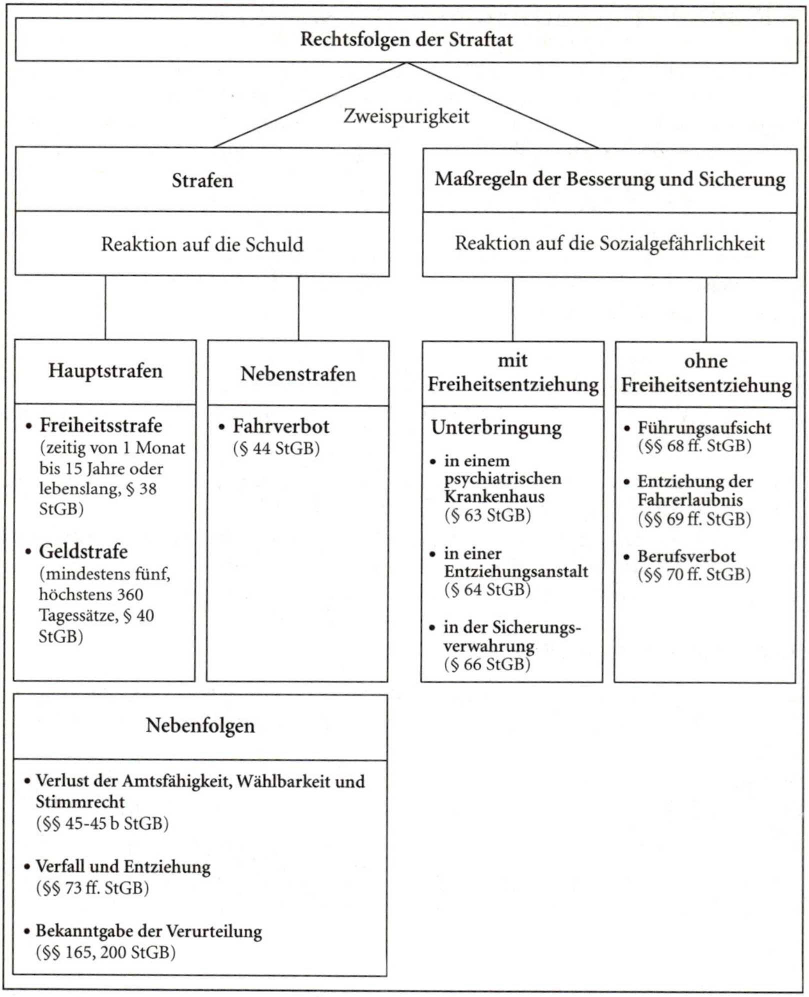

Schaubild 14: Das System der Rechtsfolgen der Straftat im Überblick.[1]

Da Sozialarbeiterinnen z. B. als **Bewährungs-, Jugendgerichts- oder Gerichtshelferinnen in das System der Bestrafung und der Maßregeln einbezogen** sind, verdient dieser Komplex besondere Beachtung.

In diesem Zusammenhang soll darauf hingewiesen werden, dass zuletzt mit dem **6. Gesetz zur Reform des Strafrechts**[2] sowie mit dem **Gesetz zur Bekämpfung**

1 Neben den Strafen sieht das Gesetz noch Maßregeln der Besserung und Sicherung vor.

2 6. StrRG v. 26. 1. 1998, BGBI. I, S. 164

von Sexualdelikten und anderen gefährlichen Straftaten[3] zahlreiche Rechtsfolgenbestimmungen verändert worden sind. In einem weiteren Reformgesetz, das von der Bundesregierung im Dezember 2003 beschlossen wurde und dem Gesetzgebungsverfahren zugeleitet worden ist, soll die Vollstreckung von kurzen Freiheitsstrafen sowie von Ersatzfreiheitsstrafen durch gemeinnützige Arbeit vermieden werden. Außerdem soll das Fahrverbot neben Freiheits- und Geldstrafe zur dritten Hauptstrafe aufgewertet werden.

Zunächst soll noch einmal in Erinnerung gerufen werden, dass es die erste Aufgabe des Gerichts ist zu entscheiden, ob die Voraussetzungen für die Verhängung einer Strafe (Tatbestand – Rechtswidrigkeit – Schuld) vorliegen.

Kann dies bejaht werden und kommt eine Einstellung des Verfahrens gem. §§ 153 ff. StPO nicht in Betracht, muss in einem zweiten Schritt entschieden werden, welche Strafe verhängt werden soll: eine Entscheidung zwischen Geld- oder Freiheitsstrafe. Vergleiche dazu das folgende Schaubild, das einen Überblick über die im Jahre 2000 verhängten Rechtsfolgen gibt:

Sanktionen nach allgemeinem Strafrecht*
– alte Bundesländer und Berlin –

Verurteilte nach allgemeinem Strafrecht insgesamt 622 027

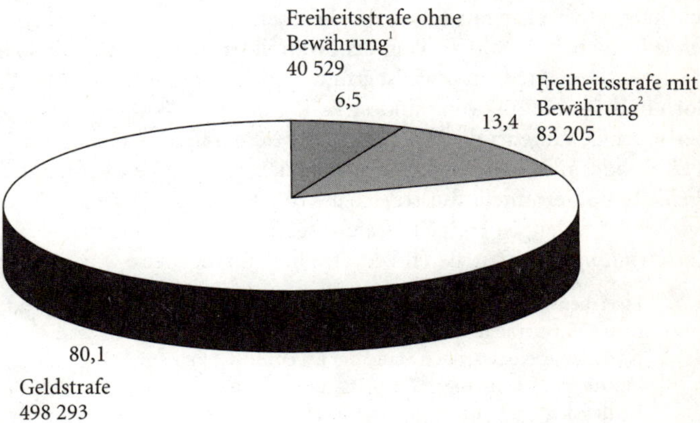

* nur jeweils schwerste Sanktion.
[1] inklusive Strafarrest (n011).
[2] inklusive Strafarrest (n0 190).
Quelle: Strafverfolgungsstatistik 2001 hrsg. vom Statistischen Bundesamt Wiesbaden Tab. 2.3.

Schaubild 15: Die Geldstrafe ist die mit Abstand am meisten verhängte Sanktion, während eine Freiheitsstrafe ohne Bewährung eher selten ist.

3 ebenfalls v. 26. 1. 1998, BGBI. I, S. 160

B. Die Hauptstrafen

Die Freiheitsstrafe und die Geldstrafe bilden die sog. Hauptstrafen, das Fahrverbot die sog. Nebenstrafe. Weitere Strafformen sieht das Strafrecht für Erwachsene nicht vor. Nach dem Gesetzesentwurf der Bundesregierung ist als neue zusätzliche Hauptstrafe das Fahrverbot vorgesehen.

I. Die Freiheitsstrafe

Das StGB definiert den Begriff der Freiheitsstrafe nicht und trifft auch keine Aussage über die Art der Vollstreckung, so dass man erst mit Blick auf das StVollzG die nähere Ausgestaltung der Freiheitsstrafe kennen lernt. Da bei dem Vollzug der Freiheitsstrafe in das Menschenrecht der freien Entfaltung der Person (Art. 2 GG) massiv eingegriffen wird, handelt es sich um die **härteste Strafart**, die das Gesetz vorsieht.
Gem. § 38 Abs. 1 StGB wird zwischen der **zeitigen und lebenslangen Freiheitsstrafe** unterschieden.

1. Die lebenslange Freiheitsstrafe

Nach Abschaffung der Todesstrafe durch Art. 102 GG ist die lebenslange Freiheitsstrafe die **schwerste Strafe des geltenden Strafrechts**. Sie sieht das Gesetz als einzige Strafe nur bei den sog. Kapitalverbrechen wie Mord (§ 211 StGB) oder Völkermord (§ 220 a Abs. 1 Nr. 1 StGB) vor. Daneben drohen einzelne Strafvorschriften bei schweren Verbrechen mit Todesfolge die lebenslange Freiheitsstrafe an. Diese beinhalten jedoch auch die Möglichkeit der Strafmilderung (z. B. § 176 b StGB).
Die lebenslange Freiheitsstrafe ist grundsätzlich **von unbeschränkter Dauer**, kann jedoch nach Verbüßung von mindestens 15 Jahren zur Bewährung ausgesetzt werden. Bevor der Gesetzgeber die Möglichkeit der Reststrafenaussetzung zur Bewährung gesetzlich bestimmt hatte und nur der Gnadenweg eine Verkürzung der lebenslangen Freiheitsstrafe eröffnete, musste sich das BVerfG mit der Frage der Verfassungsmäßigkeit der lebenslangen Freiheitsstrafe auseinandersetzen und hat 1977 dazu folgende Entscheidung getroffen, deren Leitsätze hier auszugsweise wiedergegeben werden:[4]

1. Die lebenslange Freiheitsstrafe für Mord ist nach Maßgabe der folgenden Leitsätze mit dem GG vereinbar.
2. Nach dem gegenwärtigen Stand der Erkenntnisse kann nicht festgestellt werden, dass der Vollzug der lebenslangen Freiheitsstrafe gemäß den Vorschriften des StVollzG und unter Berücksichtigung der gegenwärtigen Gnadenpraxis zwangsläufig zu irreparablen Schäden psychischer oder physischer Art führt, welche die Würde des Menschen (Art. 1 Abs. 1 GG) verletzen.
3. Zu den Voraussetzungen eines menschenwürdigen Strafvollzugs gehört, dass dem zu lebenslanger Freiheitsstrafe Verurteilten grundsätzlich eine Chance verbleibt, je wieder der Freiheit teilhaftig zu werden. Die Möglichkeit der Begnadigung allein ist nicht ausreichend; vielmehr gebietet das Rechtsstaatsprinzip, die Voraussetzungen, unter denen die Vollstreckung einer lebenslangen Freiheitsstrafe ausgesetzt werden kann, und das dabei anzuwendende Verfahren gesetzlich zu regeln. (...)

4 BVerfG NJW 1977, S. 1525 ff., Leitsätze

Die außergewöhnliche Problematik der lebenslangen Freiheitsstrafe liegt in der unbeschränkten, für den Verurteilten nicht zu kalkulierenden Dauer, die eine planmäßige Vorbereitung auf ein Leben in Freiheit nicht zulässt. Folglich verbleibt für den zu lebenslanger Freiheitsstrafe verurteilten Gefangenen – auch nach der Reformierung der Reststrafenaussetzung[5] – eine **Rechtsunsicherheit**, die den Zielen von Resozialisierung entgegensteht und zu Recht von manchen Kritikern als menschenunwürdig und damit entgegen der Auffassung des BVerfG als verfassungswidrig angeprangert wird.[6]

In einer Dokumentation der Bundesarbeitsgemeinschaft für Straffälligenhilfe wird darauf hingewiesen, dass die **durchschnittliche Vollzugsdauer** bei lebenslanger Freiheitsstrafe in der Bundesrepublik **bei ca. 20 Jahren** und damit über der durchschnittlichen Haftdauer bei wegen Mordes Verurteilten anderer europäischer Länder liegt.[7] So beträgt die durchschnittliche Verbüßungsdauer in Großbritannien neun bis zwölf Jahre, in Belgien zehn, in Frankreich zwölf bis 14 Jahre, und in den Niederlanden wird sie nach fünf bis sechs Jahren in eine Zeitstrafe umgewandelt, die nach zwei Dritteln zur Bewährung ausgesetzt wird.[8] Nach zutreffender Auffassung der Verfasser widerspricht die derzeit praktizierte lebenslange Freiheitsstrafe der Absicht des StVollzG, den Gefangenen zu einem Leben in sozialer Verantwortung zu befähigen. Ganz im Gegenteil führt sie bei den Inhaftierten zu **Perspektivlosigkeit, Anpassungsverhalten und ausgeprägten Haftschädigungen**, die ein späteres Leben in Freiheit erheblich beeinträchtigen und eine Integration erschweren. Es kommt ihr danach also **keinerlei spezialpräventive Wirkung** zu. Auch eine negative Generalprävention lässt sich empirisch nicht belegen, da Tötungsdelikte zu einem ganz überwiegenden Teil in schweren Affekt- und Konfliktsituationen geschehen, die sich durch hohe Strafandrohungen nicht verhindern lassen.[9]

Zum Stichtag 31. März 2003 befanden sich insgesamt 1.774 zu lebenslanger Freiheitsstrafe verurteilte Gefangene in Haft.[10]

2. Die zeitige Freiheitsstrafe

Die zeitige Freiheitsstrafe ist die zeitlich beschränkte Freiheitsstrafe, deren **Höchstmaß 15 Jahre und deren Mindestmaß ein Monat** beträgt (§ 38 Abs. 2 StGB). In den einzelnen Strafgesetzen wird die zeitige Freiheitsstrafe unterschiedlich bestimmt. Wenn z. B. in § 249 Abs. 1 StGB die Rechtsfolge heißt: »... wird mit Freiheitsstrafe nicht unter einem Jahr bestraft«,... bedeutet dies die Festlegung des Mindestmaßes; das Höchstmaß bestimmt sich nach § 38 Abs. 2 StGB und beträgt 15 Jahre. Somit umfasst der dem Gericht zur Verfügung stehende **Strafrahmen** ein bis 15 Jahre. Nach § 303 StGB (Sachbeschädigung) beträgt der Strafrahmen für die Freiheitsstrafe ein

5 vgl. 10. Kap. C. IV.
6 vgl. Weber/Scheerer 1988; Weber 1999, S. 392 ff.
7 Neue Praxis 5/95, S. 515 ff.
8 a. a. O., S. 516
9 a. a. O.
10 Stat. Bundesamt, Fachserie 10, R4.1, 2003

Monat bis zwei Jahre; das Höchstmaß wird in der Rechtsfolge der Vorschrift bestimmt, das Mindestmaß ergibt sich aus § 38 Abs. 2 StGB.
Da die vom Gesetz – für zeitige Freiheitsstrafen wie auch für Geldstrafen – vorgesehenen Strafrahmen recht weit sind, ist es eine für das Gericht besonders schwierige Entscheidung, die Strafe konkret zu bestimmen. Nach § 46 StGB werden daher **Grundsätze der Strafzumessung** aufgestellt, die einzelne Kriterien benennen, die bei der Entscheidungsfindung als Maßstäbe dienen können.

➢ Nach Abs. 1 ist die **Schuld die Grundlage der Strafzumessung**.
➢ Die **Umstände, die für und gegen den Täter sprechen**, werden gegeneinander abgewogen (vgl. die Allegorie der Waage in Händen der Justitia).
➢ Dazu zählen insbesondere:
  - die Beweggründe, Ziele des Täters, die Gesinnung und der Tatwille,
  - die Art der Ausführung und die Auswirkungen der Tat,
  - die persönlichen und wirtschaftlichen Verhältnisse des Täters,
  - das Verhalten nach der Tat (z. B. Geständnis) und das Bemühen um Schadenswiedergutmachung.

Der BGH hat den besonderen Stellenwert der Resozialisierung bei der Strafzumessung hervorgehoben; in einer Entscheidung aus dem Jahr 2002 heißt es dazu:

> »Nach § 46 Abs. 1 S. 2 StGB sind bei der Strafzumessung die Wirkungen einer Strafe auf den Täter unter dem spezialpräventiven Gesichtspunkt einer Resozialisierung zu berücksichtigen. Deshalb sind Art und Umfang der Strafe so zu bestimmen, dass ihr Resozialisierungszweck erfüllt werden kann. Bei der Verhängung einer sehr hohen Freiheitsstrafe gegen einen jungen Angeklagten, der eine lange Freiheitsstrafe während einer Zeit verbüßen muss, in der häufig noch entscheidende Weichenstellungen im Hinblick auf das zukünftige Leben getroffen werden können, besteht die Gefahr, dass wegen des Fehlens jeglicher Perspektive für eine eigenverantwortliches Leben die anzustrebende Wiedereingliederung in die Gesellschaft nicht erreicht wird«.[11]

Eine **Strafmilderung** wird gem. § 46 a StGB ausdrücklich vorgesehen für den Fall des **Täter-Opfer-Ausgleichs** und der **Schadenswiedergutmachung.**[12] In diesen Fällen kann sogar ganz von Strafe abgesehen werden, wenn keine höhere Strafe als Freiheitsstrafe von einem Jahr oder als Geldstrafe von 360 Tagessätzen »verwirkt« ist, d. h. bei vorläufiger Bewertung in Betracht gezogen werden kann.
Der Gesetzgeber hat sich bewusst dafür entschieden, **kurze Freiheitsstrafen** zugunsten der Geldstrafe **soweit wie eben möglich zurückzudrängen.**[13] Gem. § 47 Abs. 1 StGB soll eine Freiheitsstrafe unter sechs Monaten **nur in Ausnahmefällen** verhängt werden. Kommt also das Gericht bei der Strafzumessung zu dem Ergebnis, dass eine kurze Freiheitsstrafe angemessen ist, muss es darüber hinaus prüfen, ob besondere Umstände in der Tat oder der Persönlichkeit des Täters (z. B. mehrere Vorstrafen, die als Geldstrafen verhängt wurden) eine solche kurze Freiheitsstrafe zur Einwirkung auf den Täter unbedingt erforderlich machen oder ob diese »zur Verteidigung der

11 StV 2003, S. 222
12 vgl. 18. Kap. E. und F.
13 Streng 2002, S. 76

Rechtsordnung unerlässlich« ist. Mit dem Begriff »Verteidigung der Rechtsordnung« verbinden sich **generalpräventive Zwecke**; es soll bei der Verhängung der Strafe »die Erhaltung der Rechtstreue der Bevölkerung« mit berücksichtigt werden.[14]

3. Strafaussetzung zur Bewährung

Hat das Gericht eine Freiheitsstrafe verhängt, muss es bei Strafen unter zwei Jahren auch noch entscheiden, ob die Freiheitsstrafe auch vollstreckt werden soll oder die Vollstreckung der Freiheitsstrafe zur Bewährung ausgesetzt werden kann. Man spricht im letzten Fall auch von bedingter Freiheitsstrafe.

Liegen folgende Voraussetzungen für eine Strafaussetzung vor, muss die Strafe nach § 56 Abs. 1 StGB zur Bewährung ausgesetzt werden:
1. Verurteilung zu einer Freiheitsstrafe von **nicht mehr als einem Jahr**,
2. ausreichender **Warneffekt** allein aufgrund der Verurteilung und
3. **günstige Sozialprognose**.

Von einer günstigen Sozialprognose kann dann ausgegangen werden, wenn die Erwartung gerechtfertigt ist, dass der Verurteilte künftig auch ohne die Einwirkung des Strafvollzugs keine Straftaten mehr begehen wird. Es wird also keine sichere oder unbedingte Gewähr sondern lediglich eine **durch Tatsachen begründete Wahrscheinlichkeit straffreier Führung** verlangt.[15] Ausreichend ist, dass die Wahrscheinlichkeit künftigen straffreien Verhaltens größer ist als die Wahrscheinlichkeit neuer Straftaten.[16] Diese für einen Richter ungemein schwierige Feststellung soll nach § 56 Abs. 1 S. 2 StGB auf einer Gesamtwürdigung der Umstände basieren, die eine Prognose über menschliches Verhalten überhaupt ermöglichen. So sind insbesondere die Persönlichkeit des Verurteilten, sein Vorleben, also auch seine Vorstrafen, die Umstände seiner Tat, sein Verhalten nach der Tat (z. B. Schadenswiedergutmachung), seine Lebensverhältnisse und die Wirkungen der Strafaussetzung zu berücksichtigen. Nach § 56 Abs. 2 StGB wird die Möglichkeit für eine Strafaussetzung noch unter folgenden Bedingungen erweitert:
1. Verurteilung zu einer **Freiheitsstrafe von nicht mehr als zwei Jahren**,
2. ausreichender **Warneffekt** und **günstige Sozialprognose** sowie
3. die Annahme von **besonderen Umständen nach einer Gesamtwürdigung von Tat und Persönlichkeit** des Verurteilten (es liegen z. B. die Voraussetzungen verminderter Schuldfähigkeit ›§ 21 StGB‹ vor oder der angerichtete Schaden war gering).[17]

Gem. § 56 Abs. 2 S. 2 StGB wird insbesondere bei der Entscheidung über die Strafaussetzung das Bemühen des Täters berücksichtigt, den verursachten Schaden wieder gutzumachen.

14 BGH Bd. 24, S. 40

15 Tröndle/Fischer § 56 Rdnr. 5

16 BGH NStZ 1997, 594 f.

17 vgl. Streng 2002, S. 84 ff.

Von den 125.019 zu einer Freiheitsstrafe Verurteilten (im Jahre 2002) erhielten 85.895, also 68,7 Prozent die Chance einer Bewährung.[18]

a. Bewährungsentscheidungen

Die Entscheidung über die Strafaussetzung wird mit der Erwartung begründet, dass der Verurteilte in Zukunft keine weiteren Straftaten mehr begeht; ihm wird noch einmal die Chance eingeräumt, sich zu bewähren (sog. **Legalbewährung**). Für die Zeit der Bewährung sieht das Gesetz eine Reihe von **Kontroll- und Hilfsmechanismen** vor. Darüber entscheidet das Gericht in einem sog. **Bewährungsbeschluss**, der zusammen mit dem Urteil verkündet wird und selbständig mit dem Rechtsmittel der Beschwerde anfechtbar ist.

- Zunächst bestimmt das Gericht die **Dauer der Bewährungszeit.** Diese liegt zwischen zwei und fünf Jahren und kann nachträglich verkürzt oder verlängert werden. Die Bewährungszeit beginnt mit der Rechtskraft des Urteils (§ 56 a StGB).
- Das Gericht kann **Auflagen** erteilen, die der **Genugtuung für das begangene Unrecht** dienen (§ 56 b StGB). So kann es dem Verurteilten auferlegen, den Schaden wieder gutzumachen, einen Geldbetrag für eine gemeinnützige Einrichtung oder an die Staatskasse zu zahlen oder gemeinnützige Leistungen (Arbeiten in Krankenhäusern, Altenheimen etc.) zu erbringen.[19]
- Weiterhin erteilt das Gericht **Weisungen**, die dem Verurteilten helfen sollen, in Zukunft straffrei zu bleiben (§ 56 c StGB). Dazu gehören Anordnungen im Hinblick auf Ausbildung, Arbeit oder Freizeit, Meldepflichten oder Kontaktverbote mit bestimmten Personen.
- Bei Weisungen, sich einer **Heilbehandlung, die mit einem körperlichen Eingriff verbunden ist (z. B. Behandlung mit Medikamenten mit dem Risiko gravierender Nebenfolgen), oder einer Entziehungskur** zu unterziehen oder in einem Heim zu wohnen, ist **die Einwilligung des Verurteilten erforderlich** (§ 56 c Abs. 3 StGB).
- Wenn der Verurteilte selbst **freiwillig Zusagen für seine künftige Lebensführung** macht oder freiwillig anbietet, Leistungen zur Wiedergutmachung zu erbringen, so sieht das Gericht von Auflagen oder Weisungen ab (§§ 56 b Abs. 3, 56 c Abs. 4 StGB).

Bei der Bestimmung von Auflagen und Weisungen muss unter Beachtung des Verhältnismäßigkeitsgrundsatzes berücksichtigt werden, dass keine unzumutbaren Anforderungen an den Verurteilten gestellt werden.[20]

b. Bewährungshilfe

Eine besondere Art der Weisung ist die Bewährungshilfe, die in § 56 d StGB geregelt ist. Wenn es das Gericht für erforderlich erachtet, eine besonders intensive Kontrolle und Hilfe zu gewährleisten, um so den Verurteilten von der Begehung weiterer Straftaten abzuhalten, unterstellt ihn das Gericht für die Dauer oder einen Teil der Bewäh-

18 Statistisches Bundesamt, Fachserie 10, R 3, Tab. 2.3, 2002
19 Elektronisch überwachter Hausarrest als Bewährungsstrafe, vgl. unten S. 138
20 Streng 2002, S. 86 und 90

rungszeit »der Aufsicht und Leitung eines Bewährungshelfers« (§ 56 d Abs. 1 StGB). Die **Unterstellungszeit** ist flexibel und kann gem. § 56 e StGB auch nachträglich verlängert oder verkürzt werden.
In den Fällen, in denen eine Freiheitsstrafe von mehr als neun Monaten ausgesetzt wurde und der Verurteilte noch nicht 27 Jahre alt ist, wird in der Regel Bewährungshilfe angeordnet (§ 56 d Abs. 2 StGB).
Die Aufgabe des Bewährungshelfers ist es, dem Verurteilten **»helfend und betreuend** zur Seite« zu stehen (§ 56 Abs. 3 S. 1 StGB). Daneben **überwacht** er die Erfüllung der Auflagen und Weisungen sowie der Anerbieten und Zusagen. Diese Überwachung geschieht im Einvernehmen mit dem Gericht. Weiterhin ist der Bewährungshelfer verpflichtet, in vom Gericht bestimmten Zeitabständen über die Lebensführung des Probanden zu berichten. Verstößt der Proband **»gröblich oder beharrlich«** gegen die gerichtlichen Bewährungsentscheidungen, muss dies der Bewährungshelfer dem Gericht mitteilen. Bei der Bestimmung dessen, was ein gröblicher oder beharrlicher Verstoß gegen Weisungen und Auflagen ist, hat der Bewährungshelfer einen Beurteilungsspielraum, der es ermöglicht, nicht jeden Verstoß sofort zu melden, sondern zunächst fachlich zu reagieren.[21]
Darüber hinaus kann das Gericht dem Bewährungshelfer **einzelne Anweisungen erteilen** (§ 56 d Abs. 4 StGB). Damit unterliegt der Bewährungshelfer der **Fachaufsicht des Gerichtes.**
Diese Aufgabenbeschreibung macht deutlich, dass die Bewährungshilfe in ihren Befugnissen eingeschränkt und **als eine Institution der Justiz den Gerichten untergeordnet** ist.[22]
Allerdings ist das Gericht gem. § 453 Abs. 1 S. 4 StPO verpflichtet, den Bewährungshelfer zu informieren, wenn während der Unterstellungszeit über den Widerruf der Strafaussetzung (§ 56 f StGB) oder den Straferlass (§ 56 g StGB) zu entscheiden ist. Ein Recht auf Anhörung hat der Bewährungshelfer nach dem Gesetz nicht; in der Regel ist sie für das Gericht sachdienlich, so dass auf die Informationen des Bewährungshelfers nicht verzichtet werden sollte.[23] Weiterhin soll das Gericht den Bewährungshelfer über Erkenntnisse aus anderen Strafverfahren unterrichten, wenn der Zweck der Bewährungsaufsicht dies erfordert.
Die in § 56 d Abs. 3 StGB angelegte **Doppelfunktion der Bewährungshilfe, nämlich zu helfen und zu kontrollieren**, führt zu einem **Rollenkonflikt**, der die Arbeit als Bewährungshelfer erheblich belastet. Man spricht in diesem Zusammenhang auch vom **doppelten Mandat.** Wie unter den genannten Bedingungen ein Vertrauensverhältnis zwischen Klient und Bewährungshelfer entstehen kann, ist schwer zu beantworten.[24]
Hinzu kommt, dass dem Bewährungshelfer **kein Zeugnisverweigerungsrecht** zusteht und die ansonsten geltende Schweigepflicht (§ 203 StGB) gegenüber dem Gericht nicht besteht.[25]

---

21 Streng 2002, S. 93
22 vgl. Streng 2002, S. 93 f.
23 vgl. Meyer-Goßner § 453 Rdnr. 8
24 vgl. Maelicke 2003, S. 146 ff.
25 vgl. unten 20. Kap. A. II. 4.

Neben der hauptamtlichen Tätigkeit lässt § 56 d Abs. 5 StGB auch die ehrenamtliche Bewährungshilfe zu.[26] Weitere Vorschriften über die Aufgaben und rechtlichen Strukturen der Bewährungshilfe sind im StGB nicht vorhanden. Demzufolge haben die Landesgesetzgeber eigene **Landesgesetze** geschaffen oder es wurden Verwaltungsvorschriften erlassen, die die **Organisation und die Struktur der Bewährungshilfe** sowie die **Stellung der Bewährungshelfer** in sehr unterschiedlicher Weise regeln. Einen Überblick über die entsprechenden Rechtsquellen enthält die Abhandlung von Block (1994, S. 120).
Als Beispiel für die rechtlichen Regelungen der Bewährungshilfe, insbesondere für das Dienstrecht der Bewährungshelfer sind folgende Auszüge aus dem Bewährungshelfergesetz für NRW abgedruckt (GV. NW. 1968 S. 26):

Gesetz über die Bewährungshelfer (Bewährungshelfergesetz-BewhG) in der Fassung vom 2. Februar 1968

§ 1

Die Bewährungsaufsicht über Erwachsene nach den §§ 24 und 26 des Strafgesetzbuches und über Jugendliche und Heranwachsende nach den §§ 24, 29, 88, 89 (nunmehr §§ 56, 56 d StGB und 89 a JGG), 105 und 110 des Jugendgerichtsgesetzes wird durch hauptamtliche und ehrenamtliche Bewährungshelfer ausgeübt.

§ 2

Der hauptamtliche Bewährungshelfer soll eine abgeschlossene sozialpädagogische Ausbildung sowie die staatliche Anerkennung als Sozialarbeiter (Wohlfahrtspfleger) besitzen und sich in der Menschenführung bereits bewährt haben.

§ 3

(1) Die Aufgaben des hauptamtlichen Bewährungshelfers werden in der Regel von Beamten wahrgenommen.
(2) Als Geschäftszimmer sollen dem hauptamtlichen Bewährungshelfer Räume außerhalb von Amtsgebäuden zur Verfügung gestellt werden.

§ 4

Der hauptamtliche Bewährungshelfer untersteht der Dienstaufsicht des Landgerichtspräsidenten. Bei der Durchführung der Bewährungsaufsicht unterliegt er in sachlicher Hinsicht nur den Weisungen des Richters (§ 24 a StGB ›nunmehr §56 d StGB‹, §§ 24, 25 JGG).

§ 5

(1) Der ehrenamtliche Bewährungshelfer wird bei der Bestellung von dem Vorsitzenden des Gerichts durch Handschlag zur treuen und gewissenhaften Durchführung der Bewährungsaufsicht verpflichtet

26 vgl. Block 1998, S. 121 ff.; Barth 2002, S. 243 ff.

(2) Die dem ehrenamtlichen Bewährungshelfer bei der Erfüllung seiner Aufgaben entstehenden angemessenen Auslagen werden auf Verlangen erstattet. Der Anspruch erlischt, wenn das Verlangen nicht innerhalb eines Jahres nach Entstehen der Auslagen bei dem Gericht geltend gemacht wird, das den Bewährungshelfer bestellt hat. Beschwerden über die Höhe der Erstattung werden im Aufsichtsweg entschieden.
(3) Der Justizminister trifft durch Rechtsverordnung Bestimmungen über die Erstattungsfähigkeit der Auslagen und die Form des Nachweises. (...)

§ 8

Einem hauptamtlichen oder ehrenamtlichen Bewährungshelfer kann auch die Beaufsichtigung der Lebensführung eines Verurteilten übertragen werden, dem mit einer entsprechenden Auflage bedingte Aussetzung der Vollstreckung einer Freiheitsstrafe im Gnadenwege gewährt wird.

§ 9

Die Behörden des Landes sind im Rahmen ihrer allgemeinen Zuständigkeit verpflichtet, die Bewährungshelfer bei der Durchführung der Bewährungsaufsicht zu unterstützen.

§ 10

Die dienstliche Fortbildung der hauptamtlichen Bewährungshelfer regelt der Justizminister im Einvernehmen mit dem Arbeits- und Sozialminister.

§ 11

Die zur Durchführung dieses Gesetzes erforderlichen Verwaltungsvorschriften werden vom Justizminister erlassen.

Im Jahre 2001 wurden ca. 150.000 Probanden von ca. 2.400 BewährungshelferInnen betreut, also auf jeden Bewährungshelfer kamen durchschnittlich 62,5 Probanden.[27] Dabei war im Jahr 1995 die **Fallbelastung** mit 34 Probanden in Hamburg am niedrigsten und mit 84 in Rheinland-Pfalz am höchsten.[28] Die Hälfte der befragten Bewährungshelfer gab an, dass in Einzelfällen nähere Anweisungen durch das Gericht erteilt werden und so Einfluss auf die Arbeit der Bewährungshilfe genommen wird.[29] Um einen verantwortungsvollen Umgang mit den vielfältigen und sich teilweise widersprechenden Aufgaben der Bewährungshilfe herzustellen sowie eine **Ziel- und Handlungssicherheit auf professioneller Grundlage** zu erreichen, hat sich die Berufsgruppe der BewährungshelferInnen folgende **Standards** gegeben, die von der Delegiertenversammlung der ADBeV am 12. Mai 1996 beschlossen wurden[30]:

27 Maelicke 2003, S. 149
28 Kurze 1996, S. 76
29 a. a. O., S. 80
30 http:www.bewaehrungshilfe.de 18. 4. 2002

Standards der Sozialarbeit/Sozialpädagogik und Leitlinien für das Arbeitsfeld Bewährungshilfe

Präambel

Das durch die Verfassung der Bundesrepublik Deutschland garantierte Sozialstaatsprinzip ist die Grundlage für die professionelle Sozialarbeit.
Leitlinie für das berufliche Handeln ist der »Code of Ethics« für den Berufsstand der Sozialarbeit/Sozialpädagogik, verabschiedet in Puerto Rico anlässlich einer Tagung der Internationalen Vereinigung der Sozialarbeiter/Sozialpädagogen von 1977.
Unter Standards verstehen wir Grundsätze, an denen sich die Praxis der sozialpädagogischen Arbeit orientiert. Sie sind zu unterscheiden von Handlungsanweisungen und Dienstanweisungen der jeweiligen Arbeitgeber. Standards unterliegen einer Entwicklung, beruhen auf wissenschaftlichen Erkenntnissen und orientieren sich an gesellschaftlichen und infrastrukturellen Gegebenheiten. Durch Standards soll die Tätigkeit transparenter werden, wobei Vielfalt und Kreativität sozialpädagogischer Intervention zu erhalten sind. Berufliche Standards fördern die berufliche Identität und Verbindlichkeit im Arbeitsfeld, sowie die eigene und kollegiale Reflexion des beruflichen Handelns. Aus den berufsspezifischen Standards ergeben sich arbeitsspezifische Leitlinien.

Standards der professionellen Sozialarbeit/Sozialpädagogik

a) Professionelle Sozialarbeit/Sozialpädagogik setzt eine fachliche Qualifizierung an einer Fachhochschule, Gesamthochschule oder Universität und die staatliche Anerkennung voraus. (Die erforderliche Übergangsregelung in den neuen Bundesländern muss diesem beruflichen Standard angeglichen werden, um eine berufliche Gleichstellung und die staatliche Anerkennung zu ermöglichen.)
b) Der/die SozialarbeiterIn/SozialpädagogIn hat die Grundrechte zu achten und arbeitet nach Grundsätzen der Verhältnismäßigkeit (Erforderlichkeit, Zweckmäßigkeit, Übermaßverbot).
c) Professionelle Sozialarbeit/Sozialpädagogik hat strukturelle, gesellschaftliche und persönliche Benachteiligung der Klientel aufzuzeigen und an deren Beseitigung mitzuwirken.
d) Professionelles Handeln des/der SozialarbeiterIn/SozialpädagogIn verletzt die Rechtsstellung der Klientinnen/Klienten nicht.
e) Der/die SozialarbeiterIn/SozialpädagogIn wahrt das Selbstbestimmungsrecht des/der KlientIn.
f) Berufliches Handeln muss transparent sein auf den Ebenen
   - HelferIn – KlientIn
   - Institution
   - KollegInnen
   - andere Berufsgruppen
   - Öffentlichkeit.

g) Kontrolle beruflichen Handelns wird über die eigene Berufsgruppe abgesichert.
h) Zur Sicherung fachlicher Qualifikation ist berufliche Fort- und Weiterbildung sowie Supervision erforderlich und zu ermöglichen.
i) Professionelle Sozialarbeit/Sozialpädagogik entwickelt sich im ständigen Austausch zwischen wissenschaftlicher, theoretischer und praktischer Ebene.

Berufsfeldspezifische Standards der Bewährungshilfe
Begründung und Problemstellung

Straffälligkeit ist eine Form abweichenden Verhaltens, das durch die Strafgerichtsbarkeit gesellschaftlich sanktioniert wird. Gleichrangig neben der Strafe gebietet das Sozialstaatsprinzip die Bereitstellung von Hilfsangeboten (siehe Präambel der Standards).
Bewährungshilfe ist eine Form der ambulanten Straffälligenhilfe.

1. Leit- und Zielebene

Bewährungshilfe als zielgerichtetes, methodisches Handeln dient der Befähigung der ProbandInnen, zukünftig innerhalb bestehender Normen straffrei leben zu können. Vorrangiges Ziel ist dabei, die ProbandInnen zur Selbsthilfe zu befähigen. Bewährungshilfe hat zur Aufgabe, Zusammenhänge zu erkennen, Wechselwirkungen aufzuzeigen und daraus Handlungsmöglichkeiten mit den KlientInnen zu entwickeln. Freiheitsentziehende Maßnahmen sind zu vermeiden, da soziales Verhalten effektiver in Freiheit zu erlernen ist.

2. KlientInnen

KlientInnen der BewährungshelferInnen sind Personen, die aufgrund der geltenden gesetzlichen Bestimmungen der Aufsicht und Leitung eines/einer BewährungshelferIn unterstellt sind.

3. Klientbezogene Aufgaben

Die KlientInnen der BewährungshelferInnen haben grundsätzlich Anspruch auf Beratung und Hilfe.
Mit der Zustimmung von und in Zusammenarbeit mit den KlientInnen ist jeweils ein individueller Lösungsweg zu erarbeiten. Nach Abklärung der Notwendigkeit und der Verhältnismäßigkeit und mit der Zustimmung der KlientInnen kann deren soziales Umfeld in die Betreuung mit einbezogen werden.
Bei Bedarf bietet der/die BewährungshelferIn die Vermittlung an andere Fachdienste an.
Eine Ablehnung des Beratungsangebotes darf für die KlientInnen keine negativen Konsequenzen seitens des/der betreuenden BewährungshelferIn nach sich ziehen.
Der/die BewährungshelferIn hat die Aufgabe, die KlientInnen über ihre Rechte und Pflichten aufzuklären und über die Berichtspflicht sowie das (noch) fehlende Zeugnisverweigerungsrecht der BewährungshelferInnen zu informieren.

Die KlientInnen haben ein Recht auf Einsichtnahme in die über sie gespeicherten/gesammelten Daten und Berichte. Dabei ist auf die datenschutzrechtlichen Bestimmungen zu achten.
Das informationelle Selbstbestimmungsrecht der KlientInnen erfordert, dass die Datensammlung generell nur über sie erfolgen darf. Auskünfte von Dritten sind in der Regel nur mit Zustimmung einzuholen.
Die Überwachung von Auflagen und Weisungen ist hiervon nicht betroffen.
Die Häufigkeit der Kontakte unterliegt der Absprache zwischen BewährungshelferIn und KlientIn.
Hausbesuche sind nach vorheriger Zustimmung der KlientInnen zulässig und im allgemeinen vorher anzukündigen.
Weitergehende Aufsicht als die Überwachung der Erfüllung von Auflagen und Weisungen entspricht nicht dem gesetzlichen Auftrag und widerspricht dem Selbstverständnis professioneller Sozialarbeit/Sozialpädagogik.

4. Anstellungsträger und Organisation

Bewährungshilfe ist Sozialarbeit im öffentlichen Dienst und bei Trägern der freien Wohlfahrtsverbände. Sie unterliegt der formalen und sachlichen Prüfung.
Bewährungshilfe wird von Dipl.-SozialarbeiterInnen./SozialpädagogInnen ausgeübt. Die staatliche Anerkennung ist Voraussetzung.
Die Arbeitsbedingungen sind so zu gestalten, dass die Aufgabenerfüllung und die Einhaltung der Standards und der gesetzlichen Bestimmungen gewährleistet sind.
Notwendige Voraussetzungen für klientenbezogene Arbeit ist die Trennung von Gerichtsgebäude und Dienststelle der BewährungshelferInnen.
Zu den Arbeitsbedingungen gehören neben der sachgerechten Büro- und Personalausstattung auch die Bereitstellung von finanziellen Mitteln zur Durchführung einer sozialpädagogisch fundierten Betreuungsarbeit.
Kollegiale Fallbesprechung, Supervision, Intervisionen und Fortbildung sind unverzichtbare Arbeitsmittel. Sie sind deshalb von Anstellungsträgern mit den entsprechenden Mitteln zu finanzieren und während der Dienstzeit zu ermöglichen.
Mit Ausnahme der von den BewährungshelferInnen festgelegten Sprechzeiten muss die Arbeitszeit flexibel sein, um dem beruflichen Auftrag gerecht werden zu können.

5. Gericht

Der/dem bewährungsführenden RichterIn gegenüber hat der/die BewährungshelferIn gemäß den gesetzlichen Grundlagen zu berichten. Außerdem hat sie/er die Erfüllung und Einhaltung von Auflagen und Weisungen zu überwachen sowie die Änderung und Aufhebung von Auflagen und Weisungen anzuregen, wenn dies sozialpädagogisch geboten ist.
Zusätzlich obliegt dem/der BewährungshelferIn die Pflicht, aus sozialpädagogischer Sicht die Notwendigkeit der Unterstellung bzw. die Dauer der Bewährungszeit in regelmäßigen Abständen zu überprüfen.

Dem/der BewährungshelferIn muss ein Anhörungs- und Mitwirkungsrecht bei Verhandlungen u. a. gerichtlichen Entscheidungen und Maßnahmen eingeräumt werden.

6. Kollegen/Kolleginnen

Die Reflexion des beruflichen Handelns und der Fachlichkeit erfolgt über KollegInnen mit KollegInnen. Hierbei ist die Teilnahme an Supervisionen, Fallbesprechungen, Intervisionen und Fortbildung notwendig.
Bei Anregungen von Sanktionen ist die vorherige Rücksprache mit KollegInnen im Rahmen der Fallbesprechung oder Supervision zu halten.

7. Öffentlichkeit

Der/die BewährungshelferIn muss kriminal- und sozialpolitische Lobby für ihre Klientel sein.
BewährungshelferInnen leisten eine aufklärende und aufdeckende Arbeit, die auf Missstände innerhalb der Gesellschaft hinweist und deren Beseitigung fordert. Sie hat die Wechselwirkung zwischen individueller Problemlage und gesellschaftlichen Ursachen aufzuzeigen und daraus Maßnahmen für kriminalitätsprophylaktische Arbeit einzuleiten und zu fordern.
Die Erhebung und Auswertung von anonymen statistischen Daten über Lebenslagen der ProbandInnen (Obdachlosigkeit, Arbeitslosigkeit, Drogenprobleme usw.) ist Teil der Öffentlichkeitsarbeit und Grundlage sozialpolitischer Ziele und Forderungen, ebenso das Sammeln und Koordinieren von Informationen über Initiativen und Projekte im Rahmen der Bewährungshilfe. Die Darstellung des Berufsbildes in der Öffentlichkeit hat Bedeutung für die Akzeptanz der Maßnahme Bewährungshilfe in der Gesellschaft

8. Andere Berufsfelder

Die BewährungshelferInnen arbeiten zusammen mit anderen Sozialdiensten der Straffälligenhilfe, den freien Verbänden und Behörden unter Beachtung der beruflichen Standards, der Schweigepflicht und des Datenschutzes.
Die BewährungshelferInnen entwickeln mit der Anerkennung und Umsetzung der berufsbezogenen Standards und arbeitsspezifischen Leitlinien ein Berufsethos. Sie gehen eine persönliche Verpflichtung zu deren Einhaltung ein.

c. Widerruf oder Straferlass

Gem. § 56 f Abs. 1 StGB wird dem Gericht die **Möglichkeit** eingeräumt, die **Strafaussetzung zu widerrufen**, wenn der Verurteilte

1. nach der Verurteilung und während der Bewährungszeit erneut eine Straftat begeht und damit die Erwartung enttäuscht, die der Strafaussetzung zugrunde lag,
2. gegen Weisungen gröblich und beharrlich verstößt, so dass zu befürchten ist, dass er erneut Straftaten begehen wird,

3. sich der Aufsicht und Leitung des Bewährungshelfers beharrlich entzieht und ebenfalls damit die Sorge begründet, wiederum straffällig zu werden oder
4. gegen Auflagen gröblich oder beharrlich verstößt.

Es muss bereits an dieser Stelle darauf hingewiesen werden, dass nicht jede Straftat, die der Verurteilte im Laufe der Bewährungszeit begeht, zwangsläufig zum Widerruf führen muss. Vielmehr muss die Straftat **Ausdruck einer fehlgeschlagenen Erwartung** sein.

> »Diese einschränkende Formel, die nicht auf bloßes Legalverhalten, sondern auf die Möglichkeiten zur Wiedereingliederung in die Gesellschaft abstellt, macht deutlich, dass Taten geringen Gewichts, z. B. Zufalls- oder Gelegenheitsdelikte, nach vorausgegangenen Vorsatztaten fahrlässige Delikte, aber auch leichte einschlägige Rückfalltaten, z. B. Delikte Drogenabhängiger, einer neuerlichen günstigen Prognose bei Vorliegen neuer tatsächlicher Umstände nicht stets entgegenstehen müssen«.[31]

Insoweit darf der Widerruf nicht ein Instrument zur Ahndung von Verfehlungen in der Bewährungszeit sein, sondern er dient vielmehr einer Berichtigung der ursprünglichen, positiven Prognose, die sich als unrichtig herausgestellt hat.[32]

Auch wenn die Voraussetzungen des Abs. 1 vorliegen und eigentlich der Widerruf angezeigt ist, stellt das Gesetz in Abs. 2 eine **weitere Bedingung** auf. Kommt nämlich das Gericht zu der Einsicht, dass es ausreicht,
1. weitere Auflagen oder Weisungen zu erteilen, oder – falls noch nicht geschehen – Bewährungshilfe anzuordnen, oder
2. die Bewährungs- oder Unterstellungszeit zu verlängern,

muss es zwingend von dem ins Auge gefassten Widerruf absehen.
Bevor das Gericht die Entscheidung über den Widerruf wegen Verstoßes gegen Auflagen oder Weisungen trifft, soll dem Verurteilten gem. § 453 Abs. 1 S. 3 StPO grundsätzlich Gelegenheit zur mündlichen Anhörung gegeben werden.[33] Nach S. 4 ist auch der Bewährungshelfer über den beabsichtigten Widerruf zu unterrichten, damit dieser die Möglichkeit hat, über Hintergründe der Bewährung bzw. Nichtbewährung das Gericht zu informieren und evtl. Alternativen zu einem Widerruf aufzuzeigen.
Gegen die Widerrufsentscheidung des Gerichts ist das **Rechtsmittel der sofortigen Beschwerde** zulässig.
Ist dagegen bis zum Ende der Bewährungszeit die Strafaussetzung nicht widerrufen worden, so erlässt gem. § 56 g StGB das Gericht die Strafe.
Bezogen auf die alten Bundesländer einschließlich Gesamt-Berlin wurde 1999 in ca. 67,6 Prozent der Fälle, in denen nach dem Erwachsenenstrafrecht Verurteilte der Bewährungshilfe unterstellt wurden, die Strafe erlassen und die Strafaussetzung nicht widerrufen.[34] Meines Erachtens ist dies ein nicht gering zu schätzender Erfolg für die Arbeit der Bewährungshilfe.

31 Tröndle/Fischer § 56 f Rdnr. 3 c
32 OLG Stuttgart StV 6/2003, S. 346
33 OLG Karlsruhe StV 6/2003, S. 344
34 Statistisches Bundesamt, Fachserie 10, R5, 1998/99

4. Reststrafenaussetzung

Wird eine Freiheitsstrafe vollstreckt, weil sie nicht zur Bewährung ausgesetzt wurde oder weil die Aussetzung widerrufen wurde, bedeutet dies nicht, dass der Verurteilte auch die gesamte Zeit der Strafe verbüßen muss. Das Gesetz sieht die Möglichkeit vor, einen Rest der Strafe zur Bewährung auszusetzen.

a. Aussetzung des Strafrestes bei zeitiger Freiheitsstrafe

Gem. § 57 Abs. 1 StGB setzt das Gericht den Strafrest zur Bewährung aus, wenn
1. **zwei Drittel der verhängten Strafe**, mindestens zwei Monate, **verbüßt** sind,
2. dies **unter Berücksichtigung** des **Sicherheitsinteresses der Allgemeinheit verantwortet** werden kann und
3. der Verurteilte **einwilligt**.

Mit der oben erwähnten Neufassung im Rahmen der Reform des Sexualstrafrechts muss bei der Gesamtwürdigung der Persönlichkeit des Täters, seiner Tat und seines Verhaltens im Vollzug auch berücksichtigt werden, wie das **Gewicht des bei einem Rückfall bedrohten Rechtsguts** zu bewerten ist. Gleichwohl sind dabei allein auf spezialpräventive Gesichtspunkte abzuheben; die Strafaussetzung darf folglich nicht aus Gründen der erheblichen Schuld des Täters oder der besonderen Gefährlichkeit des begangenen Delikts versagt werden.[35] Verbüßt der Verurteilte erstmals eine Freiheitsstrafe und gibt sein Verhalten während des Vollzuges keinen Anlass zu gewichtigen Beanstandungen, so kann im Regelfall davon ausgegangen werden, dass die Strafe ihre spezialpräventive Wirkung entfaltet hat und es verantwortbar ist, den Strafrest zur Bewährung auszusetzen.[36]

Bereits **nach Verbüßung der Hälfte** der verhängten Freiheitsstrafe, mindestens jedoch von sechs Monaten, ist die Reststrafenaussetzung möglich (§ 57 Abs. 2 StGB), wenn
1. der Verurteilte **erstmals eine Freiheitsstrafe verbüßt** und diese zwei Jahre nicht übersteigt oder
2. sich durch die Gesamtwürdigung von Tat, Persönlichkeit des Verurteilten und seiner Entwicklung im Strafvollzug besondere, **für den Verurteilten sprechende Umstände** ergeben und die übrigen Voraussetzungen nach § 57 Abs.1 StGB vorliegen.

Bewährungsentscheidungen wie Weisungen und Auflagen können auch in diesen Fällen von Seiten des Gerichts getroffen werden.
Zuständig für die Reststrafenaussetzung ist die **Strafvollstreckungskammer** bei dem Landgericht, in dessen Bezirk die Strafe verbüßt wird. Gem. § 454 Abs. 1 StPO sind vor der Entscheidung des Gerichts die Staatsanwaltschaft, der Verurteilte und die Vollzugsanstalt zu hören; dabei muss die Anhörung des Verurteilten in der Regel mündlich erfolgen. Darüber hinaus ist das Gericht verpflichtet, ein Gutachten eines Sachverständigen über den Verurteilten einzuholen, wenn eine Verurteilung zu einer

35 Tröndle/Fischer § 57 Rdnr. 12
36 BGH StV 2003, S. 678 f.

zeitigen Freiheitsstrafe von mehr als zwei Jahren und wegen eines Verbrechens oder einer Straftat nach den §§ 174 bis 174 c, 176, 179 Abs. 1 bis 3, §§ 180, 182, 224, 225 Abs. 1 oder 2 oder nach § 323 a StGB (bei einem Verbrechen oder bei einer der genannten Straftaten) zugrunde liegt (§ 454 Abs. 2 StPO). Das Gutachten muss insbesondere dazu Stellung nehmen, ob bei dem Verurteilten keine Gefahr mehr besteht, dass dessen Gefährlichkeit, die in der Tat hervorgetreten ist, fortbesteht.[37]
In einer jüngeren Entscheidung hat das BVerfG hervorgehoben, dass bei der Prognose zukünftigen Verhaltens besonders hohe Anforderungen an die richterliche Sachaufklärung gestellt werden müssen. Dabei kommt bei der prognostischen Gesamtwürdigung des Gefangenen seinem Verhalten im Strafvollzug eine große Bedeutung zu:

»Zwar gibt es – auch von Verfassungs wegen – keine festen Regeln darüber, welchen der in § 57 Abs. 1 S. 2 StGB genannten Umstände Vorrang vor anderen einzuräumen wären. Doch lässt sich festhalten, dass bei einem lang dauernden Vollzug von Strafe den Umständen der Tat nur noch eine eingeschränkte Aussagekraft zukommen kann; mit zunehmender Dauer der Freiheitsentziehung gewinnen dagegen die Umstände für die Prognose an Bedeutung, die – wie das Verhalten im Vollzug oder die augenblicklichen Lebensverhältnisse des Verurteilten – Erkenntnisse über das Erreichen des Vollzugsziels gemäß § 2 StVollzG und damit wichtige Informationen für die Kriminalprognose vermitteln«.[38]

b. Aussetzung des Strafrestes bei lebenslanger Freiheitsstrafe

Aufgrund der bereits oben (7. Kap. B. I. 1.) erwähnten Entscheidung des BVerfG wurde der Gesetzgeber veranlasst, 1982 die Aussetzung des Strafrestes bei lebenslanger Freiheitsstrafe gesetzlich so zu regeln, dass der Verurteilte **in einem gerichtlichen Verfahren die Chance** erhält, nach Verbüßung eines Teils der Freiheitsstrafe vorzeitig entlassen zu werden. Um dem Gefangenen die Sicherheit zu geben, dass rechtzeitig über die Frage der Reststrafenaussetzung entschieden wird, hat das BVerfG die an dem Verfahren Beteiligten verpflichtet, frühzeitig mit der gerichtlichen Prüfung zu beginnen. Dazu hat es folgende wichtige Entscheidung getroffen:

»Unter dem Gesichtspunkt der Gewährleistung von Rechtssicherheit verbietet das Rechtsstaatsprinzip, den von einem staatlichen Eingriff in die Freiheit der Person (Art. 2 Abs. 2 GG) Betroffenen über das Ausmaß dieses Eingriffs im Ungewissen zu lassen, wenn und sobald nach der jeweiligen gesetzlichen Grundlage das zulässige Ausmaß des Eingriffs einer abschließenden Beurteilung zugänglich ist. (...) Das Gebot der Rechtssicherheit verlangt (...) auch in zeitlicher Hinsicht nach einer Konkretisierung, ab wann der Betroffene Gewissheit über das Ausmaß der Vollstreckung der lebenslangen Freiheitsstrafe erlangen kann. Die notwendige Mitarbeit des Gefangenen an seiner Wiedereingliederung als dem Ziel des Behandlungsvollzuges bedarf der Motivation durch eine Konkretisierung der Entlassungschance. (...) Es ist von Verfassungs wegen erforderlich, aber auch genügend, dass die Strafvollstreckungsgerichte rechtzeitig vor Ablauf der Mindestverbüßungszeit von 15 Jahren – erforderlichenfalls auch vor Ablauf (...) von 13 Jahren – erstmals über den Zeitpunkt der Strafaussetzung entscheiden«.[39]

---

37 vgl. unten 10. Kap. C. IV.

38 BVerfG StV 2000, S. 265

39 BVerfG ZfStrVo 5/95, S. 305

Die Voraussetzungen für die Reststrafenaussetzung sind in § 57 a Abs. 1 StGB geregelt. Danach setzt das Gericht (die Strafvollstreckungskammer beim LG) die Vollstreckung des Restes einer lebenslangen Freiheitsstrafe zur Bewährung aus, wenn

1. **15 Jahre verbüßt** sind,
2. eine **günstige Sozialprognose** vorliegt,
3. der Verurteilte **einwilligt** und
4. **nicht die besondere Schwere der Schuld** des Verurteilten die weitere Vollstreckung gebietet.

Über die **besondere Schwere der Schuld** trifft bereits das Gericht in seinem Urteil eine Entscheidung. Dabei wird in der Regel von einer besonderen Schwere der Schuld auszugehen sein, wenn **schuldsteigernde Umstände** die Tat von durchschnittlichen Fällen in besonderer Weise bspw. eines Mordes abheben. Solche Umstände können z. B. sein: die erbarmungslose Brutalität, die grausame und qualvolle Behandlung des Opfers oder das Vorliegen mehrerer Mordmerkmale.[40]
Vor einer Entscheidung über die Reststrafenaussetzung einer lebenslangen Freiheitsstrafe muss das Gericht grundsätzlich ein Sachverständigengutachten einholen, in dem eine Prognose über die Gefährlichkeit des Verurteilten abgegeben werden muss. Kommt die Strafvollstreckungskammer nach dem oben beschriebenen Verfahren zu dem Ergebnis, dass die genannten Voraussetzungen vorliegen, wird die Vollstreckung des Restes der lebenslangen Freiheitsstrafe zur Bewährung ausgesetzt und nach § 57 a Abs. 3 StGB die Bewährungszeit grundsätzlich auf fünf Jahre festgelegt. Erfolgt in dieser Zeit kein Widerruf, wird die Strafe erlassen.

Die Vollstreckung der Freiheitsstrafe fällt in die Zuständigkeit der Staatsanwaltschaft als Strafvollstreckungsbehörde und ist im Strafvollzugsgesetz geregelt.[41]

II. Die Geldstrafe

Während nach der Strafverfolgungsstatistik des Statistischen Bundesamtes[42] auf alle Verurteilte von 2003

- 6,3 Prozent Freiheitsstrafen ohne Strafaussetzung zur Bewährung und
- 13,8 Prozent Freiheitsstrafen mit Strafaussetzung zu Bewährung kamen, betrug
- der Anteil der Geldstrafe 79,7 Prozent.

Damit ist die **Geldstrafe in quantitativer Hinsicht die bedeutsamste Strafe.**
Ein Grund dafür liegt in der Entscheidung des Gesetzgebers, **kurze Freiheitsstrafen nur in Ausnahmefällen zuzulassen** (§ 47 StGB). So soll nach § 47 Abs. 2 StGB auch in den Fällen, in denen das Gesetz nur Freiheitsstrafe und keine Geldstrafe androht (z. B. § 223 b StGB, Misshandlung von Schutzbefohlenen) und eine kurze Freiheitsstrafe von unter sechs Monaten in Betracht kommt, das Gericht eine Geldstrafe verhängen, wenn nicht die Verurteilung zu einer Freiheitsstrafe als unerlässlich i. S. v. Abs. 1 angesehen wird.

40 vgl. Tröndle/Fischer § 57 a Rdnr. 11
41 s. unten 10. Kap. B. und 12. Kap.
42 Statistisches Bundesamt, Fachserie 10, R 3, Tab. 2.3, 2002

Gem. § 41 StGB kann neben einer Freiheitsstrafe auch auf eine Geldstrafe erkannt werden, wenn sich der Täter durch die Tat bereichert oder dies versucht hat.

1. Das Tagessatzsystem

Gem. § 40 Abs. 1 StGB wird die Geldstrafe in Tagessätzen verhängt. Die Zahl der Tagessätze liegt bei mindestens fünf und höchstens 360. Entscheidet sich also das Gericht für die Verhängung einer Geldstrafe, muss es – nach den allgemeinen Grundsätzen der Strafzumessung gem. § 46 StGB – **in einem ersten Schritt die Anzahl der Tagessätze bestimmen**. Bei einfachen Vergehen (z. B. Ladendiebstahl, Sachbeschädigung) liegt die durchschnittliche Anzahl der Tagessätze erfahrungsgemäß bei ca. 20–40, wenn keine Vorstrafen vorliegen.
In einem zweiten Schritt muss das Gericht gem. § 40 Abs. 2 StGB **die Höhe eines Tagessatzes bestimmen**. Dabei wird in der Regel das Nettoeinkommen zugrundegelegt, das der Täter durchschnittlich an einem Tag hat oder haben könnte. Das Einkommen umfasst alle wirtschaftlichen Einkünfte aus selbständiger und nichtselbständiger Arbeit, aus Kapitalvermögen, Vermietung, Gewerbebetriebe sowie aus Renten- oder Unterhaltsbezügen, Sozialhilfe und Stipendien.[43] Gem. § 40 Abs. 2 S. 3 StGB wird ein Tagessatz auf mindesten 1,– und höchstens 5.000,– Euro festgesetzt. Bezieht bspw. ein Sozialhilfeempfänger monatlich ca. 300,– Euro (mit Sachbezügen), beträgt ein Tagessatz höchstens 1/30, also 10,– Euro. Es muss jedoch hierbei berücksichtigt werden, dass ein solches Nettoeinkommen am Existenzminimum liegt. In einem derartigen Fall darf das Tagesnettoeinkommen unterschritten werden und ein Betrag, der unter dem Dreißigstel der Monatsnettozahl liegt, als Tagessatz bestimmt werden.[44]
Beispiel eines Urteilstenors:

> Der Angeklagte wird zu einer Geldstrafe von 30 Tagessätzen verurteilt. Die Höhe des Tagessatzes wird auf 50,– Euro festgesetzt. (Die Geldstrafe beträgt in diesem Fall 1.500,– Euro.)

Bereits an dieser Stelle ist darauf hinzuweisen, dass Geldstrafen bis zu einer Höhe von 90 Tagessätzen nicht in das Führungszeugnis aufgenommen werden.[45]
Im Jahre 2002 wurden insgesamt 493.083 Personen zu Geldstrafen verurteilt. Bei 50,6 Prozent dieser Verurteilten betrugen die Geldstrafen lediglich bis zu 30 Tagessätzen, bei 43,8 Prozent zwischen 31 und 90 Tagessätzen und bei 4,5 Prozent zwischen 91 und 360 Tagessätzen.[46]
Wenn auch das Tagessatzsystem eine gewisse Gleichbehandlung bei der Festsetzung der Geldstrafe ermöglicht, so wird die beabsichtigte Strafwirkung unter Verletzung des Gleichheitsgebotes vereitelt, wenn die Geldstrafe nicht vom Verurteilten selbst sondern bspw. von Familienangehörigen oder aus dem Vermögen bezahlt wird.[47]
Bei der Verhängung der Geldstrafe trifft das vermeintliche Strafübel weniger den Rei-

---

43 vgl. Streng 2002, S. 61 ff.
44 OLG Köln StV 1993, S. 365
45 vgl. unten 11. Kap. A. II. 1.
46 Statist. Bundesamt, Fachserie 10, R 3, 2002, Tab. 3.3
47 vgl. v. Selle 1997, S. 78 f.

chen sondern eher den Armen, so dass das Postulat der Gerechtigkeit systembedingt auf der Strecke bleibt.
Die Bundesregierung hat in dem im Dezember 2003 beschlossenen Gesetzesentwurf zur Reform des Sanktionenrechts nunmehr eine Regelung zur Zweckbestimmung der Geldstrafe vorgesehen, nach der das Gericht ein Zwanzigstel der Geldstrafe einer anerkannten gemeinnützigen Einrichtung der Opferhilfe zuzuweisen hat.[48]

2. Zahlungserleichterungen

Bereits im Urteil kann das Gericht dem Verurteilten eine **Zahlungsfrist** bewilligen oder gestatten, die **Geldstrafe in Raten** zu zahlen, wenn die wirtschaftlichen Verhältnisse eine sofortige Zahlung nicht zulassen (§ 42 StGB).

3. Vollstreckung der Geldstrafe

Zuständig für die Vollstreckung der Geldstrafe ist die Staatsanwaltschaft als Strafvollstreckungsbehörde. Einzelheiten sind in den §§ 459–459 d StPO sowie in der **Justizbeitreibungsordnung** (JBeitrO, vgl. § 459 StPO) geregelt. Danach soll im Regelfall nicht vor Ablauf von zwei Wochen nach Eintritt der Fälligkeit die Beitreibung beginnen. Außerdem ist eine **vorherige Zahlungsaufforderung und Mahnung** vorgesehen (§ 5 IBeitrO). Schließlich kann bei Nichtzahlung die Zwangsvollstreckung z. B. durch Pfändung nach den Vorschriften der ZPO erfolgen.

4. Ersatzfreiheitsstrafe

§ 43 StGB bestimmt für den Fall, dass eine Geldstrafe nicht realisiert werden kann, dass an ihre Stelle Freiheitsstrafe tritt. Eine Aussetzung zur Bewährung ist nicht möglich. Bleibt also die **Geldstrafe trotz der genannten Vollstreckungsversuche uneinbringlich**, ordnet die Vollstreckungsbehörde die **Vollstreckung der Ersatzfreiheitsstrafe** an (§ 459 e StPO). Die Dauer dieser Ersatzfreiheitsstrafe bestimmt sich nach der Anzahl der Tagessätze, wobei ein Tagessatz einem Tag Freiheitsstrafe entspricht. In der BRD werden pro Jahr etwa 60.000 Ersatzfreiheitsstrafen vollstreckt, die ungefähr 7 Prozent aller Strafgefangenen ausmachen. Zum Stichtag 31. Oktober 2000 befanden sich von diesen 3.521 Strafgefangenen 70,4 Prozent im geschlossenen Vollzug, obwohl Sicherheitsaspekte dies nicht erforderten.[49] Die soziale Lage der Betroffenen ist durch hohe Arbeitslosigkeit, fehlende familiäre Bindungen, geringere Sozialkompetenz und überdurchnittliche Wohnungslosigkeit gekennzeichnet.[50]
Es lässt sich nach den erhobenen kriminologischen Daten ohne weiteres die Feststellung treffen, dass es sich bei den Ersatzfreiheitsstrafen verbüßenden Gefangenen zumeist um sozial randständige Deutsche oder in Deutschland nicht integrierte Ausländer handelt[51], die in besonderer Weise massiv benachteiligt sind.

---

48 BT-Drs. 15/2725

49 Cornel 2002, S. 824 unter Bezugnahme auf den Ersten Periodischen Sicherheitsbericht 2001, S. 424 f.

50 Cornel 2002, S. 826 m. w. N.

51 Kawamura-Reindl/Sonnen 2003, S. 295 f.

Umso mehr gewinnt der **Schutz vor Vollstreckung einer Geldstrafe** und die Vermeidung einer Ersatzfreiheitsstrafe an Bedeutung, wenn man berücksichtigt, dass schon ein kurzer Gefängnisaufenthalt dazu führen kann, Arbeit, Wohnung und nicht zuletzt soziale Beziehungen – soweit sie noch vorhanden sind – zu verlieren. Die Kenntnis von den Möglichkeiten, rechtzeitig von Vollstreckungsschutzmaßnahmen Gebrauch zu machen, ist für Mitarbeiterinnen der **Straffälligenhilfe** unbedingt erforderlich.[52]

5. Vollstreckungsschutz

Ist im Urteil keine **Zahlungserleichterung** durch das Gericht bewilligt worden, so kann dies nach Rechtskraft des Urteils **auch noch bei der Staatsanwaltschaft** als Strafvollstreckungsbehörde gem. § 459 a StPO beantragt werden.

Auch im Fall der Anordnung der Vollstreckung einer Ersatzfreiheitsstrafe lässt sich **der drohende Freiheitsentzug abwenden**, wenn durch »**gemeinnützige Arbeit**« die ansonsten uneinbringliche Geldstrafe getilgt wird. Rechtsgrundlage dafür sind Rechtsverordnungen der Länder.[53] Als Beispiel wird auf die Landesverordnung von Nordrhein-Westfalen v. 6. Juli 1984 (GV.NW. S. 469) verwiesen.

Der wesentliche Inhalt der Verordnung lässt sich wie folgt kurz zusammenfassen:

Gem. § 2 der Verordnung weist die Strafvollstreckungsbehörde den Verurteilten mit der Mitteilung über die Anordnung der Vollstreckung der Ersatzfreiheitsstrafe darauf hin, dass ihm auf Antrag gestattet werden kann, **durch gemeinnützige, unentgeltliche Tätigkeit eine uneinbringliche Geldstrafe zu tilgen**. Dabei sind gem. **§ 7 zur Tilgung eines Tagessatzes sechs Stunden freie Arbeit** zu leisten.

Ausdrücklich wird in § 8 daraufhingewiesen, dass insbesondere bei der Vermittlung eines Beschäftigungsverhältnisses die **Gerichtshilfe** oder die **Bewährungshilfe**, letztere soweit sie für den Verurteilten angeordnet ist, einzubeziehen ist.

Soweit Träger der Straffälligenhilfe in die Vermittlung der gemeinnützigen Arbeit einbezogen sind, sollten diese es als eine weitere wichtige Aufgabe ansehen, die betroffenen Klienten sozial zu betreuen und, soweit erforderlich, an andere Hilfeinstitutionen zu vermitteln.[54]

Ausnahmsweise kann das Gericht gem. § 459 f. StPO auf Antrag des Verurteilten anordnen, dass **die Vollstreckung der Ersatzfreiheitsstrafe unterbleibt**, wenn sie für den Verurteilten eine unbillige Härte wäre. Eine **unbillige Härte** liegt dann vor, wenn eine außerhalb des Strafzwecks liegende, zusätzliche Härte mit der Vollstreckung der Ersatzfreiheitsstrafe verbunden ist.[55] Dies wäre z. B. der Fall bei der zu einer Geldstrafe verurteilten Frau, die als allein erziehende Mutter von mehreren Kleinkindern deren Versorgung und Betreuung nicht sicherstellen kann, müsste sie für mehrere Wochen die Strafe verbüßen.

Auch in diesem Zusammenhang sieht das Gesetz in § 463 d StPO vor, **die Gerichtshilfe zu beteiligen.**

---

52 vgl. Kawamura 1999, S. 338 ff.; Kawamura-Reindl/Sonnen 2003, S. 291 ff.; sowie die weiteren Darstellungen von Praxisbeispielen in BewHi 4/1998

53 Hinweise zu den Quellen finden sich in: Cornel 2002, S. 827 FN 40

54 vgl. Kawamura 1999, S. 340

55 BGH Bd. 27, S. 94

Nach dem von der Bundesregierung beschlossenen Gesetzentwurf zur Reformierung des Sanktionenrechts soll nach einem neugefassten § 43 StGB an die Stelle einer uneinbringlichen Geldstrafe mit Zustimmung des Verurteilten gemeinnützige Arbeit treten. Dabei entspricht einem Tagessatz drei Stunden gemeinnütziger Arbeit. Erst wenn der Verurteilte die erforderliche Zustimmung nicht erteilt oder die gemeinnützige Arbeit nicht in angemessener oder nicht in ordnungsgemäßer Weise erbracht hat, tritt an die Stelle der uneinbringlichen Geldstrafe Freiheitsstrafe.[56]

C. Verwarnung mit Strafvorbehalt

Diese Sanktion lässt sich untechnisch als »**Geldstrafe auf Bewährung**« kennzeichnen. Nach § 59 Abs. 1 StGB kann das Gericht neben dem Schuldspruch den Angeklagten

- verwarnen,
- die Geldstrafe bestimmen und
- **die Verurteilung zu dieser Strafe vorbehalten**, wenn
  1. eine Geldstrafe bis zu 180 Tagessätzen verwirkt ist (d. h. die Tat müsste, wenn es nicht zur Verwarnung käme, mit einer solchen Strafe geahndet werden),
  2. eine günstige Sozialprognose gestellt werden kann,
  3. eine Gesamtwürdigung der Tat und der Person es angezeigt sein lässt, ihn von der Verurteilung zu verschonen und
  4. die Verteidigung der Rechtsordnung, also generalpräventive Gründe, die Verurteilung zu Strafe nicht gebietet.

Gleichzeitig mit der Verwarnung bestimmt das Gericht gem. § 59 a StGB die Dauer der Bewährungszeit, die zwischen ein und drei Jahren liegen muss. Bewährungsentscheidungen können ebenfalls getroffen werden.
In entsprechender Anwendung von § 56 f StGB kann zu der vorbehaltenen Strafe verurteilt werden, wenn der Verwarnte innerhalb der Bewährungszeit Anlass zu einem Bewährungswiderruf z. B. durch eine erneute Straftat gegeben hat. Ansonsten verbleibt es nach Ablauf der Bewährungszeit durch Feststellung des Gerichtes bei der Verwarnung.
Nach dem Gesetzesentwurf der Bundesregierung zum Sanktionenrecht soll der Anwendungsbereich der Verwarnung (nunmehr durch den Begriff »Verurteilung« ersetzt) erweitert werden. Danach muss das Gericht von der Vorschrift des § 59 StGB Gebrauch machen, wenn die Voraussetzungen für eine »Verurteilung« vorliegen. In den Katalog der Weisungen (§ 59 a Abs. 2 StGB) soll die Leistung von gemeinnütziger Arbeit bis zur Dauer von 60 Stunden aufgenommen werden.[57]

D. Absehen von Strafe

Sehr versteckt in § 60 StGB ist eine wichtige Regelung enthalten, die leider in der Praxis selten Anwendung findet; danach kann das Gericht von einer Bestrafung absehen, wenn die Folgen der Tat, die den Täter getroffen haben, so schwer sind, dass die Ver-

56 BT-Drs. 15/2725
57 BT-Drs. 15/2725

hängung einer Strafe offensichtlich verfehlt wäre. Dies gilt nicht für Taten, die eigentlich mit einer Freiheitsstrafe von mehr als einem Jahr geahndet werden müssten.

Beispiel:
An den Folgen eines Verkehrsunfalls, den der Täter fahrlässig verursacht hat, stirbt seine Freundin. In diesem Fall kann das Gericht von Strafe gem. § 60 StGB absehen.

E. Gesamtstrafenbildung

Hat jemand mehrere Straftaten begangen, die gleichzeitig von einem Gericht abgeurteilt werden, müssen zunächst für die einzelnen Taten Einzelstrafen bestimmt werden, aus denen dann eine Gesamtstrafe gebildet wird (§ 53 StGB). Die Gesamtstrafe wird nicht durch eine bloße Addition der Einzelstrafen festgesetzt sondern durch Erhöhungen der höchsten Einzelstrafe (§ 54 Abs. 1 StGB). Dabei darf die Summe der Einzelstrafen nicht erreicht werden.

Für die maximale Höhe einer Gesamtstrafe gilt Folgendes:
- Ist eine der Einzelstrafen eine lebenslange Freiheitsstrafe, so wird als Gesamtstrafe auf lebenslange Freiheitsstrafe erkannt (§ 54 Abs. 1 S. 1 StGB).
- Bei zeitigen Freiheitsstrafen darf die Gesamtstrafe 15 Jahre, bei Geldstrafen darf die Gesamtstrafe 720 Tagessätze nicht übersteigen (§ 54 Abs. 2 S. 2 StGB).

F. Die Maßregeln der Besserung und Sicherung

Während das Rechtsfolgensystem im Strafrecht auf rechtswidrig und schuldhaft begangene Taten mit Strafen reagiert, also **Strafen als Antwort auf die Schuld** verstanden werden können, sind die Maßregeln der Besserung und Sicherung **Reaktionen auf die Gefährlichkeit**, wenn wegen fehlender oder erheblich eingeschränkter Schuld eine Bestrafung gar nicht oder nur in gemildertem Maße in Betracht kommt (§§ 20, 21 StGB). »›Schuld‹ und ›Gefährlichkeit‹ sind die beiden plakativen Eigenschaften des kriminellen Abweichers, auf denen unser zweispuriges System der Strafrechtsfolgen ruht«.[58] Ist bspw. bei einem wegen Mordes beschuldigtem Täter wegen einer psychischen Erkrankung die Schuldfähigkeit gem. § 20 StGB auszuschließen, müsste eine Verurteilung zu einer Strafsanktion mangels Schuld unterbleiben, der Beschuldigte freigesprochen und in Freiheit entlassen werden, wenn das Gesetz andere Reaktionen wie die der Maßregeln nicht bereithalten würde. Der **Schutz der Allgemeinheit** wäre in einem solchen Fall nicht hinreichend gewährleistet, und es bestünde die Gefahr, dass sich die Tat aufgrund der Erkrankung wiederholen könnte.
Der Schutzgedanke darf jedoch nicht absolut gelten. Denn dann wäre z. B. die lebenslange Isolierung oder der genbiologische Zwangseingriff als Reaktionen auf den rückfallverdächtigen gefährlichen Täter gerechtfertigt. In diesem Zusammenhang ist daran zu erinnern, dass das Maßregelsystem mit dem Gewohnheitsverbrechergesetz vom 24. November 1933 in das StGB eingegliedert wurde, das neben den auch heute

58 Hassemer 1990, S. 240

noch geltenden Maßregeln die »Unterbringung in einem Arbeitshaus« sowie die »Entmannung gefährlicher Sittlichkeitsverbrecher« vorsah.[59]

Auch der als gefährlich beurteilte Mensch steht unter dem Schutz des verfassungsrechtlichen Gebotes, in seiner unveräußerlichen Würde respektiert zu werden (Art. 1 GG). So ist es ein wichtiges Korrektiv, dass mit den Maßregeln auch **das weitere Ziel der Behandlung und Wiedereingliederung** in die Gesellschaft verfolgt wird. Das **Wiedereingliederungsgebot** führt zu einem Bündel von Pflichten:

> »Die Unterbringung muss so kurz wie möglich gehalten, die Gefährlichkeit des Täters so schnell wie möglich beseitigt werden. Beruht die Gefährlichkeit auf einer Krankheit oder einer Sucht, so ist der Untergebrachte in erster Linie Patient. Mit dem ihm zugefügten Freiheitsentzug korrespondiert die Verpflichtung, ihm zu geben, was die Psychiatrie und die anderen wissenschaftlichen Fachrichtungen leisten können, um Verhaltensänderungen durch gezielte Behandlung der psychosozialen Verhaltensgrundlagen zu erzielen«.[60]

Schließlich sieht das System der Maßregeln auch vor, dass in bestimmten Fällen **neben der Verurteilung zu Strafen auch Maßregeln angeordnet** werden können, um prognostizierte Gefahren, die von einem Verurteilten z. B. im Straßenverkehr oder bei der Ausübung seines Berufes ausgehen können, auch für die Zukunft auszuschließen oder zumindest zu verringern.

Mit dem zum 1. April 1998 in Kraft getretenen **Gesetz zur Bekämpfung von Sexualdelikten und anderen gefährlichen Straftaten**[61] wurden teilweise erhebliche Änderungen im Recht der Maßregeln, insbesondere bei der Sicherheitsverwahrung, vorgenommen. Dabei stand der Gedanke im Vordergrund, den Schutz der Bevölkerung vor gefährlichen Straftätern zu erhöhen.[62]

I. Die Maßregeln im Überblick

In den §§ 61–72 StGB sind die Maßregeln der Besserung und Sicherheit gesetzlich geregelt. Folgende Maßregeln sieht das StGB vor:

- die Unterbringung in einem **psychiatrischen Krankenhaus** (§ 63),
- die Unterbringung in einer **Entziehungsanstalt** (§ 64),
- die Unterbringung in der **Sicherungsverwahrung** (§ 66),
- die **Führungsaufsicht** (§ 68),
- die **Entziehung der Fahrerlaubnis** (§ 69),
- das **Berufsverbot** (§ 70).

Die Maßregeln werden **durch Urteil vom Strafrichter** nach Durchführung einer Hauptverhandlung angeordnet (§ 260 StPO). Bereits vor einer endgültigen Anordnung durch das Urteil ist eine **einstweilige Unterbringung** in einem psychiatrischen

59 Vgl. Hassemer, a. a. O., der darauf hinweist, dass die Planungen für diese Änderungen bereits in der Weimarer Zeit abgeschlossen waren.

60 Volckart/Grünebaum 2003, S. 2

61 BGBl I, S. 160

62 vgl. BR-Drs. 163/97, S. 1

Krankenhaus (§ 126 a StPO) oder eine vorläufige Entziehung der Fahrerlaubnis nach § 111 a StPO möglich.
In § 62 StGB wird ausdrücklich der **Grundsatz der Verhältnismäßigkeit** hervorgehoben; danach ist die Anordnung unzulässig, wenn sie zur Bedeutung der vom Täter begangenen und zu erwartenden Taten sowie zu dem Grad der von ihr ausgehenden Gefahr außer Verhältnis steht.
Gem. § 72 StGB können auch mehrere Maßregeln nebeneinander angeordnet werden.

II. Die freiheitsentziehenden Maßregeln

Die mit einer Unterbringung verbundenen Maßregeln bedeuten **Freiheitsentziehung.** Ihr Vollzug geschieht in geschlossenen Abteilungen der **psychiatrischen Krankenhäuser** oder **Entziehungsanstalten** bzw. in Strafvollzugsanstalten (Sicherungsverwahrung).
Wird die Unterbringung in einer Anstalt gem. §§ 63 und 64 StGB neben einer Freiheitsstrafe angeordnet, wird grundsätzlich **die Maßregel vor der Strafe** vollzogen (§ 67 Abs. 1 StGB). Von dieser Reihenfolge kann das Gericht abweichen, wenn mit dem Vollzug der Freiheitsstrafe (oder eines Teils) der Zweck der Maßregel leichter erreicht wird (§ 67 Abs. 2 StGB).
Die Zeit des Maßregelvollzuges wird **auf die Strafe angerechnet**, bis zwei Drittel der Strafe erledigt sind (§ 67 Abs. 4 StGB).

1. Die Unterbringung in einem psychiatrischen Krankenhaus

Liegen die Voraussetzungen von §§ 20 oder 21 StGB (Schuldunfähigkeit bzw. verminderte Schuldfähigkeit)[63] vor, so ordnet das Gericht gem. § 63 StGB die Unterbringung in einem psychiatrischen Krankenhaus an, wenn

- aufgrund einer **Gesamtwürdigung von Täter und Tat erhebliche rechtswidrige Taten infolge seines krankhaften Zustandes zu erwarten** sind
  und
- der Täter deshalb **für die Allgemeinheit gefährlich** ist.

Da **nur vor erheblichen Taten Schutz** gewährt werden soll, scheiden Delikte aus dem unteren Bereich der Kriminalität aus.[64]
Neben der Diagnose eines krankhaften Zustandes, z. B. einer Psychose, ist eine Prognose des weiteren Verlaufs der krankhaften Störung und des damit verbundenen Kriminalitätsverhaltens erforderlich. Für die Prognose reicht dabei nicht, lediglich die Möglichkeit weiterer Straffälligkeit festzustellen, sondern es muss sich um eine Wahrscheinlichkeit höheren Grades handeln.[65]
Da dies nur auf der wissenschaftlich gesicherten Grundlage der Psychiatrie oder Psychologie geschehen kann, verpflichtet § 246 a StPO das Gericht, in der Hauptverhandlung einen Sachverständigen über den Zustand des Angeklagten und die Be-

63 vgl. 6. Kap. A. IV. 2.
64 Tröndle/Fischer § 63 Rdnr. 12
65 Müller-Dietz 1999, S. 484

handlungsaussichten zu vernehmen. In Betracht kommen hier in der Regel nur **psychiatrische oder psychologische Sachverständige.**
Mit der Anordnung der Unterbringung setzt das Gericht die Vollstreckung zur Bewährung aus, wenn besondere Umstände die Erwartung rechtfertigen, dass der Zweck der Maßregel auch dadurch erreicht werden kann (§ 67 b StGB).
Die **Dauer der Unterbringung ist unbefristet** (§ 67 d StGB). Nach § 67 e Abs. 1 StGB kann das für die Vollstreckung zuständige Gericht, also die Strafvollstreckungskammer des LG, in dessen Bezirk sich die Anstalt befindet, jederzeit prüfen, ob die weitere Vollstreckung zur Bewährung ausgesetzt werden kann. Nach **Ablauf von einem Jahr** muss jeweils diese Prüfung erneut vorgenommen werden (§ 67 e Abs. 2 StGB). Wird die Unterbringung zur Bewährung ausgesetzt, tritt gem. § 67 d Abs. 2 S. 2 StGB Führungsaufsicht ein.

2. Die Unterbringung in einer Entziehungsanstalt

Gem. § 64 StGB ordnet das Gericht die Unterbringung in einer Entziehungsanstalt an, wenn

- der Täter **den Hang (die Neigung)** hat, **Alkohol** oder andere **Rauschmittel** im Übermaß zu sich zu nehmen, und
- wegen einer rechtswidrigen Tat verurteilt wird, die er **im Rausch** begangen hat, oder die auf seinen Hang zurückgeht (z. B. Beschaffungskriminalität eines Drogensüchtigen) oder
- der Täter nur deshalb nicht verurteilt wird, weil seine Schuldunfähigkeit erwiesen oder nicht auszuschließen ist (§ 20 StGB), und
- die **Gefahr** besteht, dass er **infolge seines Hanges erhebliche rechtswidrige Taten** begehen wird.

Nach Abs. 2 darf eine Unterbringung nicht erfolgen, wenn eine Entziehungskur von vornherein aussichtslos erscheint.
Das BVerfG hat mit Beschluss vom 16. 3. 1994 (BGBI. I, S. 3012) als weitere Voraussetzung verlangt, **dass eine hinreichend konkrete Aussicht eines Behandlungserfolges** besteht. Danach ist eine mit Freiheitsentzug verbundene Therapie ausschließlich zur Erprobung unzulässig.
Auch im Falle von § 64 StGB setzt das Gericht die Unterbringung zur Bewährung aus, wenn der Zweck der Maßregel auch so erreicht werden kann (§ 67 b StGB), z. B. durch anderweitige therapeutische Behandlung.
Die Dauer der Unterbringung in der Entziehungsanstalt **darf zwei Jahre nicht übersteigen** (§ 67 d Abs. 1 StGB). **Alle sechs Monate** muss die **Unterbringung überprüft** und entschieden werden, ob die Vollstreckung zur Bewährung ausgesetzt werden kann (§ 67 e Abs. 2 StGB).

3. Die Unterbringung in der Sicherungsverwahrung

Gem. § 66 Abs. 1 StGB ordnet das Gericht neben der Strafe die Unterbringung in der Sicherungsverwahrung an, wenn

- wegen einer vorsätzlichen Straftat eine **Verurteilung zu Freiheitsstrafe von mindestens zwei Jahren erfolgt ist,**

- der Täter **vorher bereits wegen vorsätzlicher Taten schon zweimal jeweils zu einer Freiheitsstrafe von mindestens einem Jahr** verurteilt worden ist,
- er wegen einer oder mehrerer dieser Taten **für die Zeit von mindestens zwei Jahren Freiheitsstrafe verbüßt** oder sich im Vollzug einer freiheitsentziehenden Maßregel befunden hat und
- aufgrund einer **Gesamtwürdigung des Täters und seiner Taten** anzunehmen ist, dass bei ihm **ein Hang** besteht, **erhebliche Straftaten** zu begehen, insbesondere solche, durch die die **Opfer seelisch oder körperlich schwer geschädigt** werden oder **schwerer wirtschaftlicher Schaden angerichtet** wird und
- er deswegen **für die Allgemeinheit gefährlich** ist.

Durch das bereits erwähnte Gesetz zur Bekämpfung von Sexualdelikten und anderen gefährlichen Straftaten ist die Anordnung von Sicherungsverwahrung nunmehr leichter möglich. Nach § 66 Abs. 3 S. 1 StGB kann das Gericht neben der Strafe die Sicherungsverwahrung anordnen, wenn

- eine **Verurteilung zu Freiheitsstrafe von mindestens zwei Jahren**
- wegen eines Verbrechens oder wegen einer Straftat nach den §§ 174–174 c (sexueller Missbrauch), 176, 179 Abs.1–3, §§ 180, 182, 224, 225 Abs. 1 oder 2 oder wegen einer entsprechenden Rauschtat nach § 323 a StGB erfolgt und
- der Täter wegen einer oder mehrerer solcher Straftaten, die er vor der neuen Tat begangen hat, **schon einmal zu Freiheitsstrafe von mindestens drei Jahren verurteilt** worden ist und **davon mindestens zwei Jahre verbüßt** hat sowie
- aufgrund seines **Hanges zur Begehung schwerer Straftaten eine Gefahr für die Allgemeinheit** darstellt.

Nach Abs. 3 S. 2 ist für die Anordnung der Sicherungsverwahrung **eine frühere Verurteilung oder Freiheitsentziehung dann nicht erforderlich,**

- wenn jemand **zwei Straftaten der in S. 1 genannten Art** begangen und für jede dieser Taten Freiheitsstrafe von mindestens zwei Jahren verwirkt hat
- und deswegen auch zu einer **Freiheitsstrafe von mindestens drei Jahren** verurteilt worden ist und
- aufgrund seines **Hanges zur Begehung schwerer Straftaten eine Gefahr für die Allgemeinheit** darstellt.

Mit Urteil vom 5. Februar 2004 hat das BVerfG die Neuregelung der Sicherungsverwahrung für verfassungsgemäß erklärt. Das Gericht weist aber auch darauf hin, dass es erforderlich ist, »die Eigenständigkeit des Untergebrachten zu wahren, seine Würde zu achten und zu schützen«. Aus diesem Grund – so das Gericht – »muss die Sicherungsverwahrung ebenso wie der Strafvollzug darauf ausgerichtet sein, die Voraussetzungen für ein verantwortliches Leben in Freiheit zu schaffen«. Folglich soll die Sicherungsverwahrung normativ wie tatsächlich am Resozialisierungsgedanken i. S. v. § 2 S. 1 StVollzG ausgerichtet sein.[66]

66 BVerfG, 2 BvR 2029/01, www.bundesverfassungsgericht.de/entscheidungen

Nach dem mit Gesetz vom 21. August 2002 neu eingefügten § 66 a StGB kann das Gericht die **Anordnung der Sicherungsverwahrung im Urteil vorbehalten**, wenn

- eine Verurteilung wegen einer der in § 66 Abs. 3 S. 1 genannten Straftaten erfolgt und
- dabei nicht mit hinreichender Sicherheit festgestellt werden kann, ob der Täter für die Allgemeinheit i. S. v. § 66 Abs. 1 Nr. 3 gefährlich ist.

Ist die Sicherungsverwahrung durch Urteil vorbehalten worden, entscheidet das Gericht spätestens sechs Monate vor dem Zeitpunkt, ab dem eine Reststrafenaussetzung zur Bewährung (§§ 57 Abs. 1 Nr. 1, 57 a Abs. 1 S. 1 Nr. 1 StGB) möglich ist. Es muss dann die Sicherungsverwahrung anordnen, wenn eine Gesamtwürdigung des Verurteilten, seiner Taten und seiner Entwicklung im Strafvollzug ergibt, dass von ihm erhebliche Straftaten zu erwarten sind, durch welche die Opfer seelisch oder körperlich schwer geschädigt werden (§ 66 a Abs. 2 StGB). Erst nach dieser – rechtskräftigen – Entscheidung darf über die Reststrafenaussetzung entschieden werden (§ 66 a Abs. 3 StGB).

Da die Unterbringung neben der Freiheitsstrafe angeordnet wird und die Reihenfolge der Vollstreckung in § 67 Abs. 1 StGB nicht festgelegt ist, wird die Sicherungsverwahrung **nach Vollstreckung der Freiheitsstrafe** vollzogen.

Die **Dauer der Unterbringung** in der Sicherungsverwahrung beträgt in der **Regel zehn Jahre.** Das Gericht erklärt die Maßnahme dann für erledigt, wenn nicht die Gefahr besteht, dass der Untergebrachte infolge seines Hanges erhebliche Straftaten begehen wird, durch die Opfer seelisch oder körperlich schwer geschädigt werden (§ 67 d Abs. 3 StGB); die Unterbringung kann folglich **in Einzelfällen unbefristet** sein. In der o. a. Entscheidung hat das BVerfG darauf hingewiesen, dass die Voraussetzungen für die Fortdauer der Sicherungsverwahrung umso strenger sind, je länger die Unterbringung andauert. Ausdrücklich stellt das Gericht die Forderung auf, dass wegen der besonderen Bedeutung der Vollzugslockerungen für die Prognosebasis sich das Vollstreckungsgericht nicht damit abfinden darf, dass die Vollzugsbehörde ohne hinreichenden Grund Vollzugslockerungen versagt, welche die Erledigung der Maßregel vorbereiten können.[67]

Alle zwei Jahre muss die Strafvollstreckungskammer prüfen, ob die weitere Vollstreckung der Sicherungsverwahrung zur Bewährung ausgesetzt werden kann (§ 67 e Abs. 2 StGB).

In der Praxis wird nur ausnahmsweise von der Maßregel der Sicherungsverwahrung Gebrauch gemacht; 2002 wurde sie lediglich in 56 Fällen angeordnet.[68]

Exkurs: Die nachträgliche Sicherungsverwahrung nach Landesgesetz

Als erstes Bundesland hat Baden-Württemberg im Jahre 2001 ein »**Gesetz über die Unterbringung besonders rückfallgefährdeter Straftäter** (StrUBG)« verabschiedet, das die nachträgliche Sicherungsverwahrung aus polizeirechtlichen Gründen ermög-

---

67 a. a. O.

68 Statist. Bundesamt, Fachserie 10, R 3, 2002, Tab. 5.1.

licht (v. 14. März 2001, bw GBl. 2001, S. 188). Weitere Bundesländer folgten, zuerst Bayern[69] dann Sachsen-Anhalt[70].

Nach § 1 Abs. 1 StrUBG kann das zuständige Gericht gegen einen Strafgefangenen die nachträgliche Unterbringung in einer JVA anordnen, wenn

- der Gefangene in einer JVA des Landes unter den Voraussetzungen von § 66 Abs. 1 Nr. 1 und 2, Abs. 2 bis 4 StGB eine zeitige Freiheitsstrafe verbüßt und
- »aufgrund von Tatsachen, die nach der Verurteilung eingetreten sind, davon auszugehen ist, dass von dem Betroffenen eine erhebliche Gefahr für das Leben, die körperliche Unversehrtheit, die persönliche Freiheit oder die sexuelle Selbstbestimmung anderer ausgeht, insbesondere weil er im Vollzug der Freiheitsstrafe beharrlich die Mitwirkung an der Erreichung des Vollzugszieles verweigert, namentlich eine Rückfall vermeidende Psycho- oder Sozialtherapie ablehnt oder abbricht«.

Antragsberechtigt ist die JVA, in der der betroffene Gefangene inhaftiert ist. Für die Unterbringung ist die Strafvollstreckungskammer zuständig, die auf der Grundlage von Gutachten zweier Sachverständiger in öffentlicher Verhandlung entscheidet (§§ 3, 4 StrUBG). Im Regelfall wird die Unterbringung unbefristet angeordnet und im Abstand von zwei Jahren hat das Gericht zu prüfen, ob die weitere Vollziehung der Unterbringung erforderlich ist (§§ 2, 5 StrUBG).
Gegen diese Unterbringungsgesetze bestehen **erhebliche (verfassungs-)rechtliche Bedenken**. Zu Recht ist der Einwand erhoben worden, dass gegen den Verfassungsgrundsatz der Verhältnismäßigkeit und gegen Art. 5 Abs. 1 S. 2 c MRK verstoßen wird, der neben der in §§ 66, 66 a StGB geregelten Sicherungsverwahrung eine polizeilich begründete Präventivhaft nicht zulässt.[71]
Mit Urteil vom 10. Februar 2004 hat das **BVerfG** die landeseigenen Unterbringungsgesetze von Bayern und Sachsen-Anhalt (und damit auch die weiteren Gesetze in Baden-Württemberg, Thüringen und Niedersachsen) **für verfassungswidrig erklärt**, weil die Gesetzgebungskompetenz für das Strafrecht, das auch das Recht der Maßregeln mit umfasst, nach Art. 74 Abs. 1 Nr. 1 GG allein dem Bund zusteht.[72]
Nach dieser Entscheidung hat die Bundesregierung einen Gesetzesentwurf zur Einführung der nachträglichen Sicherungsverwahrung in das Gesetzgebungsverfahren eingebracht, der sich wesentlich an die Ländergesetze anlehnt.[73]

4. Der Vollzug der freiheitsentziehenden Maßregeln

Für den Vollzug der freiheitsentziehenden Maßregeln gibt es lediglich allgemeine Vorschriften im StVollzG. Nach § 136 StVollzG richtet sich die Behandlung des in einem psychiatrischen Krankenhaus Untergebrachten nach ärztlichen Gesichtspunkten; er

69 bayGVBl. 2001, S. 978
70 saGVBl. 2002, S. 80
71 vgl. Ullenbruch 2001, S. 292 ff.
72 www.bundesverfassungsgericht.de/entscheidungen
73 BT-Drs. 15/2887; nach In-Kraft-Treten des Gesetzes wird die Änderung im Internet unter http://www.jugendhilfe-netz.de/fachservice/index.html dargestellt.

soll – soweit möglich – geheilt oder sein Zustand soweit gebessert werden, dass er nicht mehr gefährlich ist.
Das Behandlungsziel bei der Unterbringung in einer Entziehungsanstalt ist, den Betroffenen von seinem Hang zu heilen und die zugrunde liegende Fehlhaltung zu beheben (§ 137 StVollzG).
Weitere bundeseinheitliche gesetzliche Grundlagen für die konkrete Behandlung fehlen. Vielmehr sind dafür gem. § 138 Abs. 1 StVollzG die Bundesländer zuständig, die eigene **Maßregelvollzugsgesetze** geschaffen haben.[74]
Der Vollzug der Unterbringung in der **Sicherungsverwahrung** ist im **StVollzG** (§§ 129–135, 140 Abs. 1 S. 2) geregelt. Da die Unterbringung wie die Freiheitsstrafe in einer Justizvollzugsanstalt (JVA) vollstreckt wird, ändert sich für den Untergebrachten im Wesentlichen nichts. Auch wenn die Schutzfunktion der Sicherungsverwahrung im Vordergrund steht, hat der Untergebrachte gleichwohl einen Anspruch auf Hilfe zur Wiedereingliederung (§ 129 S. 2 StVollzG).

III. Die freiheitsbeschränkenden Maßregeln

Die übrigen Maßregeln erfüllen hauptsächlich **Kontroll- und Sicherungsaufgaben**, indem auf die persönliche Freiheit in bestimmten Bereichen des Alltags einschränkend eingegriffen wird, ohne jedoch freiheitsentziehende Maßnahmen zu ergreifen. Dabei spielt die Entziehung der Fahrerlaubnis die weitaus bedeutsamste Rolle.

1. Führungsaufsicht

Gem. § 68 StGB kann das Gericht neben einer Strafe Führungsaufsicht anordnen, wenn

- wegen einer Straftat, bei der **das Gesetz Führungsaufsicht besonders vorsieht** (z. B. §§ 181 b, 228, 263 StGB), zeitige Freiheitsstrafe von mindestens sechs Monaten verhängt wurde und
- die **Gefahr** besteht, dass der Verurteilte **weitere Straftaten** begehen wird.

Darüber hinaus tritt Führungsaufsicht nach dem Gesetz unmittelbar in den Fällen ein, wenn

- die **Unterbringung** in einem psychiatrischen Krankenhaus oder einer Entziehungsanstalt in den Fällen von §§ 67 b, 67 c und 67 d Abs. 2, 4, 5 StGB **zur Bewährung ausgesetzt** wird (§ 68 Abs. 2 StGB),
- wenn die Unterbringung in der Sicherungsverwahrung erledigt ist (§ 67 d Abs. 3 StGB) oder
- wenn eine **längere Freiheitsstrafe von mindestens zwei Jahren wegen einer vorsätzlichen Straftat vollständig vollstreckt** worden ist (§ 68 f StGB).

Mit der Führungsaufsicht soll also auch dann, wenn bereits die Strafe verbüßt ist, eine **soziale Kontrolle** einsetzen, um der Gefahr weiterer Straffälligkeit zu begegnen. Die Kontrolle erfolgt im Wesentlichen dadurch, dass das Gericht dem Verurteilten **Wei-**

74 enthalten in: Volckart/Grünebaum 2003; vgl auch zum Maßregelvollzug allgemein: Schaumburg 2003

sungen nach § 68 b StGB erteilt, die seine Lebensführung lenken sollen. Verstößt er gegen eine solche Weisung und wird dadurch der Zweck der Maßregel gefährdet, macht sich der Verurteilte gem. § 145 a StGB strafbar. Ob jedoch ein Strafverfahren eingeleitet wird, hängt von dem **Strafantrag der Aufsichtstelle** ab, die mit dieser Kompetenz eine höchst problematische Rolle für den ihr Unterstellten einnimmt, der unter solchen Bedingungen kaum bereit sein dürfte, sich auf ein Vertrauensverhältnis zu der Aufsichtsstelle und zu dem Bewährungshelfer einzulassen.

Institutionell ist diese Maßregel auf zwei Ebenen angelegt:

- Die **Aufsichtsstelle**, der der Verurteilte gem. § 68 a Abs. 1 StGB untersteht, übt **Kontroll- und Betreuungsfunktionen** aus. So hat sie im Einvernehmen mit dem Gericht und mit Unterstützung des Bewährungshelfers das Verhalten und die Erfüllung der Weisungen zu **überwachen**. Organisatorisch ist sie Teil der Landesjustizverwaltung und wird in der Regel von einem **Richter** geleitet; ihre Aufgaben nehmen zumeist Sozialarbeiterinnen und Sozialpädagogen wahr (§ 295 EGStGB).
- Gleichzeitig wird dem Verurteilten ein **Bewährungshelfer** für die Dauer der Führungsaufsicht vom Gericht bestellt (§ 68 a Abs. 1 StGB). Wie die Aufsichtsstelle hat der Bewährungshelfer die Aufgabe, neben der Kontrolltätigkeit dem Verurteilten **helfend und betreuend** zur Seite zu stehen (§ 68 a Abs. 2 StGB).

Sowohl der Aufsichtsstelle wie auch dem Bewährungshelfer kann das Gericht **Anweisungen** erteilen (§ 68 a Abs. 5 StGB). Bei Konflikten zwischen Aufsichtsstelle und Bewährungshilfe entscheidet das Gericht (§ 68 a Abs. 4 StGB).

Gem. § 68 c Abs. 1 StGB dauert die Führungsaufsicht **mindestens zwei und höchstens fünf Jahre**. Eine unbefristete Führungsaufsicht kann das Gericht anordnen, wenn der Verurteilte

- in eine Weisung nach § 56 c Abs. 3 Nr. 1 StGB (eine mit einem körperlichen Eingriff verbundene Heilbehandlung oder eine Entziehungskur) nicht einwilligt oder
- einer Weisung, sich einer Heilbehandlung oder einer Entziehungskur zu unterziehen, nicht nachkommt,
- und eine Gefährdung der Allgemeinheit durch die Begehung weiterer erheblicher Straftaten zu befürchten ist (§ 68 c Abs. 2 StGB).

Wenn erwartet werden kann, dass auch ohne Führungsaufsicht der Verurteilte keine Straftaten mehr begehen wird, hebt das Gericht – frühestens nach zwei Jahren, also der gesetzlichen Mindestdauer – die Führungsaufsicht auf.

Da die notwendigen personellen Kapazitäten der Aufsichtsstellen fehlen und die hohen Fallzahlen der Bewährungshelfer eine intensive Betreuungsarbeit kaum zulässt, wird diese Maßregel dem ihr zugedachten Ziel überhaupt nicht gerecht. Grundsätzliche **Kritik** ist darüber hinaus **an der Ausweitung des sozialen Kontrollnetzes (net widening)** zu üben, das mit einer zusätzlichen Strafdrohung selbst nach Erledigung der Strafe in die persönliche Freiheit fortgesetzt eingreift.[75]

75 vgl. Brusten 1986, S. 273 ff.; Maelicke 2003, S. 156 ff.

2. Entziehung der Fahrerlaubnis

Diese Maßregel hat quantitativ die weitaus größte Bedeutung. In annähernd 200.000 Fällen pro Jahr wird die Fahrerlaubnis entzogen.
Nicht zu verwechseln ist diese Maßregel mit dem **Fahrverbot**, das nach § 25 StVG wegen einer Ordnungswidrigkeit neben einer Geldbuße verhängt werden kann, und dem Betroffenen untersagt, für die Dauer von ein bis zu drei Monaten ein Kfz zu führen. Damit wird die Fahrerlaubnis nicht tangiert.

Gem. § 69 Abs. 1 StGB entzieht das Gericht dem Täter die Fahrerlaubnis,
- wenn er wegen einer **rechtswidrigen Tat**, die **im Zusammenhang mit dem Führen eines Kfz** oder einer **Pflichtverletzung im Straßenverkehr** steht, verurteilt wird, oder wenn er wegen fehlender Schuldfähigkeit nicht verurteilt werden kann, und
- sich aus der Tat ergibt, dass er **zum Führen eines Kfz ungeeignet** ist.

In Fällen wie z. B. Trunkenheit im Verkehr (§ 316 StGB) oder Unfallflucht (§ 142 StGB) wird der Täter in der Regel als ungeeignet i. S. v. § 69 Abs. 1 StGB angesehen (§ 69 Abs. 2 StGB).
Mit der Rechtskraft des Urteils erlischt die Fahrerlaubnis. Gleichzeitig mit der Entziehung bestimmt das Gericht, dass für die Dauer von sechs Monaten bis zu fünf Jahren von der Verwaltungsbehörde (Straßenverkehrsamt) keine neue Fahrerlaubnis erteilt werden darf (§ 69 a Abs. 1 StGB). Diese sog. **Sperre** bindet das Straßenverkehrsamt.

3. Berufsverbot

Nach § 70 StGB kann das Gericht einem Täter die Ausübung des Berufes oder Gewerbes für die Dauer von ein bis zu fünf Jahren verbieten, wenn
- er unter **Missbrauch seines Berufes oder Gewerbes** oder unter Verletzung der damit verbundenen Pflichten wegen einer rechtswidrigen Tat verurteilt wird oder wegen fehlender Schuldfähigkeit nicht verurteilt werden kann und
- die Gesamtwürdigung von Täter und Tat die weitere Begehung gleicher oder ähnlicher Taten befürchten lässt.

Bei günstiger Sozialprognose kann das Gericht frühestens nach einem Jahr das Berufsverbot zur Bewährung aussetzen (§ 70 a StGB).

8. Kapitel: Die Rechtsbehelfe

Grundlegende Literatur: Meyer-Goßner: Strafprozessordnung, Kommentar, 46. Aufl., München 2003.

Ein besonderes **Wesensmerkmal des Rechtsstaates** ist das **Recht** eines jeden, gegen **belastende gerichtliche Entscheidungen Rechtsbehelfe** einzulegen. Fehler und Irrtümer bei der Feststellung des Sachverhaltes, der Rechtsanwendung oder bei der Beachtung der Strafverfahrensregelungen müssen einer **Korrektur** unterliegen, um falsche oder ungerechte Verurteilungen und Bestrafungen zu vermeiden.
Gleichzeitig soll die Überprüfung von Rechtsfragen durch höhere Instanzgerichte dazu beitragen, **bei der Anwendung und Auslegung von Gesetzen zu Rechtseinheit und Rechtsgleichheit** beizutragen und damit der Gefahr von Rechtszersplitterung vorzubeugen.[1]
Zu den Rechtsbehelfen nach der StPO gehören die Rechtsmittel der **Berufung, Revision und Beschwerde** (§§ 296 ff. StPO) sowie der **Einspruch gegen Strafbefehle** (§ 410 StPO), die **Wiedereinsetzung in den vorigen Stand** (§§ 44 ff. StPO) und das **Wiederaufnahmeverfahren** (§§ 359 ff. StPO).

A. Rechtsmittel

Die Bedeutung eines Rechtsmittels liegt darin begründet, dass es **eine noch nicht rechtskräftige gerichtliche Entscheidung zur Nachprüfung vor ein Gericht höherer Ordnung** bringt.
Die gegen Strafurteile zulässigen Rechtsmittel der Berufung und Revision haben darüber hinaus noch die Wirkung, dass mit ihrer Einlegung der Eintritt der Rechtskraft eines Urteils und damit seine Vollstreckbarkeit verhindert wird.[2] Weiterhin unterliegen diese Rechtsmittel dem sog. **Verschlechterungsverbot**; dies besagt, dass die Überprüfung und Korrektur des angefochtenen Urteils nicht zu einer höheren Bestrafung führen darf, wenn der Verurteilte, sein gesetzlicher Vertreter oder die Staatsanwaltschaft – zu Gunsten des Verurteilten – Berufung oder Revision eingelegt haben (§§ 331, 358 Abs. 2 StPO).
Der Angeklagte, sein gesetzlicher Vertreter sowie die Staatsanwaltschaft haben das uneingeschränkte Recht, Rechtsmittel einzulegen (§§ 296–298 StPO). Diese können jedoch umgekehrt auf die Einlegung eines Rechtsmittels verzichten.

1. Berufung

Gegen die Urteile des Amtsgerichtes, also des Einzelstrafrichters und des Schöffengerichtes, ist das **Rechtsmittel der Berufung** zulässig (§ 312 StPO). Mit diesem Rechtsmittel wird die angefochtene Entscheidung sowohl **in tatsächlicher als auch in rechtlicher Hinsicht** im Rahmen einer Neuverhandlung vor der **Berufungskam-**

1 Roxin/Arzt/Tiedemann 1994, S. 171
2 Meyer-Goßner vor § 296 Rdnr. 2

mer des Landgerichts überprüft. Es müssen also erneut alle Beweismittel zum Gegenstand der Berufungsverhandlung gemacht werden, d. h. bspw. Zeugen und Sachverständige wieder vernommen werden. Die Berufung kann allerdings auch auf bestimmte Schwerpunkte beschränkt werden, z. B. auf die Überprüfung des Strafmaßes (§ 318 StPO).
Nach § 314 StPO muss die Berufung bei dem Gericht des ersten Rechtszuges, also dem Amtsgericht, das die anzufechtende Entscheidung getroffen hat, innerhalb einer Woche nach Verkündung des Urteils zu Protokoll der Geschäftsstelle oder schriftlich – jedoch nicht notwendig mit einer Begründung – eingelegt werden.

2. Revision

Anders als bei der Berufung führt die Revision nur zu einer **rein rechtlichen Überprüfung des Urteils.** Demgegenüber unterliegen die tatsächlichen Feststellungen im angefochtenen Urteil nicht der Kontrolle durch die Revisionsinstanz. Die Revision kann also nur darauf gestützt werden, dass das Urteil auf einer **Verletzung des Gesetzes** beruht (so § 337 StPO).
Liegen die in § 338 StPO im einzelnen aufgeführten Gesetzesverletzungen vor (sog. **absolute Revisionsgründe**), so muss das angefochtene Urteil aufgehoben werden.

Zu diesen absoluten Revisionsgründen gehören u. a.
- die fehlerhafte Besetzung oder Unzuständigkeit des Gerichtes,
- Fehler in der Hauptverhandlung bei Verletzung des Öffentlichkeitsgebotes oder bei vorschriftswidriger Abwesenheit eines Prozessbeteiligten,
- die unzulässige Einschränkung von Verteidigungsrechten in einem Gerichtsbeschluss oder
- Rechtsfehler im schriftlichen Urteil.

Das Rechtsmittel der Revision kann gegen **alle erstinstanzlichen Urteile**, also der Amtsgerichte, der Landgerichte sowie der Oberlandesgerichte eingelegt werden. Darüber hinaus ist die Revision auch **gegen ein Berufungsurteil eines Landgerichts** möglich (§ 333 StPO).

Der Rechtsmittelberechtigte kann **nach einer amtsgerichtlichen Entscheidung** folglich **zwei Wege** beschreiten:
- Berufung gegen das Urteil des Amtsgerichts und anschließende Revision gegen das Berufungsurteil des Landgerichts
- oder Anfechtung der amtsgerichtlichen Entscheidung unmittelbar mit der Revision (§ 335 StPO), indem die Berufungsinstanz übersprungen wird (deswegen spricht man von der sog. **Sprungrevision**).

Für Form und Frist der Revision gilt zunächst das gleiche wie bei der Berufung. Darüber hinaus muss die Revision anders als die Berufung schriftlich und fristgebunden **von einem Verteidiger oder zu Protokoll der Geschäftsstelle des Gerichts begründet** werden.

Erachtet das Revisionsgericht also

- nach amtsgerichtlichen Urteilen oder Berufungsurteilen des Landgerichts das Oberlandesgericht
- oder nach erstinstanzlichen Entscheidungen des Land- oder Oberlandesgerichts der BGH,

eine Entscheidung als fehlerhaft, hebt es das Urteil auf und verweist es zur erneuten Verhandlung und Entscheidung an die Vorinstanz zurück; jedoch nicht an die gleiche Abteilung (AG), Strafkammer (LG) oder den gleichen Senat (OLG), sondern an einen anderen »Spruchkörper« des erstinstanzlichen Gerichts (§ 354 StPO), um einer Befangenheit der zuvor in der Sache tätig gewordenen Richter vorzubeugen.
In der Praxis empfiehlt es sich, vorsorglich Rechtsmittel einzulegen, um die schriftlichen Urteilsgründe abzuwarten, die erst eine gründliche Überprüfung des Urteils ermöglichen. (Vgl. zu den Rechtsmitteln der Berufung und Revision das nachfolgende Schaubild.)

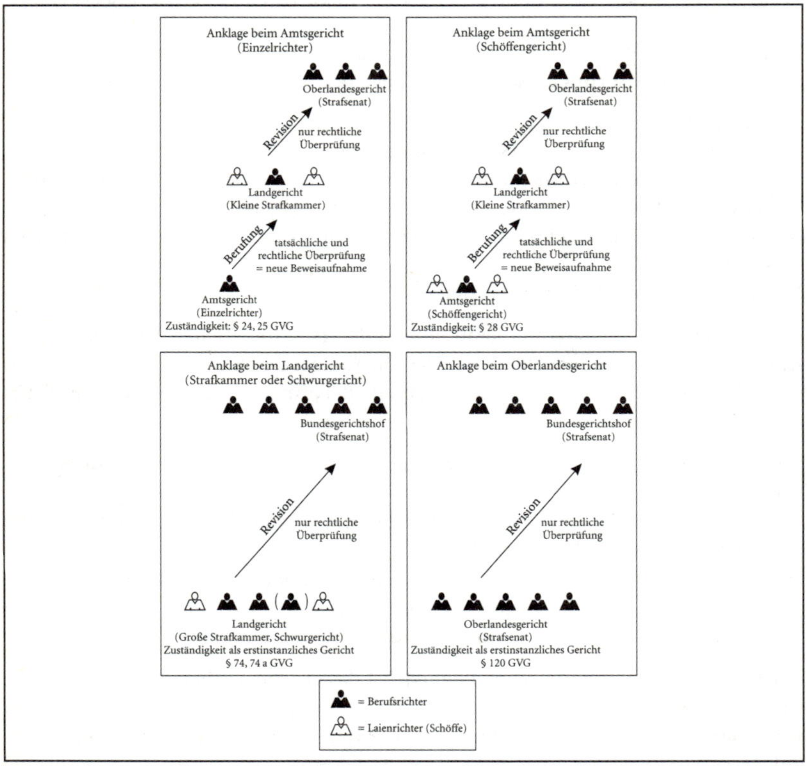

Schaubild 16: Urteile des Amtsgerichts können mit der Berufung und/oder der Revision, Urteile des Landgerichts oder des Oberlandesgerichts nur mit der Revision angefochten werden.

3. Beschwerde

Während sich Berufung und Revision lediglich gegen Urteile wenden, richtet sich das Rechtsmittel der Beschwerde **gegen richterliche Beschlüsse oder Verfügungen**, die im Rahmen des Strafverfahrens ergangen sind (§§ 304 ff. StPO). Beispiele hiefür sind Beschlagnahme- und Durchsuchungsanordnungen oder Haftbefehle. Derartige Beschlüsse ergehen in der Regel ohne mündliche Verhandlung und besitzen nicht die gleiche Qualität wie ein Urteil.
Beschwerdeberechtigt ist jeder am Strafverfahren Beteiligte, der durch einen gerichtlichen Beschluss oder eine Verfügung selbst betroffen ist, also auch ein Zeuge oder ein Sachverständiger.
Mit Ausnahme der sofortigen Beschwerde, die nur in den vom Gesetz bestimmten Einzelfällen einzulegen ist, ist die – einfache – Beschwerde nicht an eine Frist gebunden. Sie muss schriftlich oder zu Protokoll der Geschäftsstelle eingelegt werden. Sie führt zu einer Überprüfung der angefochtenen Entscheidung **in tatsächlicher und rechtlicher Hinsicht** durch den Richter, der die Entscheidung getroffen hat. Erachtet er die Beschwerde für begründet, so ändert er die angefochtene Entscheidung selbst ab. Andernfalls muss er spätestens vor Ablauf von drei Tagen die Beschwerde dem Beschwerdegericht vorlegen (§ 306 StPO).
Anders als die Rechtsmittel der Berufung und Revision hat die Beschwerde **keine aufschiebende Wirkung**.

B. Einspruch gegen Strafbefehle

Wie bereits oben dargestellt wurde, kann in Fällen leichterer Straffälligkeit auf Antrag der Staatsanwaltschaft das zuständige Gericht in einem schriftlichen Verfahren einen Strafbefehl gegen den Beschuldigten erlassen (§§ 407 ff. StPO). Gem. § 410 StPO kann der Angeklagte gegen den Strafbefehl **innerhalb von zwei Wochen nach Zustellung** bei dem Gericht, das den Strafbefehl erlassen hat, Einspruch einlegen. Dies muss schriftlich oder zu Protokoll der Geschäftsstelle geschehen. Wie das Rechtsmittel der Berufung kann der Einspruch auf bestimmte Punkte, z. B. das Strafmaß, beschränkt werden.
Nach dem fristgemäß eingelegten Einspruch wird von Seiten des Gerichts ein Termin zur – normalen – Hauptverhandlung anberaumt. Bis zur Verkündung des Urteils kann der Einspruch zurückgenommen werden. Dies kann sich unter Umständen dann empfehlen, wenn während der Hauptverhandlung erkennbar ist, dass das Gericht eine höhere als die im Strafbefehl bestimmte Strafe in Erwägung zieht. Es ist nämlich zu beachten, dass das Gericht nicht an die im Strafbefehl getroffene Entscheidung gebunden ist, somit das Verschlechterungsverbot zugunsten des Angeklagten hier nicht gilt (§ 411 Abs. 4 StPO).

C. Wiedereinsetzung in den vorigen Stand

In der Regel ist die Einlegung der Rechtsmittel an Fristen gebunden, in deren Verlauf das Rechtsmittelschreiben bei Gericht eingegangen sein muss. Es kann aus verschiedenen Gründen vorkommen, dass diese Fristen nicht eingehalten werden.

Beispiel:
M kehrt aus einem mehrwöchigen Urlaub nach Hause zurück und findet in seinem Briefkasten die Benachrichtigung über die Zustellung eines Strafbefehls. Die Einspruchsfrist von zwei Wochen ist längst abgelaufen.

In einem solchen Fall, in dem jemand ohne Verschulden eine Frist nicht eingehalten hat, besteht nach § 44 StPO die Möglichkeit, von dem Rechtsbehelf der »Wiedereinsetzung in den vorigen Stand« Gebrauch zu machen.
Der Antrag auf Wiedereinsetzung muss **innerhalb einer Frist von einer Woche**, z. B. nach Kenntnisnahme der gerichtlichen Entscheidung, bei dem Gericht gestellt werden, bei dem die Frist wahrzunehmen gewesen wäre. Die Gründe für die Fristversäumung müssen **glaubhaft gemacht** werden, z. B. durch Vorlage von Reisedokumenten. In der Antragsfrist von einer Woche ist auch die versäumte Handlung, also die Einlegung des Rechtsmittels, nachzuholen.

M schreibt also binnen einer Woche nach Empfang des Strafbefehls bei der Post an das Gericht und beantragt die Wiedereinsetzung in den vorigen Stand; gleichzeitig fügt er dem Schreiben Fahrkarten oder Tankquittungen bei, die dokumentieren, dass und wann die Reise stattgefunden hat. Und schließlich legt er Einspruch gegen den Strafbefehl ein.

D. Wiederaufnahme des Strafverfahrens

Sind alle Rechtsmittel gegen ein Urteil ausgeschöpft oder ist auf Rechtsmittel verzichtet worden, so tritt die **Rechtskraft des Strafurteils** ein. Das bedeutet, dass eine weitere gerichtliche Überprüfung nicht mehr stattfindet und das Urteil nunmehr vollstreckt werden kann. Damit wird dem **Grundsatz der Rechtssicherheit** entsprochen: jedermann soll nunmehr auf den Bestand der richterlichen Entscheidung vertrauen können, unabhängig davon, ob das Urteil richtig oder falsch ist.
Da gleichwohl Justizirrtümer – auch nach Ausschöpfung sämtlicher Rechtsmittel – nicht ausgeschlossen werden können und darauf beruhende Fehlurteile dem **Gerechtigkeitsgedanken**, ebenfalls wie die Rechtssicherheit ein fundamentales Prinzip des Rechtsstaates, entgegenstehen, lässt das Gesetz **in Ausnahmefällen** mit der Wiederaufnahme des rechtskräftig abgeschlossenen Strafverfahrens eine erneute Überprüfung zu (§§ 359 ff. StPO).
Ein solches Wiederaufnahmeverfahren ist nur unter sehr eingeschränkten Umständen zulässig, die abschließend in § 359 StPO (zugunsten des Verurteilten) und in § 362 StPO (zuungunsten des Angeklagten) geregelt sind. Zumeist stützen sich entsprechende Wiederaufnahmeanträge von Verurteilten auf **neue Tatsachen oder Beweismittel**, die die Freisprechung des Angeklagten oder eine geringere Bestrafung in Betracht ziehen lässt (§ 359 Nr. 5 m StPO).
Das Verfahren der Wiederaufnahme gliedert sich in zwei Verfahrensabschnitte: im ersten Teil wird die Zulässigkeit und Schlüssigkeit des neuen Vorbringens geprüft; im zweiten Abschnitt richtet sich die Überprüfung der vorgetragenen Behauptungen auf ihre inhaltliche Richtigkeit. Kommt das Gericht zu dem Ergebnis, dass die Richtigkeit der neu vorgetragenen Tatsachen hinreichend wahrscheinlich ist, ordnet es die Wiederaufnahme und die Erneuerung der Hauptverhandlung an.

9. Kapitel: Entschädigung für Strafverfolgungsmaßnahmen

Grundlegende Literatur: Meyer: Kommentar zum Gesetz über die Entschädigung für Strafverfolgungsmaßnahmen, 5. Aufl., Neuwied 2002.

Stellt sich im Laufe eines Strafverfahrens heraus, dass der Beschuldigte zu Unrecht verdächtigt wurde, eine Straftat begangen zu haben, und hat er **aufgrund der Verurteilung oder anderer Strafverfolgungsmaßnahmen einen Schaden** erlitten, so besteht nach dem Gesetz über die Entschädigung für Strafverfolgungsmaßnahmen (StrEG) ein **Anspruch auf Entschädigung.**

A. Grundlagen der Entschädigung

Gem. § 1 StrEG wird entschädigt, wer durch eine Verurteilung geschädigt wurde, die z. B. in einem Rechtsmittel- oder Wiederaufnahmeverfahren aufgehoben wurde.
Nach § 2 Abs. 1 StrEG wird auch derjenige aus der Staatskasse entschädigt, der durch den Vollzug der U-Haft oder einer anderen Strafverfolgungsmaßnahme einen Schaden erlitten hat; dies gilt, soweit er freigesprochen, das Verfahren gegen ihn eingestellt wird (z. B. gem. §§ 170 Abs. 2, 260 Abs. 3 StPO) oder das Gericht die Eröffnung des Hauptverfahrens gegen ihn ablehnt (vgl. 5. Kap. G. I.). Weitere Strafverfolgungsmaßnahmen können in diesem Zusammenhang die einstweilige Unterbringung (§§ 81, 126 a StPO oder § 73 JGG), die vorläufige Festnahme (§ 127 Abs. 2 StPO), Sicherstellung und Beschlagnahme (§§ 94, 99 StPO), die Durchsuchung (§ 102 StPO) und die vorläufige Entziehung der Fahrerlaubnis (§111 a StPO) sein.
In Fällen, in denen aufgrund des Opportunitätsprinzips gem. §§ 153 ff. StPO oder §§ 45, 47 JGG ein Verfahren eingestellt wurde, kann eine Entschädigung gewährt werden, soweit dies ausnahmsweise der Billigkeit entspricht (§ 3 StrEG). Das gleiche gilt, wenn das Gericht von Strafe abgesehen hat oder die Strafverfolgungsmaßnahmen (bspw. U-Haft) in keinem Verhältnis zu den geringeren Rechtsfolgen (Geldstrafe) stehen, die gegen den Verurteilten verhängt wurden (§ 4 StrEG).
Neben dem Beschuldigten sind auch die Personen zu entschädigen, die diesem gegenüber einen gesetzlichen Unterhaltsanspruch (§§ 1360, 1361, 1569 ff., 1601, 1615 a ff. BGB) besitzen und denen durch die Strafverfolgungsmaßnahme der Unterhalt entzogen wurde (§ 11 Abs. 1 StrEG).

B. Ausschluss- und Versagungsgründe

Nach § 5 Abs. 1 StrEG ist die Entschädigung ausgeschlossen, wenn die U-Haft oder die vorläufige Entziehung der Fahrerlaubnis nicht auf die verhängte Strafe angerechnet worden ist. Ein in der Praxis besonders häufig vorkommender **Ausschlussgrund** liegt dann vor, wenn und soweit der Beschuldigte **die Strafverfolgungsmaßnahme**

vorsätzlich oder grob fahrlässig verursacht hat, z. B. wenn der Beschuldigte ein falsches Geständnis abgelegt hat.[1]
Die Entschädigung kann ganz oder teilweise versagt werden, wenn der Beschuldigte sich selbst in wesentlichen Punkten wahrheitswidrig oder im Widerspruch zu seinen späteren Erklärungen belastet oder wesentliche entlastende Umstände verschwiegen hat, obwohl er sich geäußert hat, und durch dieses Aussageverhalten die Strafverfolgungsmaßnahmen veranlasst hat (§ 6 StrEG).

C. Umfang der Entschädigung

Gem. § 7 Abs. 1 StrEG wird der Beschuldigte einmal für den **Vermögensschaden** (mindestens 25 Euro), der durch die Strafverfolgungsmaßnahme verursacht wurde, entschädigt. Das ist bspw. der **Verdienstausfall** oder der **Schaden wegen des Arbeitsplatzverlustes infolge der Inhaftierung**; auch kann dazu der **Ersatz für die verauslagten Verteidigungskosten** geltend gemacht werden.[2]
Im Falle der Freiheitsentziehung beträgt die **Entschädigung 11 Euro für jeden angefangenen Tag des Freiheitsentzuges** (§ 7 Abs. 3 StrEG).

D. Zuständigkeit und Verfahren

Die Entscheidung über die Entschädigung trifft das Gericht in dem Urteil oder in dem Beschluss, der das Strafverfahren abschließt. Hat die Staatsanwaltschaft das Verfahren eingestellt, ist das Amtsgericht am Sitz der Staatsanwaltschaft zuständig (§ 9 Abs. 1 StrEG). Im letzteren Fall muss der Beschuldigte innerhalb einer Frist von einem Monat nach Zustellung der Einstellungsmitteilung einen Antrag auf Entschädigung stellen. Wenn das Gericht die Entschädigungspflicht rechtskräftig festgestellt hat, muss der Beschuldigte bei der Staatsanwaltschaft den Entschädigungsanspruch im Einzelnen geltend machen und beziffern. Dies muss innerhalb einer Frist von sechs Monaten nach Belehrung durch die Staatsanwaltschaft geschehen (§ 10 Abs. 1 StrEG).

1 vgl. Meyer-Goßner Anhang StrEG § 5 Rdnr. 9 ff.
2 vgl. Meyer-Goßner Anhang StrEG § 7 Rdnr. 3 ff.

Teil 3: Maßnahmen und Verfahren nach der Verurteilung

10. Kapitel: Strafvollstreckung

Grundlegende Literatur: Wagner: Strafvollstreckung, München 1997.

Wenn das sog. Erkenntnisverfahren mit dem Urteil abgeschlossen ist, muss in Fortsetzung des Verfahrens **die im Urteil ausgesprochene Sanktion realisiert** werden: die Geldstrafe muss evtl. zwangsweise eingetrieben, die verhängte Freiheitsstrafe muss in einem Gefängnis verbüßt und die Unterbringung in einem psychiatrischen Krankenhaus in die Wege geleitet werden. Dieser Abschnitt des Verfahrens heißt Strafvollstreckung und ist nur zum Teil in der StPO (§§ 449 ff.) geregelt. Der Vollzug der Freiheitsstrafe sowie der freiheitsentziehenden Maßregeln der Sicherung und Besserung ist bundeseinheitlich in einem eigenen Gesetz, dem **Strafvollzugsgesetz**, Einzelheiten der Unterbringung in einem psychiatrischen Krankenhaus oder in einer Entziehungsanstalt in **speziellen Landesgesetzen**, den sog. **Maßregelvollzugsgesetzen** geregelt.
Da bereits oben die Vollstreckung einer Geldstrafe erläutert wurde (7. Kap. B. II. 3. und 4.), konzentriert sich die Darstellung der Strafvollstreckung wesentlich auf die freiheitsentziehenden Sanktionen.

A. Rechtskraft des Urteils als Voraussetzung der Strafvollstreckung

Die Vollstreckung von Strafurteilen ist erst dann zulässig, wenn diese rechtskräftig geworden sind (§ 449 StPO). Die Rechtskraft tritt ein, wenn die gerichtliche Entscheidung von keinem der rechtsmittelberechtigten Verfahrensbeteiligten mit einem ordentlichen, d. h. in der StPO vorgesehenen Rechtsmittel mehr angefochten werden kann, also **unveränderbar** ist (**formelle Rechtskraft**).[1] Das ist dann der Fall, wenn

- die **Rechtsmittelfrist abgelaufen** ist, ohne dass ein Rechtsbehelf eingelegt wurde,
- **auf die Einlegung von Rechtsmitteln wirksam verzichtet** wurde oder
- das **Rechtsmittel in letzter Instanz verworfen** wurde.

Für den Verurteilten und alle anderen Verfahrensbeteiligten entfaltet die Rechtskraft die Sicherheit, dass mit dem Urteil das Strafverfahren endgültig abgeschlossen ist und die **Strafklage ein für allemal verbraucht** ist. Art. 103 Abs. 3 GG verbietet es, dass gegen denselben Täter wegen derselben Tat erneut eine Strafverfolgung eingeleitet wird (**materielle Rechtskraft**). Das daraus abzuleitende Verbot der Doppelbestra-

1 Meyer-Goßner Einl. Rdnr. 164

fung gilt nur auf einzelstaatlicher Ebene. Eine Ausnahme davon sieht Art. 54 des Schengener Durchführungsabkommens für die Benelux-Staaten, die Bundesrepublik sowie Frankreich vor.[2] Wird z. B. ein deutscher Staatsangehöriger wegen eines Drogendeliktes in Frankreich bestraft, kann er nicht mehr in Deutschland wegen dieser Tat belangt werden.

B. Staatsanwaltschaft als Strafvollstreckungsbehörde

Zuständig für das gesamte Strafvollstreckungsverfahren ist die Staatsanwaltschaft (§ 451 StPO). Sie hat die Aufgabe, Geldstrafen einzutreiben oder die Vollstreckung der freiheitsentziehenden Sanktionen anzuordnen. Einzelheiten ihrer Tätigkeit als Strafvollstreckungsbehörde sind allgemein in der **Strafvollstreckungsordnung** (hinsichtlich von Geldstrafen in der **Justizbeitreibungsordnung**) bestimmt, also in Verwaltungsvorschriften, die zwar die an der Strafvollstreckung beteiligten Behörden und ihre Mitarbeiter, nicht jedoch die Gerichte binden.[3]

C. Besonderheiten bei Vollstreckung der Freiheitsstrafe

I. Anrechnung

Bei der Berechnung der Dauer einer Freiheitsstrafe (oder auch der Anzahl der bei einer Geldstrafe festgesetzten Tagessätze) ist bereits nach § 51 Abs. 1 StGB die **Untersuchungshaft** oder eine andere **Freiheitsentziehung** anzurechnen. Dies gilt grundsätzlich von Gesetzes wegen, ohne dass es einer richterlichen Entscheidung bedarf. Das urteilende Gericht kann nur in seltenen Ausnahmefällen, z. B. bei bösartiger Prozessverschleppung anordnen, dass die Anrechnung ganz oder zum Teil unterbleibt (§ 51 Abs. 1 S. 2 StGB).[4] Auch die **im Ausland verbüßte Untersuchungs-** (§ 51 Abs. 3 S. 2 StGB) oder **Auslieferungshaft** (§ 450 a StPO) wird auf die in Deutschland zu vollstreckende Freiheitsstrafe angerechnet. Das Gleiche gilt ebenso für die im Ausland verhängte und verbüßte Freiheitsstrafe, wenn der Verurteilte wegen derselben Tat von einem deutschen Gericht noch einmal verurteilt wird (§ 51 Abs. 3 S. 1 StGB). In den genannten Fällen muss das Gericht in jedem einzelnen Fall nach seinem Ermessen entscheiden, in welchem Maßstab die im Ausland verbüßte Strafe angerechnet wird (§ 51 Abs. 4 S. 2 StGB). Dies geschieht, weil die Haftbedingungen mancher ausländischer Gefängnisse mit denen von deutschen Vollzugsanstalten nicht vergleichbar sind.[5] So hat z. B. das OLG Celle für die Haft in Griechenland einen Anrechnungsmaßstab von 1 : 1,5 angelegt.[6]

---

2 BGBl. 1993 II S. 1010

3 BVerfG Bd. 29, S. 315

4 so LG Freiburg StV 82, S. 338

5 vgl. Tröndle/Fischer § 51 Rdnr. 18

6 NStZ 1998, S. 138

II. Nachträgliche Entscheidungen bei Strafaussetzung zur Bewährung und Verwarnung mit Strafvorbehalt

Wie bereits oben (7. Kap. B. I. 3. und C.) dargestellt wurde, liegt der Strafaussetzung zur Bewährung sowie der Verwarnung mit Strafvorbehalt die Erwartung zugrunde, dass der Verurteilte während der Bewährungszeit seine Fähigkeit und seine Bereitschaft unter Beweis stellt, ein Leben ohne Straftaten zu führen. Um ihm dabei **zu helfen** und ihn **in seiner Lebensführung zu kontrollieren**, kann das Gericht Weisungen erteilen und **Bewährungshilfe** anordnen. Es ist nach § 453 b StPO die Aufgabe des Gerichts zu überwachen, inwieweit der Verurteilte die gerichtlichen Bewährungsanordnungen beachtet. In dieser Kontrollaufgabe wird das Gericht, wenn Bewährungshilfe angeordnet wurde, von dem bestellten Bewährungshelfer unterstützt (§ 56 d Abs. 3 StGB).

Während bzw. nach Ablauf der Bewährungszeit muss das Gericht entscheiden, ob die **Strafaussetzung widerrufen** (§ 56 f StGB) oder die Strafe erlassen wird (§ 56 g StGB). Möglich ist auch, in der Bewährungszeit **Auflagen, Weisungen oder die Bewährungs- und Unterstellungszeit abzuändern** (§§ 56 e, 56 f Abs. 2 StGB). Diese nachträglichen Entscheidungen trifft das Gericht ohne mündliche Verhandlung durch Beschluss (§ 453 Abs. 1 StPO), nachdem es die Staatsanwaltschaft und den Verurteilten zuvor angehört hat, d. h. ihnen Gelegenheit zur – in der Regel schriftlichen – Stellungnahme gegeben hat.

Muss das Gericht, nachdem bspw. die Staatsanwaltschaft einen entsprechenden Antrag gestellt hat, über den **Bewährungswiderruf** entscheiden, so ist es regelmäßig verpflichtet, dem Verurteilten **Gelegenheit zur mündlichen Anhörung** zu geben, damit dieser sich z. B. gegen unzutreffende Vorwürfe, er habe gröblich und beharrlich gegen Auflagen oder Weisungen verstoßen, zur Wehr setzen kann. Ist ein Bewährungshelfer bestellt worden, so muss dieser über die Erwägung des Gerichts, die Bewährung zu widerrufen oder die Strafe zu erlassen, unterrichtet werden, damit er seinerseits in der Lage ist, zu den Absichten und Überlegungen des Gerichts Stellung zu nehmen (§ 453 Abs. 1 S. 4 StPO). Aus dem gleichen Grund soll das Gericht den Bewährungshelfer auch über Erkenntnisse aus anderen Strafverfahren in Kenntnis setzen.

Liegen dem Gericht gesicherte Erkenntnisse über die Lebensführung des Verurteilten vor, wie z. B. erneute einschlägige Straftaten, die mit hoher Wahrscheinlichkeit den Widerruf der Strafaussetzung erwarten lassen, so kann das Gericht Maßnahmen treffen, die die Vollstreckung der Freiheitsstrafe sicherstellen. Dazu gehören die Anordnung von **Meldepflichten** oder, wenn Flucht, Fluchtgefahr oder die begründete Gefahr vorliegen, der Verurteilte werde erhebliche Straftaten begehen, notfalls auch der **Erlass eines sog. Sicherungshaftbefehls** (§ 453 c StPO).

III. Strafaufschub und -unterbrechung

Auch wenn das auf unbedingte Freiheitsstrafe lautende Urteil oder der Bewährungswiderruf rechtskräftig und die Strafvollstreckung eingeleitet ist, können **Gründe vorliegen, die den Vollzug der Freiheitsstrafe hindern**.

Allgemeine Voraussetzung für die Vollstreckung ist die **Vollzugstauglichkeit**. Wenn der Verurteilte der **Geisteskrankheit** verfällt oder an einer anderen Krankheit leidet,

die unter Haftbedingungen mit Wahrscheinlichkeit zu einer Lebensgefahr führen kann, muss auf Antrag oder auch von Amts wegen die Vollstreckung gem. § 455 Abs. 1 u. 2 StPO aufgeschoben werden.[7] Dies gilt auch für nicht **lebensgefährliche Krankheiten**, die bspw. im Vollzug nicht behandelt werden können (§ 455 Abs. 3 StPO). Bei **Suizidgefahr** wird in der Regel **kein Strafaufschub** gewährt, sondern es wird der Vollzugsanstalt zur Aufgabe gemacht, in der Anstalt **besondere Vorkehrungen zum Schutz des Gefangenen** zu treffen (§ 88 StVollzG).
Befindet sich der Verurteilte bereits im Strafvollzug und treten dann erst die genannten Krankheiten auf, so kann die Strafvollstreckungsbehörde **die Vollstreckung unterbrechen**, wenn nicht überwiegende Gründe bspw. der öffentlichen Sicherheit entgegenstehen (§ 455 Abs. 4 StPO). Neben krankheitsbedingten Gründen ist ein Strafaufschub – nicht jedoch eine Strafunterbrechung – nur in **besonderen sozialen Härtefällen** gem. § 456 StPO möglich.[8] Auf Antrag kann die Vollstreckungsbehörde einen **Strafaufschub für höchstens vier Monate** gewähren, sofern durch die Vollstreckung dem Verurteilten oder seiner Familie »erhebliche, außerhalb des Straf zwecks liegende Nachteile erwachsen«. Ein solcher Nachteil ist z. B. anzunehmen, wenn sich die Ehefrau des Verurteilten im Krankenhaus befindet und niemand die Kinder versorgen kann.[9]
Gegen die Entscheidungen der Strafvollstreckungsbehörden ist der **besondere Rechtsbehelf der Einwendung** zulässig, über die das Gericht des ersten Rechtszuges, also das in erster Instanz verurteilende Gericht, zu entscheiden hat (§ 458 Abs. 2 StPO).

IV. Aussetzung des Strafrestes zur Bewährung

Nach den §§ 57, 57 a StGB kann nach Vollstreckung eines Teils der verhängten Freiheitsstrafe der noch verbleibende Rest zur Bewährung ausgesetzt werden. Der Gefangene erhält damit eine **Chance, vorzeitig aus dem Strafvollzug entlassen** zu werden, selbst wenn er zu einer lebenslangen Freiheitsstrafe verurteilt wurde (s. oben 7. Kap. B. I. 4.). Das **Verfahren der Reststrafenaussetzung** ist in § 454 StPO geregelt.
Zuständig für diese Entscheidung ist die Strafvollstreckungskammer des LG, in dessen Bezirk sich die Vollzugsanstalt befindet, in der der Gefangene seine Freiheitsstrafe gerade verbüßt (§ 462 a Abs. 1 StPO).

Das Verfahren beginnt **auf Antrag** oder **von Amts wegen**, wenn demnächst
- 2/3 der zeitigen Freiheitsstrafe (§ 57 Abs. 1 StGB),
- 15 Jahre der lebenslangen Freiheitsstrafe (§ 57 a Abs. 1 StGB) oder
- die Hälfte der zwei Jahre nicht überschreitenden Freiheitsstrafe des Erstverbüßers (§ 57 Abs. 2 StGB) vollstreckt wurden.

Vor der gerichtlichen Entscheidung sind die Staatsanwaltschaft, der Gefangene und die Vollzugsanstalt zu hören; dabei ist die Anhörung des Verurteilten regelmäßig mündlich (§ 454 Abs. 1 StPO).

7 vgl. Gatzweiler, S. 283
8 so BGH Bd. 19, S. 150
9 vgl. weitere Beispiele in: Meyer-Goßner § 456 Rdnr. 3

Bei der **Entscheidung über die Reststrafenaussetzung**
- einer **lebenslangen Freiheitsstrafe** oder
- einer zeitigen **Freiheitsstrafe von mehr als zwei Jahren** wegen einer Straftat, die in § 66 Abs. 3 StGB aufgeführt ist (z. B. Sexualstraftaten), und Gründe der öffentlichen Sicherheit, die einer vorzeitigen Entlassung entgegenstehen könnten,

ist das Gericht verpflichtet, ein **Sachverständigengutachten** (Psychiater oder Psychologe) einzuholen, in dem zu der Frage Stellung genommen werden soll, ob **die in der Tat erkennbare Gefährlichkeit fortbesteht**. Der Sachverständige ist mündlich zu hören in einem Termin, zu dem auch die anderen Verfahrensbeteiligten zu laden sind (§ 454 Abs. 2 StPO). Das Erfordernis, auch bei bestimmten zeitigen Freiheitsstrafen die Entscheidung über die Reststrafenaussetzung von einem sog. **Prognosegutachten** abhängig zu machen, wurde durch das Gesetz zur Bekämpfung von Sexualdelikten und anderen gefährlichen Straftaten 1998 eingeführt, um das **Risiko eines Rückfalls** zumindest zu verringern. Dass dabei auch ein **vertretbares Restrisiko** eingegangen werden muss, kann wohl nicht in Frage gestellt werden.[10] Eine Entscheidung für eine Reststrafenaussetzung verlangt nicht **die Gewissheit künftiger Straffreiheit**; vielmehr genügt eine realistische Chance, dass der Gefangene sich in Freiheit bewährt.[11]

Gegen die Entscheidung der Strafvollstreckungskammer ist das Rechtsmittel der sofortigen Beschwerde zulässig, das binnen einer Woche nach Bekanntmachung eingelegt werden muss (§ 454 Abs. 3 i. V. m. § 311 StPO).

V. Vollstreckung mehrerer Freiheitsstrafen

Ist eine Person zu mehreren Freiheitsstrafen oder Ersatzfreiheitsstrafen verurteilt worden, die nicht zu einer Gesamtstrafe gem. § 54 StGB verbunden werden können, so sollen diese gem. § 454 b StPO unmittelbar nacheinander vollstreckt werden. In diesem Fall wird jedoch die Vollstreckung jeder Freiheitsstrafe durch die Vollstreckungsbehörde unterbrochen, wenn
- nach § 57 Abs. 2 StGB die Hälfte, mindestens jedoch sechs Monate,
- nach § 57 Abs. 1 StGB 2/3, mindestens jedoch zwei Monate oder
- nach § 57 a Abs. 1 StGB bei lebenslanger Freiheitsstrafe 15 Jahre

der Strafe verbüßt sind. Erst nach entsprechender Teilverbüßung der letzten Freiheitsstrafe trifft die Strafvollstreckungskammer die erforderlichen Entscheidungen über die Reststrafenaussetzung.

D. Aufgaben der Gerichtshilfe in der Strafvollstreckung

Gem. § 463 d StPO kann sowohl das Gericht als auch die Strafvollstreckungsbehörde die **Gerichtshilfe in Anspruch nehmen**, um Entscheidungen im Vollstreckungsverfahren nach den §§ 453 bis 461 StPO vorzubereiten.[12] Ausdrücklich weist die Vor-

10 so BVerfG NJW 1998, S. 2202; vgl. Schüler-Springorum 1998, S. 668
11 Tröndle/Fischer § 57 Rdnr. 6
12 vgl. 5. Kap. E. III. 3.

schrift daraufhin, dass die **Mitwirkung der Gerichtshilfe ganz besonders in Betracht zu ziehen** ist, wenn es um den **Bewährungswiderruf** geht.

Auch in diesem Zusammenhang soll die Justiz auf die besondere Kompetenz von Sozialarbeitern oder Sozialpädagoginnen zurückgreifen, damit die **sozialen und persönlichen Verhältnisse der Betroffenen fachlich ermittelt** und angemessen in dem Entscheidungsverfahren berücksichtigt werden können. Eine gewichtige Funktion kommt der Gerichtshilfe insbesondere dann zu, wenn es von **Prognoseentscheidungen** abhängt, ob eine Strafaussetzung zur Bewährung widerrufen werden soll. Über die reine Ermittlungstätigkeit hinaus gehört es zur fachlichen Aufgabe der sozialen Arbeit, mit der Vermittlung von Hilfsangeboten und – wenn möglich – auch mit eigener Betreuung aktiv daran mitzuwirken, freiheitsentziehende Maßnahmen zu vermeiden.[13]

13 vgl. Maelicke 2003, S. 140 ff.

11. Kapitel: Registrierung von Strafen und DNA-Identitätsfeststellung

Grundlegende Literatur: Colberg/Sonnen: Rechtsfolgen nach dem Registerrecht, in: Cornel u. a. (Hrsg.): Handbuch der Resozialisierung, 2. Aufl., Baden-Baden 2003, S. 333 ff.; Hase: Bundeszentralregistergesetz, Kommentar, München 2003.

A. Registrierung

Auch nach vollständiger Vollstreckung einer Strafe behält sich der Staat das Recht vor, **Daten über die Verurteilung, den Verurteilten und die Strafvollstreckung** aufzubewahren und bei berechtigtem Interesse diese Daten an einen begrenzten Kreis von zumeist staatlichen Stellen weiterzugeben.

Mit der **Datensammlung** wird bezweckt, Informationen über eine straffällig gewordene Person für einen bestimmten Zeitraum festzuhalten, von der möglicherweise eine weitere Gefahr für die **Sicherheit der Gesellschaft** ausgehen kann, um bei einer erneuten Sanktionierung die Vorstrafe berücksichtigen zu können.

Dass Informationen über frühere Straffälligkeit dem Betroffenen z. B. bei Bewerbungen um einen Arbeitsplatz schaden können, wird dabei in Kauf genommen. Die bereits mit der Bestrafung erfolgte **Stigmatisierung** verlängert sich damit weiter in die Zukunft und erschwert eine gelingende Resozialisierung.[1]

Zu Beginn des Jahres 2002 waren 6,3 Millionen Personen mit rund 15,3 Millionen Eintragungen gespeichert. Nach Schätzungen ist Ende 2002 die Zahl der Anfragen zur Erteilung eines Führungszeugnisses auf ca. vier Millionen und zur unbeschränkten Auskunft auf 5,5 Millionen angewachsen.[2]

Um einerseits dem **staatlichen und gesellschaftlichen Informationsinteresse** gerecht zu werden und andererseits die persönlichen und sozialen Beeinträchtigungen des Vorbestraften durch die Registrierung in Grenzen zu halten, sind die **Befugnisse zur Datensammlung und -verwertung gesetzlich genau bestimmt**. Die Grundlage dafür ist das **Bundeszentralregistergesetz** (BZRG).

Das Register wird vom Generalbundesanwalt geführt; die Registerbehörde hat ihren Sitz in Bonn (§§ 1, 2 BZRG).

I. Inhalt des Registers

In das Register werden gem. § 4 BZRG **alle rechtskräftigen Entscheidungen eines deutschen Gerichts** eingetragen; dazu zählen:

- die Strafen,
- die Maßregeln der Besserung und Sicherung,
- die Verwarnungen mit Strafvorbehalt und
- die Schuldfeststellungen nach § 27 JGG (vgl. 14. Kap. B. III. 3. f.).

1 vgl. Colberg/Sonnen 2003, S. 334

2 Colberg/Sonnen 2003, S. 335

Weiterhin werden auch gerichtliche und staatsanwaltliche Entscheidungen eingetragen, die wegen Schuldunfähigkeit nicht zu einer Verurteilung oder wegen mangelnder Gefährlichkeit nicht zu der Anordnung einer Maßregel geführt haben (§ 11 BZRG). Auch die nachträglichen gerichtlichen Entscheidungen wie Reststrafenaussetzung, Straferlass oder Bewährungswiderruf, Gnadenerweise und die Erledigung von Straf- oder Maßregelvollstreckungen sind Inhalt der Eintragungen (§§ 12, 14, 15 BZRG).

II. Auskunft aus dem Register

Das BZRG sieht zwei Arten der Auskunftserteilung vor:

- **Erteilung des Führungszeugnisses** an jede Person ab 14 Jahre oder Behörden und
- **unbeschränkte Auskunft an Gerichte und Behörden.**

1. Führungszeugnis

Auf Antrag wird jeder Person, die das 14. Lebensjahr vollendet hat, über den sie betreffenden Inhalt des Registers in einem sog. Führungszeugnis Auskunft erteilt. Dieser Antrag wird beim Meldeamt der Stadt oder des Kreises gestellt. Das Führungszeugnis kann unmittelbar an den Antragsteller oder auf seinen Wunsch an eine von ihm benannte Behörde übersendet werden (§ 30 BZRG). Auch können Behörden zur Erledigung ihrer hoheitlichen Aufgaben direkt ein Führungszeugnis anfordern.
Das Besondere an der Auskunft über das Führungszeugnis ist, dass **nicht alle Registereintragungen** mitgeteilt werden. Da bei Anstellungen insbesondere im öffentlichen Dienst der Bewerber in der Regel verpflichtet ist, ein Führungszeugnis beizubringen, sollen weniger gravierende Strafen nicht mitgeteilt werden, um die Chancen auf einen Arbeitsplatz nicht von vornherein zu vereiteln.

Nach § 32 Abs. 2 BZRG finden u. a. **folgende Registereintragungen keinen Eingang in das Führungszeugnis:**

- Verwarnung mit Strafvorbehalt (§ 59 StGB),
- Schuldspruch (§ 27 JGG),
- Verurteilungen zu Jugendstrafen von nicht mehr als zwei Jahren, die zur Bewährung ausgesetzt oder nach § 35 BtMG zurückgestellt sind,
- Verurteilungen zu Geldstrafen von nicht mehr als neunzig Tagessätzen oder zu Freiheitsstrafen von nicht mehr als drei Monaten und
- Verurteilungen zu Freiheitsstrafen von nicht mehr als zwei Jahren, deren Vollstreckung nach den §§ 35 und 36 BtMG zurückgestellt oder nach den §§ 56 und 57 StGB zur Bewährung ausgesetzt worden ist.

Die Eintragung der beiden zuletzt genannten Verurteilungen unterbleibt jedoch nur dann, wenn keine weitere Strafe eingetragen ist. Liegen den oben genannten Verurteilungen Sexualstraftaten zugrunde, so finden diese auf jeden Fall Eingang in das Führungszeugnis.

Demgegenüber werden in die **Registerauskunft für Behörden weitergehende Eintragungen** aufgenommen:

- Verurteilungen, durch die eine freiheitsentziehende Maßregel angeordnet worden ist,

- Verurteilungen zu jeder Geld- oder Freiheitsstrafe, denen Straftaten zugrunde liegen, die mit der Ausübung eines wirtschaftlichen Unternehmens zusammenhängen, wenn das Führungszeugnis für die Erteilung einer Gewerbeerlaubnis benötigt wird.

Außerdem werden Verurteilungen nach Ablauf bestimmter Fristen nicht mehr in das Führungszeugnis aufgenommen (§§ 33 ff. BZRG). Bei Verurteilungen zu geringen Strafen beträgt die Frist 3 Jahre; waren Gegenstand der Verurteilungen Sexualstraftaten, ist die Frist 10 Jahre, in den übrigen Fällen 5 Jahre (§ 34 BZRG).

2. Unbeschränkte Auskunft

Auskünfte über sämtliche Registereintragungen erhalten gem. § 41 BZRG
- Gerichte, Staatsanwaltschaften für Zwecke der Rechtspflege,
- Justizvollzugsbehörden für Zwecke des Strafvollzugs,
- oberste Bundes- und Landesbehörden,
- Kriminalpolizeidienststellen für Zwecke der Verhütung und Verfolgung von Straftaten,
- Einbürgerungs- und Ausländerbehörden.

Unbeschränkte Auskunft kann auch jede Person, die das 14. Lebensjahr vollendet hat, über sich selbst auf Antrag erhalten (§ 42 BZRG). Unzulässig ist – mit wenigen Ausnahmen – die Weiterleitung von Auskünften an untergeordnete Behörden, wenn sie Eintragungen betreffen, die nicht in das Führungszeugnis aufgenommen werden dürfen. Auch darf eine Auskunft, die an eine Behörde gerichtet ist, nur dem zuständigen Bediensteten zur Kenntnis gebracht werden (§ 44 BZRG).

III. Tilgung der Registereintragungen

Alle Eintragungen im Zentralregister werden **nach Ablauf einer bestimmten Frist** getilgt (§ 45 BZRG). Dies gilt nicht für Verurteilungen zu lebenslanger Freiheitsstrafe und für Anordnungen der Sicherungsverwahrung oder der Unterbringung in einem psychiatrischen Krankenhaus.

Die Länge der Tilgungsfrist ist **nach der Schwere der Verurteilungen gestaffelt** (§ 46 BZRG). Sie beträgt
- fünf Jahre bei Verurteilungen zu geringeren Strafen, die bspw. nicht in das Führungszeugnis eingetragen werden,
- zehn Jahre bei Freiheitsstrafen zwischen drei Monaten und einem Jahr, die zur Bewährung ausgesetzt sind,
- 20 Jahre bei Verurteilungen wegen Sexualstraftaten, die zu Freiheits- oder Jugendstrafen von mehr als einem Jahr geführt haben,
- 15 Jahre in allen übrigen Fällen.

Wenn sich mehrere Eintragungen im Register befinden, kann eine Eintragung erst dann getilgt werden, wenn für alle anderen die Tilgungsvoraussetzungen vorliegen.

Nach der Tilgung darf gem. § 51 BZRG die Tat und die Verurteilung dem Betroffenen im Rechtsverkehr nicht mehr vorgehalten werden und nicht zu seinem Nachteil verwertet werden.

IV. Grenzen von Offenbarungspflichten

Fragen nach Vorstrafen müssen nicht in jedem Fall wahrheitsgemäß beantwortet werden. So darf sich nach § 53 Abs. 1 BZRG ein Verurteilter als unbestraft bezeichnen, wenn die Verurteilung nicht in das Führungszeugnis aufzunehmen oder zu tilgen ist. Im Arbeitsrecht gilt der Grundsatz, dass man gegenüber dem Arbeitgeber nur solche Vorstrafen anzugeben hat, die unmittelbar etwas mit der beruflichen Tätigkeit zu tun haben. Ist man bspw. wegen eines Verkehrsdeliktes vorbestraft, weist diese Vorstrafe keinen Bezug zu der Arbeit in der Drogenberatung auf; die Frage nach Vorstrafen kann folglich in zulässiger Weise verneint werden.[3]

B. DNA-Identitätsfeststellung

Eine **andere Art der Registrierung** von Beschuldigten und verurteilten Straftätern findet mit Hilfe der **Gen-Datenbank beim Bundeskriminalamt** statt. Seit 1998 wird auf der Grundlage des **DNA-Identitätsfeststellungsgesetzes** eine »DNA-Kartei« geführt, die als stetig wachsende Sammlung des »**genetischen Fingerabdrucks**« von mittlerweile sehr großem kriminalistischem Interesse für die Aufklärung von künftigen Straftaten ist.[4] Zu Beginn des Jahres 2003 waren bereits 243.000 Datensätze erfasst, 211.000 davon auf bestimmte Personen bezogen. Die »Trefferquote« bei Abfragen liegt bei 19,3 Prozent.[5]

Die Technik der DNA-Analyse dient zur Identifizierung bzw. dem Ausschluss von Spurenverursachern. Zu ihrer Durchführung wird Körpermaterial (z. B. Blut, Haare, Speichel) beim Beschuldigten oder Verurteilten entnommen und molekulargenetisch untersucht. Das Ergebnis, ein aus der DNA (Träger des menschlichen Erbguts) generiertes Bandenmuster, ist wie der echte Fingerabdruck individual-spezifisch und ähnelt dem Barcode, der an Supermarkt-Kassen mit einem Scanner eingelesen werden kann.[6]

Trotz des **massiven Eingriffs in das informationelle Selbstbestimmungsrecht** (vgl. 20. Kap.) wird das Verfahren zur Feststellung der Identität und die Datensammlung **von der Rechtsprechung für zulässig** angesehen.[7]

Voraussetzung für die Zulässigkeit der Entnahme von Körperzellen und der anschließenden molekulargenetischen Untersuchung ist eine strikte Beachtung der gesetzlichen Vorgaben. Diese wurden zuletzt mit Gesetz vom Dezember 2003 geändert.[8]

3 vgl. Schaub, S. 153
4 BGBl. I 1998, S. 2646
5 Süddeutsche Zeitung v. 28. 1. 2003
6 Hohoff/Brinkmann 2003, S. 29
7 vgl. BVerfG NJW 2001, S. 879
8 BGBl I, S. 3007

I. Identitätsfeststellung bei Beschuldigten

Gegenüber dem Beschuldigten in einem laufenden Strafverfahren gilt § 81 g Abs. 1 StPO. Danach dürfen diesem zum Zwecke der Identitätsfeststellung sowie des Geschlechts in künftigen Strafverfahren Körperzellen entnommen und zur Feststellung des DNA-Identifizierungsmusters molekulargenetisch untersucht werden, wenn er

1. einer Straftat von erheblicher Bedeutung, insbesondere eines Verbrechens, einer gefährlichen Körperverletzung, eines Diebstahls in besonders schwerem Fall oder einer Erpressung verdächtig ist und wegen der Art oder Ausführung der Tat, der Persönlichkeit des Beschuldigten oder sonstiger Erkenntnisse Grund zu der Annahme besteht, dass gegen ihn künftig Strafverfahren wegen einer der genannten Straftaten zu führen sind oder
2. einer Straftat gegen die sexuelle Selbstbestimmung (§§ 174–184 f StGB) verdächtig ist.

II. Identitätsfeststellung bei verurteilten Personen

Gegenüber anderen bereits verurteilten Personen sind die gleichen Maßnahmen nach § 2 DNA-Identitätsfeststellunggesetz zulässig, wenn

1. der Betroffene wegen einer der unter I. genannten Straftaten (§ 81 g Abs. 1 StPO) rechtskräftig verurteilt worden ist oder nur wegen erwiesener oder nicht auszuschließender Schuldunfähigkeit, auf Geisteskrankheit beruhender Verhandlungsunfähigkeit oder fehlender oder nicht auszuschließender Verantwortlichkeit (§ 3 JGG) nicht verurteilt worden ist und
2. die entsprechende Eintragung im Bundeszentralregister oder Erziehungsregister noch nicht getilgt ist.

III. Gesetzliche Voraussetzungen

In den §§ 81 e Abs. 1 S. 3 und 81 g Abs. 2 S. 1 StPO wird ausdrücklich bestimmt, dass über die Feststellung der Abstammung und des Geschlechts des Betroffenen hinausgehende Untersuchungen unzulässig sind; nach den Untersuchungen sind die verwendeten Körperzellen unverzüglich zu vernichten (§ 81 g Abs. 2 S. 1 StPO).
In allen Fällen dürfen die **Untersuchungen nur durch den zuständigen Richter angeordnet** werden, der auch gleichzeitig einen Sachverständigen mit der Untersuchung beauftragt. Dem Richter obliegt neben der Entscheidung über die Erheblichkeit einer Straftat insbesondere die schwierige Aufgabe, eine auf tatsächlichen Erkenntnissen beruhende **Gefahrenprognose** abzugeben. Hierbei kommt es immer wieder vor, dass trotz einer Verurteilung zu einer Bewährungsstrafe eine negative Prognose durch den für die DNA-Identitätsfestellung zuständigen Richter gestellt wird, die für den Betroffenen paradox erscheinen muss. In diesen Fällen hat das BVerfG entschieden, dass zwar das auf einer günstigen Sozialprognose basierende Urteil keine Bindungswirkung entfaltet, jedoch für eine davon abweichende richterliche Negativprognose ein erhöhter Begründungsbedarf besteht.[9]

9 BVerfG StV 2003, S. 1; vgl. auch Neubacher/Walther 2001, S. 584 ff.

Zwar entfällt gegenüber Betroffenen, die wegen eines Sexualdeliktes gleich welcher Art verurteilt worden sind, die Prüfung der Erheblichkeit; aber auch nach Änderung des Sexualstrafrechts sind Untersuchungen und Speicherungen nach dem DNA-Identitätsfeststellungsgesetz **nur bei einer entsprechenden Negativprognose zulässig**.

12. Kapitel: Der Strafvollzug

Grundlegende Literatur: Kaiser/Schöch: Strafvollzug, 5. Aufl., Heidelberg 2003; Walter: Strafvollzug, 2. Aufl., Stuttgart 1999; Calliess/Müller-Dietz: Strafvollzugsgesetz – Kommentar, 9. Aufl., München 2002; Feest (Hrsg.): Kommentar zum Strafvollzugsgesetz, 4. Aufl., Neuwied 2000.

Das Thema »Strafvollzug« fordert immer wieder Streit über den Sinn oder Unsinn von Freiheitsentzug als Strafe heraus. Die Antworten auf die Frage, was mit dem Einsperren von Menschen in eine nach außen abgeschottete Anstaltswelt bezweckt werden soll, fallen je nach rechtspolitischem Standort der Diskursteilnehmer sehr unterschiedlich aus.

In einer historisch angelegten Untersuchung über die **Entstehung des Gefängniswesens im Europa des 18. und 19. Jahrhunderts** kommt der französische Soziologe **Michel Foucault** zu der Erkenntnis, dass das Gefängnis die Funktion hat, durch die **Technik der Überwachung und Disziplinierung von Menschen gesellschaftliche und staatliche Herrschaft zu sichern**. Durch die an den Körpern der Gefangenen vollzogene **Dressurarbeit** sollen – so Foucault – Einstellungen und Verhaltensweisen eingeübt werden, die die Grundlage für eine angepasste Existenz ist, die sich den Zwängen bürgerlich-kapitalistischer Ökonomie unterwirft.[1]

Während Foucault die Veränderung von Einstellung und Verhalten des Gefangenen als ein Instrument zur Herrschaftssicherung versteht, begreifen andere die Funktion der Gefängnisstrafe als **Besserung und Erziehung des Delinquenten**, um ihn zu befähigen, sich in die Gesellschaft wieder einzugliedern. Dieses Konzept basiert auf der **Theorie der Resozialisierung** des Einzelnen, der in seiner bisherigen Biographie Sozialisationsmängel aufweist, die zu kriminellem Handeln geführt haben. Resozialisieren zielt demnach darauf ab, die in der Gesellschaft anerkannten und geltenden Normen, Werte, Orientierungen und Handlungsmuster durch Behandlung oder Therapie zu erlernen.[2]

Die Kritiker dieser Konzeption werfen den Befürwortern des Resozialisierungsansatzes vor, dass die Vorstellung: »Erziehung zur Freiheit durch Freiheitsentzug« nicht nur widersprüchlich ist, sondern die an diesem Ziel orientierte Praxis geradezu das Gegenteil von dem bewirkt, was eigentlich angestrebt wird.[3]

Ernsthaft bestreiten lässt sich diese Kritik kaum: der, wenn auch zeitlich begrenzte Freiheitsentzug isoliert den Gefangenen, wichtige persönliche, berufliche sowie soziale Kontakte werden abgebrochen, familiäre, freundschaftliche und sexuelle Beziehungen häufig oder gänzlich beendet. Hinter den Anstaltsmauern herrscht unter den Gefangenen ein **Klima des Misstrauens und der Konkurrenz**; eigene Interessen werden zum Teil mit Drohung und Gewalt durchgesetzt. Gegenüber dem Anstaltsperso-

1 Foucault 1976; vgl. Walter 1999, S. 159 ff.
2 vgl. Walter 1999, S. 88 ff.
3 Feest/Lesting 2000, Vor § 2 Rdnr. 7 ff.

nal werden **Techniken der Anpassung** gelernt, die rigoros zum eigenen Vorteil eingesetzt werden und mit dem Lernziel des »mündigen Bürgers« nichts zu tun haben. Gleichzeitig trägt die perfekte Versorgung und Organisation der Anstalt dazu bei, sich in einer Haltung von Gleichgültigkeit oder Resignation die Probleme außerhalb der Gefängnismauern vom Hals zu halten, an denen der Gefangene zuvor in Freiheit gescheitert ist. Schließlich sieht er sich nach seiner Entlassung mit einer Wirklichkeit konfrontiert, die für ihn neben den alten Schwierigkeiten neue bereithält, wie z. B. **Schuldenberge, Süchte und nicht zuletzt das Stigma des »Verbrechers«** und »Knackis«, das den Zugang zu den sozialen und ökonomischen Ressourcen häufig versperrt und eine Rückkehr in die Gesellschaft mit kaum zu überwindenden Hindernissen versieht. Der Bremer Kriminologe Karl F. Schumann beschreibt die Auswirkungen der auf Resozialisierung orientierten Freiheitsstrafe folgendermaßen:

> »Die Gefangenen werden zu gut funktionierenden Insassen, verlieren aber für die Gesellschaft an Lebenstüchtigkeit, Autonomie geht verloren, Selbstbewusstsein sinkt, Selbstmitleid steigt, Interesse an der eigenen Person wächst, das Denken kreist mehr und mehr um das Gefängnisleben, die Subkultur der Mitinsassen dient der Orientierung. Später fühlt sich der Entlassene als Außenseiter«.[4]

Das Wissen um die Schäden, die der Vollzug der Freiheitsstrafe in der **totalen Institution des Gefängnisses** gegenüber Menschen anrichtet, hat u. a. zu dem Postulat geführt, dass **Freiheitsstrafe nur als ultima ratio** verhängt werden darf.
Zum Stichtag 31. März 2003 befanden sich insgesamt 62.594 Strafgefangene (einschließlich Sicherungsverwahrte) in deutschen Gefängnissen. Dies entspricht einer Gefangenenrate von 98,9 Gefangene (pro 100.000 Einwohner). Damit liegt die Bundesrepublik im europäischen Mittelfeld. Demgegenüber nehmen die USA den absoluten Spitzenplatz weltweit ein: Zu Beginn des Jahres 2000 waren 725 (!) Personen – bezogen auf 100.000 Einwohner – in amerikanischen Gefängnissen.[5] Ganz anders verlaufen die kriminalpolitischen Wege in Skandinavien, insbesondere in Finnland, das seine Gefängnispopulation seit Beginn der achtziger Jahre halbiert hat und 2001 mit 55 Gefangenen pro 100.000 der Wohnbevölkerung eine der niedrigsten Gefangenenraten vorzuweisen hat.[6]
Die **gesetzliche Grundlage des Strafvollzuges** ist das 1977 in Kraft getretene **Strafvollzugsgesetz** (StVollzG). Es regelt, wie es in § 1 heißt, den Vollzug der Freiheitsstrafe in Justizvollzugsanstalten und der freiheitsentziehenden Maßregeln der Besserung und Sicherung.

4 Schumann 1988, S. 20
5 ZfStrVo 2/2000, S. 119
6 Dünkel/Geng 2003, S. 149

A. Vollzugsziele

Trotz aller Kritik knüpft das StVollzG am **Leitgedanken der Resozialisierung** an. Demgemäß bestimmt § 2 das Vollzugsziel so:

> »Im Vollzug der Freiheitsstrafe soll der Gefangene fähig werden, künftig in sozialer Verantwortung ein Leben ohne Straftaten zu führen«.

Also nicht die Besserung oder die Erziehung zu einem »anständigen« Bürger ist das Ziel des Strafvollzuges sondern **die Verhinderung weiterer Straftaten.**[7] Auch hat sich der Gesetzgeber unmissverständlich gegen weitere **Vollzugsziele wie Sühne und Abschreckung entschieden.**[8]

Wenn in § 2 S. 2 der **Schutz der Allgemeinheit** hervorgehoben wird, so wird damit eine **Aufgabe des Vollzuges** bestimmt; ein **Vollzugsziel ist dies jedoch nicht.**[9]

Wie das Vollzugsziel erreicht werden soll, wird – mehr programmatisch – in den in den §§ 3 und 4 StVollzG niedergelegten Grundsätzen vorgegeben. Danach soll der Vollzug den **allgemeinen Lebensverhältnissen soweit als möglich angeglichen** und den **schädlichen Folgen des Freiheitsentzuges entgegengewirkt** werden.

Von dem Gefangenen wird die Bereitschaft erwartet, sich aktiv an seiner Behandlung zu beteiligen, da gegen den Willen des Inhaftierten die Förderung von sozialer Verantwortung nicht durchgesetzt werden kann. Behandlung wird in diesem Zusammenhang als **individuelle Interaktion** verstanden, die auf einen Lernprozess abzielt, in dem die Geltung der zentralen Normen der Gesellschaft verfestigt und gestärkt werden soll.[10]

Diesen recht wohlklingenden Prinzipien eines humanen und offenen Vollzuges sind Grenzen gesetzt. Für den Gefangenen sieht zum einen das StVollzG selbst Beschränkungen seiner Freiheit vor. Darüber hinaus hat er weitere Beschränkungen dann hinzunehmen, wenn sie zur »**Aufrechterhaltung der Sicherheit oder zur Abwendung einer schwerwiegenden Störung der Ordnung der Anstalt unerlässlich sind**« (§ 4 Abs. 2 S. 2 StVollzG).

Nicht selten kommt es in der Praxis zu **Zielkonflikten,** die eher unter dem faktischen Primat von Sicherheit und Ordnung der Anstalt gelöst werden und Prozesse der Deprivation, d. h. der Entpersönlichung, bei dem einzelnen Gefangenen verstärken. Auch Tendenzen der sog. **Prisonisierung**, d. h. der Anpassung an subkulturelle Insassengemeinschaften mit ihren eigenen Norm- und Wertevorstellungen, sind die Folge eines vornehmlich auf Sicherheit und Ordnung fixierten Vollzuges.[11] § 3 Abs. 2 StVollzG macht es ausdrücklich zur Aufgabe des Vollzuges, diesen schädlichen Auswirkungen des Gefängnislebens entgegenzuwirken.

---

7 Kaiser/Schöch 2003, S. 117 unter Bezugnahme auf BVerfG Bd. 22, S. 218 ff.

8 Calliess/Müller-Dietz § 2 Rdnr. 4

9 so Calliess/Müller-Dietz § 2 Rdnr. 5

10 Calliess/Müller-Dietz § 2 Rdnr. 31 ff.

11 vgl. dazu Kaiser/Schöch 2003, S. 324 ff.

B. Vollzugsorganisation

I. Einrichtung der Justizvollzugsanstalten (JVA)

Die Freiheitsstrafe wird ebenso wie die Maßregel der Sicherungsverwahrung in Justizvollzugsanstalten vollzogen, die in die Justizverwaltung der Bundesländer eingegliedert sind (§ 139 StVollzG). Dabei sieht das Gesetz vor, dass der Vollzug der Freiheitsstrafe und der Vollzug der Sicherungsverwahrung regelmäßig **in getrennten Anstalten**, zumindest in voneinander getrennten Abteilungen einer Anstalt erfolgen muss. Das Gleiche gilt für die Unterbringung von Frauen und Männern (§ 140 StVollzG). Eine **wichtige Differenzierung** der Anstaltsorganisation sieht § 141 StVollzG vor:

- **Geschlossener Vollzug** und
- **Offener Vollzug.**

Im geschlossenen Vollzug steht die **sichere Unterbringung** der Gefangenen im Vordergrund, bei denen ihre Gefährlichkeit oder Fluchtgefahr besondere Sicherungsvorkehrungen erfordern. Die Verwaltungsvorschriften zu § 141 StVollzG verlangen insbesondere eine ständige und unmittelbare Beaufsichtigung der Gefangenen außerhalb ihrer Hafträume.

Demgegenüber können im **offenen Vollzug** solche baulichen oder technischen Sicherungsmaßnahmen, ebenso wie die Aufsicht entfallen. Offene Türen sollen die freie Bewegung der Insassen innerhalb der Anstalt und – mit Einschränkungen – auch außerhalb der Anstalt ermöglichen, um insbesondere besser auf die Entlassung vorzubereiten.

Größe und Gestaltung sowohl der Anstalten selbst als auch der Hafträume sind **an der Behandlungsaufgabe auszurichten** (§§ 143–146 StVollzG). So fordert das Gesetz die Einrichtung von überschaubaren Betreuungs- und Behandlungsgruppen. Auch sollen die Anstalten mit der Wirtschaft und dem Arbeitsamt zum Zwecke der Berufsförderung zusammenarbeiten und Arbeitsbetriebe sowie Einrichtungen zur beruflichen Bildung innerhalb der Gefängnisse geschaffen werden (§§ 148,149 StVollzG).

Exkurs: Elektronisch überwachter Hausarrest

Im Juni 1999 hat die Justizministerkonferenz beschlossen, im Jahre 2000 zwei Modellversuche mit elektronischem Hausarrest in Mannheim und Hamburg zu beginnen. In Mannheim nehmen an dem **Modellversuch zu Geldstrafe Verurteilte** teil, die die Strafe nicht zahlen können und deswegen eine **Ersatzfreiheitsstrafe** verbüßen müssten. In Hamburg sind darüber hinaus auch Personen einbezogen, die zu einer **Freiheitsstrafe von weniger als sechs Monaten** verurteilt worden sind, sowie sog. **Langzeitverbüßende während der letzten sechs Monate ihrer Haftzeit.**[12] Im Rahmen eines Pilotprojekts setzt seit Mai 2000 Hessen den **elektronisch überwachten Hausarrest als Bewährungsauflage** ein. Der Modellversuch richtet sich vor allem an Verurteilte, die bereits gegen Bewährungsauflagen verstoßen haben und die noch einmal eine »letzte Chance« erhalten sollen.[13] Nach Beendigung des Modellversuchs zu

12 Aktuelle Information, ZtStrVo 1999, S. 232

13 Albrecht/Arnold/Schädler 2000, S. 466 ff.

Beginn des Jahres 2002 soll der Einsatz der elektronischen Fußfessel schrittweise bis 2004 in ganz Hessen eingeführt werden.[14]
Weitere Anwendungsmöglichkeiten werden im Hinblick auf bereits bestehende Erfahrungen im Ausland, vor allem in den USA, England, Schweden und den Niederlanden diskutiert; dazu gehört insbesondere der elektronisch überwachte **Hausarrest zur Vermeidung von U-Haft**.
Der elektronisch überwachte Hausarrest ist eine **justiziell angeordnete Freiheitsbeschränkung**, die den Betroffenen auferlegt, ihre Wohnräume nur zu bestimmten Zeiten zu verlassen. Überwiegend ist das sog. **Aktivsystem** im Einsatz. Dabei tragen die Überwachten am Fußgelenk einen regulär nicht abtrennbaren Sender, der regelmäßig ein Signal an einen Empfänger abgibt, der mit dem Telefon in der Wohnung des Betroffenen gekoppelt ist. Über die Telefonleitung besteht eine Verbindung mit einem Computer in der Aufsichtsstelle. Sobald sich der Arrestierte aus dem Empfangsbereich (ca. 30–60 m vom Telefon) entfernt, wird das Übertragungssignal unterbrochen. Diese Unterbrechung wird im Computer gespeichert, so dass permanent überprüft werden kann, ob sich der Überwachte innerhalb der vorher bestimmten Zeiten (wie Arbeitszeiten oder Arztbesuche) erlaubterweise aus der Wohnung entfernt hat.[15]
Im Vordergrund der Diskussion über die Einführung des elektronisch überwachten Hausarrestes steht der **Kostenaspekt**. Man erwartet eine **kostengünstigere Alternative zum Strafvollzug**, der mit ständig steigender Überbelegung bereits an die Grenzen seiner Kapazitäten gestoßen ist (vgl. 12. Kap. E.). Außerdem trägt – so die Befürworter – die elektronische Überwachung dazu bei, Haft und die damit verbundenen Schäden für die Gefangenen zu vermeiden.[16]
Demgegenüber ist aber zu befürchten, dass mit der Etablierung des elektronisch überwachten Hausarrestes eine **Ausweitung von sozialer Kontrolle** erfolgt. Verfügt die Justizverwaltung einmal über solcherlei »Haftreserven«, besteht die Gefahr, dass die Strafjustiz diese neuen Gelegenheiten nutzt und es zu einer verstärkten Anwendung freiheitsentziehender Sanktionen kommt.[17] Außerdem verleitet die technische Weiterentwicklung elektronischer Kontrollsysteme zu immer sublimeren und umfassenderen Überwachungsmöglichkeiten, die dem neuen Sicherheitsdenken in gefährlicher Weise entgegenkommen. Diese Gefahr besteht umso mehr, als die **privatwirtschaftliche Sicherheitsindustrie** hier nicht nur einen neuen lukrativen Absatzmarkt zu bedienen weiß, sondern auch mit dem Argument der Schaffung neuer Arbeitsplätze verstärkt auf kriminalpolitische Entwicklungen Einfluss zu nehmen vermag.[18]

14 Presseinformation des hess. Justizministeriums, in: ZfStrVo 1/2003, S. 52
15 Lindenberg 1999, S. 12
16 Albrecht/Arnold/Schädler 2000, S. 468 f.; vgl. Walter 1999, S. 287 ff.
17 so Walter 1999, S. 292; vgl. auch Kawamura/Reindl 1999
18 vgl. Christie 1995 zu der verhängnisvollen Entwicklung in den USA

II. Innerer Aufbau und Personal der JVA

In wenigen Rahmenbestimmungen werden die **personelle Ausstattung, die Leitung sowie die Zusammenarbeit der Bediensteten** geregelt. Zunächst schreibt das Gesetz vor, dass die Aufgaben der Anstalt in der Regel nur von Vollzugsbeamten wahrgenommen werden dürfen und entsprechend ihrer Aufgaben die erforderliche Anzahl von Bediensteten besonders folgender Berufsgruppen vorgesehen ist (§ 155 Abs. 2 StVollzG):

- Anstaltsleitung,
- Verwaltungsdienst,
- Allgemeiner Vollzugsdienst,
- Werkdienst,
- Ärzte,
- Psychologen,
- Pädagogen,
- Seelsorger,
- Sozialarbeiter.

Alle im Vollzug Tätigen sind gem. § 154 StVollzG **zur Zusammenarbeit und zur gemeinsamen Erfüllung der Vollzugsaufgaben verpflichtet**. Mit den Bediensteten, die maßgeblich an der Behandlung beteiligt sind, führt der Anstaltsleiter Konferenzen durch, um wichtige Vollzugsentscheidungen, wie z. B. die Aufstellung und Überprüfung des Vollzugsplans, zu treffen (§ 159 StVollzG). Den Gefangenen sollen außerdem **Möglichkeiten der Mitwirkung** gewährt werden.

III. Anstaltsbeiräte

Als Brücke zwischen der Gesellschaft und den Anstalten sollen sog. Anstaltsbeiräte wirken, die sich aus engagierten und einflussreichen Bürger zusammensetzen und die die Aufgabe haben, bei der **Vollzugsgestaltung und der Gefangenenbetreuung mitzuwirken** (§§ 162–165 StVollzG). Sie sind befugt, Beschwerden entgegenzunehmen, sich über Einzelheiten des Vollzugs zu informieren, die Anstalt zu besichtigen sowie die Gefangenen in ihren Zellen zu besuchen; dabei darf eine Überwachung oder Kontrolle nicht stattfinden (§ 164 StVollzG).

IV. Aufsicht über die JVA

Die JVAen unterliegen der **Rechts- und Fachaufsicht der Landesjustizverwaltung** (§ 151 StVollzG), an ihrer Spitze das jeweilige Justizministerium. In manchen Bundesländern wie z. B. in NRW sind – wie es das Gesetz zulässt – die Aufsichtsbefugnisse auf sog. **Justizvollzugsämter** übertragen worden. In einem von der Aufsichtsbehörde erstellten Vollstreckungsplan werden die örtliche und sachliche Zuständigkeit der JVA sowie Einzelheiten des Einweisungs- und Verlegungsverfahrens bestimmt.

C. Rechtsstellung des Gefangenen

Es ist allgemein anerkannt, dass die Rechtsstellung des Gefangenen nur insoweit Einschränkungen unterliegt, wie sie im StVollzG vorgesehen sind (so § 4 Abs. 2 StVollzG). Bei der Bestimmung der Rechte und Pflichten des Gefangenen sind neben dem **Rechtsstaatsgebot** sowie dem **Sozialstaatsprinzip** insbesondere die **Grund- und Menschenrechte** zu beachten. Zwei Beispiele mögen verdeutlichen, wie die Rechtsprechung zum einen den Menschenrechten und zum anderen dem Sozialstaatsprinzip Geltung im Leben eines Gefangenen verschafft hat.

Als Verletzung der Menschenwürde (Art. 1 GG) sehen Gerichte die Unterbringung von drei Gefangenen in einer Einpersonenzelle mit einer Toilette ohne Schamwand, in einem Haftraum mit einer Grundfläche von 11,54 qm oder die Belegung einer Einzelzelle mit einer Grundfläche von 7,98 qm mit zwei Gefangenen.[19]

Das BVerfG hat in einem wichtigen Urteil die bisherige Entlohnung der Gefangenen als unzureichend und damit rechtswidrig qualifiziert:

> »Arbeit im Strafvollzug, die dem Gefangenen als Pflichtarbeit zugewiesen wird, ist nur dann ein wirksames Resozialisierungsmittel, wenn die geleistete Arbeit angemessene Anerkennung findet. (...) Ein gesetzliches Konzept der Resozialisierung durch Pflichtarbeit, die nur oder hauptsächlich finanziell entgolten wird, kann zur verfassungsrechtlich gebotenen Resozialisierung nur beitragen, wenn dem Gefangenen durch die Höhe des ihm zukommenden Entgelts in einem Mindestmaß bewusst gemacht werden kann, dass Erwerbsarbeit zur Herstellung der Lebensgrundlage sinnvoll ist«.[20]

Der Gesetzgeber hat nunmehr durch die Neuregelung von § 43 StVollzG die Entlohnung der Gefangenen verbessert. Danach hat der Gefangene einen Anspruch auf Arbeitsentgelt, dessen Berechnung 9 Prozent der Bezugsgröße nach § 18 SGB IV (Eckvergütung) zugrunde zu legen sind. Für das Jahr 2002 betrug der Ecklohn ohne Zulagen 242,70 Euro monatlich. Diese sehr geringe und kaum zumutbare Entlohnung wird durch den Anspruch auf Arbeitsfreistellung – entweder durch Hafturlaub oder durch Haftverkürzung – kompensiert.[21]

Neben den **Grundrechten als Abwehrrechte gegen übermäßige Freiheitseinschränkungen** haben auch die aus dem Sozialstaatsgebot hergeleiteten **Mitwirkungs- und Leistungsansprüche** eine nicht weniger große Relevanz für die Realisierung des Vollzugsziels erlangt.[22]

I. Rechte und Pflichten des Gefangenen

Die konkrete rechtliche Ausgestaltung der Stellung des Gefangenen im Vollzug ist in einer Vielzahl von Vorschriften des StVollzG geregelt und umfasst folgende Bereiche:

- die räumliche Unterbringung während der Arbeit sowie der Ruhe- und Freizeit (§§ 17, 18),
- die Ausstattung des Haftraumes (§ 19),

19 Kaiser/Schöch 2003, S. 165 mit weiteren Nachweisen und Beispielen
20 aus den Leitsätzen BVerfG StV 1998, S. 438
21 vgl. BVerfG NStZ 2003, S. 109 und Anm. von Lohmann
22 Walter 1999, S. 339 ff.

- die Kleidung (§ 20),
- die Anstaltsverpflegung sowie den Einkauf (§§ 21, 22),
- das Besuchsrecht (§§ 23–27),
- das Recht auf Schriftwechsel (§§ 28–31),
- die Gestattung von Ferngesprächen (§ 32),
- den Empfang von Paketen (§ 33),
- die Gewährung von Urlaub und Ausgang aus wichtigem Anlass sowie der Ausführung (§§ 35, 36),
- die Arbeitspflicht, Ausbildung und Weiterbildung (§§ 37–52),
- die Religionsausübung (§§ 53–55),
- die Gesundheitsfürsorge (§§ 56–66),
- die Freizeit, den Bezug von Presseerzeugnissen und der Empfang von Rundfunk und Fernsehen (§§ 67–70),
- die Leistungen bei Schwanger- und Mutterschaft (§§ 76–80),
- die Gewährleistung von Sicherheit und Ordnung (§§ 81–93),
- die Anwendung von unmittelbarem Zwang (§§ 94–101),
- die Verhängung von Disziplinarmaßnahmen (§§ 102–107).

In der Vollzugspraxis sorgen die bundeseinheitlich geltenden **Verwaltungsvorschriften zum StVollzG (VVStVollzG)** für eine gewisse Konkretisierung und Gleichheit bei der Anwendung der aufgeführten Normen. Diese Verwaltungsvorschriften binden allerdings nur die Vollzugsbehörden und ihre Bediensteten, nicht jedoch die Gerichte.

II. Vollzugsplanung

Der Vollzug der Freiheitsstrafe beginnt mit dem **Aufnahmeverfahren**, das im Gesetz selbst keine weitere Regelung erfahren hat. § 5 StVollzG bestimmt lediglich, dass der Gefangene über seine Rechte und Pflichten zu belehren ist, dass eine alsbaldige ärztliche Untersuchung stattzufinden hat und dass er schließlich dem Anstaltsleiter vorgestellt werden soll.

In einem zweiten Schritt findet im Anschluss an das Aufnahmeverfahren die sog. **Behandlungsuntersuchung** statt, die in einer eigens dafür vorgesehenen **Einweisungsanstalt** durchgeführt werden kann. Dies betrifft im Wesentlichen alle Gefangene, die nicht eine nur kurzfristige Freiheitsstrafe zu verbüßen haben (§ 6 Abs. 1 StVollzG). Ziel der Untersuchung ist es, ein möglichst **effektives Behandlungs- und Resozialisierungsprogramm** für den einzelnen Gefangenen unter Berücksichtigung seiner Persönlichkeit und seiner Lebensverhältnisse zu erstellen.[23] Der Gefangene soll **aktiv an der Planung seiner Behandlung beteiligt** werden; ihm wird deswegen das Recht eingeräumt, über die Planung informiert zu werden und an der Erörterung der Vollzugsplanung teilzunehmen (§ 6 StVollzG).

23 Feest/Joester 2000 § 6 Rdnr. 4 ff.

Die Behandlungsuntersuchung schließt mit der **Erstellung des Vollzugsplans** ab (§ 7 StVollzG), in dem zumindest folgende Angaben enthalten sein sollen:

- die Unterbringung im geschlossenen oder offenen Vollzug,
- die Verlegung in eine sozialtherapeutische Anstalt,
- die Zuweisung zu Wohn- und Behandlungsgruppen,
- der Arbeitseinsatz sowie Maßnahmen der beruflichen Aus- oder Weiterbildung sowie Teilnahme an Veranstaltungen der Weiterbildung,
- besondere Hilfs- und Behandlungsmaßnahmen,
- Lockerungen des Vollzuges und
- notwendige Maßnahmen zur Vorbereitung der Entlassung (§ 7 Abs. 2 StVollzG).

Mit der Entwicklung des Gefangenen soll auch der Vollzugsplan fortgeschrieben werden.

Auf der Grundlage des Vollzugsplanes erfolgt die zunächst für den Gefangenen **wichtigste Vollzugsmaßnahme**, nämlich die **Unterbringung bzw. Verlegung in eine Anstalt oder Abteilung des offenen oder geschlossenen Vollzuges oder die Verlegung in eine sozialtherapeutische Anstalt**. Nach der Regelung von § 10 StVollzG ist die **Unterbringung im offenen Vollzug die Regelvollzugsform**, die Unterbringung im geschlossenen Vollzug die Ausnahme.[24]

Voraussetzung für die **Unterbringung im offenen Vollzug** ist gem. § 10 Abs. 1 StVollzG

- die Zustimmung des Gefangenen,
- die persönliche Eignung des Gefangenen im Hinblick auf die besonderen Anforderungen dieser Vollzugsform sowie
- keine Entweichungs- oder Missbrauchsgefahr.

Nach wie vor gilt für ältere Anstalten die Übergangsbestimmung (!) von § 201 StVollzG, nach der abweichend von § 10 StVollzG Gefangene wegen mangelhafter räumlicher, personeller und organisatorischer Verhältnisse in einer Anstalt ausschließlich im geschlossenen Vollzug untergebracht werden dürfen. In den VVStVollzG zu § 10 sind die Kriterien für die Unterbringung noch einmal konkretisiert, so dass bspw. **Suchtgefährdete regelmäßig als für den offenen Vollzug ungeeignet** angesehen werden.

Schließlich sieht das StVollzG noch die Unterbringung bzw. die Verlegung in eine **sozialtherapeutische Anstalt** vor (§ 9). In diesen Anstalten sollen in Gruppen- oder Einzeltherapie besondere Defizite in den sozialen Grundqualifikationen sowie Persönlichkeitsstörungen behandelt werden.[25] Zunächst war die Unterbringung in einer sozialtherapeutischen Anstalt als eine Maßregel der Besserung und Sicherung (§ 65 StGB a. F.) gesetzlich geregelt. Aus Kostengründen entschied sich der Gesetzgeber für die Abschaffung dieser Maßregel und für die **Eingliederung der sozialtherapeutischen Anstalten in den Bereich des Strafvollzuges**, so dass nur im Rahmen des

24 Calliess/Müller-Dietz § 10 Rdnr. 1 m. w. N.

25 vgl. dazu Calliess/Müller-Dietz § 9 Rdnr. 7 ff.

Vollzuges einer Freiheitsstrafe diese Unterbringungsform möglich ist und allein die Vollzugsverwaltung darüber entscheidet, ob eine Verlegung in eine solche Anstalt erfolgt.[26]
Nach der 1998 in Kraft getretenen Reform des Sexualstrafrechts sollen **Sexualstraftäter**, die zu Freiheitsstrafen von mehr als zwei Jahren verurteilt worden sind, **grundsätzlich in sozialtherapeutische Anstalten** verlegt werden, um mit spezifischen therapeutischen Hilfen das Behandlungsprogramm für diese Gefangenengruppe zu verbessern und damit Rückfälle zu verhindern.

Für den weiteren Verlauf des Strafvollzuges sieht das Gesetz in § 11 StVollzG Möglichkeiten der **Vollzugslockerung** vor:
- Außenbeschäftigung (mit Aufsicht),
- Freigang (Außenbeschäftigung ohne Aufsicht),
- Ausführung (mit Aufsicht) und
- Ausgang (ohne Aufsicht).

Schließlich kann dem Gefangenen **bis zu 21 Kalendertagen Urlaub** gewährt werden (§ 13 StVollzG).
Die genannten Vollzugslockerungen sollen dazu beitragen, die Entlassung vorzubereiten. Insbesondere die Verlegung in den offenen Vollzug und die Gewährung von Sonderurlaub dienen dem Ziel, den besonders schwierigen Übergang vom Leben in der Anstalt in die Freiheit zu erleichtern (§ 15 StVollzG).

III. Rechtsbehelfe

Wenn es in § 81 Abs. 2 StVollzG heißt, dass die Pflichten und Beschränkungen, die dem Gefangenen zur Aufrechterhaltung der Sicherheit oder Ordnung der Anstalt auferlegt werden, so zu wählen sind, »dass sie in einem angemessenen Verhältnis zu ihrem Zweck stehen und den Gefangenen nicht mehr und nicht länger als notwendig beeinträchtigen«, so lässt sich erahnen, dass sich bei der Anwendung dieser Vorschrift – ebenso wie vieler anderer Vorschriften mit unbestimmten Rechtsbegriffen und Ermessensspielräumen – **Konflikte zwischen Gefangenen und den Anstaltsbeamten** entstehen. Der Betroffene sieht sich in seinen – bereits durch das StVollzG spürbar eingeschränkten – Rechten verletzt und versucht, seine verbliebenen Rechte durchzusetzen.
Zu diesem Zweck stehen dem Gefangenen Rechtsbehelfe zur Verfügung, die in den §§ 108 ff. StVollzG im Einzelnen geregelt sind.

1. Beschwerderecht

Neben der – form- und fristlosen – Dienstaufsichtsbeschwerde räumt § 108 StVollzG dem Gefangenen das Recht ein, sich mit ihn selbst betreffenden Wünschen, Anregungen und Beschwerden in den dafür regelmäßig stattfindenden Sprechstunden an den Anstaltsleiter zu wenden.

26 vgl. auch §§ 123 ff. StVollzG

2. Antrag auf gerichtliche Entscheidung

Jedem Gefangenen steht weiterhin gem. §§ 109 ff. StVollzG das Recht zu, eine gerichtliche Entscheidung zu beantragen, wenn er sich

- durch eine ihn belastende Strafvollzugsmaßnahme oder
- durch eine abgelehnte oder unterlassene Vollzugsmaßnahme in seinen Rechten verletzt sieht (§ 109 StVollzG).

In manchen Bundesländern (z. B. NRW, Bremen, Hamburg, Baden-Württemberg) ist dem gerichtlichen Verfahren ein **Verwaltungsvorverfahren** – entsprechend dem Widerspruchsverfahren im Verwaltungsrecht – vorgeschaltet.[27] Danach kann erst gegen den im Verwaltungsvorverfahren ergangenen Widerspruchsbescheid Antrag auf gerichtliche Entscheidung gestellt werden.
Zuständig ist die Strafvollstreckungskammer des LG, in dessen Bezirk die beteiligte Vollzugsbehörde ihren Sitz hat.
Gegen die Entscheidung der Kammer kann **Rechtsbeschwerde** eingelegt werden, über die der zuständige Strafsenat des OLG entscheidet.

D. Die soziale Hilfe

Ein besonderer Stellenwert in einem auf Resozialisierung orientierten Strafvollzug kommt dem **Sozialdienst** zu, der für die in §§ 71–74 StVollzG geregelten **sozialen Hilfsangebote** zuständig ist. Als einer von mehreren **Fachdiensten** (z. B. psychologischer oder medizinischer) ist er anders als der allgemeine Vollzugsdienst personell eher schlecht ausgestattet. Während bspw. in NRW 1990 bei den im Vollzug tätigen Sozialarbeitern bzw. Sozialpädagoginnen ein Personalschlüssel von 1 : 63 bestand, liegt dieser 1999 bei 1 : 66; bei den Psychologen bzw. Soziologen liegt der Personalschlüssel 1999 in NRW bei 1 : 139, in Bayern (2001) sogar bei lediglich 1 : 254.[28] Ob unter diesen Umständen die nach dem Gesetz obligatorischen Aufgaben überhaupt erfüllt werden können, erscheint eher zweifelhaft.[29]
Grundsätzlich hat jeder Gefangene gem. § 71 StVollzG einen **Anspruch auf soziale Hilfe**, um »seine persönlichen Schwierigkeiten zu lösen« und ihn zu befähigen, »seine Angelegenheiten selbst zu ordnen und zu regeln«. Im Mittelpunkt stehen dabei die **Aufrechterhaltung sozialer Beziehungen** sowie die **Stärkung sozialer Handlungskompetenz.**[30] Da diese Aufgabe kaum individuell lösbar ist sondern die Einbeziehung des sozialen Umfeldes, insbesondere der Familienangehörigen, erfordert, ist eine **methodisch komplexer wirkende Sozialarbeit** vonnöten, die neben der Einzelfallhilfe auch Familientherapie und soziale Gruppenarbeit, bzw. spezifische Trainingskurse für Gefangene mit einer besonderen Problematik wie Drogensucht oder auffällige Gewaltbereitschaft umfasst (zu dem Aufgabenkatalog vgl. exemplarisch die brandenbur-

27 vgl. Calliess/Müller-Dietz § 109 Rdnr. 24 f.
28 Kaiser/Schöch 2003, S. 304 f.
29 vgl. Deutsche Aids-Hilfe e. V. 1996; Berner 1996, S. 91
30 Calliess/Müller-Dietz § 71 Rdnr. 1

gischen Richtlinien für die Sozialarbeiter und Sozialpädagogen bei den JVA vom 1. März 1998).[31]

Das StVollzG lässt den Spielraum für die Sozialarbeit im Vollzug offen, auch wenn es die Aufgaben in den §§ 72–74 konkretisiert. Dabei werden für die **Aufnahmephase als besondere Hilfen** genannt:

- die Unterstützung bei der **Sicherung des Unterhaltes** der Familienangehörigen sowie des Eigentums des Gefangenen,
- die Beratung über die **Aufrechterhaltung der Sozialversicherung**.

Während des Vollzuges soll die Hilfe darauf abzielen, den Gefangenen dabei zu unterstützen, seine Rechte und Pflichten wahrzunehmen, insbesondere

- sein **Wahlrecht** auszuüben,
- für die **Unterhaltsberechtigten zu sorgen** und
- **gegenüber dem Opfer seiner Straftat den Schaden** zu regulieren.

Ein **Schwerpunkt** dieser sozialen Hilfe wird in der **Rechtsberatung** liegen, die sinnvoller Weise nur in Zusammenarbeit mit anderen Einrichtungen wie **Schuldnerberatung** oder **Anwaltsvereinen** geleistet werden kann.[32]
Zurecht wird darauf hingewiesen, dass bei **ausländischen Gefangenen ein besonders großer Bedarf an Rechts- und Sozialberatung** besteht, da gerade die ausländerrechtliche Situation weitere über die Haft hinausgehende Probleme verursacht.[33]

Schließlich ist es eine zentrale Aufgabe für den Sozialdienst, **rechtzeitig die Entlassung vorzubereiten** und die erste Phase in Freiheit sozial abzusichern. § 74 StVollzG verlangt dazu

- die Beratung bei der Ordnung der persönlichen, wirtschaftlichen und sozialen Angelegenheiten,
- die Information in Fragen der Sozialversicherung und der Sozialhilfe für den Gefangenen und seine Familie,
- die Hilfe bei der Suche nach Arbeit und Unterkunft sowie
- die Vermittlung eines persönlichen Beistandes für die Zeit nach der Entlassung.

Um diese **Aufgabe der Entlassungsvorbereitung** zu bewältigen, ist die Kooperation mit den Stellen der Bewährungshilfe oder der Führungsaufsicht und den Einrichtungen der Straffälligenhilfe nötig.[34]
Die Bewältigung all der genannten Aufgaben wird neben dem Personalproblem erschwert durch den **Ziel- und Rollenkonflikt**, dem die Mitarbeiter des Sozialdienstes im Strafvollzug unterliegen.

---

31 in: Höflich 2002, S. 173 f.

32 vgl. Zimmermann 2003, S. 407 ff.

33 Calliess/Müller-Dietz § 73 Rdnr. 5; s. 19. Kap.

34 VVStVollzG zu §74; vgl. Kawamura-Reindl 2003 a, S. 173 ff.; zur freien Entlassenenhilfe auch die Praxisbeispiele bei Blau 1999, S. 498 ff.

»Als Mitglieder einer ›totalen Organisation‹ unterliegen Sozialarbeiter/Sozialarbeiterinnen divergierenden Erwartungen, die nicht in eine Handlungsorientierung zu integrieren sind. Neben der professionellen Orientierung wird sie mit dominanten, auf das bürokratische Funktionieren ausgerichteten Erwartungen konfrontiert. Unterschiedliche Erwartungen werden auch von den verschiedenen Personalgruppen und den Insassen entgegengebracht. Sozialarbeit unterliegt somit einem permanentem Anpassungsdruck an die institutionell vorgegebenen Denk-, Handlungs- und Entscheidungsstrukturen. Im Ergebnis ist sie im Strafvollzug durch eine binnenorientierte Handlungsstruktur geprägt«. [35]

E. Die Realität des Strafvollzuges

Die **Abkehr vom reinen Verwahrvollzug** und die konzeptionelle **Hinwendung zu einem auf Resozialisierung zielenden Behandlungsvollzug** wurde bei der Schaffung des StVollzG als ein großer Fortschritt gefeiert; und dies trotz seiner den veralteten Status quo zementierenden Übergangsvorschriften sowie seiner Normen mit großen Ermessens- und Beurteilungsspielräumen, die die Vollzugsverwaltung eher im Sinne von Sicherheit und Ordnung Entscheidungen treffen lässt. Immerhin kann das Gesetz als »eine offene Regelung« verstanden werden, »die die Möglichkeiten von Innovationen und Erprobungen neuer Vollzugsformen zulässt«.[36]

Die Antwort auf die Frage, wohin sich die Vollzugspraxis angesichts der Gestaltungsfreiheiten in den für den Strafvollzug zuständigen Bundesländern entwickelt hat, fällt enttäuschend und deprimierend aus und lässt für die Zukunft nichts Gutes erwarten.

- **Im offenen Vollzug**, der nach dem StVollzG **als Regelvollzugsform** vorgesehen ist, befanden sich zum Stichtag 1. März 2003 insgesamt 11.476 Personen gegenüber 51.118 im geschlossenen Vollzug.[37] Für den offenen Erwachsenenvollzug waren dies lediglich 21,6 Prozent in den alten und nur 9,8 Prozent der Strafgefangenen in den neuen Bundesländern. Die Unterschiede reichen in den alten Bundesländern von 7,5 Prozent in Bayern bis zu 34,5 Prozent in Berlin, in den neuen Bundesländern von 4,9 Prozent in Sachsen Anhalt bis zu 17,8 Prozent in Mecklenburg-Vorpommern.[38]
- Die Gefängnisse sind **drastisch überfüllt**. In Thüringen sind die Anstalten im geschlossenen Vollzug mit 21 Prozent, in Hessen mit 18 Prozent überbelegt, während im offenen Vollzug die Haftplätze z. T. leer stehen. In Sachsen-Anhalt, das nur knapp 5 Prozent der Gefangenen stichtagsbezogen im offenen Vollzug unterbringt, standen zum 31. März 2003 fast die Hälfte der wenigen offenen Haftplätze leer (Auslastung: 55 Prozent).[39]
- Aufgrund der Überbelegung waren zum 31. März 2003 49 Prozent der Gefangenen in Gesamtdeutschland (ohne Bayern und Bremen) entgegen der Vorschrift

35 Grosser 1994, S. 184
36 Dünkel/Kunkat 1997, S. 24
37 www.destatis.de/cgi-bin/printview.pl v. 9.3.04
38 Dünkel/Geng 2003, S. 146
39 Dünkel/Geng 2003, S. 146 f.

von § 18 Abs. 1 StVollzG, wonach eine Einzelunterbringung verlangt wird, in Gemeinschaftszellen untergebracht. In Sachsen, Sachsen-Anhalt und Thüringen betrug der Anteil der gemeinschaftlich untergebrachten Gefangenen sogar 66–77 Prozent.[40]

- Die Zahl der **sucht- und drogenabhängigen Insassen** ist kontinuierlich und erheblich angestiegen. Zum 31. März 2003 waren es 14,4 Prozent der Strafgefangenen in deutschen Gefängnissen, die insbesondere wegen Verstöße gegen das BtMG zu Freiheitsstrafen verurteilt worden sind.[41] Man schätzt, dass mehr als 30 Prozent sämtlicher Gefangener Drogenprobleme aufweisen.[42] In manchen geschlossenen Anstalten liegt der Anteil bei über 50 Prozent.[43]
- Der Anteil Strafgefangener ausländischer Herkunft ist in den letzten Jahren deutlich angestiegen. In den alten Bundesländern betrug 2000 der Anteil ausländischer Häftlinge 26–27 Prozent an der Gesamtpopulation der Gefangenen.[44]
- Die **Deliktstruktur** der Strafvollzugspopulation hat sich deutlich zu den Gruppen der **Drogen-, Raub- und Gewaltdelikte** hin verschoben.[45] Daraus resultiert eine **stärkere Zunahme des Vollzugs langer Freiheitsstrafen**. Auf der anderen Seite hat sich die Anzahl der Kurzstrafen, insbesondere aufgrund der angeordneten Ersatzfreiheitsstrafen, erhöht.[46]
- Von den 1997 im Strafvollzug Inhaftierten waren lediglich 55,6 Prozent beschäftigt, obwohl § 37 StVollzG Arbeit, Ausbildung und Weiterbildung als obligatorische Aufgabe des Vollzuges vorschreibt. Davon waren nur 6,3 Prozent in einer beruflichen Aus- oder Fortbildung bzw. Umschulung; 2,8 Prozent in einer schulischen Aus- oder Fortbildung.[47]
- Während die allgemeine Personalausstattung bundesdurchschnittlich 52,5 Stellen auf 100 Gefangene aufweist, ist die **Stellenbesetzung im Sozialdienst erschreckend niedrig:** in Bayern kommen auf etwa 100 Gefangene eine Stelle als Sozialarbeiter, in Berlin nahezu 3,8 Stellen. Die Betreuungsdichte variiert zwischen 25,9 Gefangenen pro Sozialarbeiter in Berlin und 35,9 in Bremen sowie 103,5 in Bayern und 109 in Sachsen. Noch deutlicher ist das Gefälle bei der Stellenbesetzung im psychologischen Dienst. Während in Berlin und Brandenburg für 100 Gefangene ein Psychologe zuständig ist, hat er in Bayern und im Saarland mit fast 300 Gefangenen zu tun.[48]

40 Dünkel/Geng 2003, S. 147
41 Statistisches Bundesamt, Fachserie10,R 4.1, 2003
42 Periodischer Sicherheitsbericht 2001, S. 416 f.
43 Dünkel/Kunkat 1997, S. 29; zur Situation Drogenabhängiger im Strafvollzug vgl. Böllinger/Stöver 2002, S. ff.
44 Periodischer Sicherheitsbericht 2001, S. 420
45 Periodischer Sicherheitsbericht 2001, S. 417
46 Kawamura-Reindl/Sonnen 2003, S. 294
47 BT-Drs. 13/9329, S. 14
48 Dünkel/Kunkat 1997, S. 31

Unter solchen Umständen ist es kein Wunder, dass sich, wie Dünkel und Kunkat in ihrer Bestandsaufnahme zu 20 Jahren StVollzG feststellen, das Innenklima gerade in den geschlossenen Anstalten drastisch verschärft hat.

> »Drogenhandel und andere Geschäftemachereien prägen den Alltag der Gefangenen und führen zu finanziellen Abhängigkeiten. Aufgrund dessen kommt es zu Erpressungen von Sach- und Dienstleistungen aller Art wie etwa Verrichten von Hilfsdiensten, Prostitution, Erpressen von Bekannten und Verwandten außerhalb der Anstalten. Zellenaufbrüche und gewalttätige Auseinandersetzungen sind keine Seltenheit mehr. Die Anstaltsleitung und die Bediensteten sind oft machtlos, diese brutalen Auswüchse der Innenstruktur zu kontrollieren und ihnen entgegenzuwirken. Nicht nur die Gefangenen sondern auch die Bediensteten selbst beschreiben den praktizierten Vollzug als einen »Verwahrlosvollzug«, in dem ein humaner Strafvollzug unmöglich ist«.[49]

49 a. a. O., S. 29

13. Kapitel: Gnadenrecht

Weiterführende Literatur: Schätzler: Handbuch des Gnadenrechts, 2. Aufl., München 1992; Gebhardt: Gnadenerweise, in: Cornel u. a. (Hrsg.): Handbuch der Resozialisierung, Baden-Baden 2003, S. 321 ff.

Am Ende eines Strafverfahrens folgt dem rechtskräftigen Urteil mit dem Strafausspruch die Vollstreckung. Für den einzelnen Verurteilten bedeutet das, die Geldstrafe zu begleichen oder die Freiheitsstrafe in einer Justizvollzugsanstalt zu verbüßen. Außer in den Fällen der Wiederaufnahme des Strafverfahrens lässt das Strafrecht keinen Raum für eine nachträgliche Korrektur des Urteils, das mit der Rechtskraft unanfechtbar ist.

Für den Verurteilten bleibt als einzige und letzte Möglichkeit, **im Wege eines Gnadengesuches den teilweisen oder völligen Verzicht auf die Strafe** zu erreichen. Gelingt dies, so ergeht, wie es zutreffend heißt, »**Gnade vor Recht**«. Der Gnadenakt soll die Folgen einer insgesamt gesetzeskonformen gerichtlichen Entscheidung abändern, wenn diese mit den Postulaten individueller Gerechtigkeit in einen Konflikt geraten.[1]

Das Gnadenrecht ist ein Relikt aus der Feudalzeit, wo sich der Fürst als Ausdruck seiner zunächst absoluten, später konstitutionell eingeschränkten Herrschaft das Recht vorbehielt, eine richterliche Entscheidung im Gnadenwege abzuändern. In Fortsetzung dieser Tradition steht auch heute noch das Gnadenrecht den **Staatsoberhäuptern als Spitzen der Exekutive** zu.

Ein einheitliches Gnadenrecht, das u. a. das Verfahren regelt, existiert nicht. Nur im GG und in den Verfassungen der Bundesländer sind gesetzliche Regelungen enthalten, die lediglich die Zuständigkeit für Begnadigungen bestimmen. So heißt es bspw. in Art. 60 Abs. 2 GG, dass der Bundespräsident im Einzelfalle für den Bund und in Art. 59 der Verfassung für NRW der Ministerpräsident das Begnadigungsrecht für das Land NRW ausübt.

Nach § 452 StPO steht in Strafsachen, die in erster Instanz von den Oberlandesgerichten in Staatsschutzverfahren, also in Ausübung der Gerichtsbarkeit des Bundes, entschieden worden sind (§ 120 GVG), das Begnadigungsrecht dem Bund und damit dem Bundespräsidenten, in den übrigen Strafsachen den Ländern zu.

In entsprechenden **Erlassen der Länder** ist das Begnadigungsrecht zumeist auf den **Justizminister** und von diesem auf **Gnadenstellen bei den Gerichten oder Staatsanwaltschaften** übertragen worden.[2]

1 Löwe/Rosenberg § 452 Rdnr. 2

2 vgl. Erl. des Ministerpräsidenten von NRW vom 12. 11. 1951 i. d. F. vom 18. 5. 1990 (GV.NW. S. 293) sowie AV des Justizministers vom 26. 11. 1975 i. d. F. vom 24. 6. 1987 (GV.NW. S. 169); die übrigen Gnadenordnungen der Länder sind enthalten in: Schätzler 1992

Nach der Gnadenordnung von NRW umfasst das Begnadigungsrecht die **Befugnis, die Rechtsfolgen einer strafrichterlichen Entscheidung zu erlassen, zu ermäßigen, umzuwandeln oder ihre Vollstreckung auszusetzen** (§ 2).

Die mit einem Gnadengesuch befasste Gnadenbehörde {Gnadenstelle beim LG, Vollstreckungsbehörde oder Generalstaatsanwalt} kann sich bei ihren Ermittlungen der **Gerichtshilfe** bedienen. Vor einer Entscheidung sind in der Regel das Gericht des 1. Rechtszuges, die Staatsanwaltschaft und bei Vollzug einer freiheitsentziehenden Strafe oder Maßnahme der Leiter der Vollzugsanstalt zu hören.

Gegen eine ablehnende Gnadenentscheidung können **Einwendungen** erhoben werden, nicht jedoch Rechtsmittel. Wird allerdings die im Gnadenwege gewährte Strafaussetzung zur Bewährung widerrufen, so kann wie in den übrigen Fällen auch das Rechtsmittel der Beschwerde eingelegt werden.

Von der Begnadigung, die nur im Einzelfall ausgesprochen werden kann, ist die **Amnestie** zu unterscheiden. Sie wird einer bestimmten Gruppe von rechtskräftig Verurteilten zumeist **in der Form eines Gesetzes** gewährt, indem auf die eigentlich notwendige Strafvollstreckung ganz oder teilweise verzichtet wird. Als Beispiel für eine Amnestie sei auf die regelmäßig wiederkehrende **Weihnachtsamnestie** der Bundesländer verwiesen, nach der Gefangenen, die kurz vor einer Entlassung stehen, einige Tage ihrer Strafe erlassen werden.

Teil 4: Deliktsbereiche und Personengruppen mit besonderer Bedeutung für die Soziale Arbeit

14. Kapitel: Jugendstrafrecht

Grundlegende Literatur: Albrecht: Jugendstrafrecht, 3. Aufl., München 2000; Schaffstein/Beulke: Jugendstrafrecht, 14. Aufl., Stuttgart 2002; Klier/Brehmer/Zinke: Jugendhilfe in Strafverfahren – Jugendgerichtshilfe, 2. Aufl., Regensburg 2002; Ostendorf: Kommentar zum Jugendgerichtsgesetz, 5. Aufl., Köln 2000; Diemer/Schoreit/Sonnen: Jugendgerichtsgesetz – Kommentar, 4. Aufl., Heidelberg 2002; Eisenberg: Jugendgerichtsgesetz – Kommentar, 9. Aufl., München 2002; Walter: Jugendkriminalität, 2. Aufl., Stuttgart 2001.

Während die bisherigen Betrachtungen über das Strafrecht alle Menschen, unabhängig von bestimmten persönlichen Merkmalen, gleichermaßen betreffen, sieht das Gesetz im staatlichen Umgang mit Kriminalität von jungen Menschen Besonderheiten vor, die vornehmlich der **Lebensphase »Jugend« mit ihren Eigenheiten** Rechnung tragen sollen. Diese Besonderheiten sind im Jugendgerichtsgesetz (JGG) als der Grundlage des Jugendstrafrechts enthalten.

Das Verständnis von Jugend mit ihren Verhaltensauffälligkeiten und Problemen folgt unterschiedlichen theoretischen Erklärungsansätzen, die z. B. einerseits die körperlich-biologische Entwicklung (**Pubertät**) mit ihren psychischen Auswirkungen ins Auge fassen oder andererseits auf den wesentlich von außen beeinflussten **Sozialisationsprozess** abstellen. Bei aller Unterschiedlichkeit in den theoretischen Erklärungen ist für die Analyse des Jugendalters die Erkenntnis wichtig, dass die Lebensphase zwischen Kindheit und Erwachsensein von der Herausbildung eigener Identität geprägt ist, die sich mit dem Wechsel von Bezugspersonen und -gruppen, dem Austesten von Grenzen, der Bildung eigener Normen und Wertvorstellungen und der kritischen Auseinandersetzung mit den vorgegebenen Lebensbedingungen oder einer von Resignation bestimmten Haltung gegenüber gesellschaftlicher Ausgrenzung verbinden.[1]

Je nach Perspektive der – erwachsenen – Betrachter erscheint »die Jugend« in diesem von Unsicherheiten bestimmten Lebensabschnitt als **gefährdet oder als gefährlich.**[2] In jedem Fall sollen Intervention und Kontrolle Schutz vor Gefährdungen von Jugendlichen und Gefahren durch Jugendliche bieten.

---

1 vgl. Walter 2001, S. 25 ff.

2 vgl. Wilmers u. a. 2002

Mit dem Mittel der **staatlich organisierten »Erziehung«** wird auf gefährdete ebenso wie auf gefährliche Jugendliche reagiert, wenn der Schutz durch die elterliche Sorge nicht gewährleistet ist. Dabei stellen sowohl die **Jugendhilfe** als auch das **Jugendstrafrecht** Instrumentarien zur »erzieherischen« Einflussnahme zur Verfügung, die allerdings unter Anwendung unterschiedlicher Methoden dem **gesellschaftlichen Interesse an normangepassten Bürgern** zuarbeiten.

Während Jugendhilfe dazu beitragen soll, das Recht junger Menschen auf **Förderung ihrer Entwicklung und auf Erziehung zu einer eigenverantwortlichen und gemeinschaftsfähigen Persönlichkeit** zu verwirklichen (§ 1 SGB VIII), hat die Anwendung des Jugendstrafrechts – wie vorrangig das allgemeine Strafrecht gegenüber Erwachsenen – die bloße Aufgabe, straffällig gewordene Jugendliche von der Begehung weiterer Straftaten abzuhalten.[3] **Jugendhilfe basiert auf dem Prinzip der Freiwilligkeit, Jugendstrafrecht als »echtes« Strafrecht auf dem Grundsatz von Zwang**.

Wenn gleichwohl das Gesetz das **Postulat der Erziehung** vielfältig mit dem Jugendstrafrecht verknüpft, darf dies nicht dazu verleiten, Pädagogik mit Strafrecht zu vermischen, die Strafrechtsnormen gleichsam pädagogisch »aufzuladen« und den Jugendrichter oder Jugendstaatsanwalt zum Pädagogen hochzustilisieren.

Allenfalls lässt sich der Begriff der **Erziehung als eine »Chiffre«** verstehen, die im kriminalpolitischen Zusammenhang »ein Synonym für Entkriminalisierung, für ein Subsidiär-Machen-Wollen von Bestrafung, (und für den letzten Fall, dass diese nicht verhindert werden kann) für den Versuch eines Erträglicher-Machens«.[4]

»Erziehung« – wenn überhaupt – kann nur als Arbeitsfeld die **Domäne von sozialer Arbeit und Pädagogik** sein, die in der Jugendgerichtshilfe, der Bewährungshilfe, in Täter-Opfer-Ausgleich-Projekten oder im Arrest- oder Jugendstrafvollzug mit der Aufgabe betraut ist, jungen Menschen dabei zu helfen, den Zugang zu ihren eigenen Stärken und Kompetenzen (wieder-) zu finden, um den Zumutungen einer immer belastenderen Risikogesellschaft Stand zu halten.

A. Anwendungsbereich des JGG

In § 19 StGB wird bestimmt, dass Personen, die noch nicht 14 Jahre alt sind, nicht schuldfähig und folglich strafunmündig sind. Daher dürfen Kinder nicht als Beschuldigte behandelt werden. Vernehmungen, erkennungsdienstliche Behandlungen oder Festnahmen von Kindern sind grundsätzlich unzulässig.[5]

Dagegen sind Personen **ab ihrem 14. Lebensjahr strafmündig.** Nach § 1 JGG gilt das Jugendstrafrecht für Jugendliche und Heranwachsende, die eine Verfehlung begangen haben, die nach dem allgemeinen Strafrecht, also bspw. dem StGB oder BtMG, mit Strafe bedroht sind. Ob sich also ein Jugendlicher strafbar gemacht hat, richtet sich allein nach den Vorschriften des StGB oder anderer Strafrechtsnormen, nach denen sich auch die Strafbarkeit eines Erwachsenen (Tatbestandsmäßigkeit, Rechtswidrigkeit, Schuld) bestimmen lässt.

---

3 vgl. Ostendorf Grdl. z. §§ 1–2 Rdnr. 4

4 Pieplow 1989, S. 15

5 vgl. Ostendorf § 1 Rdnr. 1–5

Das JGG unterscheidet zwischen **Jugendlichen und Heranwachsenden.** Wer zur Zeit der Tat vierzehn, aber noch nicht 18 Jahre alt ist, ist Jugendlicher; wer zur Tatzeit 18, aber noch nicht 21 Jahre alt ist, ist Heranwachsender (§ 1 Abs. 2).
Für Jugendliche haben die Sondervorschriften des JGG (§§ 3–104) uneingeschränkte Geltung, für Heranwachsende nur dann, wenn die Voraussetzungen von § 105 JGG vorliegen.

I. Die Reife des Jugendlichen und seine Verantwortlichkeit

Die strafrechtliche Verantwortlichkeit eines Jugendlichen wird nicht mit Vollendung des vierzehnten Lebensjahres als gegeben vermutet, sondern muss stets positiv festgestellt werden. Nach § 3 JGG lässt sich eine solche Feststellung nur dann treffen, wenn der Jugendliche **zur Zeit der Tat nach seiner sittlichen und geistigen Entwicklung reif genug ist, das Unrecht der Tat einzusehen und nach dieser Einsicht zu handeln**. Aussagen über Reife als Resultat der geistigen und sittlichen Entwicklung zu treffen, ist äußerst schwierig und problematisch.[6] Liegen tatsächliche Anhaltspunkte für Reifeverzögerungen und Einschränkungen der **Einsichts- und Handlungsfähigkeit** vor, wird eine **entwicklungspsychologische Begutachtung** notwendig sein, um eine zuverlässige Feststellung über die Verantwortlichkeit zu treffen.[7] Insbesondere die JGH hat bei ihren Ermittlungen darauf zu achten, ob evtl. eine Begutachtung den erforderlichen Aufschluss über die strafrechtliche Verantwortlichkeit des Klienten bietet.

II. Die Reife des Heranwachsenden und die Anwendung des JGG

Während für Jugendliche das JGG ausnahmslos Anwendung findet, gilt dies für Heranwachsende nicht. Als »junge Volljährige« werden sie anders als Jugendliche (§ 3 JGG) zunächst **grundsätzlich als strafmündig** angesehen. Ob sie aber auch nach Jugendstrafrecht oder bereits nach allgemeinem Erwachsenenstrafrecht behandelt werden können, richtet sich gem. § 105 Abs. 1 JGG

1. nach ihrem **Entwicklungsstand** oder
2. nach der Charakterisierung der Tat als »**Jugendverfehlung**«.

1. Entwicklungsstand eines Jugendlichen

§ 105 Abs. 1 Nr. 1 JGG verlangt, dass die **Gesamtwürdigung der Persönlichkeit des Täters** bei Berücksichtigung auch der Umweltbedingungen ergibt, dass er zur Zeit der Tat **nach seiner sittlichen und geistigen Entwicklung noch einem Jugendlichen gleichstand.** Bei dieser schwierigen Festlegung darf nicht auf ein bestimmtes Alter als unverrückbaren Maßstab Bezug genommen werden, sondern es ist – wie es der BGH (Bd. 36, S. 40) fordert – auf eine **Entwicklungsphase des noch jungen Menschen** abzustellen. »Dementsprechend ist unter einem Jugendlichen i. S. d. § 105 Abs. 1 Nr. 1 JGG der noch ungefestigte, in der Entwicklung stehende, auch noch präg-

6 vgl. Albrecht 2000, S. 97 ff.
7 vgl. Lemm 2000 S. 35 ff.

bare Mensch zu verstehen, bei dem Entwicklungskräfte noch in größerem Umfang wirksam sind«.[8] Hinweise für eine in der Entwicklung stehende Persönlichkeit können u. a. sein:

- Fehlen von Zielstrebigkeit,
- planloses, impulsives situationsbedingtes Handeln,
- Nachahmungstrieb,
- Geltungsbedürfnis,
- Leichtsinn, Unbekümmertheit,
- Anlehnungsbedürfnis, naiv-vertrauensseliges Verhalten,
- spielerische Einstellung zur Arbeit,
- Erlebnishunger, Geschwindigkeitsrausch.

Demgegenüber sprechen **für die Anwendung des allgemeinen Strafrechts**, dass der Heranwachsende schon eine **weitgehend selbständige Persönlichkeit mit einer im Wesentlichen abgeschlossenen Entwicklung** besitzt. Dafür spricht z. B. eine gewisse Lebensplanung mit ernsthafter Einstellung zur Arbeit sowie die Fähigkeit zu autonomer Lebensplanung (so die Anleitung des schleswig-holsteinschen Generalstaatsanwaltes für Sitzungsvertreter der Staatsanwaltschaft in Jugendstrafverfahren).[9]
Zurecht verlangt Ostendorf als Konsequenz aus den Feststellungen des BGH, im Normalfall Jugendstrafrecht anzuwenden, ohne dass im Einzelnen der Nachweis von Retardierung oder Sozialisationsdefiziten geführt werden muss.[10]

2. Jugendverfehlung

Nach § 105 Abs. 1 Nr. 2 JGG muss Jugendstrafrecht auch angewendet werden, wenn es sich nach der Art, den Umständen oder den Beweggründen der Tat des Heranwachsenden um eine **Jugendverfehlung** handelt. Nach der Rechtsprechung des BGH ist es erforderlich, umfassend die **äußeren Tatumstände** sowie die **Beweggründe des Täters** zu würdigen. Wenn dabei Merkmale jugendlicher Unreife festzustellen sind, insbesondere ein Mangel an Ausgeglichenheit, Besonnenheit und Hemmungsvermögen sichtbar wird, ist ein für Jugendliche typisches Verhalten anzunehmen.[11]
Liegen die Voraussetzungen nach § 105 Abs. 1 JGG vor, so sind die Vorschriften der §§ 4–8, 9 Nr. 1, §§ 10,11 und 13–32 JGG entsprechend anzuwenden. Gelangt der Richter jedoch zu dem Ergebnis, dass der heranwachsende Beschuldigte eher einem Erwachsenen gleichzustellen ist und eine Jugendverfehlung nicht vorliegt, muss das allgemeine Strafrecht angewendet werden. Nach § 106 JGG gilt dabei die Einschränkung, dass auch bei Anwendung des allgemeinen Strafrechts an Stelle von lebenslanger Freiheitsstrafe auf eine zeitige Freiheitsstrafe von 10 bis 15 Jahre erkannt werden kann. Nach der zum 1. April 2004 in Kraft getretenen Änderung des Sexualstrafrechts kann bei einer Verurteilung eines Heranwachsenden zu einer Freiheitsstrafe von mindestens fünf Jahren die Sicherungsverwahrung vorbehalten werden.

8 a. a. O.
9 DVJJ 1/1991, S. 13 ff.; vgl. auch Diemer/Schoreit/Sonnen § 105 Rdnr. 12 ff.
10 § 105 Rdnr. 7 JGG
11 BGH Bd. 8, S. 90

III. Die Anwendung des JGG bei mehreren Straftaten in verschiedenen Alters- und Reifestufen

Es kann vorkommen, dass ein Beschuldigter gleichzeitig wegen **mehrerer Straftaten** abgeurteilt wird, **die er teils als Jugendlicher teils als Heranwachsender oder als Erwachsener begangen hat**.

> Beispiel:
> A hat als 17-jähriger einen Diebstahl und im Alter von 20 Jahren einen Raub begangen. In Bezug auf die letzte Tat wendet der Jugendrichter aufgrund der Persönlichkeitsentwicklung von A nicht mehr Jugend-, sondern Erwachsenenstrafrecht an.

Nach § 32 JGG soll in derartigen Fällen einheitlich Jugendstrafrecht angewendet werden, wenn das **Schwergewicht bei den Straftaten** liegt, **die nach Jugendstrafrecht zu beurteilen wären**. Bei der Entscheidung über das Schwergewicht sind als Kriterien einerseits das objektive Unrecht wie Schadenshöhe und Grad der Verletzung andererseits auch die individuelle Persönlichkeitsentwicklung zu berücksichtigen. Liegen die »Tatwurzeln« im Jugendalter und stellen sich die späteren, auch nach dem 21. Lebensjahr begangenen Taten als Folge der früheren Taten dar, so liegt der Schwerpunkt bei den nach Jugendstrafrecht zu beurteilenden Taten. Lässt sich in unserem Beispiel der Diebstahl als die Wurzel für die darauf folgenden Taten begreifen, so muss einheitlich Jugendstrafrecht angewendet werden.[12] Liegt das Schwergewicht bei den Taten, die nach Erwachsenenstrafrecht zu behandeln sind, so ist einheitlich das allgemeine Strafrecht anzuwenden (§ 32 S. 2 JGG).

B. Rechtsfolgen des JGG

Die wohl **wichtigste Besonderheit des Jugendstrafrechts** gegenüber dem Erwachsenenstrafrecht besteht in der **Andersartigkeit und Differenzierung der Rechtsfolgen**, die als jugendadäquate Reaktionen die Möglichkeit beinhalten, mit Sensibilität und Zurückhaltung in den noch nicht abgeschlossenen Entwicklungsprozess junger Menschen einzugreifen und damit erzieherisch zu wirken. **Grundlegendes Ziel der im JGG vorgesehenen Sanktionen ist die Spezialprävention**; generalpräventive Zwecke dürfen mit ihnen in keinem Fall verfolgt werden.[13]

Gem. § 5 unterscheidet das JGG drei Arten von Sanktionen:
1. **Erziehungsmaßregeln**,
2. **Zuchtmittel** und
3. **Jugendstrafe**

(vgl. hierzu auch das nachfolgende Schaubild).

12 vgl. Schaffstein/Beulke 2002, § 9

13 Diemer/Schoreit/Sonnen § 5 Rdnr. 5

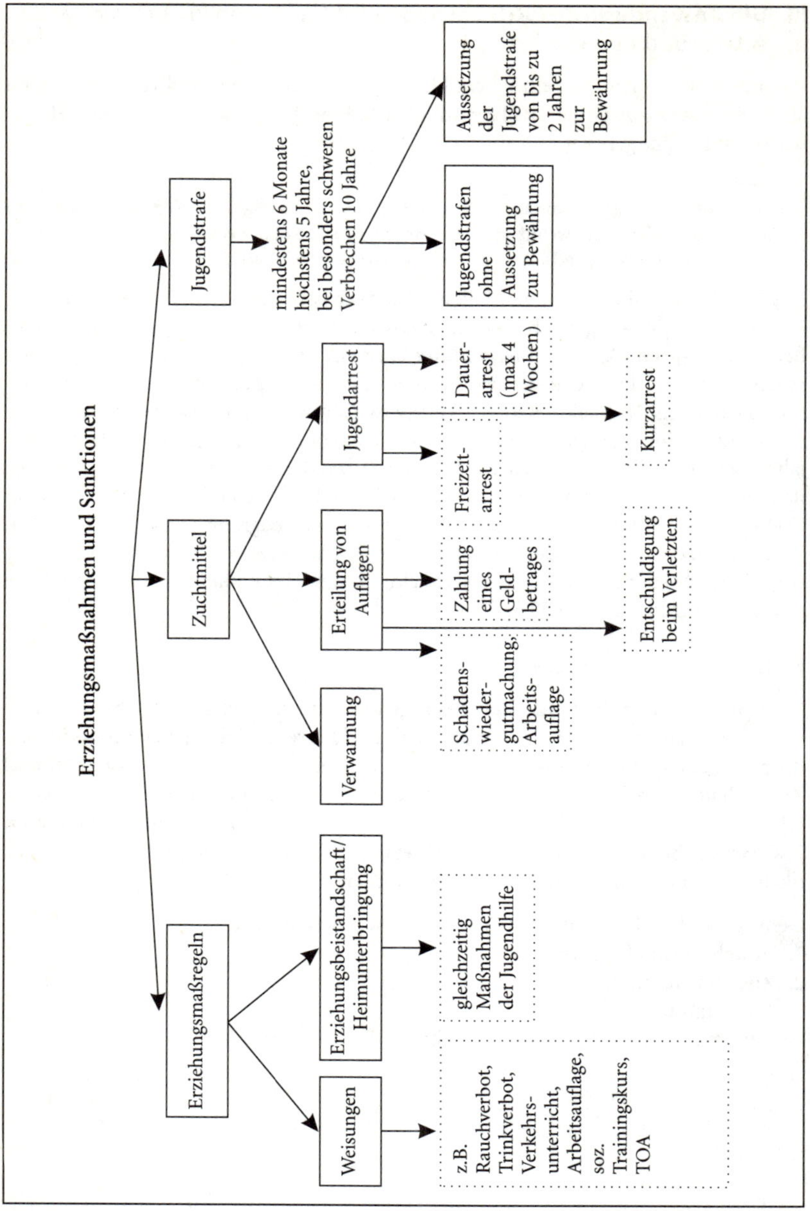

Schaubild 17: Die Erziehungsmaßnahmen und Sanktionen im Jugendstrafrecht zeichnen sich durch Vielfältigkeit und ein hohes Maß von Differenzierung aus.

I. Erziehungsmaßregeln

Wie es in § 5 Abs. 1 JGG heißt, können aus Anlass einer Straftat Erziehungsmaßregeln angeordnet werden. Dem Jugendrichter ist also ein **Ermessen** eingeräumt, auf eine Straftat eines Jugendlichen mit einer Erziehungsmaßregel zu reagieren oder darauf zu verzichten. In der **Sanktionenfolge** steht die Erziehungsmaßregel an erster Stelle. Die Erziehungsmaßregeln werden gem. § 9 JGG in **zwei Maßnahmearten** unterschieden:

1. die **Erteilung von Weisungen** und
2. die **Anordnung, Hilfe zur Erziehung in Anspruch zu nehmen.**

1. Weisungen

Nach § 10 Abs. 1 JGG sind Weisungen »**Gebote und Verbote**, welche die Lebensführung des Jugendlichen regeln und dadurch seine Erziehung fördern und sichern sollen«. In einem nicht abschließend geregelten, also im Einzelfall erweiterbaren Katalog hat der Gesetzgeber beispielhaft Weisungen aufgeführt, die der Richter dem Jugendlichen auferlegen kann, nämlich

- Gebote zu befolgen, die sich auf den **Aufenthaltsort** beziehen,
- bei einer **Familie** oder in einem **Heim** zu wohnen,
- eine **Ausbildungs- oder Arbeitsstelle** anzunehmen,
- **Arbeitsleistungen** zu erbringen,
- sich der Betreuung und Aufsicht einer bestimmten Person (**Betreuungshelfer**) zu unterstellen,
- an einem **sozialen Trainingskurs** teilzunehmen,
- sich zu bemühen, einen Ausgleich mit dem Verletzten zu erreichen (**Täter-Opfer-Ausgleich**),
- den Verkehr mit bestimmten Personen oder den Besuch von Gast- oder Vergnügungsstätten zu unterlassen oder
- an einem **Verkehrsunterricht** teilzunehmen (§ 10 Abs. 1 S. 3 JGG).

Als eine weitere Weisung sieht § 10 Abs. 2 JGG vor, dem Jugendlichen aufzuerlegen, sich einer **heilerzieherischen Behandlung durch einen Sachverständigen** (z. B. Gesprächs-, Verhaltens- oder analytisch orientierte Psychotherapie) oder einer **Entziehungskur** (z. B. Alkohol- oder Drogentherapie) zu unterziehen. Die Anordnung einer solchen Weisung ist jedoch abhängig von der Zustimmung des Erziehungsberechtigten und des gesetzlichen Vertreters; ist der Jugendliche bereits 16 Jahre alt, ist zusätzlich seine Zustimmung erforderlich.[14]

Weisungen können nur bei Beachtung folgender Grenzen verhängt werden:

- Unter Berücksichtigung des **Verhältnismäßigkeitsprinzips** darf keine eingriffsintensive Weisung erteilt werden, die sich als eine Überreaktion darstellt.[15]
- Nach § 10 Abs. 1 S. 2 JGG dürfen k**eine unzumutbaren – psychischen oder physischen – Anforderungen** an den Jugendlichen gestellt werden.

14 vgl. § 7 Abs. 1 Nr. 6 SGB VIII; vgl. § 1629 BGB
15 vgl. Albrecht 2000, S. 163

- § 11 Abs. 1 S. 1 JGG bestimmt die **zeitlichen Grenzen**, wonach die Laufzeit der Weisungen zwei Jahre nicht überschreiten darf. Betreuungsweisungen sollen nicht mehr als ein Jahr, soziale Trainingskurse nicht mehr als sechs Monate dauern.
- Weitere Einschränkungen ergeben sich aus dem **verfassungsmäßigen Gebot der Bestimmtheit** und aus den **Grundrechten** sowie unter dem Gesichtspunkt der »erzieherischen Zweckmäßigkeit«, die tatbezogene und auch dem Jugendlichen verständliche und einleuchtende Weisungen verlangt.[16]

Mit der Durchführung der Weisungen wie Betreuungshilfen, soziale Trainingskurse oder Täter-Opfer-Ausgleichsverfahren werden regelmäßig die Träger der öffentlichen oder freien Jugendhilfe beauftragt (also Jugendamt, Wohlfahrtsverbände und private Vereine wie z. B. »Brücke Köln e. V.«). Die JGH überwacht die Durchführung und hat erhebliche Zuwiderhandlungen dem Richter mitzuteilen (§ 38 Abs. 2 S. 5 und 6 JGG).

Kommt ein Jugendlicher einer Weisung schuldhaft nicht nach, so kann von Seiten des Richters **Jugendarrest (Beuge- oder Ungehorsamsarrest)** verhängt werden, der nicht länger als vier Wochen dauern darf (§ 11 Abs. 3 JGG). Zulässig ist die Verhängung eines solchen Beuge- oder Ungehorsamsarrestes nur dann, wenn der Jugendliche vorher über die Folgen einer schuldhaften Zuwiderhandlung belehrt (§ 11 Abs. 3 S. 1 JGG) und ihm vor der Entscheidung Gelegenheit zur mündlichen Stellungnahme gegeben worden ist (§ 65 Abs. 1 S. 3 JGG).

Schließlich kann der Richter nachträglich Weisungen ändern, von ihnen befreien oder ihre Laufzeit bis auf drei Jahre verlängern, wenn dies erzieherisch geboten erscheint (§ 11 Abs. 2 JGG; wegen verfassungsrechtlicher Bedenken).[17]

Sowohl vor Verhängung von Ungehorsamsarrest als auch vor Abänderung einer Weisung muss der Richter gem. § 65 JGG den Jugendlichen und die Staatsanwaltschaft anhören, d. h. die Gelegenheit zu einer mündlichen oder schriftlichen Stellungnahme geben. Die Anhörung kann sich auch auf den Vertreter der JGH, den Betreuungshelfer oder den Leiter des Trainingskurses erstrecken, wenn dies als erforderlich erscheint.

2. Anordnung über Hilfen der Erziehung

Als eine weitere Erziehungsmaßregel kann der Richter gem. § 12 JGG dem Jugendlichen auferlegen, unter den im SGB VIII genannten Voraussetzungen **Hilfe zur Erziehung**

- in Form der **Erziehungsbeistandschaft** (§ 30 SGB VIII) oder
- in einem **Heim** oder in einer sonstigen **betreuten Wohnform** (§ 34 SGB VIII)

in Anspruch zu nehmen. Der Richter muss folglich auf der Grundlage der Vorschriften des SGB VIII, insbesondere nach § 27 Abs. 1 prüfen, ob eine dem Wohl des Jugendlichen entsprechende Erziehung nicht gewährleistet und die Erziehungshilfen der Beistandschaft oder der Unterbringung in einem Heim bzw. einer betreuten Wohnform für seine Entwicklung geeignet und notwendig ist.[18]

---

16 Albrecht 2000, S. 164 f.

17 vgl. Albrecht 2000, S. 167

18 vgl. Kunkel 2003 § 27 Rdnr. 1–6

Vor einer solchen Entscheidung muss das Jugendamt als Fachbehörde der Jugendhilfe angehört werden, das schließlich für die Durchführung der angeordneten Erziehungshilfen nach den Vorgaben des SGB VIII allein verantwortlich ist (§ 82 Abs. 2 JGG).

II. Zuchtmittel

In der Rangfolge der jugendstrafrechtlichen Sanktionen stehen die 1943 (!) in das Jugendstrafrecht neu eingefügten Zuchtmittel an zweiter Stelle. Wenn als Reaktion auf eine Straftat Erziehungsmaßregeln nicht ausreichen, so wird gem. § 5 Abs. 2 JGG die Tat neben der Jugendstrafe mit Zuchtmitteln »geahndet«. Der **Begriff der Ahndung** (so auch in § 13 Abs. 1 JGG) verdeutlicht den **ambivalenten Charakter dieser Sanktion:** neben dem Postulat der Erziehung steht auch der Gesichtspunkt der Repression und Vergeltung.[19] Allerdings stellt § 13 Abs. 3 JGG klar, dass mit den Zuchtmitteln die Rechtswirkungen einer Strafe nicht verbunden sind.
Der Einsatz von Zuchtmitteln zielt darauf ab, dem Jugendlichen, gegen den eine Jugendstrafe nicht geboten ist, »eindringlich zum Bewusstsein« zu bringen, dass er für das von ihm begangene Unrecht einzustehen hat (§ 13 Abs. 1 JGG).

Das Gesetz kennt folgende Zuchtmittel:
1. die **Verwarnung,**
2. die Erteilung von **Auflagen** und
3. den **Jugendarrest** (§ 13 Abs. 2 JGG).

1. Verwarnung

Das mildeste Zuchtmittel ist die **Verwarnung**, durch die nach § 14 JGG dem Jugendlichen das Unrecht seiner Tat eindringlich vorgehalten werden soll. Sie stellt eine **förmliche Zurechtweisung** dar, mit der neben dem Unrechtsvorwurf der Beschuldigte auf die Folgen seiner Tat für den Verletzten und die Allgemeinheit hingewiesen und vor weiteren Verfehlungen gewarnt werden soll.[20]
Sinnvollerweise ist die Verwarnung unmittelbar nach der Verkündung des – rechtskräftigen – Urteils auszusprechen. Andernfalls muss ein Termin bestimmt werden, bei dem der Richter möglichst in Anwesenheit der Erziehungsberechtigten den Jugendlichen in einem Gespräch persönlich verwarnt.[21]

2. Auflagen

Die in § 15 JGG näher geregelten **Auflagen** verdeutlichen den Ahndungscharakter dieses Zuchtmittels, indem der **Bezug zur Tat und zum Opfer stärker hervorgehoben** wird. Anders als die Weisungen sind die Auflagen abschließend normiert. In kei-

19 Albrecht 2000, S. 202 f.
20 Eisenberg § 14, Rdnr. 2
21 vgl. RLJGG Nr. N.1 zu §§ 82–85

nem Fall dürfen unzumutbare Anforderungen an den Jugendlichen gestellt werden (§ 15 Abs. 1 S. 2 JGG). Folgende Auflagen sieht das Gesetz vor:

- Schadenswiedergutmachung,
- persönliche Entschuldigung beim Verletzten,
- Erbringung von Arbeitsleistungen und
- Zahlung eines Geldbetrages zugunsten einer gemeinnützigen Einrichtung.

Ordnet der Richter die Zahlung eines Geldbetrages an, so soll dies nur unter der Voraussetzung geschehen, dass es sich um eine leichte Verfehlung handelt und der Geldbetrag aus Mitteln bezahlt werden kann, über die der Jugendliche selbständig verfügt, oder dass dem Jugendlichen der Vorteil entzogen werden soll, der ihm durch die Tat (z. B. durch Diebstahl oder Betrug) entstanden ist (§ 15 Abs. 2 JGG).
Wie bei den Weisungen ist es aus erzieherischen Gesichtspunkten möglich, nachträglich die verhängten Auflagen zu ändern oder den Jugendlichen von ihrer Erfüllung ganz oder teilweise zu befreien. Kommt der Jugendliche den Auflagen schuldhaft nicht nach, so kann gegen ihn **Ungehorsamsarrest** (§ 11 Abs. 3 JGG) verhängt werden (§ 15 Abs. 3 JGG).

3. Arrest

Während die bislang aufgeführten Weisungen und Zuchtmittel als sog. **ambulante Sanktionen** verstanden werden können, gehört das Zuchtmittel des Jugendarrestes – neben der Jugendstrafe – zu den **stationären, d. h. freiheitsentziehenden Maßnahmen des Jugendkriminalrechts**. Wenn § 13 Abs. 3 JGG ausdrücklich den Strafcharakter auch dieses Zuchtmittels verneint, so wirkt der Jugendarrest für den Jugendlichen doch als repressiv-strafend. 1943 wurde der Jugendarrest in das damalige RJGG eingefügt, um gegen den »Gutgearteten« eine kurze, aber harte »Erziehungsstrafe« zu verhängen.[22] Auch heute lässt sich nach der Rechtsprechung die **Zielsetzung des Arrestes** mit dem Schlagwort **»Erziehung durch Strafe«** kennzeichnen:

> »Er ist ein kurzfristiger Freiheitsentzug mit sühnendem und erzieherischem Charakter. Soweit er Elemente der Strafe enthält, soll er Ausgleich für begangenes Unrecht sein und durch seine Einflussnahme auf den Jugendlichen auch der Besserung dienen, ferner vermöge seines harten Vollzugs abschreckend wirken (...). Von der Jugendstrafe, die den Täter entsühnen und in die Gesellschaft wieder einordnen soll, unterscheidet er sich dadurch, dass er eine ›mehr schreckhaft empfundene harte Zurechtweisung sein soll, die wohl eine ernste Mahnung, in der Regel aber keine volle Sühne für das begangene Unrecht darstellt‹. (...) Soweit es sich um das Ziel der Erziehung handelt, soll dieses durch einen kurzen und harten Zugriff, der das Ehrgefühl anspricht und für die Zukunft eine eindringliche Warnung ist, erreicht werden«.[23]

Aufgrund kriminologischer Untersuchungen konnten immer wieder die **negativen Auswirkungen des Arrestes** festgestellt werden, so dass in den letzten Jahrzehnten die Praxis von der Anwendung des Jugendarrestes kontinuierlich abgerückt ist.[24]

22 vgl. Pfeiffer 1981, S. 29; Meyer-Höger 1998
23 BGH Bd. 18, S. 209
24 vgl. Ostendorf Grdl. z. §§ 13–16 Rdnr. 5

Gleichwohl bleibt es eine besondere Aufgabe der JGH in Fällen, in denen Arrest verhängt werden soll, Alternativen wie Trainingskurse oder Täter-Opfer-Ausgleich anzubieten.

Der Jugendarrest ist nach § 16 Abs. 1 JGG

- **Freizeitarrest**,
- **Kurzarrest** oder
- **Dauerarrest**.

Der **Freizeitarrest** umfasst eine oder zwei Freizeiten; eine **Freizeit** bezieht sich in der Regel auf ein Wochenende und dauert höchstens 48 Stunden. Nach § 25 Abs. 3 der Jugendarrestvollzugsordnung (JAVollzO) beginnt der Freizeitarrest am Samstag um 8.00 Uhr oder, wenn der Jugendliche samstags morgen arbeiten oder zur Schule muss, um 15.00 Uhr und endet am Montag um 7.00 Uhr oder bereits am Sonntagabend, wenn er sonst nicht rechtzeitig die Schule bzw. den Arbeitsplatz erreichen kann.

Der **Kurzarrest**, der anstelle des Freizeitarrestes verhängt wird, beträgt mindestens zwei und höchstens vier Tage (§ 16 Abs. 3 JGG). Der Vorteil gegenüber dem Freizeitarrest von zwei Freizeiten ist, dass eine zusammenhängende Vollstreckung ermöglicht wird.

Der **Dauerarrest** beträgt mindestens eine und höchstens vier Wochen (§ 16 Abs. 4 JGG). Diese bereits **sehr eingriffsintensive Sanktion** wirkt umso problematischer, als mit der Dauer des Arrestes soziale Kontakte abgebrochen und neue problematische Kontakte geschaffen, Ausbildungs- oder Arbeitsplätze gefährdet werden und ein nachhaltiger **Stigmatisierungseffekt** die Folge sein kann. Angesichts der damit erklärlichen **hohen Rückfallquoten** ist die eigentlich beabsichtigte spezialpräventive Wirkung mehr als in Frage gestellt.[25]

Der Jugendarrest wird in **eigenen Arrestanstalten** oder in bestimmten von der Landesjustizverwaltung eingerichteten **Freizeitarresträumen** vollzogen und soll – wie es in § 90 Abs. 1 JGG heißt – erzieherisch gestaltet werden und helfen, die Schwierigkeiten zu bewältigen, die zur Begehung der Tat beigetragen haben.[26]

Rechtliche Grundlagen des Vollzuges sind die bundeseinheitliche JAVollzO sowie die in den einzelnen Bundesländern geltenden Verwaltungsvorschriften.[27]

III. Die Jugendstrafe

Die **eingriffsintensivste und härteste Sanktion**, die das JGG kennt, ist die Jugendstrafe, die – wie im Erwachsenenstrafrecht – als »unbedingte« unmittelbar den »Freiheitsentzug in einer Jugendstrafanstalt« (§ 17 Abs. 1) zur Folge hat oder als »bedingte« zur Bewährung ausgesetzt werden kann. Die Jugendstrafe, ihre gesetzlichen Voraussetzungen und ihre Legitimation als »intensive Gesamterziehung« unterliegen heftiger Kritik.[28] Insbesondere die Rückfallquote von ca. 88,2 Prozent nach Verbü-

25 vgl. Albrecht 2000, S. 221 ff.; Jehle/Heinz/Sutterer 2003, S. 55

26 zur inhaltlichen und organisatorischen Gestaltung des Arrestvollzuges vgl. Hinrichs 1999, S. 267 ff.

27 vgl. Diemer/Schoreit/Sonnen § 90 Rdnr. 4 m. w. N.

28 vgl. Albrecht 2000, S. 241 ff.

ßung von Jugendstrafe ist bezeichnend für die Fragwürdigkeit dieser Sanktion und macht das kriminalpolitische Leitprinzip des Gesetzgebers verständlich, **stationäre Strafen nur als ultima ratio** zu begreifen und weitestgehend durch ambulante Maßnahmen wie Trainingskurse, TOA etc. zu ersetzen.[29]

1. Gesetzliche Voraussetzungen

Nach § 17 Abs. 2 JGG wird Jugendstrafe verhängt, wenn

a. wegen der schädlichen Neigungen, die in der Tat hervorgetreten sind, Erziehungsmaßregeln oder Zuchtmittel zur Erziehung nicht ausreichen oder
b. wegen der Schwere der Schuld Strafe erforderlich ist.

zu a. Der Begriff der »schädlichen Neigungen« ist wegen seiner völligen Unbestimmtheit und seiner beliebigen Verwendbarkeit geeignet, den Jugendlichen als »Defektpersönlichkeit« zu stigmatisieren.[30] Seine inhaltliche **Anlehnung an biologistische Kriminaltheorien** verdeutlicht die besondere Problematik dieses Tatbestandsmerkmals, die auch durch die Auslegungsversuche des BGH keineswegs entschärft wird. Danach muss es sich

> »mindestens um, sei es anlagebedingte, sei es durch unzulängliche Erziehung oder ungünstige Umwelteinflüsse bedingte Mängel der Charakterbildung handeln, die ihn (nämlich den Angeklagten, K. R.) in seiner Entwicklung zu einem brauchbaren Glied der sozialen Gemeinschaft gefährdet erscheinen und namentlich befürchten lassen, dass er durch weitere Straftaten deren Ordnung stören werde«.[31]

In einer anderen – auch heute noch anerkannten – Entscheidung des BGH heißt es:

> »Schädliche Neigungen zeigt ein Jugendlicher oder Heranwachsender, bei dem erhebliche Anlage- oder Erziehungsmängel die Gefahr begründen, dass er ohne längere Gesamterziehung (§§ 91, 92 JGG) durch weitere Straftaten die Gemeinschaftsordnung stören wird«.[32]

Dabei müssen nach der Rechtsprechung die Persönlichkeitsmängel bereits vor der Tat vorhanden gewesen sein und auch noch z. Z. der Hauptverhandlung vorliegen. Zu beachten ist weiterhin, dass die **persönlichkeitsspezifische Rückfallgefahr für erhebliche Straftaten** bestehen muss.[33]

zu b. Während mit dem Begriff der »schädlichen Neigungen« mehr auf die Person des jugendlichen Täters sowie auf seine »Störungen und Defizite« abgehoben wird, nimmt das Gesetz mit dem ebenfalls recht unbestimmten und wenig differenzierten Terminus »**Schwere der Schuld**« eher auf die Tat und die darin zum Ausdruck gekommene Schuld des Täters Bezug. Sind die schweren Tatfolgen bspw. eines Tötungsdeliktes dem Angeklagten zuzurechnen und persönlich vorzuwerfen, wird in der Regel die »Schwere der Schuld« anzunehmen sein, wenn zusätzlich der Entwicklungs-

29 vgl. Diemer/Schoreit/Sonnen § 17 Rdnr. 6
30 Eisenberg § 17 Rdnr. 18
31 BGH Bd. 16, S. 261
32 Bd. 11, S. 170
33 Ostendorf § 17 Rdnr. 3

stand des jungen Menschen sowie seine Einsichtsfähigkeit eine Reife erkennen lassen, die einen individuellen Schuldvorwurf berechtigt erscheinen lässt.[34]

2. Dauer der Jugendstrafe

Die **Dauer der Jugendstrafe** bestimmt sich – unabhängig vom allgemeinen Strafrecht – nach § 18 JGG, wonach das Mindestmaß sechs Monate und das Höchstmaß fünf Jahre beträgt. Das Höchstmaß kann in den Fällen auch zehn Jahre erreichen, in denen ein Verbrechen vorliegt, für das nach dem allgemeinen Strafrecht eine Höchststrafe von mehr als zehn Jahren Freiheitsstrafe angedroht ist (z. B. bei Raub gem. § 249 i. V. m. § 12 StGB). Die Strafgrenzen gelten absolut und können in keinem Fall überschritten werden.

Wenn gem. § 18 Abs. 2 JGG die Jugendstrafe nach erzieherischen Gesichtspunkten zu bemessen ist, schließt das die Berücksichtigung generalpräventiver Gesichtspunkte grundsätzlich aus.[35]

3. Jugendstrafe zur Bewährung

Hat sich der Jugendrichter für die Verhängung von Jugendstrafe entschieden, so muss er in einem zweiten Schritt prüfen, ob die **Jugendstrafe zur Bewährung** ausgesetzt werden kann.

Die Voraussetzungen für die Strafaussetzung zur Bewährung sind gem. § 21 Abs. 1 JGG, dass

- eine Jugendstrafe von nicht mehr als einem Jahr verhängt wird,
- erwartet werden kann, dass sich der Jugendliche das Urteil zur Warnung dienen lässt und
- er auch ohne die Einwirkung des Strafvollzugs unter der erzieherischen Einwirkung der Bewährungszeit künftig ein rechtschaffenes Leben führen wird.

Auch bei einer höheren Jugendstrafe, die zwei Jahre nicht übersteigt, ist die Strafaussetzung grundsätzlich möglich, es sei denn, dass die Entwicklung des Jugendlichen die Vollstreckung der Jugendstrafe verlangt (§ 21 Abs. 2 JGG).

a. Die **Dauer der Bewährungszeit** darf zwei Jahren nicht unterschreiten und drei Jahre nicht überschreiten (§ 22 JGG). Für die Dauer der Bewährungszeit soll der Jugendrichter **Weisungen** i. S. v. § 10 JGG anordnen, die den Sozialisationsprozess des Jugendlichen erzieherisch beeinflussen. Auch können **Auflagen** (§ 15 JGG) erteilt werden. Die angeordneten Maßnahmen können mit Ungehorsamsarrest (§ 11 Abs. 3 JGG) durchgesetzt werden.

b. Normalerweise wird die Aussetzung der Jugendstrafe zur Bewährung im Urteil angeordnet. Gem. § 57 Abs. 1 und 2 JGG ist jedoch in Ausnahmefällen auch ein anderer Weg möglich; wird die unbedingte Jugendstrafe im Urteil ausgesprochen und hat der Strafvollzug noch nicht begonnen, so kann auch noch nachträglich der Richter die Jugendstrafe zur Bewährung aussetzen (sog. **Vorbewährung**). In dem Fall, in dem der Richter die Strafaussetzung im Urteil abgelehnt hat, ist allerdings ihre nachträg-

34 Ostendorf § 17 Rdnr. 4
35 Eisenberg § 18 Rdnr. 23

liche Anordnung nur möglich, wenn seit der Urteilsverkündung besondere Umstände bekannt geworden sind, die die Aussetzung der Jugendstrafe zur Bewährung rechtfertigen.

c. Hat der Richter die Entscheidung über die Strafaussetzung sowie über die Bewährungsweisungen und -auflagen getroffen, so stellt er gem. § 60 JGG diese in einem **Bewährungsplan** zusammen, der dem Jugendlichen persönlich ausgehändigt wird. Dabei wird der Jugendliche durch den Richter über die Bedeutung seiner Entscheidung sowie über die Möglichkeit des Widerrufs belehrt. Schließlich soll der Jugendliche mit seiner Unterschrift den Inhalt des Bewährungsplans bestätigen.

d. Gem. § 24 JGG muss der Jugendliche in der Bewährungszeit für höchsten zwei Jahre der **Aufsicht und Leitung eines Bewährungshelfers unterstellt** werden, der in der Regel **hauptamtlich** tätig ist und aus Zweckmäßigkeitsgründen auch **ehrenamtlich** bestellt werden kann.

Die **Aufgabe des Bewährungshelfers** ist eine zweifache: **Hilfe und Betreuung** auf der einen, **Kontrolle und Überwachung** auf der anderen Seite (§ 24 Abs. 3 JGG). Dieser **Rollenkonflikt** ist wie bei sämtlichen sozialen Diensten innerhalb der Strafjustiz systemimmanent und verlangt nach einer besonderen fachlichen Kompetenz der als Bewährungshelfer tätigen Sozialpädagogen oder Sozialarbeiterinnen.[36]

Um seine Aufgaben erfüllen zu können, besitzt der Bewährungshelfer ein **umfassendes Zutrittsrecht** zu seinem Probanden sowie gegenüber den Erziehungsberechtigten, Lehrern und Ausbildenden ein **uneingeschränktes Informationsrecht**. In der Hauptverhandlung seines Probanden hat der Bewährungshelfer das Recht, anwesend zu sein und zu der Entwicklung des Jugendlichen gehört zu werden (§§ 48 Abs. 2 S. 1 und 50 Abs. 4 JGG). Darüber hinaus ist er vor allen richterlichen Entscheidungen, die infolge der Strafaussetzung erforderlich werden (§§ 22, 23, 24, 26, 26 a JGG), ebenfalls anzuhören (§ 58 Abs. 1 JGG). Ein Zeugnisverweigerungsrecht steht dem Bewährungshelfer jedoch nicht zu.[37]

Das Gesetz verpflichtet den Bewährungshelfer zur **Kooperation mit dem Jugendrichter**, indem er im Einvernehmen mit ihm die Erfüllung der Bewährungsweisungen und -auflagen überwacht (§ 24 Abs. 3 S. 2 JGG). Dazu kann der Richter ihm auch konkrete Anweisungen erteilen. Weiterhin ist der Bewährungshelfer verpflichtet, in vom Richter bestimmten Zeitabständen über die Lebensführung des Probanden zu berichten sowie gröbliche und beharrliche Verstöße gegen richterliche Bewährungsanordnungen dem Jugendrichter mitzuteilen (§ 25 S. 3 und 4 JGG).

e. Die Aussetzung der Jugendstrafe wird nach § 26 Abs. 1 JGG dann **widerrufen**, wenn der verurteilte Jugendliche

- während der Bewährungszeit eine Straftat begeht und dadurch die Erwartung, die der Strafaussetzung zugrunde lag, nicht erfüllt,

36 vgl. oben 7. Kap. B. I. 3. b.; Sonnen 2003, S. 114 ff.

37 vgl. BVerfG Bd. 33, S. 367

- gegen Weisungen gröblich und beharrlich verstößt oder sich der Aufsicht durch den Bewährungshelfer beharrlich entzieht und dadurch die Besorgnis hervorruft, erneut straffällig zu werden, oder
- gegen die angeordneten Auflagen gröblich und beharrlich verstößt.

Wenn es allerdings ausreicht, weitere Straffälligkeit durch Erteilung weiterer Weisungen oder Auflagen, Verlängerung der Bewährungs- oder Unterstellungszeit oder durch erneute Anordnung der Bewährungshilfe zu verhindern, muss der Jugendrichter vom Widerruf der Strafaussetzung absehen (§ 26 Abs. 2 JGG). Erfolgt kein Widerruf, so erlässt der Richter nach Ablauf der Bewährungszeit die Jugendstrafe (§ 26 a JGG).

f. Gegenüber dem allgemeinen Strafrecht besteht bei der Verhängung einer Jugendstrafe noch eine weitere Besonderheit. Wenn sämtliche Ermittlungsmöglichkeiten ausgeschöpft sind und der Jugendrichter trotzdem nicht mit Sicherheit beurteilen kann, ob in der Straftat »schädliche Neigungen« hervorgetreten sind, die eine Jugendstrafe erfordern, kann der Richter

1. die **Schuld des Jugendlichen feststellen** und
2. die **Entscheidung über die Verhängung der Jugendstrafe für eine bestimmte Bewährungszeit aussetzen** (§ 27 JGG).

Für die Dauer der Bewährungszeit wird dem Jugendlichen ein Bewährungshelfer bestellt. Auch können Weisungen und Auflagen erteilt werden. Stellt sich während der Bewährungszeit aufgrund des Fehlverhaltens heraus, dass die Tat, die zur **Schuldfeststellung** geführt hat, auf »schädlichen Neigungen« beruhte und folglich Jugendstrafe erforderlich ist, so verhängt der Jugendrichter die Jugendstrafe, die er zum Zeitpunkt des Schuldspruchs bei sicherer Beurteilung der »schädlichen Neigungen« ausgesprochen hätte (§ 30 JGG). Die dann verhängte Jugendstrafe kann auch zur Bewährung ausgesetzt werden. Lässt sich die Annahme der »schädlichen Neigungen« bis Ablauf der Bewährungszeit nicht bestätigen, so muss der **Schuldspruch getilgt** werden (§ 30 Abs. 2 JGG).

IV. Verbindung von Maßnahmen und Jugendstrafe

§ 8 JGG ermöglicht die **Kombination von verschiedenen Sanktionen** nach dem Jugendstrafrecht. So können Erziehungsmaßregeln und Zuchtmittel miteinander verbunden werden, ebenso mehrere Erziehungsmaßregeln und mehrere Zuchtmittel nebeneinander angeordnet werden. Begrenzt sind diese Kombinationsmöglichkeiten jedoch durch den **Grundsatz der Verhältnismäßigkeit und der Zweckmäßigkeit**.[38] Dagegen ist die Verbindung von Jugendarrest mit der Anordnung von Hilfe zur Erziehung gem. § 12 Nr. 2 JGG (Unterbringung in einem Heim) unzulässig (§ 8 Abs. 1 S. 2 JGG). Neben Jugendstrafe können nur Weisungen (§ 10 JGG) und Auflagen (§ 15 JGG) erteilt sowie die Erziehungsbeistandschaft (§ 12 Nr. 1 JGG) angeordnet werden.

38 Ostendorf § 8 Rdnr. 7, 8

V. Mehrere Straftaten eines Jugendlichen

Auch mehrere Straftaten, die ein Jugendlicher begangen hat, haben gem. § 31 JGG **nur eine einheitliche Reaktion in der Form der Erziehungsmaßregel, der Zuchtmittel und der Jugendstrafe** zur Folge. Dabei ist eine der in § 8 JGG zulässigen Verbindungen von verschiedenen Sanktionen möglich. Auch bereits rechtskräftig verhängte, aber noch nicht vollständig erledigte Sanktionen werden bei erneuter Verurteilung in eine einheitliche Maßnahme oder Jugendstrafe einbezogen. Damit sollen vor allem erzieherische Belange Berücksichtigung erfahren und der Jugendliche vor unverständlichen Sanktionsadditionen, wie sie im Erwachsenenstrafrecht möglich sind, geschützt werden.

C. Diversion

Ein Ergebnis der **jugendkriminologischen Forschung**, insbesondere der **Dunkelfeldforschung** ist, dass **Jugendkriminalität als normale Begleiterscheinung** des Heranwachsens und **nicht Ausdruck eines besonderen Persönlichkeitsdefizits** charakterisiert werden kann, auf das mit staatlicher (Erziehungs-)Intervention reagiert werden muss.[39] Auch die mehrfache Begehung von zumeist leichteren Straftaten stellt sich danach eher als eine **Episode** dar, die bei zunehmendem Alter auch ohne irgendwelche strafenden Eingriffe endet.[40] Auf der Basis dieser Befunde hat sich auch in der Praxis der Jugendkriminalrechtspflege die Auffassung durchgesetzt, dass nicht jede entdeckte Straftat eines jungen Menschen zu der Durchführung eines formellen Strafverfahrens mit einer abschließenden Aburteilung führen muss, sondern begonnene Verfahren durch **Einstellung** vorzeitig beendet werden sollten. Ein weiterer Grund für diese Vorgehensweise liegt in der Erkenntnis, dass bereits vor einem formellen Verfahren in der Regel Eltern, Lehrer und andere Bezugspersonen mehr oder weniger eindringlich auf die bekannt gewordene Straftat reagiert haben und damit in ausreichendem Maße Erziehung stattgefunden hat. Bei Täterbefragungen wurde selbst die Vernehmung bei der Polizei als deutlich belastender als nahezu alle anderen und die am häufigsten verhängten Maßnahmen angesehen, so dass auch ohne Weiterführung des Strafverfahrens allein einem solchen Erlebnis abschreckende Wirkung beigemessen werden kann.[41]

Die **informelle Erledigung von Strafsachen**, auch unter dem Begriff »Diversion« bekannt, trägt schließlich – ebenso wie bei der Strafverfolgung von Erwachsenen – nicht unerheblich zur **Entlastung der Justiz** bei.

Vor diesem Hintergrund ist eine **deutliche Zunahme der Diversion** zu beobachten; die Diversionsrate hat sich zwischen 1981 und 2001 von 44 Prozent auf 69 Prozent erhöht, d. h. der Anteil der Personen, deren Verfahren eingestellt wurden, ist gegenüber den formell Sanktionierten immer größer geworden.[42] Interessant ist die sehr

39 so auch die Begründung zum 1. JGG-Änderungsgesetz: BT-Drs. 11/5829, S. 11, 13; vgl. Albrecht 2000, S. 18; Walter 2001, S. 181 ff.

40 Walter 2001, S. 276

41 Karstedt-Henke 1991, S. 108 ff.

42 Heinz 2003, S. 26

unterschiedliche Praxis im Ländervergleich; während bspw. 1999 die Diversionsrate in Bayern und im Saarland 61 Prozent betrug, lag sie in Hamburg bei 90 Prozent.[43]

I. Diversion durch die Staatsanwaltschaft

Gem. § 45 JGG verfügt bereits im Vorverfahren die Staatsanwaltschaft über verschiedene Möglichkeiten, von der Verfolgung einer Straftat abzusehen.

1. Diversion ohne Auflagen

Ohne Zustimmung des Richters kann nach § 45 Abs. 1 JGG die Staatsanwaltschaft von der Strafverfolgung ohne weitere Reaktion absehen, wenn die Voraussetzungen von § 153 StPO vorliegen. Danach muss es sich um ein Vergehen[44] handeln, die Schuld des Täters als gering anzusehen sein und kein öffentliches Interesse an der Verfolgung bestehen. Bei **erstmaligen Bagatelldelikten** kann regelmäßig von diesen Voraussetzungen ausgegangen und folglich von dieser Form der Nonintervention Gebrauch gemacht werden.[45]

2. Diversion mit Auflagen

Selbst bei Verbrechen hat die Staatsanwaltschaft ohne Zustimmung des Richters von der Strafverfolgung abzusehen, wenn eine **erzieherische Maßnahme bereits durchgeführt oder eingeleitet** worden ist und eine weitergehende richterliche Beteiligung ebenso wie die Anklageerhebung entbehrlich erscheint (§ 45 Abs. 2 JGG). Als erzieherische Maßnahme kommen sowohl die Reaktionen aus dem sozialen Umfeld wie elterliche Ermahnungen oder Sanktionen und die schulische Intervention wie auch das Jugendhilfeangebot des Jugendamts in Betracht. Dazu kann die Staatsanwaltschaft Anregungen geben und auf eine Mitwirkung der Erziehungsberechtigten und der JGH hinwirken; eine zwangsweise Durchsetzung von erzieherischen Maßnahmen ist unzulässig.[46] Ausdrücklich wird einer erzieherischen Maßnahme das Bemühen des Jugendlichen gleichgestellt, einen Ausgleich mit dem Verletzten bspw. im Wege des TOA zu erreichen.

3. Formlose Erziehungsverfahren

In der Rangfolge der staatsanwaltlichen Diversionsmöglichkeiten folgt an dritter Stelle das sog. **formlose Erziehungsverfahren** gem. § 45 Abs. 3 JGG. Auch in diesem Fall ist Voraussetzung, dass die Staatsanwaltschaft eine Anklageerhebung und folglich die Einleitung des formellen Verfahrens für nicht geboten hält. Anders als nach Abs. 1 und 2 ist die Mitwirkung des Jugendrichters erforderlich; diesem gegenüber regt der Staatsanwalt an, eine Ermahnung, Weisungen, nämlich die Erbringung von Arbeitsleistungen, das Bemühen um den TOA oder die Teilnahme an einem Verkehrsunterricht oder Auflagen (§ 15 JGG) zu erteilen. Weitere Voraussetzung ist, dass der Staats-

43 Heinz 2002, Schaubild »Diversion im Ländervergleich«

44 vgl. § 12 StGB

45 so Ostendorf § 45 Rdnr. 9

46 Ostendorf § 45 Rdnr. 13

anwalt die Anordnung solcher richterlichen Maßnahmen für erforderlich hält und der Beschuldigte geständig ist. Ordnet der Jugendrichter die von der Staatsanwaltschaft vorgeschlagene Maßnahme an und kommt der Jugendliche der angeordneten Weisung oder Auflage nach, so muss der Staatsanwalt das Verfahren einstellen und ist danach daran gehindert, Anklage zu erheben. Befolgt der Jugendliche die richterliche Maßnahme nicht, so darf auf den Jugendlichen kein Zwang in der Form des Ungehorsamsarrestes i. S. v. § 11 Abs. 3 JGG ausgeübt werden. In einem solchen Fall wird sich dann der Staatsanwalt für die Anklageerhebung entscheiden.

II. Diversion durch den Jugendrichter

Stellt die Staatsanwaltschaft nach § 45 JGG das Verfahren nicht ein und erhebt Anklage, dann stehen dem Jugendrichter im Hauptverfahren nach § 47 JGG verschiedene Möglichkeiten zur Verfügung, doch noch das Verfahren einzustellen.

Nach § 47 Abs.1 JGG ist die Einstellung unter folgenden Bedingungen, die sich an § 45 JGG orientieren, möglich:

1. Es liegen die Voraussetzungen von § 153 StPO vor (vgl. § 45 Abs. 1 JGG),
2. eine erzieherische Maßnahme, die eine Entscheidung durch Urteil entbehrlich macht, ist bereits durchgeführt oder eingeleitet worden (§ 45 Abs. 2 JGG) oder
3. eine Entscheidung durch Urteil erscheint entbehrlich und gegen den geständigen Jugendlichen wird eine in § 45 Abs. 3 S. 1 JGG bezeichnete Maßnahme angeordnet.

In den Fällen 2. und 3. bedarf der Jugendrichter der Zustimmung der Staatsanwaltschaft. Wird die Zustimmung erteilt, so setzt der Jugendrichter dem Beschuldigten eine Frist von höchstens sechs Monaten, in der er den Weisungen, Auflagen bzw. erzieherischen Maßnahmen nachkommen muss. Solange kann das Verfahren im Wege eines nicht anfechtbaren Beschlusses vorläufig eingestellt werden. Kommt der Jugendliche der Anordnung nach, so wird das Verfahren endgültig eingestellt. Befolgt der Beschuldigte nicht die richterliche Anordnung, so darf er nicht mit dem Mittel des Ungehorsamsarrestes dazu gezwungen werden, sondern der Jugendrichter wird dann das Hauptverfahren fortsetzen.
Das folgende Schaubild gibt einen zusammenfassenden Überblick über sämtliche jugendstrafrechtliche Reaktionen.

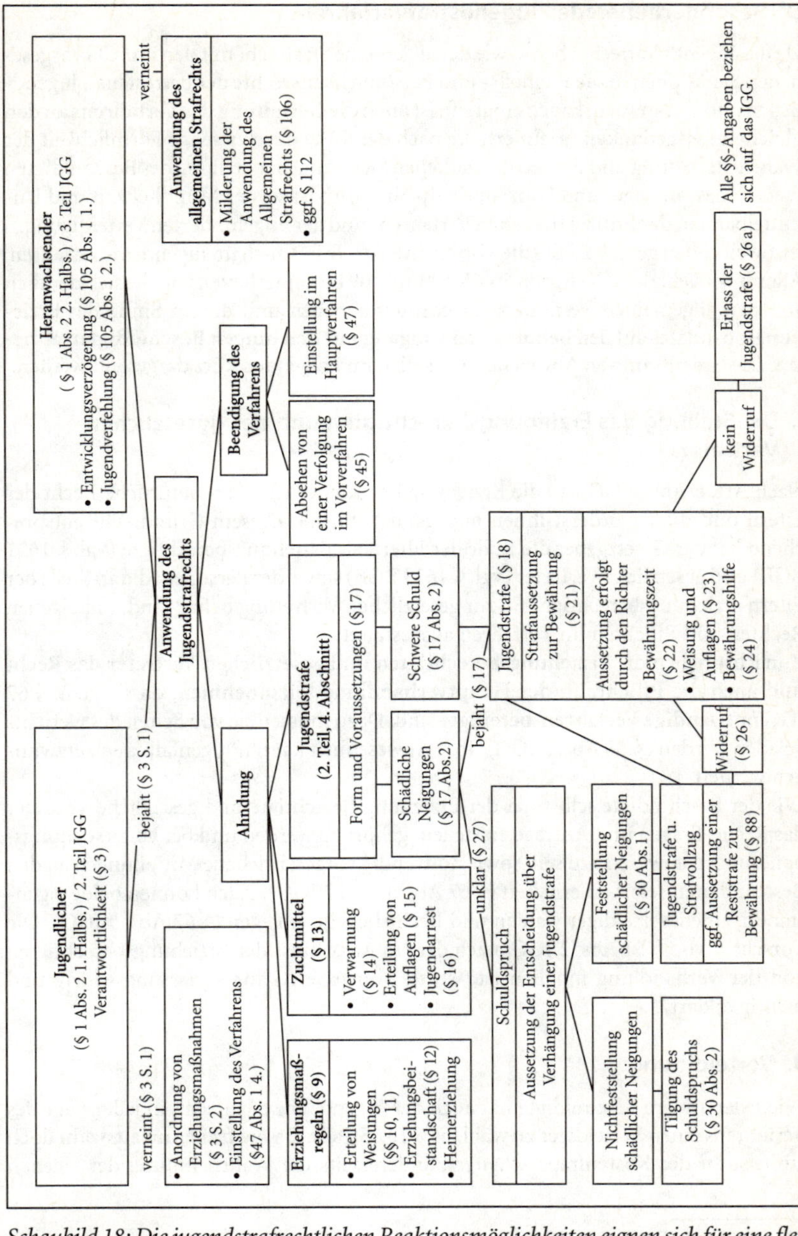

Schaubild 18: Die jugendstrafrechtlichen Reaktionsmöglichkeiten eignen sich für eine flexible Reaktion auf jugendliche Delinquenz.

D. Besonderheiten des Jugendstrafverfahrens

Da das Jugendstrafrecht ebenso wie das allgemeine Strafrecht mit den im JGG vorgesehenen Sanktionen in die Freiheits- und Persönlichkeitsrechte der betroffenen Jugendlichen und Heranwachsenden eingreift, ist **auch die Gestaltung des Verfahrens an den gleichen Leitgedanken** orientiert, die nach der StPO durch strenge Förmlichkeit der Wahrheitsfindung und der rechtsstaatlichen Sicherung der Stellung des Beschuldigten dienen: das Anklage- und Offizialprinzip, die Grundsätze der Mündlichkeit und Unmittelbarkeit, das Prinzip des fairen Verfahrens und der ungehinderten Verteidigung.[47] Insoweit gelten gem. § 2 JGG die Vorschriften der StPO auch im Jugendstrafverfahren. Allerdings sieht das JGG in den §§ 43–81 und 109 Besonderheiten vor, die sich deutlich von den allgemeinen Verfahrensvorschriften abheben und die im Sinne des Erziehungspostulates auf den **behutsamen Umgang mit den jungen Beschuldigten** abzielen. Die bedeutsamsten Abweichungen sollen im Folgenden kurz dargestellt werden.

I. Die Stellung des Erziehungsberechtigten und des gesetzlichen Vertreters

Nach Art. 6 Abs. 2 GG ist »die Erziehung der Kinder (...) das natürliche Recht der Eltern und die zuvörderst ihnen obliegende Pflicht«. Diesem Grundrecht entsprechend hat der Gesetzgeber die Rolle der Eltern als Erziehungsberechtigte (vgl. § 1631 BGB) und gesetzliche Vertreter (vgl. § 1629 BGB) sowie der Personen, die an Stelle der Eltern erziehungsberechtigt und zur gesetzlichen Vertretung befugt sind, mit eigenen Rechten und Pflichten im Verfahren ausgestattet.
Zunächst haben die **Erziehungsberechtigten und gesetzlichen Vertreter das Recht und auch die Pflicht, an der Hauptverhandlung teilzunehmen**, da sie gem. § 67 JGG **notwendige Verfahrensbeteiligte** sind. Dazu müssen sie von Seiten des Gerichts geladen werden (§ 50 Abs. 2 JGG). Ihre Anwesenheit kann nötigenfalls auch erzwungen werden.
Wie der Beschuldigte selbst hat der Erziehungsberechtigte und gesetzliche Vertreter das Recht, Fragen und Anträge zu stellen, gehört zu werden und bei Untersuchungshandlungen anwesend zu sein sowie notwendig vorgeschriebene Mitteilungen an den Beschuldigten selbst zu erhalten (§ 67 Abs. 1 und 2 JGG). Auch können beide eigenständig einen Verteidiger wählen und Rechtsbehelfe einlegen (§ 67 Abs. 3 JGG). Die Vorschrift von § 51 Abs. 2 JGG, nach der ein Ausschluss der Erziehungsberechtigten von der Verhandlung möglich ist, wurde vom BVerfG für verfassungswidrig und nichtig erklärt.[48]

II. Verteidigung

Wie jeder andere Beschuldigte hat auch der Jugendliche das Recht, in jeder Lage des Verfahrens einen Verteidiger zu wählen (§ 137 StPO). Da die **freie Anwaltswahl** doch zumeist an der Kostenfrage scheitert, andererseits die Wahrnehmung der eigenen

47 Schaffstein/Beulke 2002, S. 195
48 DVJJ-Journal 1/2003, S. 68 ff.

Rechte durch den Jugendlichen aufgrund seiner Unerfahrenheit und Verängstigung kaum ernsthaft in Betracht gezogen werden kann, ist die **Bestellung eines Pflichtverteidigers** die einzige Möglichkeit, ein **faires Verfahren** zu gewährleisten.[49] Insoweit hat der Gesetzgeber **erweiterte Möglichkeiten für die Verteidigerbestellung** geschaffen.

Gem. § 68 JGG ist dem Beschuldigten von Seiten des Gerichts ein Verteidiger zu bestellen, wenn

- einem Erwachsenen ein Verteidiger zu bestellen wäre (vgl. § 140 Abs. 1 und 2 StPO; vgl. 4. Kap. C.),
- dem Erziehungsberechtigten und dem gesetzlichen Vertreter ihre Rechte nach § 67 JGG entzogen sind,
- die Unterbringung in einer Anstalt in Betracht kommt, wo ein Gutachten über den Entwicklungsstand des Jugendlichen vorbereitet werden soll (§ 73 JGG) oder
- gegen den noch nicht 18 Jahre alten Beschuldigten Untersuchungshaft

oder einstweilige Unterbringung gem. § 126 a StPO vollstreckt wird. In diesem Fall muss die Pflichtverteidigerbestellung unverzüglich erfolgen, d. h. so frühzeitig, dass der Verteidiger in der Lage ist, den Erlass des Haft- bzw. Unterbringungsbefehls noch abzuwenden.[50]

Insbesondere die Bezugnahme auf die **Fälle der notwendigen Verteidigung** gem. § 140 Abs. 2 StPO lässt eine **großzügige Praxis der Verteidigerbestellung** zu. Wenn wegen der Schwere der Tat oder wegen der Schwierigkeit der Sach- oder Rechtslage die Mitwirkung eines Verteidigers geboten erscheint oder ersichtlich ist, dass der Beschuldigte sich nicht selbst verteidigen kann, die Bestellung eines Verteidigers im Erwachsenenverfahren zwingend ist, dann trifft dies in sehr viel größerem Maße auf junge Menschen zu, die in der Regel mit einer Verteidigung, die auch diesen Namen verdient, völlig überfordert sind.[51]

III. Untersuchungshaft und Haftvermeidung

Die Anordnung und Vollstreckung von U-Haft gegenüber Jugendlichen ist angesichts der Gefahr von massiven irreparablen Entwicklungsschäden, von schweren Depressionen und erhöhter Suizidgefährdung einerseits und der Anpassung an ritualisierte Verhaltensweisen sowie an die Regeln der »Knastökonomie« andererseits eine höchst riskante Maßnahme, die wegen ihrer eher destruktiven Begleiterscheinungen **nur in eng begrenzten Ausnahmefällen** getroffen werden sollte.[52] Trotz der gesetzlichen Verpflichtung, unter strenger Wahrung des Verhältnismäßigkeits- und Subsidiaritätsgrundsatzes von der U-Haft bei jungen Menschen nur restriktiv Gebrauch zu machen, werden seit 1990 – auch im Vergleich mit Erwachsenen – immer mehr Jugend-

49 Ludwig-Mayerhofer/Rzepka 1997, S. 108; Rieß 1985, S. 211 ff., geht von einer Verteidigungsrate von 15 Prozent, in Verfahren vor dem Jugendrichter von 20–25 Prozent aus

50 so die Gesetzesbegründung, BT-Drs. 11/5829. S. 28

51 vgl. Ostendorf § 68 Rdnr. 7–10 unter Hinweis auf die DVJJ-Vorschläge in den sog. »Kölner Richtlinien« in: NJW 1989, S. 1026; Walter 1997; Beulke 1999, S. 647

52 Albrecht 2000, S. 230 f. m. w. N.; Cornel 2003 a, S. 275 ff.

liche und Heranwachsende verhaftet.[53] Insbesondere nichtdeutsche Beschuldigte sind in der U-Haft in stärkerem Maße überrepräsentiert, auch wenn ihnen lediglich Eigentumsdelikte ohne Gewaltanwendung angelastet werden.[54]

Dieser **Trend zu vermehrter Haftanordnung** läuft den gesetzgeberischen Absichten geradezu entgegen, die in dem 1. JGGÄndG zutage getreten sind und eine **Stärkung des Subsidiaritätsgedankens mit der Folge von Haftvermeidung** beinhalten.

Die gesetzlichen Grundlagen für die Anordnung der U-Haft sind zunächst die Vorschriften der §§ 112 ff. StPO (vgl. oben 5. Kap. E. III.). Neben dem dringenden Tatverdacht (§ 112 Abs. 1 StPO), dem Haftgrund (§§ 112 Abs. 2, 112 a StPO) und der Verhältnismäßigkeit (§ 112 Abs. 1 S. 2 StPO) sieht § 72 JGG weitere bedeutsame Voraussetzungen für die Verhängung und Vollstreckung von U-Haft vor.

Als Erstes muss der Haftrichter prüfen, ob der Zweck der U-Haft, nämlich die Sicherung des Strafverfahrens, nicht »durch eine vorläufige Anordnung über die Erziehung oder durch andere Maßnahmen« erreicht werden kann (§ 72 Abs. 1 S. 1 JGG). Gem. § 71 JGG hat der Richter nämlich die Möglichkeit, **vorläufige Anordnungen über die Erziehung**, also Weisungen i. S. v. § 10 JGG zu treffen und auch Leistungen nach dem SGB VIII, also Hilfen zur Erziehung gem. §§ 27 ff. SGB VIII anzuregen, über deren Gewährung das JA entscheiden muss. Mit diesen Maßnahmen können bspw. dem Jugendlichen Hilfen wie die intensive sozialpädagogische Einzelbetreuung (§ 35 SGB VIII) zuteil werden, die zu einer **Stabilisierung einer krisenhaften Lebenssituation des jungen Menschen** beitragen und damit auch der Gefahr von Flucht oder der Begehung weiterer Straftaten vorbeugen können. In diesem Zusammenhang kann der Richter zur Vermeidung von Haft auch in Fällen, die aus präventiven Gründen eine intensivere pädagogische Betreuung und Hilfestellung erforderlich erscheinen lassen, die »einstweilige Unterbringung in einem geeigneten Heim« anordnen (§ 72 Abs. 4 i. V. m. § 71 Abs. 2 JGG).[55] Wie die »geeignete« Heimunterbringung ausgestaltet ist, insbesondere ob sie in geschlossener oder offener Form praktiziert wird, richtet sich allein **nach den fachlichen Kriterien der Jugendhilfe** (§ 71 Abs. 2 S. 3 JGG). Keineswegs kann die Justiz von den Trägern der Jugendhilfe verlangen, als Ersatz für die U-Haft geschlossene Unterbringungsmöglichkeiten bereit zu halten.[56]

Die Prüfung der Verhältnismäßigkeit muss sich, so schreibt es § 72 Abs. 1 S. 2 JGG vor, auch auf die besonderen Belastungen des Vollzuges für Jugendliche erstrecken.

Für 14- und 15-jährige Jugendliche ist die Schwelle für die Verhängung von U-Haft wegen Fluchtgefahr noch weiter angehoben: gem. § 72 Abs. 2 JGG ist sie nur dann zulässig, wenn der Jugendliche

- sich dem Verfahren bereits entzogen hatte oder konkrete Anstalten zur Flucht getroffen hat oder
- in Deutschland keinen festen Wohnsitz oder Aufenthalt hat.

53 Brunner/Dölling § 72 Rdnr. 1; Heinz 1996, S. 107

54 Brunner/Dölling a. a. O.

55 vgl. die Evaluation der Jugendhilfeeinrichtung zur U-Haft-Abwendung in Forstenwalde, in: Bundesministerium für Familie, Senioren, Frauen und Jugend 2003; Heßler 2001; Villmow/Robertz 2004

56 vgl. Ostendorf § 71 Rdnr. 7

Wird die U-Haft vollstreckt, so muss das weitere Strafverfahren **mit besonderer Beschleunigung** durchgeführt werden (§ 72 Abs. 5 JGG).

IV. Die Hauptverhandlung

Auch für die Durchführung der Hauptverhandlung hat der Gesetzgeber vom allgemeinen Strafprozess abweichende Regelungen geschaffen, die vornehmlich dem Schutz des jungen Angeklagten dienen. In diesem Zusammenhang sind insbesondere folgende Vorschriften zu nennen:

- § 48 JGG: Die Hauptverhandlung gegen einen Jugendlichen ist **ausnahmslos nicht öffentlich**. Sind neben dem Jugendlichen Heranwachsende oder Erwachsene angeklagt, so ist die Verhandlung öffentlich, es sei denn der Ausschluss der Öffentlichkeit ist im Schutzinteresse des Jugendlichen geboten.
- § 80 JGG: Weder die Privatklage (§§ 374 ff. StPO) noch die Nebenklage (§§ 395 ff. StPO) sind im Verfahren gegen Jugendliche zulässig.

V. Rechtsmittel

Die im Erwachsenenstrafrecht vorgesehenen Rechtsmittelmöglichkeiten sind durch das JGG eingeschränkt. Nach § 55 Abs. 2 JGG kann jeder Anfechtungsberechtigte (Angeklagter, Erziehungsberechtigter, gesetzlicher Vertreter, Verteidiger, Staatsanwalt) **nur ein Rechtsmittel**, nämlich **entweder Berufung oder Revision** einlegen. Die gerichtliche Anordnung von Erziehungsmaßregeln oder Zuchtmitteln kann überhaupt nicht mit einem Rechtsmittel angefochten werden, wenn sich der Rechtsbehelf allein gegen den Umfang oder die Art der Maßnahmen richtet (§ 55 Abs. 1 JGG).

E. Die Jugendgerichtshilfe (JGH)

Das zentrale Tätigkeitsfeld für Sozialarbeiterinnen und Sozialpädagogen im Jugendkriminalrecht ist die JGH. Sie stellt als »eine andere Aufgabe« des JA (§ 2 SGB VIII) die **Verbindung zwischen Jugendhilfe und Jugendstrafjustiz** dar, indem sie – wie es in § 52 Abs. 1 SGB VIII heißt – nach Maßgabe der §§ 38 und 50 Abs. 3 S. 2 JGG im Verfahren nach dem JGG mitwirkt. Indem der Gesetzgeber diese Aufgabe in den Zusammenhang des Jugendhilferechts stellt, verschafft er ihr auch gleichzeitig als Zweig der unabhängigen Fachbehörde JA eine **Autonomie gegenüber der Jugendstrafjustiz**.[57] Gleichwohl schafft die Mitwirkungspflicht der JGH im Strafverfahren ein **besonderes Spannungsverhältnis**, das sich gerade im Verhältnis zum jugendlichen, straffällig gewordenen Klienten offenbart. Diesem sollen einerseits Hilfsangebote nach den §§ 27 ff. SGB VIII gemacht werden, über deren Akzeptanz er zusammen mit seinen Erziehungsberechtigten allein und frei befinden kann; andererseits unterliegt er aber auch einem repressiven Verfahren, an dem die JGH ebenfalls beteiligt ist. Dieser daraus folgende »**Intra-Rollen-Konflikt**« lässt sich nicht auflösen, solange die

57 vgl. Kunkel/Riekenbrauk § 52 Rdnr. 8

Aufgaben der JGH sowohl Hilfe und Betreuung auf der Basis eines notwendigen Vertrauensverhältnisses als auch Ermittlung und Überwachung beinhalten.[58]

I. Organisation

Im Gegensatz zu der Bewährungshilfe oder der Gerichtshilfe als Fachdienste der Justiz ist das JA infolge kommunaler Selbstverwaltung nicht nur im Hinblick auf die Gestaltung der Mitwirkungstätigkeit der JGH sondern auch **hinsichtlich ihrer Organisation unabhängig und autonom.**[59] Die organisatorischen Strukturen der JGH sind von JA zu JA recht unterschiedlich. Nach wie vor dominiert das **Organisationsmodell des zentralen Spezialdienstes im JA**, das jedoch angesichts der fachmethodischen Forderungen nach verstärkter Lebensweltorientierung und ganzheitlichem Ansatz vermehrt in Zweifel gezogen wird.[60] In der bisherigen Diskussion lassen sich folgende Positionsbestimmungen ausmachen:

- An der **Spezialisierung der JGH** sollte grundsätzlich festgehalten werden. Der fachlich versierte JG-Helfer nimmt zwar schwerpunktmäßig die Aufgaben der JGH wahr, verfolgt jedoch darüber hinaus im Einzelfall die Leistungsangebote der Erziehungshilfe.
- Den Besonderheiten städtischer oder ländlicher Sozialstrukturen entsprechend sollte eine **dezentralisierte, auf Sozialräume bezogene JGH** organisiert werden.
- In Abkehr von dem sog. Gerichtsgeher-Prinzip nimmt die ermittelnde, betreuende und berichtende Tätigkeit nur ein Mitarbeiter der JGH wahr.[61]

Nach § 38 Abs. 1 JGG und § 52 Abs. 3 SGB VIII können auch die **anerkannten Träger der freien Jugendhilfe** an der Erfüllung der JGH-Aufgaben beteiligt werden (§ 76 SGB VIII). Die Beteiligung bzw. Übertragung von Aufgaben an freie Träger erfolgt in der Regel vertraglich.[62] In diesen Fällen bleiben die Träger der öffentlichen Jugendhilfe, also die Jugendämter, gleichwohl für die Erfüllung der Aufgaben verantwortlich.

II. Aufgaben und Befugnisse

Die Mitwirkungsaufgaben der JGH lassen sich nach §§ 38 sowie 50 Abs. 3 S. 2 JGG in folgende Bereiche gliedern:

1. **Ermittlungshilfe**
2. **Überwachungstätigkeit**
3. **Haftentscheidungshilfe**
4. **Betreuungstätigkeit**.

58 vgl. Laubenthal 1993, S. 54 f.

59 Wiesner/Kaufmann § 52 Rdnr. 59

60 so Klier/Brehmer/Zinke 2002, S. 176 ff.; vgl. auch Trenczek 2003, S. 53 ff.

61 vgl. § 38 Abs. 2 S. 4 JGG; Kunkel/Riekenbrauk § 52 Rdnr. 21; vgl. auch Trenczek 2003, S. 170 ff.

62 vgl. Münder u. a. 2003 § 76 Rdnr. 6 ff.

1. Ermittlungshilfe

Gem. § 38 Abs. 2 S. 2 JGG haben die Vertreter der JGH die am Jugendstrafverfahren beteiligten Behörden durch »**Erforschung der Persönlichkeit, der Entwicklung und der Umwelt des Beschuldigten**« zu unterstützen. Dieser Ermittlungsauftrag bezieht sich nicht auf die Tataufklärung. Das Gespräch mit dem jugendlichen Beschuldigten steht bei den Ermittlungen der JGH im Vordergrund. Das Ergebnis findet Eingang in einen Bericht bzw. eine Stellungnahme für Staatsanwaltschaft und Gericht, in dem auch Vorschläge für Sanktionen, Diversionsmaßnahmen oder Leistungsangebote der Jugendhilfe enthalten sein können.[63]

2. Überwachungstätigkeit

Die Aufgabe der JGH, darüber zu wachen, dass der Jugendliche Weisungen (§ 10 JGG) und Auflagen (§ 15 JGG) nachkommt, ist in § 38 Abs. 2 S. 5 JGG normiert. Ist Bewährungshilfe angeordnet, entfällt die Überwachungstätigkeit. Im Zusammenhang mit dieser Aufgabe ist die JGH weiterhin verpflichtet, »erhebliche Zuwiderhandlungen« gegen die richterlich angeordneten Maßnahmen dem Richter mitzuteilen (§ 38 Abs. 2 S. 6 JGG). Unstreitig ist, dass nicht jeder Verstoß sofort mitgeteilt werden muss, sondern zunächst **der dem Verstoß zugrunde liegende Konflikt sozialpädagogisch aufgearbeitet** werden sollte, und erst nach Ausschöpfung der in Betracht kommenden Mittel der Jugendhilfe sowie der weiteren beharrlichen Weigerung des Jugendlichen, die angeordneten Auflagen und Weisungen zu erfüllen, die Mitteilung an den Richter erfolgen kann.[64]

3. Haftentscheidungshilfe

Die Verpflichtung der JGH nach § 38 Abs. 2 S. 3 JGG, in Haftsachen beschleunigt über das Ergebnis ihrer Nachforschungen zu berichten, und der Auftrag nach Satz 2, sich zu »den Maßnahmen, die zu ergreifen sind«, zu äußern, bezieht sich auch auf die wichtige Aufgabe, **zum Zweck der U-Haft-Vermeidung oder -verkürzung Entscheidungshilfen für die Justiz** zu leisten.[65] Diese Aufgabe korrespondiert mit der Verpflichtung der Polizei und der Staatsanwaltschaft, bei Festnahmen von Jugendlichen und zu erwartender Vorführung gem. § 128 StPO die JGH zu informieren (§ 72 a S. 2 JGG). Dies Informationspflicht gilt auch für den Richter bei Erlass und Vollstreckung eines Haftbefehls (§ 72 a S. 1 JGG).

In Anbetracht der gravierenden persönlichen und sozialen Schäden, die bei einer Verhaftung jungen Menschen drohen, ist es eine **notwendige und originäre Aufgabe der Jugendhilfe, jederzeit in der Lage zu sein, vor der richterlichen Haftentscheidung Leistungen der Jugendhilfe wie Einzelbetreuung, soziale Gruppenarbeit, betreutes Wohnen oder Heimunterbringung zur Haftvermeidung anzubieten.**[66]

---

63 vgl. Kunkel/Riekenbrauk § 52 Rdnr. 29 ff.

64 vgl. Kunkel/Riekenbrauk § 52 Rdnr. 37 ff.; Ostendorf § 38 Rdnr. 19

65 vgl. Cornel 2003 a, S. 275 ff.; Kunkel/Riekenbrauk § 52 Rdnr. 40 ff.

66 Matenaer 1989; Laubenthal 1993, S. 154 ff.; Praxisbeispiele für Haftvermeidungsprojekte finden sich im Schwerpunktheft BewHi 4/1994

4. Betreuungstätigkeit

Gem. § 52 Abs. 3 SGB VIII gehört es zur weiteren Aufgabe der JGH, **den Jugendlichen während des gesamten Verfahrens zu betreuen**. Diese Betreuungsaufgabe findet in § 38 Abs. 2 S. 9 JGG eine Konkretisierung, indem die JGH verpflichtet wird, während des Vollzugs von Jugendstrafe Kontakt mit dem jugendlichen Gefangenen zu halten und sich um seine »Wiedereingliederung in die Gesellschaft« zu kümmern.
Grundsätzlich sollte unter dem Gesichtspunkt der Verhältnismäßigkeit eine **Überpädagogisierung** vermieden werden. In den weitaus meisten Fällen, in denen es zur Durchführung des formellen Verfahrens kommt, reicht es, den Klienten zu beraten, insbesondere ihn über den Verfahrensablauf, seine Rechte und Pflichten als Beschuldigten sowie die in Betracht kommenden Sanktionen zu informieren. Eine weitergehende Betreuungstätigkeit sollte sich auf die Gruppe der sog. Intensiv- oder Mehrfachtäter konzentrieren, die allenfalls ca. 5 Prozent der ermittelten jugendlichen Tatverdächtigen ausmacht, auf die rund 1/4 der Delikte bei Straßenraub und KFZ-Diebstahl und fast die Hälfte der Wohnungseinbrüche und Diebstahlsdelikte aus KFZ entfallen.[67] Wegen ihrer sozialen Problemlagen wie Arbeitslosigkeit, Armut und Ausgrenzung sowie weiteren Belastungsfaktoren wie Wertkonflikten und Orientierungsproblemen bedürfen nicht wenige dieser Gruppe einer **besonderen sozialpädagogischen Zuwendung auch in der Form von sozialen und erzieherischen Hilfen**.[68]
Neben den zuvor erläuterten spezifischen Aufgaben ist die JGH gem. § 52 Abs. 2 SGB VIII **in besonderem Maße verpflichtet, diversionsfördernde Leistungen der Jugendhilfe frühzeitig in Betracht zu ziehen** und, soweit diese realisiert werden, die Justiz darüber zu informieren mit dem Ziel, eine Verfahrenseinstellung gem. §§ 45 und 47 JGG zu erreichen. Diese Verpflichtung setzt zunächst die Prüfung voraus, ob überhaupt eine Reaktion der Jugendhilfe erforderlich ist. Denn Bagatelldelikte oder erstmalige Auffälligkeiten, die zumeist als normale, episodenhafte und allgegenwärtige (ubiquitäre) Begleiterscheinung des Heranwachsens charakterisiert werden können (vgl. oben 14. Kap. C.), verlangen in der Regel keinerlei Tätigwerden des JA. Das **Postulat der sog. Non-Intervention** sollte die JGH allenfalls veranlassen, gegenüber Staatsanwaltschaft und Gericht auf eine folgenlose Einstellung des Verfahrens gem. § 45 Abs. 1 bzw. § 47 Abs. 1 Nr. 1 JGG zu drängen.[69]
Im Zusammenhang mit der Betreuungstätigkeit hat die JGH als Sozialleistungsträgerin schließlich auch die Aufgabe zu prüfen, inwieweit neben Jugendhilfeleistungen andere Sozialleistungen i. S. v. §§ 13–16 SGB I geboten sind; in Betracht gezogen werden könnten u. a. Leistungen der Arbeits- und Bildungsförderung (SGB III, BaföG), Sozialversicherungsleistungen der Krankenversicherung (SGB V), Wohngeld und Sozialhilfe (BSHG).[70]

---

67 Antwort der B.-Reg. v. 23.7.97-BT – Drs. 13/8284, S. 2

68 Kunkel/Riekenbrauk § 52 Rdnr. 44

69 Kunkel/Riekenbrauk Rdnr. 52; Trenczek 2003, S. 30 ff.

70 so Brühl 2002, S. 47

F. Ausblick

Seit mehreren Jahren wird immer wieder die **kriminalpolitische Forderung** erhoben, das **Jugendstrafrecht zu verschärfen**, um der – vermeintlich – kontinuierlich steigenden Jugendkriminalität Einhalt zu gebieten.[71] Dabei stehen die Herabsetzung des Strafmündigkeitsalters auf zwölf Jahre, die generelle Anwendung des Erwachsenenstrafrechts auf Heranwachsende, die Anhebung der Jugendstrafe sowie der »Warnschussarrest« im Vordergrund der eher konservativen Reformvorschläge, die den »Kampf gegen kriminelle Kinder und Jugendliche« weniger mit Jugendhilfeangebote sondern verstärkt mit repressiven Sanktionen führen wollen. Dabei betrachten die Protagonisten ihre Reformanliegen als eine rechtspolitisch erforderlich Antwort auf die angeblich wachsende Kriminalitätsfurcht und das daraus resultierende Sicherheitsbedürfnis der Bevölkerung.[72]

Insbesondere die in der Jugendgerichtsbewegung (DVJJ) organisierten Praktiker und Wissenschaftler haben sich mit Vehemenz gegen diese Gesetzgebungsinitiativen der CDU/CSU geführten Bundesländer gewandt.[73] (Fach)öffentliche Beachtung fand in diesem Zusammenhang eine Resolution von 54 Professoren aus den Bereichen Jugendstrafrecht und Kriminologie mit dem Titel: »**Wider die repressive Hilflosigkeit**«, die sich als eine **Abwehr der beabsichtigten Gegenreform im Jugendstrafrecht** verstand.[74] Auch der Versuch, den Erziehungsgedanken aus dem Jugendstrafrecht zu verbannen, um eine deutliche Trennung von Jugendhilfe und Strafrecht herbeizuführen und somit dem Strafcharakter des Jugendkriminalrechts Vorrang zu geben, stieß auf allgemeine Ablehnung.[75]

In diesem rechtspolitischen Klima, das von Schlagworten wie »Null-Toleranz« und dem Ruf nach vermehrtem Einsperren geprägt ist, erscheint der 2002 vorgelegte **Reformvorschlag der DVJJ** als ein mutiger Versuch, die mit der Reform des JGG im Jahre 1990 erzielten Fortschritte weiterzuentwickeln.[76] Folgende Veränderungen werden u. a. in dem Abschlussbericht der 2. Jugendstrafrechtsreformkommission vorgeschlagen:

- Die Strafmündigkeitsgrenze verbleibt bei 14 Jahren;
- Heranwachsende werden generell in das Jugendstrafrecht einbezogen;
- Es besteht die Möglichkeit, die Rechtsfolgen des JGG auch auf Jungerwachsene von 21 bis 24 Jahren anzuwenden;
- Nur bei erheblichen Straftaten werden jugendstrafrechtliche Maßnahmen verhängt;
- Der Jugendliche wird bei der Sanktionierung beteiligt;

71 vgl. zuletzt Gesetzesentwurf des Bundesrates v. 20. 6. 2003, BR-Drs. 312/03
72 vgl. dazu kritisch Walter 2002, S. 440 ff.
73 vgl. Sonnen 2000, S. 338
74 Ostendorf 2000, S. 190 ff.
75 vgl. Albrecht 2002, S. 30 ff.; Dünkel 2002, S. 90 ff.
76 DVJJ-Journal 3/2002, S. 227 ff.

- Nach dem Subsidiaritätsgedanken haben Jugendhilfeangebote Vorrang, Informelle Verfahrenserledigungen haben Vorrang vor formellen, ambulante Maßnahmen haben Vorrang vor freiheitsentziehenden Sanktionen;
- Es gilt der Vorrang der außergerichtlichen Konfliktregelung (TOA);
- Die Zuchtmittelkategorie wird abgeschafft;
- Das Sanktionensystem sieht keine Trennung von Maßregeln und Strafsanktionen vor, sondern ist einspurig;
- Es werden folgende Sanktionen eingeführt:
  - Schuldspruch ohne Sanktionierung,
  - ambulante sozialpädagogische Maßnahmen,
  - ambulante verpflichtende Maßnahmen,
  - Ausweitung der Bewährung auch bei Jugendstrafe bis zu drei Jahren,
  - Keine stationären Sanktionen bei 14- und 15-Jährigen.

15. Kapitel: Drogenstrafrecht

Grundlegende Literatur: Böllinger/Stöver: Drogenpraxis, Drogenrecht, Drogenpolitik, 5. Aufl., F/M 2002; Kreuzer (Hrsg.): Handbuch des Drogenstrafrechts, München 1998; Körner: Betäubungsmittelgesetz, Kommentar, 5. Aufl., München 2001; Erster Periodischer Sicherheitsbericht 2001, S. 206 ff.

Während die einen das »**Recht auf Rausch**« und die **Entkriminalisierung des Drogengebrauchs** propagieren, verweisen die anderen auf die **Gefahren von Drogensucht**, die mit den jährlich veröffentlichten Zahlen über die »Drogentoten« ihren sichtbaren Ausdruck erhalten, und warnen vor jedem Nachgeben im »**Kampf gegen die Drogen**«. Kaum ein anderer Bereich des Strafrechts ist politisch und ideologisch so aufgeladen wie das Betäubungsmittelrecht; die Fronten im »war on drugs« scheinen unverrückbar, vor allem wenn es darum geht, mit Repression das allgemeine Rechtsgut »Volksgesundheit« zu schützen. Der Gesetzgeber des Jahres 1981 hat mit dem auch heute noch geltenden **BtMG das entscheidende Instrument zur Durchsetzung seiner Drogenpolitik** geschaffen, das dem Zweck dient, »die menschliche Gesundheit sowohl des Einzelnen wie der Bevölkerung im ganzen vor den von Betäubungsmitteln ausgehenden Gefahren zu schützen und die Bevölkerung, vor allem Jugendliche, vor Abhängigkeit von Betäubungsmitteln zu bewahren«.[1] In seiner sog. Haschisch-Entscheidung ist das BVerfG bei der Zweckbestimmung des BtMG noch einen Schritt weitergegangen. Danach geht es neben dem strafbewehrten Gesundheitsschutz vielmehr

> »um die Gestaltung des sozialen Zusammenlebens in einer Weise, die es von sozialschädlichen Wirkungen des Umgangs mit Drogen freihält, wie sie auch von der sog. weichen Droge Cannabis ausgehen: Durch sie werden insbesondere Jugendliche an Rauschmittel herangeführt; ihre Gewöhnung an berauschende Mittel wird gefördert«.[2]

Angesichts dieser **Gefahrenprognose** und bei unablässiger **Warnung vor der »Organisierten (Drogen-)Kriminalität«** hat der Gesetzgeber wie nie zuvor in der Geschichte der Bundesrepublik das Strafrecht verschärft und Verfahrensrechte des Beschuldigten abgebaut.[3] Selbst das verfassungsrechtlich geschützte Recht auf Unverletzlichkeit der Wohnung wurde in diesem »Kampf« der Durchsetzung des »großen Lauschangriffs« geopfert.

Demgegenüber stellt sich die Frage, ob mit diesem enormen strafrechtlichen Aufwand das anvisierte Ziel tatsächlich erreicht werden konnte. Bei Betrachtung der folgenden Zahlen und Statistiken kann die Antwort nur mit einem eindeutigen Nein ausfallen:

- Während 1969 von der Polizei lediglich 4.761 Rauschgiftdelikte registriert wurden, nahm die Zahl dieser Delikte auf das über 50-fache, nämlich auf 250.969, zu.

1 Begr. der Reg.-Vorlage des BtMG 1981, BT-Drs. 8/3551, S. 23 f.

2 BVerfG StV 1994, S. 295

3 Böllinger/Stöver/Fietzek 1995, S. 9

Vor allem seit 1985 ist ein rapider Anstieg der polizeilich bekannt gewordenen Verstöße gegen das BtMG zu verzeichnen.[4] Dabei ist in diesem Zusammenhang das besonders große Dunkelfeld zu berücksichtigen: nach Expertenmeinung werden weniger als 10 Prozent aller abhängigen Drogenkonsumenten und weniger als 1 Prozent aller Haschischfälle der Polizei bekannt.[5]

- Die Zahl der wegen Rauschgiftdelikten polizeilich ermittelten Tatverdächtigen stieg von 1.937 im Jahr 1968 auf 205.962 an.[6] Die Quote der Wiederholungstäter ist doppelt so hoch wie bei der »Normalkriminalität«.[7]
- Schätzungen zur sog. Beschaffungskriminalität gehen davon aus, dass ca. 37 Prozent von Gebäude- und Wohnungseinbrüchen, 45 Prozent der Diebstähle aus, in oder von Kraftfahrzeugen und 22 Prozent von Raub und räuberischer Erpressung von Drogenabhängigen begangen wurden.[8]
- Seit spätestens 1985 steigt die Zahl der sog. Drogentoten von 324 auf 2.125 (1991) rapide an; trotz eines Rückgangs pendelt sich die Zahl auf einen erhöhen Niveau 1.513 ein.[9]
- Nach Schätzungen betrug die Zahl der Drogenabhängigen 1987 um die 50.000, zu Beginn der neunziger Jahre etwa 100.000. Die Zahl der Cannabiskonsumenten wird gemeinhin auf 3–4 Mio. geschätzt.[10]

Der Frankfurter Oberstaatsanwalt Harald Hans Körner, Verfasser des führenden BtMG-Kommentars und einer der renommiertesten Beobachter und Kritiker der deutschen Drogenpolitik, zieht folgendes Resümee:

> »Machen wir uns nichts vor! Wir können mit unseren polizeilichen und strafrechtlichen Mitteln weder das Drogenproblem lösen, noch ein illegales Wirtschaftssystem trockenlegen. Selbst unsere niedrigen Erfolgszahlen stellen bei Licht besehen teilweise Misserfolge dar. So wie in jedem Krieg werden auch im Drogenkrieg vielfach die Falschen getroffen. Die Drahtzieher des international organisierten Drogenhandels treffen wir fast nie. Statt dessen fangen wir austauschbare Kofferträger, Geldkuriere und Kleinhändler und holen nicht selten im Wege der Tatprovokation immense Drogenmengen ins Inland, die ansonsten unser Land nie erreicht hätten. Die Justiz bestraft nicht selten nach sichergestellter Menge. So wird der Laufbursche mit mehreren Kilogramm in der Tüte zum großen Dealer und der Dealer mit der Warenprobe in der Tasche zum kleinen Konsumenten. Der Drogenabhängige erfahrt wegen seiner Geständnisfreudigkeit als Suchtkranker eher Strafe als Behandlung. (...) Es ist notwendig, dass alle gesellschaftlichen Kräfte die Bereitschaft und den Mut aufbringen, neue drogenpolitische Wege zu gehen und Misserfolge bei drogenpolitischen Fehltritten offen einzugestehen, um anschließend neue Schritte zu wagen«.[11]

4 PKS 2002, S. 221
5 Böllinger/Stöver/Fietzek 1995, S. 31
6 PKS 2002, S. 222
7 Böllinger 2003, S. 352
8 Kreuzer 1998, S. 182
9 PKS 2002, S. 227
10 Böllinger/Stöver/Fietzek 1995, S. 31
11 BtMG, 4. Aufl., Anhang C 1 Rdnr. 107

Zwischenzeitlich hat auch das **BVerfG** einen **wichtigen Beitrag zur weiteren Differenzierung und Entdramatisierung** der bislang pauschal behaupteten Drogengefahr geleistet. Unter Bezugnahme auf die wissenschaftliche Forschung zu den Gefahrenpotenzialen des Cannabiskonsums im Straßenverkehr hat das Gericht festgestellt, dass

> »aus dem Konsum von Cannabis zwar erhebliche Gefahren für die Sicherheit des Straßenverkehrs hervorgehen können, dass aber je nach der Art und Intensität des Konsums zu unterscheiden ist, so dass weder ein pauschaler Gefährdungsausschluss noch eine pauschale Gefährdungsannahme gerechtfertigt ist. Die Gefahren sind in den früheren Jahren zum Teil überschätzt worden«.[12]

A. Das BtMG

Das BtMG ist im Wesentlichen ein Verwaltungsgesetz, das den Verkehr mit Betäubungsmitteln (BtM), das Erlaubnisverfahren sowie die behördliche Überwachung regelt. Lediglich im 6. und 7. Abschnitt sind die Straf- und Ordnungswidrigkeitsvorschriften sowie Strafverfahrens- und Strafvollstreckungsregelungen enthalten.

I. Die Betäubungsmittel

Was ein BtM i. S. d. Gesetzes ist, wird nach § 1 BtMG bestimmt: es handelt sich um Stoffe (vgl. § 2 Abs. 1 Nr. 1) und Zubereitungen (vgl. § 2 Abs. 1 Nr. 2), die in den Anlagen I bis III aufgeführt sind.[13] Diese Anlagen beruhen auf Rechtsverordnungen, zu deren Änderung oder Ergänzung die Bundesregierung ermächtigt ist (§ 1 Abs. 2 BtMG).

- In der Anlage I sind die **»nicht verkehrsfähigen BtM«** enthalten, zu denen u. a. Cannabis, Lysergid (LSD), Diamorphin (Heroin) und Methylendioxethylamphetamin (MDA, eine sog. Partydroge) gehören.
- In der Anlage II sind die **»verkehrsfähigen, aber nicht verschreibungsfähigen BtM«** enthalten, u. a. Codein.

Die in den Anlagen I und II bezeichneten BtM dürfen nicht verschrieben, verabreicht oder einem anderen zum unmittelbaren Verbrauch überlassen werden (§ 13 Abs. 1 S. 3 BtMG).

- Schließlich sind in der Anlage III die **»verkehrsfähigen und verschreibungsfähigen BtM«** enthalten; so z. B. Methadon, Morphin.

Die in der Anlage III aufgeführten Mittel dürfen nur von Ärzten im Rahmen einer medizinisch begründeten Behandlung verschrieben, verabreicht oder zum unmittelbaren Verbrauch überlassen werden (§ 13 Abs. 1 S. 1 BtMG).

12 BVerfG StV 2002, S. 595

13 zu den einzelnen BtM, ihrer Wirkungsweise und weitere Details vgl. Körner Anhang C 1, S. 1469 ff.

II. Die Strafvorschriften

Die im BtMG enthaltenen Strafvorschriften sind in den §§ 29–30 c geregelt und erweitern den Katalog der im StGB aufgeführten Delikte. Bei dem BtMG handelt es sich wie bei dem Straßenverkehrsgesetz um ein sog. **strafrechtliches Nebengesetz.**

1. Grundtatbestand § 29 BtMG

§ 29 Abs. 1 BtMG regelt die Grundtatbestände, mit denen ein möglichst lückenloser Katalog von Tatbegehungsweisen geschaffen werden sollte, um jedweden Umgang mit BtM zu kriminalisieren. Das folgende Schaubild gibt einen Überblick der einzelnen Tatbestände:

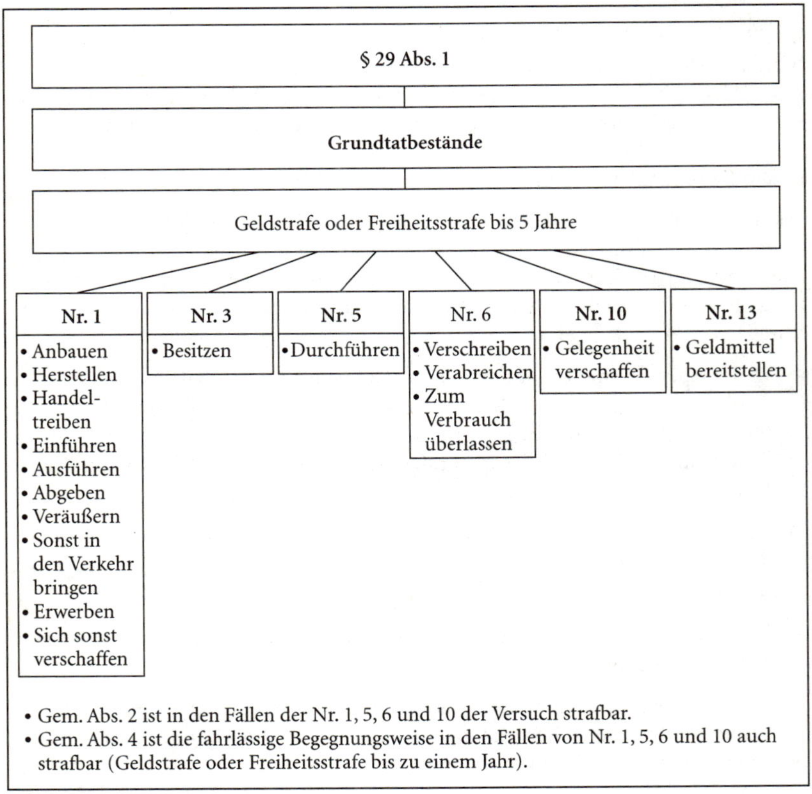

Schaubild 19

In § 29 Abs. 1 S. 2 BtMG wird ausdrücklich klargestellt, dass die Abgabe von sterilen Einmalspritzen an BtM-Abhängige kein Verschaffen von Gelegenheit und folglich nicht strafbar ist.

§ 29 Abs. 3 BtMG enthält eine sog. **Strafzumessungsregelung**. Liegt eines der in S. 2 genannten Regelbeispiele vor, so kann das Gericht einen besonders schweren Fall annehmen, ist aber dazu nicht gezwungen, wenn bspw. wichtige Strafmilderungsgründe zugunsten des Beschuldigten zu berücksichtigen sind.[14]

Die Regelbeispiele für die Annahme eines besonders schweren Falls sind gegeben, wenn der Täter

- in den Fällen von Abs. 1 Nr. 1, 5, 6, 10, 11, oder 13 gewerbsmäßig, d. h. in der Absicht handelt, sich durch wiederholte Begehung eine fortlaufende Einnahmequelle von einiger Dauer zu verschaffen,
- in den Fällen von Abs. 1 Nr. 11 bandenmäßig handelt oder
- durch eine der in Abs. 1 Nr. 1, 6 oder 7 bezeichneten Handlungen die Gesundheit mehrerer Menschen gefährdet.

2. Verbrechenstatbestände §§ 29 a, 30, 30 a BtMG

Während in § 29 BtMG Vergehenstatbestände geregelt sind, enthalten die §§ 29 a, 30 und 30 a BtMG allesamt Verbrechenstatbestände. Die folgenden Schaubilder geben einen Überblick:

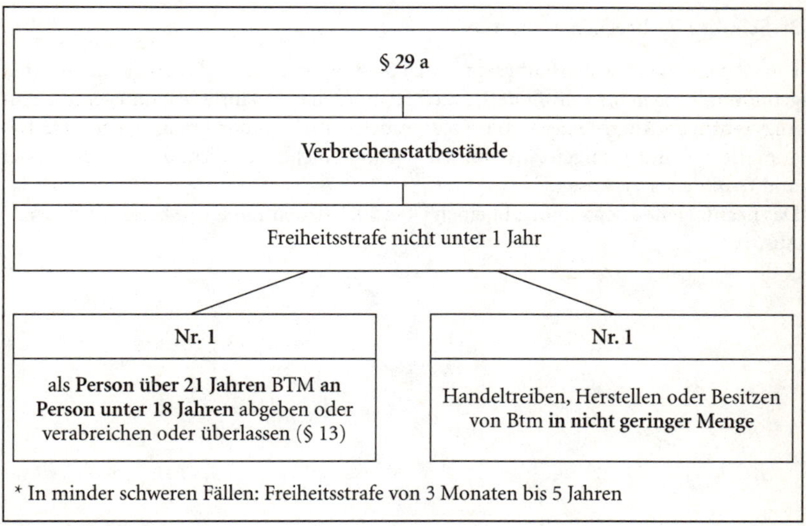

Schaubild 20

Was unter einer »nicht geringen Menge« zu verstehen ist, wurde zwischenzeitlich durch die Rechtsprechung des BGH konkretisiert. Bei der Festlegung der Grenzwerte stellten die Richter nicht auf die Gewichtsmenge, sondern auf die Wirkstoffmenge,

14 vgl. Körner § 29 Rdnr. 1553 ff.

die Anzahl der daraus zu gewinnenden toxischen Dosen und die Gefährlichkeit der BtM für den nicht abhängigen Konsumenten ab.[15] Ab folgender Wirkstoffmengen ist nach der BGH-Rechtsprechung eine »nicht geringe Menge« gegeben:

- Heroin: 1,5 Gramm reines Heroinhydrochlorid,
- Haschisch, Marihuana: 7,5 Gramm Tetrahydrocannabinol (THC),
- Morphin: 6 Gramm Morphinhydrochlorid,
- Methadon: 1,5 Gramm Methadonhydrochlorid,
- Kokain: 5 Gramm Kokainhydrochlorid,
- Amphetamin: 10 Gramm Amphetamin-Base,
- MDMA (Partydroge): 24 Gramm MDMA-Base,
- LSD: 6 mg Wirkstoff.[16]

Nach Abs. 2 reduziert sich der Strafrahmen auf drei Monate bis fünf Jahre, wenn ein sog. **minder schwerer Fall** vorliegt. Ein solcher Fall ist immer dann anzunehmen, wenn bei einer Gesamtbetrachtung aller Umstände das gesamte Tatbild derart vom Durchschnitt der Fälle abweicht, dass eine geringere Bestrafung geboten ist. So zum Beispiel, wenn die BtM nur zum Eigenverbrauch bestimmt sind, V-Leute der Polizei zur Tat angestiftet haben oder bei der Tataufdeckung der Beschuldigte geholfen hat, die Beteiligung anderer nachzuweisen.[17]

3. Schwere Verbrechenstatbestände

Die schweren Verbrechenstatbestände in § 30 BtMG richten sich – so die Gesetzesbegründung – gegen die »Großtäter« und ihre »besonders gefährlichen und verabscheuungswürdigen Angriffe gegen die Volksgesundheit«.[18] In der Praxis der Strafverfolgung ist es – mit wenigen Ausnahmen – jedoch nicht gelungen, die Hintermänner und Großdealer zu fassen.[19]

Das nachfolgende Schaubild gibt einen Überblick der einzelnen Tatbestände von § 30 Abs. 1.

15 Körner § 29 a Rdnr. 42; kritisch dazu Böllinger/Stöver 2002, S. 466 ff.

16 vgl. Körner § 29 a Rdnr. 46 ff.

17 vgl. Körner § 29 a Rdnr. 135 ff.

18 BT-Drs. 8/3551, S. 37

19 Böllinger/Stöver 2002, S. 469

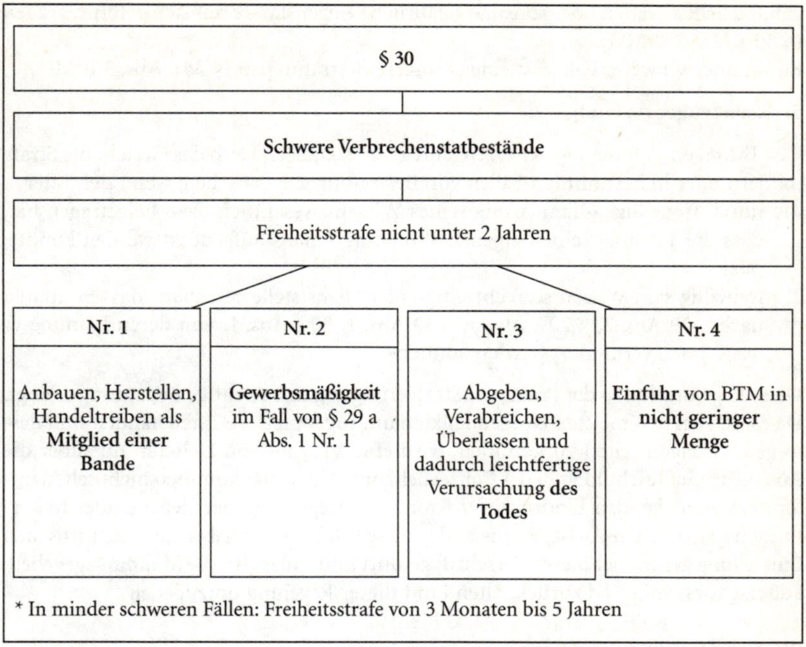

Schaubild 21

Zur Erläuterung soll noch darauf hingewiesen werden, dass nach der Rechtsprechung von Bande i. S. d. § 30 Abs. 1 Nr. 1 BtMG bereits dann gesprochen werden kann, wenn sich zwei Personen zusammengeschlossen haben, um in Zukunft BtM unerlaubt in einer unbestimmten Anzahl von Fällen anzubauen, herzustellen oder damit Handel zu treiben.[20]

4. Schwerste Verbrechenstatbestände

Schließlich hat der Gesetzgeber mit § 30 a die härteste Strafvorschrift im BtMG geschaffen, um die bandenmäßige BtM-Kriminalität, den Kern der »Organisierten Kriminalität«, abzuschrecken.[21]

Mit einer auf fünf Jahre erhöhten Mindeststrafe (bis zu 15 Jahre Freiheitsstrafe) wird gem. § 30 a Abs. 1 bestraft, wer in nicht geringer Menge ohne Erlaubnis BtM anbaut, herstellt, mit ihnen Handel treibt, sie ein- oder ausführt und dabei als Mitglied einer Bande handelt. Ebenso wird bestraft, wer als Person über 21 Jahre eine Person unter 18 Jahren dazu bestimmt, u. a. mit BtM unerlaubt Handel zu treiben, sie einzuführen, zu veräußern, abzugeben oder sonst in den Verkehr zu bringen. Der gleiche Strafrahmen, nämlich fünf bis 15 Jahre Freiheitsstrafe, droht auch dann, wenn bei der Tatbe-

20 BGH NJW 1992, S. 58
21 so Körner § 30 a Rdnr. 2

gehung Schusswaffen oder sonstige gefährliche Gegenstände mit sich geführt werden (§ 30 a Abs. 2 BtMG).
Ein minder schwerer Fall lässt eine geringere Bestrafung zu (§ 30 a Abs. 3 BtMG).

5. Kronzeugenregelung

§ 31 BtMG enthält die sog. Kronzeugenregelung. Danach kann das Gericht die Strafe mildern oder in bestimmten Fällen von Bestrafung ganz absehen, wenn der Täter –

»1. durch freiwillige Offenbarung seines Wissens wesentlich dazu beigetragen hat, dass die Tat über seinen eigenen Tatbeitrag hinaus aufgedeckt werden konnte, oder
2. freiwillig sein Wissen so rechtzeitig einer Dienststelle offenbart, dass Straftaten nach § 29 Abs. 3, § 29 a Abs. 1, § 30 Abs. 1, 30 a Abs. 1, von deren Planung er weiß, noch verhindert werden können«.

Diese Regelung hat in der Praxis der Strafverfolgung eine wichtige Bedeutung erlangt. Da es sich bei den meisten Drogendelikten um sog. opferlose Taten handelt und deswegen Anzeigen selten vorkommen, wird eine Vielzahl von Delikten nur über die Aussagen von Beschuldigten der Polizei bekannt. Allerdings kommen nicht selten unter dem verlockenden Eindruck der Kronzeugenregelung übertriebene oder frei erfundene, also falsche Aussagen zustande. Diese Erfahrungen haben zu einer kritischen Einstellung gegenüber dieser Vorschrift geführt und Anlass für die Mahnung gegeben, äußerst vorsichtig und zurückhaltend mit dieser Regelung umzugehen.[22]

III. Drogenkonsumräume

Bis Anfang des Jahres 2000 herrschte große Unsicherheit, ob die Einrichtung von sog. **Fixerstuben** oder sog. **Gesundheitsräumen** gegen § 29 Abs.1 Nr. 10 BtMG a. F. verstößt. Der Streit über die rechtliche Zulässigkeit ist mit dem 3. BtMG-Änderungsgesetz vom 28. 3. 2000 (BGBI. I, S. 302) beendet. Nach der neu geschaffenen Vorschrift von § 10 a BtMG ist nunmehr die **Einrichtung und der Betrieb von Drogenkonsumräumen** unter bestimmten Voraussetzungen erlaubt. Das Gesetz versteht unter Drogenkonsumräumen Einrichtungen, »in deren Räumlichkeiten Betäubungsmittelabhängigen eine Gelegenheit zum Verbrauch von mitgeführten, ärztlich nicht verschriebenen Betäubungsmitteln verschafft oder gewährt wird« (§ 10 a Abs. 1 S. 1 BtMG).
Der **Betrieb von Drogenkonsumräumen ist erlaubnispflichtig**; zuständig für die Erteilung einer Erlaubnis ist die oberste Landesbehörde, die nach entsprechenden Rechtsverordnungen der Landesregierungen bestimmt wird. Insbesondere müssen gewisse **Mindeststandards für die Sicherheit und Kontrolle** beim Verbrauch von BtM erfüllt sein; u. a. sind folgende Standards vorgesehen:

- Zweckdienliche sachliche Ausstattung der Räumlichkeiten,
- Gewährleistung einer sofort einsatzfähigen medizinischen Notfallversorgung,
- Medizinische Beratung und Hilfe zum Zwecke der Risikominderung,

22 vgl. Körner § 31 Rdnr. 3 ff.

- Vermittlung von weiterführenden und ausstiegsorientierten Angeboten der Beratung und Therapie,
- Maßnahmen zur Verhinderung von Straftaten, Zusammenarbeit mit Ordnungsbehörden,
- Genaue Festlegung des Kreises der berechtigten Konsumenten,
- Dokumentation und Evaluation der Arbeit,
- Ständige Anwesenheit von persönlich zuverlässigem Personal in ausreichender Zahl (§ 10 a Abs. 2 S. 1 BtMG).

Inwieweit zukünftig von der Möglichkeit Gebrauch gemacht wird bzw. gemacht werden kann, Drogenkonsumräume zu betreiben, hängt zum einen ganz wesentlich von dem **politischen Willen der Landesregierungen** ab, mit entsprechenden Rechtsverordnungen überhaupt erst die Rechtsgrundlagen zu schaffen.[23] Sollte dies geschehen, so wird zum anderen die **drogenpolitische Bereitschaft der Städte und Kreise** darüber entscheiden, ob die erforderlichen finanziellen Mittel für den Betrieb von Drogenkonsumräumen zur Verfügung gestellt werden. Dass eine schnelle und flächendeckende Einführung von Drogenkonsumräumen erwartet werden konnte, musste von Anfang an eher skeptisch beurteilt werden; Stöver berichtet, dass erst in Hamburg, Nordrhein-Westfalen und Saarbrücken von der Möglichkeit Gebrauch gemacht worden ist, die rechtlichen Voraussetzungen für die Einrichtung von Konsumräumen zu schaffen.[24]

IV. Diversionsmöglichkeiten nach dem BtMG

Um möglichst viele Drogenkonsumenten und Drogenabhängige der Strafverfolgung zu entziehen und der Drogenhilfe zuzuführen, hat der Gesetzgeber 1992 die Möglichkeit eröffnet, Strafverfahren schon im Ermittlungsverfahren durch die Staatsanwaltschaft, aber auch noch nach Anklageerhebung durch das Gericht einzustellen. Neben den Einstellungsmöglichkeiten nach den §§ 153 ff. StPO wird mit § 31 a BtMG ein **spezifischer Weg für eine Diversion** eröffnet. Es handelt sich um eine wichtige Vorschrift, mit der die rechtspolitische Absicht verfolgt wird, auf eine Strafverfolgung insbesondere gegen Drogenkonsumenten zu verzichten.[25]

1. Diversion durch die Staatsanwaltschaft und das Gericht

Unter folgenden Voraussetzungen **kann gem. § 31 a Abs. 1 S. 1 BtMG die Staatsanwaltschaft ohne Zustimmung des Gerichts von der Strafverfolgung absehen:**

- Vergehen nach § 29 Abs. 1, 2 oder 4 BtMG,
- geringe Schuld des Täters,
- kein öffentliches Interesse an der Strafverfolgung und
- Anbau, Herstellung, Ein-, Aus- und Durchfuhr, Erwerb, Verschaffen in sonstiger Weise oder Besitz von BtM zum **Eigenverbrauch in geringer Menge.**

23 vgl. die erste Zwischenbilanz bei Böllinger/Stöver 2002, S. 174 ff.
24 Stöver/Böllinger 2002, S. 180
25 vgl. Körner § 31 a Rdnr. 1 f.

Was unter **geringer Menge** zu verstehen ist, hat der Gesetzgeber offen gelassen und der Entscheidungsbefugnis der Staatsanwaltschaft überlassen. Um dem Dilemma einer unterschiedlichen Auslegung und einer Ungleichbehandlung entgegenzuwirken, hat das BVerfG in seiner »Haschisch-Entscheidung« die Forderung aufgestellt, zur Herstellung einer einheitlichen Praxis verbindliche und bundeseinheitliche Richtlinien der Landesjustizministerien für die Staatsanwaltschaft zu erlassen.[26] Wegen starker politischer Differenzen der einzelnen Bundesländer ist der Erlass von bundeseinheitlichen Richtlinien (d. h. Verwaltungsvorschriften) bislang nicht zustandegekommen. Vielmehr haben einzelne Länder eigene Richtlinien erlassen, so dass nach wie vor enorme regionale Unterschiede in der Einstellungspraxis bestehen. In Bayern gilt bspw. im Hinblick auf Haschisch bis zu 6 Gramm als geringe Menge, in Schleswig-Holstein hingegen bis zu 30 Gramm.[27]
Während der Staatsanwaltschaft bei der Frage, ob sie von der Verfolgung gem. § 31 a Abs. 1 S. 1 BtMG **absieht, ein Ermessen** (»**kann**«) **eingeräumt ist, ist sie nach** § 31 a Abs. 1 S. 2 BtMG **dazu im allgemeinen verpflichtet** (»**soll**«), wenn der Täter **in einem Drogenkonsumraum BtM zum Eigenverbrauch in geringer Menge besitzt.** Mit dieser Neuregelung ist zumindest ein wichtiger Schritt zu einer Entkriminalisierung von Drogengebrauchern unternommen worden.
Ist bereits Anklage erhoben worden, kann das Gericht ebenfalls jederzeit das Verfahren einstellen, wenn die o. a. Voraussetzungen vorliegen. Zusätzlich ist die Zustimmung der Staatsanwaltschaft sowie des Angeschuldigten erforderlich (§ 31 a Abs. 2 S. 1 BtMG).

2. Absehen von Bestrafung

Kommt eine Einstellung durch Staatsanwaltschaft oder Gericht nicht zustande, so kann gem. § 29 Abs. 5 BtMG **das Gericht** trotzdem **von einer Bestrafung in den Fällen von § 29 Abs. 1, 2 und 4 BtMG absehen**, wenn der Täter die BtM lediglich **zum Eigenverbrauch in geringer Menge** anbaut, herstellt, ein-, aus- oder durchführt, erwirbt, sich in sonstiger Weise verschafft oder besitzt. Mit dieser Vorschrift soll trotz des bestehenden öffentlichen Interesses an der Verfolgung der Drogendelinquenz der **Gelegenheitskonsument** und **Drogenprobierer** vor Strafe sowie der Eintragung im Strafregister und der damit verbundenen Diskriminierung bewahrt werden.[28]

3. Therapie statt Bestrafung

Schließlich besteht nach § 37 BtMG sowohl für die Staatsanwaltschaft als auch für das Gericht eine **weitere Möglichkeit der Diversion**, wenn die therapeutische Behandlung des drogenabhängigen Beschuldigten eine erfolgreiche Resozialisierung verspricht. In diesem Zusammenhang ist das Schlagwort »**Therapie statt Strafe**« zutreffend.

---

26 BVerfG NJW 1994, S. 1577 ff.
27 vgl. Körner § 31 a Rdnr. 29 ff.
28 BayObLG StV 1982, S. 423

Sind folgende Voraussetzungen erfüllt, so kann die Staatsanwaltschaft mit Zustimmung des zuständigen Gerichts **vorläufig von der Anklageerhebung** gem. Abs. 1 **absehen:**

- hinreichender Verdacht einer Straftat aufgrund einer Betäubungsmittelabhängigkeit,
- Erwartung einer Freiheitsstrafe von nicht mehr als 2 Jahren,
- Nachweis einer der Rehabilitation dienenden Behandlung (Drogentherapie) und
- Erwartung einer erfolgreichen Therapie.

Mit der Entscheidung über die vorläufige Einstellung setzt die Staatsanwaltschaft Fristen fest, zu denen der Beschuldigte nachweisen muss, dass er sich noch in Therapie befindet (§ 37 Abs. 1 S. 2 BtMG).
Das Verfahren muss endgültig eingestellt werden, wenn es nicht innerhalb von zwei Jahren nach der Entscheidung der Staatsanwaltschaft fortgesetzt wird (§ 37 Abs. 1 S. 5 BtMG).

Die **Fortsetzung des Verfahrens** kommt allerdings gem. § 37 Abs. 1 S. 3 BtMG dann in Betracht, wenn

- die Behandlung nicht bis zu ihrem vorgesehenen Abschluss fortgeführt wird,
- der Beschuldigte seiner Meldepflicht nicht nachkommt,
- der Beschuldigte eine weitere Straftat begeht und dadurch zeigt, dass die in ihn gesetzte Erwartung sich nicht erfüllt hat oder
- neue Tatsachen oder Beweismittel zutage treten, die eine Freiheitsstrafe von mehr als zwei Jahren erwarten lassen.

Die Verfahrensfortsetzung kann jedoch in den ersten beiden Fällen unterbleiben, wenn der Beschuldigte nachträglich nachweist, dass er sich noch in Behandlung befindet (§ 37 Abs. 1 S. 4 BtMG). Das ermöglicht auch, bei einem Therapieabbruch unverzüglich in einer anderen Einrichtung eine neue, evtl. andersartige Therapie zu beginnen.
Unter den gleichen Voraussetzungen kann auch nach Anklageerhebung das Gericht mit Zustimmung der Staatsanwaltschaft das Verfahren einstellen (§ 37 Abs. 2 BtMG).

B. Besonderheiten des Vollstreckungsverfahrens – Therapie statt Strafvollzug

Wie bereits oben dargestellt werden konnte, eignen sich längerfristige Aufenthalte in Strafanstalten in der Regel nicht, Gefangene wirksam zu »resozialisieren«. Das muss um so mehr gelten, wenn diese drogenabhängig und aufgrund ihrer Sucht als krank i. S. d. der WHO anzusehen sind.[29] Nach Schätzungen sind in den meisten Gefängnissen ca. 10–20 Prozent der Insassen, in den Jugendstrafanstalten z. T. 35–50 Prozent, drogenabhängig.[30] Hinzu kommt, dass die **Gefängnisse keineswegs drogenfreie Zonen** sind, die sich als Orte für eine erfolgversprechende Behandlung anbieten. Böllinger/Stöver/Fietzek beschreiben in beeindruckender Weise am Beispiel der JVA Berlin-

29 vgl. Scheerer/Vogt 1989, S. 14 ff.
30 Böllinger/Stöver 2002, S. 508 ff.

Tegel, in welchem Maße Drogen die alltäglichen Innenverhältnisse des »Knastes« bestimmen:

> »Nach offiziellen Angaben wird dort monatlich 1 kg Heroin im Verkaufswert von ca. 1,5 Mio. DM eingeschleust. Bei jährlich hunderttausend Besuchern und Tausenden von Freigängen und Beurlaubungen ist eine umfassende Kontrolle unmöglich. Die Dealer, von denen manche gezielt wegen der guten Absatzchancen in den Knast geschleust werden, verdienen Zehntausende. Ein Schuss kostet 30 Mark, berichtet die Gefangenenzeitung ›Lichtblick‹. Ein Abhängiger braucht ›5–6 Meter am Tag‹. Es kommt zu regelrechten Sklavenverhältnissen, wenn einer nicht mehr zahlen kann. Angehörige draußen werden angezapft, Frauen und Freundinnen müssen auf den Strich gehen oder Jugendliche selbst in der Haft auf den Strich, im sog. ›Bahnhof Zoo‹, der Zentrale des Hauses 11. Eine gut organisierte Mafia ist hier am Werk«.[31]

Vor diesem Hintergrund erscheint es nur folgerichtig, dass das BtMG **als Alternative für die Vollstreckung von verhängter Freiheitsstrafe oder Maßregel die Durchführung einer Therapie** vorsieht. Gesetzliche Grundlage dafür ist § 35 BtMG.[32]

Danach kann gem. § 35 Abs. 1 BtMG die Vollstreckungsbehörde die Vollstreckung der Freiheitsstrafe, eines Strafrestes oder der Maßregel der Unterbringung in einer Entziehungsanstalt für längstens zwei Jahre zurückstellen, wenn folgende Voraussetzungen erfüllt sind:

- rechtskräftige Verurteilung wegen einer Straftat,
- BtM-Abhängigkeit des Verurteilten,
- Ursachenzusammenhang zwischen BtM-Abhängigkeit und der Tat,
- verhängte Strafe bzw. Restfreiheitsstrafe von nicht mehr als zwei Jahren,
- keine Vollstreckung einer weiteren Freiheitsstrafe, Ersatzfreiheitsstrafe oder Maßregel und
- bereits eingeleitete Therapie oder entsprechende Zusage des Verurteilten bei gewährleistetem Therapiebeginn.

Zur Erläuterung sei darauf hingewiesen, dass ausnahmslos eine **Abhängigkeit von BtM** vorliegen muss. Medikamenten- oder Alkoholabhängigkeit allein reicht nicht aus, es sei denn, der Verurteilte hat aufgrund einer sog. Polytoxikomanie abwechselnd oder gleichzeitig neben Medikamenten bzw. Alkohol auch BtM konsumiert.[33]
Als eine »der **Rehabilitation dienende Behandlung**« (so § 35 Abs. 1 S. 1 BtMG) ist jede Behandlung zu verstehen, die nach einem konkreten Therapiekonzept, in geeigneten Räumlichkeiten mit qualifiziertem Fachpersonal durchgeführt wird. Dabei ist eine staatliche Anerkennung nicht erforderlich. Neben **stationären** kommen auch **ambulante Therapien**, wie bspw. Substitutionsbehandlungen mit Methadon unter psychosozialer Begleitung, in Betracht.[34]
Liegen die Voraussetzungen für die Zurückstellung der Straf- oder Maßregelvollstreckung vor, so kann der Verurteilte einen diesbezüglichen Antrag bei der Staatsanwalt-

31 1995, S. 258 f. unter Verweis auf Claus/Ruff 1983, S. 126 ff.
32 vgl. Körner in: Böllinger/Stöver 2002, S. 552 ff.
33 Körner § 35 Rdnr. 44
34 Körner § 35 Rdnr. 101 ff.; Hanseatisches OLG Hamburg StV 5/2003, S. 290 f.

schaft als Vollstreckungsbehörde stellen, dem eine **Therapieplatzzusage** und eine **Zusage des Kostenträgers**, also der Renten- bzw. Krankenversicherungsträger oder der Sozialhilfeträger, beigefügt sein muss.
Vor der Entscheidung über den Zurückstellungsantrag muss die **Zustimmung des Gerichts des ersten Rechtszuges**, also der ersten Instanz, vorliegen.
Gegen die ablehnende Entscheidung über seinen Antrag kann der Verurteilte bei dem zuständigen OLG Rechtsmittel nach den §§ 23–30 Einführungsgesetz zum GVG einlegen. [35]
Ausdrücklich verpflichtet das BtMG den Verurteilten, zu Zeitpunkten, die von der Vollstreckungsbehörde bestimmt werden, den Beginn und die Fortführung der Behandlung nachzuweisen. Eine entsprechende **Meldepflicht gegenüber der Vollstreckungsbehörde** haben auch die Therapieeinrichtungen, bzw. die Therapeuten, wenn die Therapie abgebrochen wird (§ 35 Abs. 4).

Die Zurückstellung wird nach § 35 Abs. 5 und 6 BtMG von der Vollstreckungsbehörde widerrufen, wenn

- die Behandlung nicht begonnen oder fortgesetzt wird und nicht zu erwarten ist, dass der Verurteilte die Behandlung bzw. eine Behandlung der gleichen Art nicht beginnt oder wieder aufnimmt oder
- der Verurteilte seiner Pflicht nicht nachkommt, in Abständen Beginn und Fortsetzung der Therapie nachzuweisen.

Gelingt es dem Verurteilten, nachträglich den Nachweis seiner Behandlung zu erbringen, kann von einem Widerruf abgesehen werden. Das gilt auch für den Fall, dass der Verurteilte seine Therapie abbricht und alsbald eine Behandlung derselben Art wieder aufnimmt oder beginnt (§ 35 Abs. 5 S. 2 BtMG).
Schließlich stellt das Gesetz eindeutig klar, dass nach einem Widerruf erneut die Vollstreckung zurückgestellt werden kann, wenn die Voraussetzungen dafür vorliegen (§ 35 Abs. 5 S. 3 BtMG), so dass **auch mehrmalige Therapieabbrüche kein Hindernis für einen weiteren Versuch** darstellen müssen.
Nach der Zurückstellung der Strafvollstreckung nach § 35 BtMG und der Therapie in einer staatlich anerkannten Einrichtung wird die Zeit, in der sich der Verurteilte nachweisbar in der Einrichtung aufgehalten hat, **auf die Strafe angerechnet**. Über die Anrechnungsfähigkeit entscheidet das Gericht gleichzeitig mit seiner Zustimmung zur Zurückstellung. Die Anrechnung erfolgt höchstens in dem Umfang, bis 2/3 der Strafe erledigt sind (§ 36 Abs. 1 S. 1 BtMG). In gleicher Weise kann das Gericht nach Abs. 3 auch die Zeit in anderen, sog. »freien« Behandlungen ganz oder teilweise anrechnen, wenn die Anforderungen der Behandlung den gesetzlichen Ansprüchen genügen.
In den Fällen, in denen durch die Anrechnung zwei Drittel der Strafe erledigt sind oder eine Behandlung zu einem früheren Zeitpunkt nicht mehr erforderlich ist, wird die Reststrafe zur Bewährung ausgesetzt, wenn die Behandlung beendet ist und die Erprobung der Straffreiheit verantwortet werden kann (§ 36 Abs. 1 S. 3 BtMG).

35 vgl. Körner § 35 Rdnr. 166

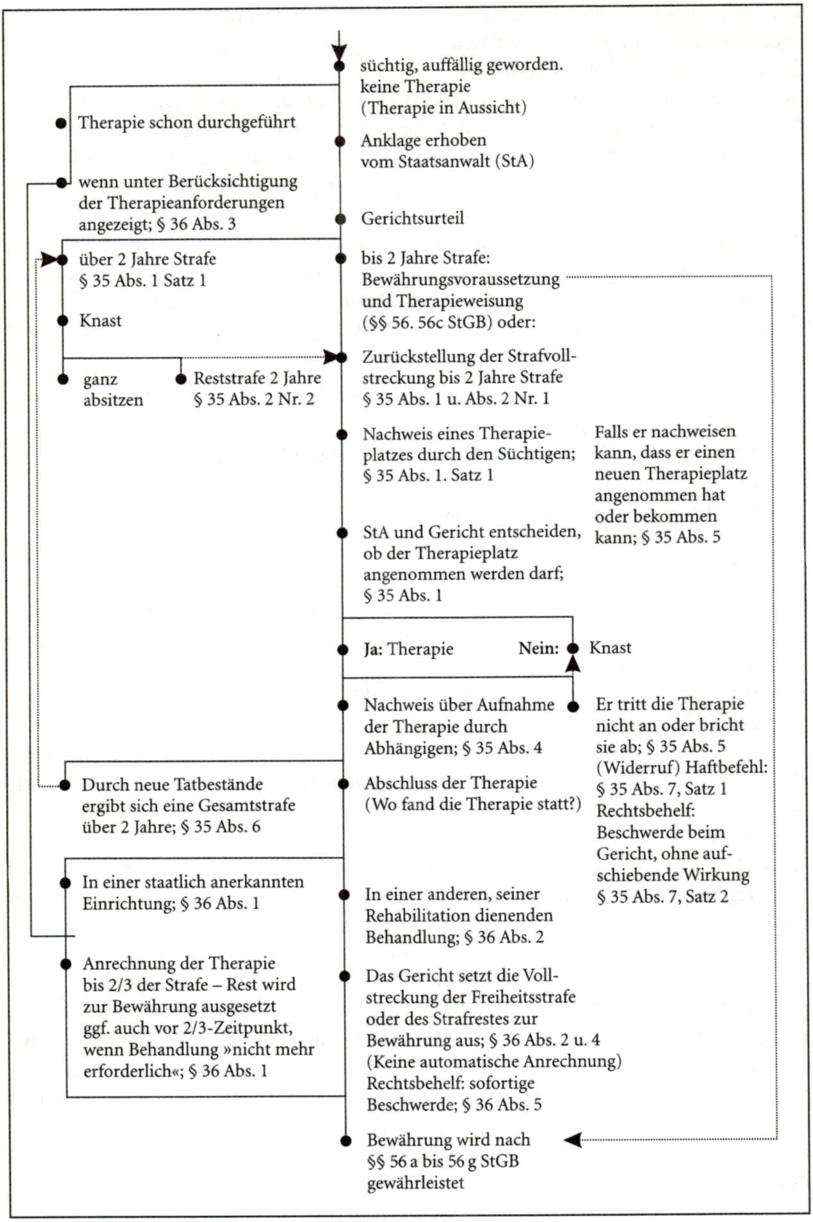

Schaubild 22: Zurückstellung der Strafvollstreckung und Anregung von Therapie statt Strafvollzug

Nicht unproblematisch ist es, dass unabhängig vom Erfolg der Therapie in allen Fällen ein Drittel der Strafe als unerledigt angesehen wird, um **die Kontrolle auch nach Beendigung der Therapie aufrechtzuerhalten**. Damit wird gegenüber den Verurteilten, die bereits mit Anrechnung der U-Haft oder im Strafvollzug fast zwei Drittel ihrer Strafe verbüßt haben, kaum eine Motivation für eine Therapie hergestellt werden können.

Die Entscheidungen über die Anrechnung und die (Rest-)Strafaussetzung zur Bewährung trifft das Gericht der ersten Instanz, nachdem es die Vollstreckungsbehörde, den Verurteilten und die Einrichtung bzw. die Therapeuten gehört hat. Gegen die Entscheidung ist die sofortige Beschwerde möglich (§ 36 Abs. 5 BtMG).

1997 wurden in 4.329 Fällen die Strafvollstreckung nach § 35 BtMG zurückgestellt.[36]

36 Egg 1999, S. 410

16. Kapitel: § 218 StGB

Grundlegende Literatur: Eser in: Schönke-Schröder, StGB Kommentar, 26. Aufl., München 2001, §§ 218 ff.

§ 218, die zentrale Strafregelung des Schwangerschaftsabbruchs, ist wohl die bekannteste Vorschrift des StGB. Sie gehört zu den Strafnormen, die immer wieder bis heute für **politischen und rechtlichen Streit** gesorgt haben. Seit dem Inkrafttreten der ersten Fassung von § 218 im Jahre 1871 hat es eine Vielzahl von parlamentarischen sowie außerparlamentarischen Reformbemühungen gegeben. In deren Verlauf haben zwischen sog. Lebensschützern insbesondere aus kirchlichen Kreisen, die auf einem ausnahmslosen, strafbewehrten Abtreibungsverbot bestehen (»Abtreibung ist Mord«), und liberalen Reformerinnen vornehmlich aus der Frauenbewegung, die sich für eine völlige Streichung der Strafvorschrift einsetzen (»Mein Bauch gehört mir«), heftigste Gefechte stattgefunden.[1]
Ausgangspunkt dieser Kontroverse war die **individuelle Konflikt- und Notlage der Schwangeren**, die aus Angst vor Strafverfolgung in die Illegalität getrieben wurden. Entweder begaben sich die betroffenen Frauen unter Inkaufnahme erheblicher Gesundheitsrisiken in die Hände von Kurpfuschern oder Engelmacherinnen oder sie ließen, sofern die erforderlichen finanziellen Mittel zur Verfügung standen, den Abbruch im Ausland vornehmen. In allen Fällen wurden sie mit ihren Gewissensnöten und den Gefährdungen für ihre Gesundheit allein gelassen[2]. Zurecht verweist Albin Eser darauf, dass bei einer **Dunkelziffer von schätzungsweisen 75.000 bis 300.000 illegalen Abtreibungen** und nur noch **rund 300 Verurteilungen pro Jahr** die weitgehende Wirkungslosigkeit des bis in die siebziger Jahre geltenden strikten Abtreibungsverbotes nicht weiter in Frage gestellt werden konnte.[3]
Eine weitere bedeutsame Station in der rechtspolitischen Debatte über die Sinnhaftigkeit der Bestrafung eines Schwangerschaftsabbruchs war Ende der achtziger Jahre der **Strafprozess in Memmingen** gegen den Arzt Dr. Theissen, dessen Verurteilung bundesweit zu heftigen Protesten gegen diesen von der Memminger Justiz geführten »Kreuzzug« Anlass gab.[4]

A. Geschichtlicher Abriss

Die von neuem begonnene öffentliche Debatte in der Bundesrepublik führte 1974 unter der damaligen sozial-liberalen Regierung zu einem Reformgesetz, dem das sog. **Fristenmodell** zugrunde lag (BT-Drs. 6/3434). Danach sollte die innerhalb der ersten zwölf Schwangerschaftswochen vorgenommene Abtreibung auch ohne Anerkennung von bestimmten Gründen grundsätzlich straffrei bleiben, wenn zuvor eine Beratung

1 vgl. v. Paczensky/Sadronitzki 1984
2 BT-Drs. 6/2025 S. 6 ff.
3 Eser 2001 §§ 218 ff. Vorbemerkung Rdnr. 2
4 vgl. Friedrichsen 1989

durchgeführt wurde. Nach Klage der konservativen Bundestagsopposition erklärte das BVerfG die Fristenregelung für verfassungswidrig und nichtig und zwang den Gesetzgeber zu einer Neufassung von § 218.[5]
Dem den verfassungsgerichtlichen Vorgaben entsprechenden Änderungsgesetz lag nunmehr das sog. **Indikationsmodell** zugrunde, wonach bei einer **weit gefassten medizinisch-sozialen Indikation** verbunden mit einem sehr offenen Beratungs- und Feststellungsverfahren der Schwangeren bis zum Ende der 22. Woche Straffreiheit garantiert wurde.[6] Gleichzeitig wurde die Kostenübernahme durch die Krankenkassen sichergestellt.
Mit dem Beitritt der neuen Bundesländer 1990 komplizierte sich die Gesetzeslage dadurch, dass nunmehr für das Gebiet der ehemaligen DDR die dort seit 1972 geltende Fristenregelung dem Recht der BRD angepasst werden musste. Im Einigungsvertrag (Art. 31 IV) wurde dem gesamtdeutschen Gesetzgeber die Aufgabe zugewiesen, bis Ende 1992 eine Neuregelung zu erarbeiten. Das daraufhin 1992 verabschiedete **Schwangeren- und Familienhilfegesetz**[7] sah eine **rechtfertigende Fristenregelung mit Beratungspflicht** vor. Doch bevor dieses Gesetz in Kraft treten konnte, wurde seine Geltung auf Initiative Bayerns und eines Teils der CDU/CSU-Bundestagsfraktion durch eine einstweilige Anordnung des BVerfG[8] verhindert. In dem nachfolgenden Urteil erklärte das Gericht Teile des Gesetzes für nichtig und verfügte sehr detaillierte Übergangsregelungen. Ergebnis dieser letzten verfassungsgerichtlichen Intervention, die in fast allen rechtspolitischen Lagern auf erhebliche Kritik gestoßen ist[9], war der erneute Versuch des Gesetzgebers, mit dem nunmehr und bis jetzt – noch – gültigen **Schwangeren- und Familienhilfeänderungsgesetz** vom 21. 8. 1995[10] die Vorgaben des BVerfG einzulösen.
Die folgenden Leitsätze des BVerfG-Urteils, die nicht vollständig wiedergegeben werden sollen, verdeutlichen diese **verfassungsrechtlichen Vorgaben**[11]:

1. Das Grundgesetz verpflichtet den Staat, menschliches Leben, auch das ungeborene, zu schützen. Dabei ist die Schutzpflicht für das ungeborene Leben gerade auch auf das einzelne Leben bezogen.
2. Rechtlicher Schutz gebührt dem Ungeborenen auch gegenüber seiner Mutter. Ein solcher Schutz ist nur möglich, wenn der Gesetzgeber ihr einen Schwangerschaftsabbruch grundsätzlich verbietet und ihr damit die grundsätzliche Rechtspflicht auferlegt, das Kind auszutragen.
3. Der Schwangerschaftsabbruch muss für die ganze Dauer der Schwangerschaft grundsätzlich als Unrecht angesehen und dem gemäß rechtlich verboten sein. Das Lebensrecht des Ungeborenen darf nicht, wenn auch nur für eine begrenzte Zeit, der freien, rechtlich

---

5 Bd. 39, S. 1 ff.
6 BT-Drs. 7/4128
7 BGBl. I S. 1398
8 Bd. 86, S. 390
9 vgl. Tröndle 1994, S. 350, auf der eher konservativen Seite; Frommel 1993, S. 324 für die eher liberale Position
10 BGBl. I, S. 1050
11 Bd. 88, S. 203–205

nicht gebundenen Entscheidung eines Dritten, und sei es selbst der Mutter, überantwortet werden.

4. Der Staat muss zur Erfüllung seiner Schutzpflicht ausreichende Maßnahmen normativer und tatsächlicher Art ergreifen, die dazu führen, dass ein – unter Berücksichtigung entgegenstehender Rechtsgüter – angemessener und als solcher wirksamer Schutz erreicht wird. Dazu bedarf es eines Schutzkonzepts, das Elemente des präventiven wie des repressiven Schutzes miteinander verbindet.
5. Dem Gesetzgeber ist es verfassungsrechtlich grundsätzlich nicht verwehrt, zu einem Konzept für den Schutz des ungeborenen Lebens überzugehen, das in der Frühphase der Schwangerschaft in Schwangerschaftskonflikten den Schwerpunkt auf die Beratung der schwangeren Frau legt, um sie für das Austragen des Kindes zu gewinnen, und dabei auf eine indikationsbestimmte Strafdrohung und die Feststellung von Indikationstatbeständen durch einen Dritten verzichtet.
6. Ein solches Beratungskonzept erfordert Rahmenbedingungen, die positive Voraussetzungen für ein Handeln der Frau zugunsten des ungeborenen Lebens schaffen.
7. Schwangerschaftsabbrüche, die ohne Feststellung einer Indikation nach der Beratungsregelung vorgenommen werden, dürfen nicht für gerechtfertigt (nicht rechtswidrig) erklärt werden.

B. Die gesetzlichen Neuregelungen

Das Schwangeren- und Familienhilfeänderungsgesetz (SFHÄndG) von 1995 enthält als sog. Artikelgesetz eine Reihe von einzelnen Gesetzen, die sich zum Teil sehr eng an das Urteil des BVerfG anlehnen und sogar wörtlich einige gerichtliche Übergangsanordnungen wiedergeben. Dies geschah, um den nach wie vor vorhandenen Gegnern dieses Gesetzes keine Gelegenheit zu geben, wiederum das BVerfG anzurufen und eine weitere Niederlage zu riskieren.

I. Schwangerschaftskonfliktgesetz

Art. 1 regelt das Gesetz zur Vermeidung und Bewältigung von Schwangerschaftskonflikten (Schwangerschaftskonfliktgesetz ›SchKG‹). Kern dieses Gesetzes ist die **für einen Schwangerschaftsabbruch obligatorische Beratung** in den dafür vorgesehenen Einrichtungen. Für Sozialarbeiterinnen in den Beratungsstellen ist dieses Gesetz die **wichtigste rechtliche Grundlage**. Daneben gibt es landesrechtliche Vorschriften, die die Annerkennung der Beratungseinrichtungen und andere Einzelheiten der Beratungstätigkeit konkret regeln. Der Versuch des Landes Bayern, mit einem Schwangerenhilfeergänzungsgesetz die Abtreibungspraxis zu erschweren, ist nach Verfassungsbeschwerden betroffener Ärzte gescheitert, weil nach Ansicht der Karlsruher Richter das Bundesland angesichts der vom Bundesgesetzgeber getroffenen Regelungen keine eigene Gesetzgebungskompetenz besitzt.[12]

II. Krankenversicherung

Mit Art. 4 SFHÄndG ist das SGB V (Gesetzliche Krankenversicherung) geändert worden. Danach hat gem. § 24 b Abs. 3 die Versicherte zwar Anspruch u. a. auf ärztliche

12 BVerfGE v. 27.10.98, EuGRZ 98, S. 545 ff.

Beratung über die Erhaltung und den Abbruch der Schwangerschaft; die Vornahme des Abbruchs selbst bleibt jedoch **von dem Versicherungsschutz ausdrücklich ausgenommen**, so dass der ärztliche Eingriff privat bezahlt werden muss.

III. Sozialhilfe

Art. 5 SFHÄndG kann mit dem »Gesetz zur Hilfe für Frauen bei Schwangerschaftsabbrüchen in besonderen Fällen« als eine **sozialhilferechtliche Ergänzung für den fehlenden Krankenversicherungsschutz** angesehen werden. So haben Frauen Anspruch auf Leistungen zur Finanzierung des Abbruchs, wenn ihnen nicht zuzumuten ist, die Mittel für die Abtreibung selbst aufzubringen. Nach § 1 Abs. 2 ist dies der Fall, wenn die verfügbaren persönlichen Einkünfte 854,88 Euro pro Monat nicht übersteigen, wobei sich diese Einkommensgrenze für jedes unterhaltsberechtigte Kind, das bei ihr lebt, um jeweils 210,65 Euro erhöht. Zuständig sind die gesetzlichen Krankenkassen.[13]

Schließlich enthält Art. 8 SFHÄndG die nach Vorgabe des BVerfG geänderten Strafvorschriften der §§ 218 ff. StGB, die nun im Einzelnen erläutert werden.

C. Voraussetzungen der Strafbarkeit bzw. Straflosigkeit gem. §§ 218 ff. StGB

I. Allgemeine Strafbarkeitsbedingungen

Zunächst heißt es in § 218 Abs. 1 S. 1 StGB: »Wer eine Schwangerschaft abbricht, wird mit Freiheitsstrafe bis zu 3 Jahren oder mit Geldstrafe bestraft.« Dies gilt sowohl für die Schwangere wie für jeden anderen, insbesondere für den Arzt, der den Abbruch vornimmt. Allerdings erfährt die Strafandrohung für die Schwangere selbst eine Einschränkung: ihre Tatbegehung wird lediglich mit Freiheitsstrafe bis zu einem Jahr oder Geldstrafe geahndet (§ 218 Abs. 3 StGB).

Ausdrücklich stellt das Gesetz klar, dass ein **strafbarer Abbruch erst nach Abschluss der Einnistung des befruchteten Eis in der Gebärmutter möglich** ist (§ 218 Abs. 1 S. 2 StGB). In der Frühphase vor der Einnistung besteht für den Embryo lediglich nach den Bestimmungen des **Embryonenschutzgesetzes** ein – auch strafbewehrter – Schutz, der ganz besonders Genmanipulationen zu verhindern sucht.[14]

Auch der mit der Abtreibungspille Mifegyne (die frühere RU 486) ausgelöste Schwangerschaftsabbruch ist nach § 218 StGB strafbar.[15]

Strafverschärfungen (Strafrahmen: sechs Monate bis fünf Jahre) sieht § 218 Abs. 2 StGB in besonders schweren Fällen dann vor, wenn z. B. der Täter gegen den Willen der Schwangeren handelt oder leichtfertig die Gefahr des Todes oder einer schweren Gesundheitsschädigung verursacht.

---

13 vgl. Krahmer/Rudolph LPK-SGB I § 21 b Rdnr. 8

14 vgl. Eser 2001 §§ 218 ff. Vorbem. Rdnr. 11

15 vgl. Eser 2001 § 218 Rdnr. 21

II. Straflosigkeit des Schwangerschaftsabbruchs

Nach § 218 a StGB bleibt der **Schwangerschaftsabbruch straffrei**, wenn die in Abs. 1–4 genannten Voraussetzungen vorliegen.

1. Ausschlusstatbestände

Nach Abs. 1 ist die Strafbarkeit bereits dann **tatbestandlich ausgeschlossen**, wenn

- die Schwangere den Abbruch verlangt,
- mindestens drei Tage vor dem Eingriff eine **Schwangerschaftskonfliktberatung** stattgefunden hat, über die eine Bescheinigung ausgestellt wird, die dem behandelnden Arzt den Nachweis der Beratung liefert,
- der Schwangerschaftsabbruch durch einen Arzt vorgenommen wird und
- seit der Empfängnis nicht mehr als zwölf Wochen vergangen sind.

Dieses **auf Beratung orientierte Schutzkonzept** basiert auf der inzwischen nicht mehr ernsthaft zu bestreitenden Erkenntnis, dass – wenn überhaupt – **ein wirkungsvoller Schutz des ungeborenen Kindes nur mit der Schwangeren und keinesfalls mit den bisher repressiv gegen sie gerichteten Strafandrohungen** erreicht werden kann. Die Bereitschaft zur Mitwirkung setzt aber voraus, dass die Schwangere sich **ohne jede Angst vor Strafe oder Diskriminierung** dem ergebnisoffenen Beratungsgespräch stellt, sich in ihrer eigenen Verantwortung ernstgenommen sieht und ihr folglich auch die Letztentscheidung überlassen wird.[16]

2. Medizinisch-soziale und embryopathische Indikation

Nach § 218 a Abs. 2 StGB entfällt weiterhin die Strafbarkeit, wenn eine **medizinisch-soziale Indikation** vorliegt, die den Schwangerschaftsabbruch rechtfertigt. Im Einzelnen müssen folgende Bedingungen erfüllt sein:

- Der Abbruch der Schwangerschaft ist unter Berücksichtigung der gegenwärtigen und zukünftigen Lebensverhältnisse der Schwangeren nach ärztlicher Erkenntnis angezeigt, um eine Gefahr für das Leben oder die Gefahr einer schwerwiegenden Beeinträchtigung des körperlichen oder seelischen Gesundheitszustandes der Schwangeren abzuwenden;
- die Gefahr lässt sich nicht auf andere für die Schwangere zumutbare Weise abwenden;
- die so beschriebene medizinisch-soziale Indikation wird von einem Arzt schriftlich festgestellt (vgl. § 218 b Abs. 1 StGB);
- der Schwangerschaftsabbruch erfolgt mit Einwilligung der Schwangeren durch einen weiteren Arzt, der nicht auch die Indikationsfeststellung getroffen hat.

Fälle für eine derartige medizinisch-soziale Indikation können vorliegen bei Gebärmutterkrebs, Depression, Suizidgefahr, Gefahr der psychischen Dauerüberlastung (Bild der »verbrauchten Mutter«) sowie psychosomatischen Persönlichkeitsstörungen.[17]

16 Eser 2001 § 218 a Rdnr. 3

17 Eser 2001 § 218 a Rdnr. 28 und 29

In diesen Zusammenhang fällt auch die **embryopathische Indikation**, bei der eine Behinderung des ungeborenen Kindes zu einer unzumutbaren Belastung der Schwangeren führen kann.[18]
Bei der medizinisch-sozialen Indikation ist keine zeitliche Befristung vorgesehen, so dass theoretisch bei entsprechender Gefahrenlage ein Schwangerschaftsabbruch bis zum Beginn der Geburt möglich ist.[19]

3. Kriminologische Indikation

Gem. § 218 a Abs. 3 StGB ist auch nach Feststellung einer **kriminologischen Indikation** der Schwangerschaftsabbruch straffrei. Dies ist dann der Fall, wenn
- nach ärztlicher Erkenntnis an der Schwangeren eine rechtswidrige Tat nach den §§ 176 bis 179 StGB, also z. B. eine Vergewaltigung oder ein sexueller Missbrauch eines Kindes, begangen worden ist,
- dringende Gründe für die Annahme sprechen, dass die Schwangerschaft auf der Tat beruht,
- seit der Empfängnis nicht mehr als zwölf Wochen vergangen sind,
- diese Indikationsgründe von einem Arzt schriftlich festgestellt werden und
- der Schwangerschaftsabbruch mit Einwilligung der Schwangeren von einem weiteren Arzt vorgenommen wird, der die Indikationsfeststellung nicht getroffen hat.

4. Straffreiheit nach Beratung

Liegen die Voraussetzungen für die Straflosigkeit nach § 218 a Abs. 1, 2 oder 3 StGB nicht vor und folglich eine Bestrafung nach § 218 StGB in Betracht gezogen werden muss, so bleibt die Schwangere nach § 218 a Abs. 4 StGB **gleichwohl nach einem Schwangerschaftsabbruch straffrei**, wenn
- der Abbruch nach einer Beratung i. S. v. § 219 StGB von einem Arzt vorgenommen worden ist und
- seit der Empfängnis nicht mehr als 22 Wochen verstrichen sind.

5. Absehen von Bestrafung

Schließlich ermöglicht das Gesetz dem Gericht, von Strafe doch noch abzusehen, die nach § 218 StGB eigentlich auszusprechen wäre, weil keine der vorgenannten Gründe für eine Straflosigkeit vorliegen, wenn die Schwangere sich **zur Zeit des Eingriffs in besonderer Bedrängnis** befunden hat (§ 218 a Abs. 4 S. 2 StGB). Hierzu zählen **besondere wirtschaftliche oder persönliche Notlagen** der Schwangeren wie Druck durch den Erzeuger, Einstellung der Familie oder außergewöhnlich beengende Wohnverhältnisse.[20]

---

18 vgl. BT-Drs. 13/1850 S. 51
19 Eser 2001 § 218 a Rdnr. 42
20 Tröndle/Fischer § 218 a Rdnr. 38 f.

D. Schwangerschaftskonfliktberatung

Der Beratung der Schwangeren kommt nach dem Schutzkonzept des Gesetzgebers zentrale Bedeutung zu. Mit dem Beratungsgespräch soll die Schwangere motiviert werden, die Schwangerschaft fortzusetzen. Entschließt sie sich nach einer Beratung dennoch nicht zu einer Fortsetzung der Schwangerschaft, bleibt die Schwangere sowohl nach § 218 a Abs. 1 StGB als auch nach § 218 a Abs. 4 S. 1 StGB straffrei, wenn in den vorgeschriebenen Fristen der Abbruch durch einen Arzt vorgenommen wird. Angesichts ihrer Wichtigkeit werden in § 219 StGB und in dem SchKG Einzelheiten über Inhalt und Organisation der Schwangerschaftskonfliktberatung geregelt, um einen gewissen **qualitativen Mindeststandard** zu garantieren.

I. Organisation

Die für die Straffreiheit erforderliche Beratung muss nach § 219 Abs. 2 StGB durch eine **anerkannte Beratungsstelle** erfolgen. Als Beratungsstellen kommen auch **Einrichtungen freier Träger** und **Ärzte** in Betracht (§ 8 SchKG). Nach § 9 SchKG ist die staatliche Anerkennung an die Bedingung geknüpft, eine fachgerechte Beratung zu gewährleisten, die den gesetzlichen Vorgaben über Beratungsinhalte (§ 219 Abs. 1 StGB und § 5 SchKG) und **organisatorische Besonderheiten** entsprechen; insbesondere wird verlangt:

- ein hinreichend persönlich und fachlich qualifiziertes und der Zahl nach ausreichendes Personal,
- die Sicherstellung eines Bereitschaftsdienstes von (Fach-)Ärzten, Psychologen, Sozialpädagoginnen, Sozialarbeitern und juristisch ausgebildeten Fachkräften, die erforderlichenfalls kurzfristig zu einer Beratung hinzugezogen werden können,
- die Zusammenarbeit mit allen Stellen, die öffentliche und private Hilfen für Mutter und Kind gewähren und
- die personelle, organisatorische und wirtschaftliche Selbstständigkeit gegenüber Einrichtungen, in denen Schwangerschaftsabbrüche vorgenommen werden, um finanzielle Interessenkonflikte zu vermeiden.

Welche staatlichen Behörden für das Anerkennungsverfahren zuständig sind, richtet sich nach Landesrecht.[21]

Eine **regelmäßige Berichtspflicht** sowie **Überprüfungen durch die zuständigen Behörden** (§ 10 SchKG) sollen eine intensive staatliche Kontrolle der Beratungstätigkeit gewährleisten.

Nach § 8 SchKG wird es den Bundesländern zur **staatlichen Pflichtaufgabe** gemacht, ein »ausreichendes plurales Angebot wohnortnaher Beratungsstellen« herzustellen. Damit soll der gesetzlichen Verpflichtung nach § 3 bzw. § 4 Abs. 1 SchKG Rechnung getragen werden, dass **Ratsuchende zwischen Beratungsstellen unterschiedlicher weltanschaulicher Ausrichtung auswählen und diese in angemessener Entfernung**

21 vgl. die Fundstellen über die landesrechtlichen Vorschriften in: Tröndle/Fischer § 219 Rdnr. 6 a

vom Wohnort aufsuchen können. Ausdrücklich ist gem. § 219 Abs. 2 S. 3 StGB der Arzt, der den Schwangerschaftsabbruch vornimmt, als Berater ausgeschlossen.
Die personelle Ausstattung soll so gestaltet sein, dass in den Beratungsstellen für je 40.000 Einwohner mindestens eine Beraterin oder ein Berater vollzeitbeschäftigt oder eine entsprechende Zahl von Teilzeitbeschäftigten zur Verfügung steht (§ 4 Abs. 1 SchKG).
Um den genannten organisatorischen Anforderungen entsprechen zu können, haben die Beratungsstellen **Anspruch auf eine angemessene öffentliche Förderung der Personal- und Sachkosten** (§ 4 Abs. 2 SchKG).

II. Inhaltliche Vorgaben der Beratung

Um den verfassungsrechtlichen Maßgaben des BVerfG zu genügen, hat der Gesetzgeber – in weitgehend wörtlicher Übernahme der verfassungsgerichtlichen Formulierungen – sehr weitgehend die **inhaltliche Zielrichtung des Beratungsgesprächs festgelegt**. So heißt es in § 219 Abs. 1 StGB:

> »Die Beratung dient dem Schutz des ungeborenen Lebens. Sie hat sich von dem Bemühen leiten zu lassen, die Frau zur Fortsetzung der Schwangerschaft zu ermutigen und ihr Perspektiven für ein Leben mit dem Kind zu eröffnen; sie soll ihr helfen, eine verantwortliche und gewissenhafte Entscheidung zu treffen. Dabei muss der Frau bewusst sein, dass das Ungeborene in jedem Stadium der Schwangerschaft auch ihr gegenüber ein eigenes Recht auf Leben hat und dass deshalb nach der Rechtsordnung ein Schwangerschaftsabbruch nur in Ausnahmesituationen in Betracht kommen kann, wenn der Frau durch das Austragen des Kindes eine Belastung erwächst, die so schwer und außergewöhnlich ist, dass sie die zumutbare Opfergrenze übersteigt. Die Beratung soll durch Rat und Hilfe dazu beitragen, die in Zusammenhang mit der Schwangerschaft bestehende Konfliktlage zu bewältigen und einer Notlage abzuhelfen«.

Weiterführende inhaltliche Vorgaben sind in § 5 SchKG enthalten. In Abs. 1 wird hervorgehoben, dass die **Beratung ergebnisoffen** geführt werden muss und **von der Verantwortung der Frau auszugehen** hat, so dass nicht belehrt und bevormundet, sondern ermutigt und Verständnis geweckt werden soll. Nach § 5 Abs. 2 umfasst die Beratung:

> »1. das Eintreten in eine Konfliktberatung; dazu wird erwartet, dass die schwangere Frau der sie beratenden Person die Gründe mitteilt, derentwegen sie einen Abbruch der Schwangerschaft erwägt; der Beratungscharakter schließt aus, dass die Gesprächs- und Mitwirkungsbereitschaft der schwangeren Frau erzwungen wird;
> 2. jede nach Sachlage erforderliche medizinische, soziale und juristische Information, die Darlegung der Rechtsansprüche von Mutter und Kind und der möglichen praktischen Hilfen, insbesondere solcher, die die Fortsetzung der Schwangerschaft und die Lage von Mutter und Kind erleichtern;
> 3. das Angebot, die schwangere Frau bei der Geltendmachung von Ansprüchen, bei der Wohnungssuche, bei der Suche nach einer Betreuungsmöglichkeit für das Kind und bei der Fortsetzung ihrer Ausbildung zu unterstützen, sowie das Angebot einer Nachbetreuung. Die Beratung unterrichtet auf Wunsch der Schwangeren auch über Möglichkeiten, ungewollte Schwangerschaften zu vermeiden.«

In dem bayerischen Schwangerenhilfeergänzungsgesetz war ursprünglich eine Verpflichtung für die ratsuchende Schwangere vorgesehen, die Gründe für den beabsichtigten Schwangerschaftsabbruch offen zu legen. Eine solche Offenbarungspflicht wurde vom BVerfG als verfassungswidrig verworfen.[22]
Schließlich bestimmt § 6 SchKG, dass die Beratung **unverzüglich, unentgeltlich und auf Wunsch der Schwangeren anonym** durchzuführen ist.[23] Darauf sollte die Schwangere schon bei der ersten Kontaktaufnahme hingewiesen werden. Auch sind, wenn sich dies als erforderlich erweist und die Ratsuchende damit einverstanden ist, besondere Fachkräfte und andere Personen, z. B. der Erzeuger oder nahe Angehörige zu dem Beratungsgespräch hinzuzuziehen.

III. Beratungsbescheinigung

Nach Abschluss der Schwangerschaftskonfliktberatung muss die Beratungsstelle eine mit Namen und Datum versehene Bescheinigung ausstellen, aus der lediglich hervorgeht, dass eine Beratung i. S. d. SchKG stattgefunden hat (§ 7 Abs. 1). Weitere Angaben bspw. über den Inhalt oder die Dauer der Beratung darf die Bescheinigung nicht enthalten.[24] Hinweise von anerkannten katholischen Beratungsstellen, wonach die von ihnen ausgestellten Bescheinigungen nicht für einen Schwangerschaftsabbruch verwendet werden können, sind unbeachtlich.
Auf die Aushändigung der Bescheinigung hat die beratene Frau einen – einklagbaren – **Rechtsanspruch**. Dieser Anspruch besteht auch dann, wenn sie sich bei der Beratung geweigert hat, ihre Gründe für einen in Aussicht genommenen Schwangerschaftsabbruch mitzuteilen, da gem. § 5 Abs. 2 Nr. 1 SchKG dies zwar von ihr erwartet wird, sie gleichwohl nicht dazu gezwungen werden darf. Nach der Entscheidung des BVerfG lässt sich die von Ellwanger vertretene gegenteilige Auffassung nicht mehr aufrechterhalten.[25]
Mit der die Beratung dokumentierenden Bescheinigung kann die Schwangere eine Klinik oder einen Arzt aufsuchen und dort einen Schwangerschaftsabbruch straflos durchführen lassen, wenn mindestens drei Tage zwischen Abschluss der Beratung und dem Abbruch liegen (§ 218 a Abs.1 Nr. 1 StGB).

IV. Ärztliche Beratungs- und Fürsorgepflichten

Neben der obligatorischen Beratung in den anerkannten Beratungseinrichtungen macht es der Gesetzgeber dem Arzt, der schließlich den Schwangerschaftsabbruch vornimmt, zur **Pflicht, vor dem medizinischen Eingriff die Schwangere über die Bedeutung des Eingriffs, insbesondere über Ablauf, Folgen, Risiken, mögliche physische und psychische Auswirkungen ärztlich zu beraten**. In diesem Zusammenhang muss er auch der Frau Gelegenheit geben, ihm die Gründe für ihr Verlangen

22 EuGRZ 98, S. 545 ff.

23 vgl. die hier zu beachtende Schweigepflicht der Beraterinnen gem. § 203 StGB und das ihnen gem. § 53 Abs. 1 Nr. 3 a StPO zustehende Zeugnisverweigerungsrecht; s. u. 20. Kap. A.

24 Ellwanger 1997, S. 28

25 EuGRZ 98, S. 545 ff.; a. a. O., S. 30

nach einem Schwangerschaftsabbruch darzulegen (§ 218 c Abs. 1 Nr. 1 und 2 StGB). Unterlässt dies der Arzt, so macht er sich nach § 218 c StGB strafbar, nicht jedoch die Schwangere.

V. Statistisches

Nach der Neuregelung der §§ 218 ff. StGB spielt die Strafverfolgung in diesem Deliktsbereich nur noch eine marginale Rolle. Nach der Polizeilichen Kriminalstatistik wurde 2002 nur noch gegen 49 Tatverdächtige, davon 20 Frauen, Ermittlungsverfahren eingeleitet.[26]

Den Angaben des Statistischen Bundesamts zufolge wurden im Jahr 2003 rund 128.000 Schwangerschaftsabbrüche gemeldet. Über 97 Prozent dieser gemeldeten Abbrüche wurden nach der Beratungsregelung vorgenommen. Medizinische bzw. kriminologische Indikationen waren in weniger als 3 Prozent der Fälle die Begründung für den Abbruch.[27]

26 PKS 2002, Tabelle 01, S. 1

27 www.destatis.de/presse/deutsch/pm2004

17. Kapitel: Sexualstrafrecht

Grundlegende Literatur: Barabas: Sexualität und Recht, Frankfurt/M. 1998.

Sexualdelikte, insbesondere wenn sie an Kindern verübt werden, lassen regelmäßig den öffentlichen Ruf nach härtester Bestrafung der Täter sehr laut werden. Nicht selten wird nicht nur an Stammtischen die Wiedereinführung der Todesstrafe gefordert, wenn wieder einmal ein Kind Opfer eines Sexualmordes geworden ist. Der Abscheu über die Täter ist in der gesamten Gesellschaft gleichmäßig verteilt, so dass es nicht verwundert, wenn selbst in den Gefängnissen Sexualdelinquenten in der Rangordnung an letzter Stelle stehen und sich die unter Gefangenen üblichen Herrschafts- und Gewaltstrukturen in besonderem Maße gegen diese richten.[1] »Kinderschänder« sind – da sind sich fast alle einig – »der allerletzte Dreck«.
So ist auch unter Sozialarbeitern oder Therapeutinnen die Arbeit mit Sexualstraftätern keineswegs beliebt, zumal Mitleid mit den Opfern innere Ablehnung und Befangenheit, wenn nicht Aggressionen gegen derartige Klienten hervorruft. Opferschutz ist denn auch das vorherrschende Thema in einer Vielzahl von Publikationen, die sich mit der Problematik des sexuellen Missbrauchs befassen.[2]
Die **Schwierigkeiten im Umgang mit Sexualdelinquenz** rühren nicht zuletzt von den eigenen Ambivalenzen zu Sexualität, von den selbst erlebten Emotionen, Phantasien, Wünschen, Erfahrungen sowie Ängsten und nicht zuletzt von der Unsicherheit bei der Bestimmung dessen, was als normales, abweichendes oder sogar strafwürdiges sexuelles Verhalten zu gelten hat. Und dies gilt umso mehr, als sich die allgemeinen Vorstellungen von erlaubter und verbotener Sexualität innerhalb der letzten 50 Jahre rasant und fundamental verändert haben.
Zu Recht weist Friedrich Barabas in seinem Leitfaden »Sexualität und Recht« (1998) darauf hin, dass

> »kaum ein Bereich menschlicher Lebensäußerungen so zeitgeistabhängig und von gesellschaftlichen Verhältnissen bestimmt (ist) wie die Sexualität. Es ist schier unmöglich, zeit- und länderübergreifend zu bestimmen, was eigentlich normgerechtes sexuelles Verhalten darstellt und wann abweichendes bzw. strafbares Tun vorliegt. (...) Die Balance zwischen der freien Gestaltung der eigenen Sexualität und der persönlichen Beziehungen sowie den staatlichen Normvorgaben, zwischen Strafrechtsskepsis und Strafrechtsgläubigkeit ›Monika Frommel‹, kann nicht ein für allemal hergestellt und rechtlich festgeschrieben werden. Die normative Durchsetzung rigider Moralvorstellungen wird ebenso wenig der komplexen Materie gerecht, wie umgekehrt die grenzenlose Libertinage. Die Gratwanderung zwischen Sexualität, Recht, Moral und Ethik lässt keine ›gültigen‹, gleichsam ahistorischen, immer geltenden Regelungen und Antworten zu« (9 f.).

1 vgl. Schneider 1999, S. 435

2 vgl. die Übersicht der Zentralstelle für psychologische Information und Dokumentation, Universität Trier (Hrsg.), Kindesmisshandlung und sexueller Missbrauch von Kindern, Trier 1997.

Ob das heute geltende, liberalisierte Strafrecht in diesem, ständigen Erosionen ausgesetzten Feld menschlicher Beziehungen und Begegnungen, Sicherheiten in der Bewertung dessen, was als sozial schädliches Sexualverhalten strafrechtlich verfolgt und sanktioniert werden muss, zu liefern vermag, muss allerdings bezweifelt werden. Zu eindimensional und schlicht ist nach zutreffender Auffassung des Sexualwissenschaftlers Eberhard Schorsch das **Sexualitätskonzept des Strafrechts:**

> »In diesem Konstrukt ist menschliche Sexualität gleichbedeutend mit männlicher Sexualität, und diese ist ein Brocken Natur im Mann, ein Findling von Triebhaftigkeit in der Kulturlandschaft der männlichen Seele. Dieser Trieb führt ein Eigenleben, nach Art einer Espressomaschine steigt der Druck. Das Überdruckventil ist für die Sicherheit des Benutzers das allerwichtigste Teil. So wie die Wurzeln wachsender Bäume sich in ihrer kraftvollen Expansion nicht aufhalten lassen und z. B. Asphalt aufzubrechen, Zement zu sprengen vermögen, so benötigt der Trieb von Zeit zu Zeit regelmäßig Ventile, Abfuhr, Entlastung, sonst sprengt er alles, die Zivilisation flöge in die Luft. Das tierische Erbe im Manne ist gefährlich, muss gezähmt und in die Zucht genommen werden. Geschieht dies nicht oder unzureichend, dann ereignet sich Unzucht«.[3]

In seinem Buch »Perversion, Liebe, Gewalt« (1993)versucht Schorsch demgegenüber **unterschiedliche Erklärungsansätze – biologisch-trieborientierte, physiologische, lernpsychologische sowie psychoanalytische – in eine ganzheitliche Betrachtung** zusammenzuführen. Er weist auf die Verkettung von perversen Symptomen mit den jeweils zugrunde liegenden pathologischen Persönlichkeitsstörungen hin, die zumeist den Schlüssel für die Erklärung von Sexualdelinquenz bieten. Dabei finden perverse Symptome ihren Ausdruck in unterschiedlichen sexuellen Handlungen wie Exhibition, Voyerismus, aber auch Missbrauch an Kindern oder aggressivem, gewaltsamem Sexualverhalten gegenüber Frauen. In allen Fällen dienen – so Schorsch – perverse Handlungen der Stabilisierung der Persönlichkeit. Sie können sich in Lebenskrisen manifestieren, sich zu habituellen Handlungsmustern verdichten oder auch den Menschen ganz und gar beherrschen.

Diese differenzierte Betrachtung verbietet, von **dem** Sexualstraftäter zu sprechen, und verlangt eine ebenso **individuelle Behandlung**, die über das einfache Bestrafen weit hinausgeht. Wenn auch der Gesetzgeber dem **Behandlungsaspekt** in dem 1998 in Kraft getretenen »Gesetz zur Bekämpfung von Sexualdelikten und anderen gefährlichen Straftaten«[4] größere Bedeutung zugemessen hat, so bedarf es nach einhelliger Ansicht der forensisch tätigen Psychiater und Therapeuten in materieller und personeller Hinsicht großer Anstrengungen, um mit differenzierten therapeutischen Behandlungen Sexualstraftätern zu begegnen und dadurch das Risiko eines Rückfalls zu vermindern.[5] Bloße Strafverschärfungen werden – auch da sind sich die Experten einig – keinen sexuellen Missbrauch und keine Vergewaltigung verhindern und nicht zum Schutz der Bevölkerung beitragen.

Gleichwohl hat der Gesetzgeber Ende 2003 erneut das Sexualstrafrecht verschärft. Einerseits wurden u. a. bei den Straftatbeständen des sexuellen Missbrauchs von Kin-

3 1992, S. 183

4 BGBl. I., S. 160

5 vgl. Konrad 1998, S. 265

dern und widerstandsunfähiger Personen die Strafrahmen erweitert, andererseits wurden im Bereich des Kindesmissbrauchs und der Kinderpornografie auch neue Straftatbestände geschaffen. Darüber hinaus gilt nunmehr die Regelung, nach der die Verjährung erst mit dem 18. Lebensjahr des Opfers beginnt, nicht nur – wie bisher – beim sexuellen Missbrauch von Kindern, sondern auch bei weiteren Delikten wie bspw. beim sexuellen Missbrauch von Schutzbefohlenen (§ 174 StGB). Eine weitere wichtige Änderung erfolgte mit der Erweiterung des Katalogs in § 81 g StPO; künftig ist eine DNA-Analyse und – Speicherung bei allen Tätern möglich, die eine Tat gegen die sexuelle Selbstbestimmung begangen haben.[6]

A. Geschichtlicher Abriss

Bei der historischen Betrachtung des Sexualstrafrechts lässt sich wie kaum in einem anderen Bereich des Strafrechts das jeweilige **öffentliche bzw. staatliche Interesse erkennen, mit allgemein gültigen Verhaltensregeln selbst die intimen Beziehungen der Geschlechter zu reglementieren, um – auch auf diese Weise – soziale Herrschaftsordnungen zu sichern**.

Im Zentrum der mit Verboten, peinlichen Untersuchungen und Bestrafungen geschützten ständischen, später staatlichen Ordnung stand die **Ehe und mit ihr verbunden Haus und Hof als Garant ökonomischer Sicherheit**. Während noch bis in das ausgehende Mittelalter die **Normen der Sittlichkeit** einen **freizügigeren und unbefangeneren Umgang mit Sexualität** auch außerhalb der Ehe gestatteten, setzte zu Beginn der Neuzeit ein Wandel ein, der einen **gigantischen Umerziehungsprozess** einleitete, mit dem das Triebhafte im Menschen gedämpft und die Scham- und Peinlichkeitsschwellen angehoben wurden.[7] Im Verlaufe dieses Wandlungsprozesses, etwa seit dem späten 15. Jahrhundert, versuchte insbesondere die städtische Obrigkeit verstärkt, die gesamte Bevölkerung auf einen sehr begrenzten moralischen, dem christlichen Wertesystem verpflichteten Verhaltenskodex zu verpflichten.[8] Auf der Grundlage des protestantischen **Postulats der Versittlichung des Lebens** wurde das **Verbot der Prostitution** sowie die **Stärkung der Ehe und des christlichen Haushaltes** gefordert. Außereheliche Sexualität wurde als Unzucht geächtet und mit Bußgeldern oder Haftstrafen geahndet, unehelich Schwangere wurden aus ihren Heimatorten verbannt.[9]

Aber auch andere Motive waren bei der massiven Durchsetzung einer Rechtsordnung im Spiel, die auf Zähmung und Kanalisierung von Sexualität in die Institution der Ehe zielte.

> »Neben dem Schutz der Sittlichkeit und dem hohen Ideal der Ehe spielten auch bevölkerungspolitische Gesichtspunkte eine Rolle ›Heinsohn/Knieper‹. Sexualität an die Ehe gebunden, ohne die Möglichkeit zu verhüten, führt nun einmal zu Kindern. Das abendländisch christliche Ideal der Askese, die Unterdrückung und Beschädigung des Sexualtriebes

6 BGBl. I, S. 3007 ff.
7 Elias 1977, S. 369 ff.
8 Rublack 1998, S. 10
9 Rublack 1998, S. 326

> war – nebenbei bemerkt – zudem hervorragend als Mittel der Politik geeignet. Die Gebote und Verbote, der Verzicht auf direkte Triebbefriedigung förderte den autoritären Charakter und trug auf diese Weise zur Absicherung des gesellschaftlichen Status quo bei«.[10]

Die **strafrechtliche Ächtung nichtehelicher Sexualität** setzte sich bis weit in die zweite Hälfte des 20. Jahrhunderts durch. **Strafvorschriften wie Ehebruch, Kuppelei, Homosexualität, Unzucht mit Tieren, Erschleichung des außerehelichen Beischlafs** blieben bis Ende der sechziger Jahre gültig. Noch 1962 bestätigte der BGH[11] eine Entscheidung des Großen Senats aus dem Jahr 1954, die einzigartig das **damalige Verständnis von Sittlichkeit** wiedergibt:

> »... es (kann) nicht zweifelhaft sein, dass die Gebote, die das Zusammenleben der Geschlechter und ihre geschlechtlichen Beziehungen grundlegend ordnen und die dadurch zugleich die gesollte Ordnung der Ehe und Familie (in einem entfernteren Sinne auch die des Volkes) festlegen und verbürgen, Normen des Sittengesetzes sind und nicht bloße dem wechselnden Belieben wechselnder gesellschaftlicher Gruppen ausgelieferte Konventionalregeln. Die sittliche Ordnung will, dass sich der Verkehr der Geschlechter grundsätzlich in der Einehe vollziehe, weil der Sinn und die Folge des Verkehrs das Kind ist, um seinetwillen und um der personenhaften Würde und der Verantwortung der Geschlechtspartner willen ist dem Menschen die Einehe als Lebensform gesetzt. (...) Indem das Sittengesetz dem Menschen die Einehe und die Familie als verbindliche Lebensform gesetzt und indem es diese Ordnung auch zur Grundlage des Lebens der Völker und Staaten gemacht hat, spricht es zugleich aus, dass sich der Verkehr der Geschlechter grundsätzlich nur in der Ehe vollziehen soll und dass der Verstoß dagegen ein elementares Gebot geschlechtlicher Zucht verletzt«.[12]

Mit gleicher Begründung wurde die **männliche Homosexualität als »widernatürliche Unzucht«** strafrechtlich verfolgt. Ihre Ächtung als »fleischliche Verbrechen« veranlasste die Verfasser des Preußischen Allgemeinen Landrechts von 1794 sogar dazu, den Straftatbestand erst gar nicht zu benennen, sondern verschlüsselt von »Sodomiterey« zu sprechen »und andere dergleichen unnatürliche Sünden, welche wegen ihrer Abscheulichkeit hier nicht genannt werden können ...« (§ 1069 II 20). Für einen der bedeutendsten Strafrechtswissenschaftler dieser Zeit, Anselm von Feuerbach, war Grund für die Bestrafung der Homosexualität »die aus (ihr) entspringende Verachtung der Ehe, welche Entvölkerung, Schwächung und zuletzt Auflösung des Staates zur Folge haben müsse«.[13]
Erst mit den Reformgesetzen von 1969 und 1973, die zu einer gravierenden Entkriminalisierung führten, wurde das Sexualstrafrecht den erheblich veränderten gesellschaftlichen Moralvorstellungen angepasst, die sich mittlerweile von den sittlichen Wertvorstellungen des 19. Jahrhunderts emanzipiert hatten. »Die staatliche Überwachung des Sexualverhaltens der Bürger wurde auf ein Maß zurückgeführt, das einerseits die Schutzbedürfnisse von Kindern und Jugendlichen, andererseits die sexuelle Autonomie des Individuums berücksichtigt«.[14]

---

10 Barabas 1998, S. 17
11 Bd. 17, S. 230
12 BGH Bd. 6, S. 54 f.
13 1847, S. 738
14 Barabas 1998, S. 23

B. Schutz der sexuellen Selbstbestimmung

Das im 13. Abschnitt des StGB geregelte Sexualstrafrecht umfasst im Wesentlichen Straftatbestände, die den Schutz der sexuellen Selbstbestimmung betreffen. Daneben finden sich jedoch auch noch Strafvorschriften wie die Erregung öffentlichen Ärgernisses (§ 183 a StGB) oder die Ausübung der verbotenen Prostitution, die eher als **Moralverstöße zur Aufrechterhaltung einer wie auch immer gearteten öffentlichen Sittlichkeit** anzusehen sind und Traditionszusammenhänge mit dem Strafrecht des 19. Jahrhunderts aufweisen.[15]

Ein im aktuellen Sexualstrafrecht zentraler Begriff ist der der »sexuellen Handlung«, der die vormals geltenden Begriffe »Unzucht« sowie »unzüchtige Handlung« abgelöst hat. So heißt es bspw. in § 176 StGB:

> »Wer sexuelle Handlungen an einer Person unter 14 Jahren (Kind) vornimmt oder an sich von dem Kind vornehmen lässt, wird (...) bestraft.«

Nach § 184 c StGB sind **sexuelle Handlungen** i. S. d. Gesetzes nur solche, **»die im Hinblick auf das jeweils geschützte Rechtsgut von einiger Erheblichkeit sind«**. Damit hat der Gesetzgeber bewusst solche Handlungen aus dem Deliktsbereich ausgeschlossen, die zwar allgemeine Schamgefühle verletzen, aber nicht – z. B. als bloße Geschmacklosigkeiten – den Grad der Sozialschädlichkeit erreichen.[16] Es kommt wesentlich darauf an, ob **nach dem äußeren Erscheinungsbild die Handlung einen Sexualbezug** aufweist.

Am Beispiel des Zungenkusses lässt sich die vom Gesetz geforderte Differenzierung erklären. Wenn die sexuelle Handlung im Hinblick auf das jeweils geschützte Rechtsgut von einiger Bedeutung sein muss, dann ist der Zungenkuss, der einer erwachsenen Frau aufgenötigt wird, in seiner Bedeutung anders, nämlich als weniger gravierend zu bewerten, als der Zungenkuss gegenüber einem Kind. Bei diesem ist die **Erheblichkeitsschwelle** eher erreicht als bei Erwachsenen, die sich doch leichter gegen sexuelle Zudringlichkeiten wehren können.[17]

Wie schwer im Einzelfall die Auslegung dieses **unbestimmten Rechtsbegriffs** ist, zeigen die folgenden Beispiele aus der Rechtsprechung:[18]

Als **im Allgemeinen »unerhebliche« und folglich nicht strafbare sexuelle Handlungen** werden angesehen:

- bloße Taktlosigkeiten oder Geschmacklosigkeiten;[19]
- ein dreifacher Zungenkuss bei einer 18-jährigen Frau;[20]
- der Versuch, ein 17-jähriges Mädchen mit offener Hose und erigiertem Glied zu umarmen, zu küssen und zu entkleiden (BGH 1988 in: BGHR § 184 c Nr. 1, Erheblichkeit 2).

---

15 vgl. Barabas 1998, S. 26
16 Schönke-Schröder § 184 c Rdnr. 15 b
17 vgl. BGH StV 1983, S. 415 f.
18 vgl. Barabas 1998, S. 33 f.
19 BGH NStZ 1983, S. 553
20 BGH Bd. 18, S. 189

Demgegenüber werden **folgende Handlungen als erheblich und damit strafbar** betrachtet:

- der Griff an die Schambehaarung (BGH StV 1983,415);
- die gewaltsam vorgenommene Berührung der Brust einer Frau unter dem Büstenhalter;[21]
- ein Kuss und das Streicheln des Geschlechtsteils über der Kleidung bei einem Kind;[22]
- das Berühren des nackten Geschlechtsteils.[23]

I. Sexuelle Nötigung und Vergewaltigung

Mit der Neufassung von § 177 StGB in den Jahren 1997[24] und 1998[25] wurden die Delikte der **sexuellen Nötigung** und der Vergewaltigung in einer Vorschrift zusammengefasst. Gleichzeitig wurden wichtige inhaltliche Veränderungen vorgenommen, die u. a. die fast 20-jährige rechtspolitische Diskussion über die – bislang straflose – Vergewaltigung in der Ehe abschlossen.[26]

Nach § 177 Abs. 1 StGB sind nunmehr die Tatbestandsvoraussetzungen für die Bestrafung wegen sexueller Nötigung (Freiheitsstrafe nicht unter einem Jahr):

- Nötigung, sexuelle Handlungen des Täters oder eines Dritten an sich zu dulden oder an dem Täter oder einem Dritten vorzunehmen,
- mit Gewalt oder
- durch Drohung mit gegenwärtiger Gefahr für Leib oder Leben oder
- unter Ausnutzung einer Lage, in der das Opfer der Einwirkung des Täters schutzlos ausgeliefert ist.

Als besonders schweren Fall der sexuellen Nötigung sieht § 177 Abs. 2 StGB eine Freiheitsstrafe nicht unter zwei Jahren vor. In der Regel liegt ein schwerer Fall

1. bei einer Vergewaltigung vor, nämlich »wenn der Täter mit dem Opfer den Beischlaf vollzieht oder ähnliche sexuelle Handlungen an dem Opfer vornimmt oder an sich von ihm vornehmen lässt, die dieses besonders erniedrigen, insbesondere, wenn sie mit einem Eindringen in den Körper verbunden sind« oder
2. die sexuelle Nötigung von mehreren gemeinschaftlich begangen wird.

In § 177 Abs. 3 und 4 StGB sind **weitere Strafverschärfungen** z. B. bei Mitführen oder Einsatz von Waffen oder bei schwerer Gesundheitsschädigung des Opfers vorgesehen.
Demgegenüber eröffnet § 177 Abs. 5 StGB die **Möglichkeit der Strafmilderung** in sog. minder schweren Fällen.

---

21 OLG Koblenz NJW 1974, S. 870
22 BGH Bd. 38 S. 213
23 BGH Bd. 35 S. 76
24 BGBl. I, S. 1607
25 BGBl. I, S. 164
26 vgl. Frommel 1996, S. 164

Verursacht der Täter durch die Tat der sexuellen Nötigung oder Vergewaltigung auch nur leichtfertig den Tod des Opfers, so kann die Strafe auch **lebenslange Freiheitsstrafe** oder zumindest **Freiheitsstrafe nicht unter zehn Jahren** sein (§ 178 StGB).

Die bedeutsamsten Reformänderungen aus den Jahren 1997 und 1998 lassen sich kurz wie folgt zusammenfassen:

- Sexuelle Nötigung und Vergewaltigung sind auch strafbar, wenn sie unter Eheleuten begangen werden.
- Auch wenn Männer Opfer von sexueller Nötigung oder Vergewaltigung sind, ist dies strafbar.
- Nicht nur die vaginale Penetration sondern auch andere erniedrigende Sexualpraktiken wie Oral- oder Analverkehr und auch das Benutzen von Gegenständen, mit denen in den Körper des Opfers eingedrungen wird, erfüllen den Tatbestand der Vergewaltigung.
- Neben Gewalt oder Drohung mit Gewalt sind weitere Nötigungsmittel: das Ausnutzen einer hilflosen Lage des Opfers, das dem Täter schutzlos ausgeliefert ist. Somit können als sexuelle Nötigung oder Vergewaltigung nunmehr auch Fälle erfasst werden, in denen bspw. sich eine Frau aus Angst oder vor Schreck nicht gegen den Täter wehrt.[27]

II. Sexueller Missbrauch von Kindern

Kinder, d. h. Personen unter 14 Jahren, genießen nach den §§ 176–176 b StGB einen besonderen Schutz. Nicht so sehr die im Kindesalter kaum oder noch gar nicht ausgeprägte sexuelle Selbstbestimmung soll vor Übergriffen geschützt werden sondern wesentlich die ungestörte sexuelle Entwicklung des Kindes.[28]

1. Folgende Handlungen werden gem. § 176 StGB als – einfacher – sexueller Missbrauch unter Strafe gestellt:
   a. Sexuelle Handlungen, die an einem Kind vorgenommen werden oder die der Täter an sich von dem Kind vornehmen lässt (Abs. 1, Strafandrohung: Freiheitsstrafe von sechs Monaten bis zehn Jahre ohne Strafmilderungsmöglichkeit). Der Täter muss also mit dem Kind in körperliche Berührung gekommen sein.[29] Unerheblich ist es, ob das Kind die Tat als solche wahrnimmt; selbst sexuelle Handlungen an schlafenden Kindern können bestraft werden.[30]
   Als sexuelle Handlungen kommen nach der Rechtsprechung z. B. in Betracht:
      - der Griff an die bedeckte Brust eines 9-jährigen Mädchens;
      - der feste Griff über einer Reithose an die Scheide eines 9-jährigen Mädchens.[31]

27 vgl. Barabas 1998, S. 86
28 Tröndle/Fischer § 176 Rdnr. 2
29 BGH NStZ 1996, S. 130
30 BGH Bd. 38 S. 68
31 Barabas 1998, S. 51 m. w. N.

b. Die Bestimmung oder Anstiftung eines Kindes, sexuelle Handlungen an einem Dritten vorzunehmen oder von einem Dritten an sich vornehmen zu lassen (Abs. 2; gleiche Strafandrohung wie in Abs. 1). In besonders schweren Fällen des sexuellen Missbrauchs, z. B. bei beischlafähnlichen Praktiken, ist der Strafrahmen von einem Jahr bis zu 15 Jahren (Abs. 3).
c. Sexuelle Handlungen, die vor einem Kind vorgenommen werden, also bei Missbrauch ohne körperlichen Kontakt (Abs. 4 Nr. 1; Strafandrohung: Freiheitsstrafe von drei Monaten bis zu fünf Jahren). In Betracht kommen z. B. exhibitionistische Tätigkeiten oder der vor einem Kind durchgeführte Geschlechtsverkehr.
d. Die Bestimmung bzw. Anstiftung eines Kindes, an sich sexuelle Handlungen vorzunehmen (Abs. 4 Nr. 2; Strafandrohung wie in Nr. 1). Dies ist bspw. dann der Fall, wenn das Kind dazu bestimmt wird, vor dem Täter oder einer anderen Person zu onanieren; oder wenn eine 13-Jährige aufgefordert wird, ihren Oberkörper zu entblößen und Gelegenheit zu bieten, diesen eine geraume Zeit zu betrachten und sexualbezogene Fragen zu stellen.[32]
e. Das Einwirken auf ein Kind durch Schriften (z. B. Pornohefte), um es dadurch zu sexuellen Handlungen zu bringen (Abs. 4 Nr. 3 n. F.).
f. Das Einwirken auf ein Kind, indem pornographische Abbildungen oder Darstellungen gezeigt, Tonträger pornographischen Inhalts abgespielt oder entsprechende Reden gehalten werden (Abs. 4 Nr. 4; Strafandrohung wie in Nr. 1). Was unter Pornographie zu verstehen ist, sagt das Gesetz nicht. Nach der Kommentierung von Schönke-Schröder ist eine Darstellung als pornographisch anzusehen, wenn sie unter Ausklammerung aller sonstigen menschlichen Bezüge sexuelle Vorgänge in grob aufdringlicher Weise in den Vordergrund rückt und ihre Gesamttendenz überwiegend auf das lüsterne Interesse an sexuellen Dingen abzielt (§ 184 Rdnr. 4).
g. Das Versprechen, ein Kind für sexuellen Missbrauch anzubieten oder nachzuweisen (§ 176 Abs. 5 StGB n. F.). Dies ist bspw. dann der Fall, wenn der Täter im Internet inseriert und Kinder für sexuellen Missbrauch anbietet.

2. In den §§ 176 a und 176 b StGB werden die schweren Fälle des sexuellen Missbrauchs von Kindern geregelt. Bereits 1998 hat der Gesetzgeber **eine Strafverschärfung** vorgenommen, die durch die Reform des Jahres 2003 noch einmal erweitert wurde.
   - § 176 a Abs. 1 StGB sieht eine Freiheitsstrafe von einem Jahr bis zu 15 Jahren vor, wenn der Täter bereits innerhalb der letzten fünf Jahre wegen einer solchen Tat rechtskräftig verurteilt worden ist.
   - § 176 a Abs. 2 StGB unterscheidet zwischen **drei Fallgruppen des schweren sexuellen Missbrauchs:**
     a. der **Beischlaf** einer Person über 18 Jahre mit einem Kind oder eine ähnliche sexuelle Handlung, die mit einem Eindringen in den Körper verbunden ist;
     b. der von **mehreren gemeinschaftlich** begangene sexuelle Missbrauch;

32 BGH NStZ 1985, S. 24

c. der sexuelle Missbrauch, durch den das Kind in die Gefahr einer schweren Gesundheitsschädigung oder einer erheblichen Schädigung der körperlichen oder seelischen Entwicklung gebracht wird;

Die Strafe ist Freiheitsstrafe nicht unter zwei Jahren mit der Möglichkeit einer Strafmilderung in minder schweren Fällen (ein Jahr bis zu zehn Jahren).

- Nach § 176 a Abs. 3 StGB liegt ein weiterer Fall des schweren sexuellen Missbrauchs vor, wenn der Missbrauch i. S. v. § 176 StGB in der Absicht geschieht, die Tat zum **Gegenstand einer pornographischen Aufnahme** zu machen, die verbreitet werden soll. Hierbei droht Freiheitsstrafe nicht unter zwei Jahren mit der Möglichkeit der Strafmilderung.
- Als ein besonders schwerer Fall wird der sexuelle Missbrauch dann angesehen, wenn das Kind bei der Tat i. S. v. § 176 Abs. 1 und 2 StGB **körperlich schwer misshandelt oder in Todesgefahr gebracht** wird (§ 176 a Abs. 5 StGB). Als Strafe wird Freiheitsstrafe nicht unter fünf Jahren ohne die Möglichkeit einer Strafmilderung angedroht.
- Schließlich sieht § 176 b StGB als **schwersten Fall des sexuellen Missbrauchs** sogar lebenslange Freiheitsstrafe oder Freiheitsstrafe nicht unter zehn Jahren vor, wenn der Täter **wenigstens leichtfertig den Tod des Kindes durch den Missbrauch verursacht** hat.

3. Durch die Reform im Jahr 2003 wurde mit § 184 b StGB ein eigener Tatbestand für Kinderpornografie geschaffen.
   - In Abs. 1 wird die Verbreitung, das öffentliche Ausstellen, Herstellen, Anbieten etc. kinderpornografischer Schriften mit einem Strafmaß von drei Monaten bis zu fünf Jahren sanktioniert.
   - Abs. 2 bestraft in gleicher Weise denjenigen, der es unternimmt, einem anderen den Besitz von kinderpornografischen Schriften zu verschaffen.
   - Abs. 3 sanktioniert die gewerbs- oder bandenmäßige Verbreitung und Besitzverschaffung kinderpornografischer Schriften an andere (z. B. geschlossene Benutzergruppe im Internet) mit einer Freiheitsstrafe von sechs Monaten bis zu zehn Jahren.
   - Abs. 4 sanktioniert die sog. Eigenbesitzverschaffung (z. B. Kauf von Kinderpornos) und den Besitz kinderpornografischer Schriften mit Freiheitsstrafe bis zu zwei Jahren oder Geldstrafe.

III. Sexueller Missbrauch von Jugendlichen unter 16 Jahren

Während der strafrechtliche Schutz von Kindern in der Strafrechtswissenschaft nicht ernsthaft in Frage gestellt wird, ist die 1994 erfolgte Neufassung des Jugendschutzes heftig umstritten. Dabei steht insbesondere § 182 StGB im Kreuzfeuer der Kritik, da – so die Kritiker – in Wahrheit nicht das sexuelle Selbstbestimmungsrecht der Jugendlichen geschützt, sondern Mädchen und Jungen unter 16 Jahren im Prinzip das Recht zur Sexualität abgesprochen wird.[33] Wenn auch die Vorschrift zum Verbot der Homosexualität (§ 175 StGB a. F.) weitgehend liberalisiert wurde, so steht nach der

33 vgl. Barabas 1998, S. 76 m. w. N.

Änderung von § 182 StGB zum ersten Mal überhaupt **lesbische Sexualität** unter Strafe. Sexuelle Beziehungen zwischen Jugendlichen unter 16 Jahren und Volljährigen stehen im Zweifel unter Kriminalverdacht. Zu Recht kritisiert die Deutsche Gesellschaft für Sexualforschung die Haltung des Gesetzgebers gegenüber jugendlicher Sexualität:

> »Nach den Vorstellungen der Bundesregierung (als Gesetzesinitiatorin, K. R.) haben Menschen als Rechtsobjekte bis zum 14. Geburtstag keine interpersonale Sexualität zu haben, danach sollen sie möglichst mit Unerfahrenen erfahren und bis zum 16. Geburtstag besonders geschützt werden, dann wird das alles bis zum 18. Geburtstag ausgeblendet – und danach sind die Menschen reif, erfahren und mit sich identisch«.[34]

1. §§ 174 und 182 StGB

Bei Betrachtung der beiden Vorschriften von §§ 174 und 182 StGB, die dem Schutz von Jugendlichen zwischen 14 und 16 Jahren dienen sollen, ist zunächst festzustellen, dass **Sexualität in dieser Altersgruppe oder von Erwachsenen mit Jungen und Mädchen aus dieser Altersgruppe grundsätzlich straffrei** bleibt. Nur in den Fällen, in denen die **Unerfahrenheit, eine Zwangslage oder eine besondere Abhängigkeit ausgenutzt wird**, kann eine Bestrafung in Betracht kommen.

a. § 174 StGB zielt im Wesentlichen auf die **Gefährdung von sog. Schutzbefohlenen**, die sich in einem besonderen Abhängigkeitsverhältnis zu erwachsenen Personen befinden, die ihre Autoritätsstellung sexuell ausnutzen. Im Einzelnen liegt gem. § 174 Abs. 1 Nr. 1 StGB ein sexueller Missbrauch von Schutzbefohlenen bei sexuellen Handlungen vor, die an einer Person unter 16 Jahren vorgenommen werden oder von dem Schutzbefohlenen vorgenommen werden lassen, wenn die Jugendlichen dem Täter zur Erziehung (z. B. Eltern, Pflegeeltern, Lehrer, Betreuungshelfer, Erziehungsbeistand) zur Ausbildung (z. B. Lehrherrn, Fahrlehrer) oder zur Betreuung (z. B. Herbergseltern, Leiter einer Ferienmaßnahme, Sporttrainer) in der Lebensführung anvertraut sind.[35] Erforderlich ist danach ein Obhutsverhältnis, kraft dessen dem Täter das Recht und die Pflicht obliegt, die geistige und sittliche Entwicklung zu überwachen und zu leiten.[36]

Während nach § 174 Abs. 1 StGB bei der Tathandlung ein körperlicher Kontakt vorliegen muss, wird nach Abs. 2 auch bestraft, wer unter den genannten Voraussetzungen sexuelle Handlungen vor dem Schutzbefohlenen vornimmt oder diesen bestimmt, vor dem Täter sexuelle Handlungen vorzunehmen, um sich oder den Schutzbefohlenen sexuell zu erregen, ohne dass es zu einem körperlichen Kontakt gekommen sein muss.

Stellt sich gerade auch bei Berücksichtigung des Verhaltens des Schutzbefohlenen das Unrecht der Tat als gering dar, z. B. bei Liebesbeziehungen zwischen Täter und Schutzbefohlenem, kann das Gericht von Bestrafung absehen oder zuvor die Staatsanwaltschaft gem. § 153 b StPO das Verfahren einstellen.

34 1992, S. 227
35 vgl. Schönke-Schröder § 174 Rdnr. 6 ff.
36 BGH NStZ 1989, S. 21

b. Gem. § 182 StGB werden **zwei Fallgruppen von sexuellem Missbrauch von Jugendlichen unter 16 Jahren nach dem Alter der Täter** unterschieden.

- Nach Abs. 1 ist für eine Bestrafung Voraussetzung, dass eine Person über 18 Jahre an einer Person unter 16 Jahren unter Ausnutzung einer Zwangslage oder gegen Entgelt sexuelle Handlungen vornimmt oder an sich vornehmen lässt oder den Jugendlichen unter Ausnutzung einer Zwangslage dazu bestimmt, sexuelle Handlungen an einem Dritten vorzunehmen oder von einem Dritten an sich vornehmen zu lassen. Aus der Gesetzesbegründung lässt sich entnehmen, dass z. B. drogenabhängige Jugendliche oder Trebegänger, die sich wegen wirtschaftlicher Nöte prostituieren, vor Freiern geschützt werden sollen, die sich erkennbar die prekäre Lage zunutze machen.[37] Auch wenn keine unmittelbare Zwangslage vorliegt, reicht für die Bestrafung aus, dass sexuelle Dienstleistungen von unter 16 Jahre alten Jugendlichen gegen ein Entgelt erbracht werden. Dabei ist bei dem Begriff Entgelt nicht nur an eine Geldzahlung sondern an jeden wirtschaftlichen Vorteil gedacht, wie bspw. Unterkunft, Kleidung oder eine warme Mahlzeit.[38]
- Nach § 182 Abs. 2 StGB zeichnet sich die strafbare Missbrauchshandlung dadurch aus, dass der Täter bereits 21 Jahre alt ist und allein die fehlende Fähigkeit des Opfers zur sexuellen Selbstbestimmung ausnutzt.

Die Anwendung von § 182 Abs. 2 StGB stößt auf allergrößte Probleme allein schon deswegen, weil wohl nur in den seltensten Fällen festgestellt werden kann, ob eine oder ein noch nicht 16-Jährige(r) fähig ist, ihr oder sein Sexualleben selbst zu bestimmen, d. h. ein sozialer und psychischer Reifeprozess zu einem gewissen Abschluss gekommen ist. Abgesehen von der Frage, ob man nicht selbst bei manchen Erwachsenen sexuelle Reife, die eine Selbstbestimmung ermöglicht, in Zweifel ziehen muss, so wird es wegen dieser Schwierigkeiten letztlich auf die Begutachtung durch einen jugendpsychiatrischen Sachverständigen hinauslaufen, um diesen völlig unbestimmten Begriff überhaupt zur Grundlage einer Entscheidung machen zu können.[39]
Die Tat nach § 182 Abs. 2 StGB wird **nur auf Antrag verfolgt**, außer in den Fällen, in denen die Staatsanwaltschaft wegen des besonderen öffentlichen Interesses eine Strafverfolgung von Amts wegen für geboten hält (§ 182 Abs. 3 StGB). Stellt sich das Unrecht der Tat als gering dar, kann das Gericht von einer Bestrafung absehen.

2. § 180 StGB – Förderung sexueller Handlungen Jugendlicher

Auch diese Vorschrift dient in ihrer Konzeption dem **Schutz der ungestörten sexuellen Entwicklung von Kindern und Jugendlichen unter 16 Jahren** und löste die Strafvorschrift der Kuppelei ab. Adressat des Verbotes, sexuelle Handlungen von jungen Menschen zu fördern, sind u. a. Eltern, Pflegeeltern sowie Pädagogen, Erzieherinnen oder Lehrer. Damit erhält die Vorschrift eine besondere Bedeutung für alle diejenigen, die z. B. in einem Ferienlager, bei einer Klassenfahrt oder einer Party über

37 BT-Drs. 12/4584
38 Schönke-Schröder § 182 Rdnr. 6
39 vgl. Barabas 1998, S. 78

Nacht **als Betreuer oder Aufsichtspersonen** Verantwortung tragen und – wie es so schön heißt – **aufpassen müssen, »dass nichts passiert«**.

a. Gem. § 180 Abs. 1 S. 1 StGB wird derjenige mit Strafe bedroht, der sexuelle Handlungen einer Person unter 16 Jahren mit Dritten unter oder über 16 Jahren durch seine Vermittlung (Nr. 1) oder durch Gewähren oder Verschaffen von Gelegenheit (Nr. 2) Vorschub leistet.

➢ Unter »**Vermittlung**« versteht man die Herstellung einer bislang noch nicht bestehenden persönlichen Beziehung zwischen der geschützten Person und einem Dritten (z. B. die Veranstaltung von Sex-Partys).

➢ Von »**Vorschubleisten**« kann dann die Rede sein, wenn günstigere Bedingungen für sexuelle Handlungen geschaffen werden. Es reicht aus, wenn bspw. die unmittelbare Gefährdung des Jugendlichen konkret gefördert wird; zu einer sexuellen Handlung selbst muss es nicht gekommen sein.[40]

➢ Die Förderung kann auch durch »**Gewähren oder Verschaffen von Gelegenheit**« erfolgen, d. h. der Täter führt äußere Umstände herbei, durch die die sexuellen Handlungen ermöglicht oder wesentlich erleichtert werden.[41]

Erforderlich ist, dass der Täter eine konkretere Vorstellung von den Umständen, also von Ort und Zeit der sexuellen Gefährdung und auch von dem Sexualpartner hat, der zumindest bestimmbar sein muss.[42] Allein die vage Vermutung, der Jugendliche werde das ihm zur freien Verfügung überlassene Zimmer zu sexuellen Kontakten nutzen, reicht ebenso wenig aus wie die Überlassung von Verhütungsmitteln bei einer Ferienfreizeit.[43]

Für **Betreuer einer Ferienmaßnahme** bedeutet dies, dass es nicht unbedingt notwendig ist, Jungen und Mädchen stets in getrennten Räumen übernachten zu lassen, wenn eine Möglichkeit der Aufsicht besteht. Das gleiche gilt für die gemeinsame Benutzung von sanitären Einrichtungen, Bädern oder Saunen.[44]

b. **Probleme für Betreuer oder andere in der Jugendhilfe Tätige** können dadurch entstehen, dass der Vorwurf erhoben wird, da **weggeguckt oder nichts unternommen zu haben**, wo ein Einschreiten sexuelle Kontakte unter den noch nicht 16-Jährigen verhindert hätte. Als **Vorschubleisten durch Unterlassen** kann ein solches Verhalten strafrechtlich gewertet werden (vgl. § 13 StGB).

Voraussetzung für eine Bestrafung ist in diesem Fall, dass von dem Betroffenen eine Handlung zur Verhinderung der sexuellen Kontakte aufgrund einer **besonderen Rechtspflicht** gefordert wird. So haben Erzieher in Heimen oder betreuten Wohngemeinschaften die Pflicht, die zum Kindeswohl gehörende ungestörte sexuelle Entwicklung sicherzustellen; sie besitzen gegenüber den ihnen anvertrauten Jugendlichen insoweit eine sog. **Garantenstellung**. Eine solche Garantenstellung kommt ebenso Betreuern einer Ferienmaßnahme zu. Diese grundsätzliche Pflicht, zur Ver-

40 Münder 1986, S. 354
41 Tröndle/Fischer § 180 Rdnr. 5
42 Tröndle/Fischer § 180 Rdnr. 6
43 Barabas 1998, S. 93 f.
44 Münder 1986, S. 354

hinderung sexueller Kontakte einzuschreiten, gilt aber nicht unbeschränkt. Die geforderte Handlung muss dem Betroffenen **möglich und zumutbar** sein.[45] Unter Berücksichtigung dieser letzten Überlegung kann es bspw. dem Erzieher oder der Lehrerin nicht zugemutet werden, die ganze Nacht durch permanente Kontrollgänge sexuelle Kontakte der ihnen anvertrauten Schülerinnen zu verhindern.
Zurecht weist Häbel darauf hin, dass es zum Aufbau und zur Aufrechterhaltung eines Vertrauensverhältnisses erforderlich sein kann, die **Prostitution minderjähriger Klienten** zu dulden, und es PädagogInnen nicht zugemutet werden darf, mit Einsperren in geschlossenen Einrichtungen oder Anzeigen bei der Polizei geradezu kontraproduktiv die Basis der eigenen pädagogischen Arbeit zunichte zu machen.[46]

c. Gerade der Gesichtspunkt der Zumutbarkeit hat den Gesetzgeber veranlasst, die Strafandrohung von § 180 Abs. 1 S. 1 Nr. 2 StGB denjenigen gegenüber zurückzunehmen, die als »zur Sorge für die Person Berechtigte« handeln (§ 180 Abs. 1 S. 2 StGB). Dieses sog. **Erzieherprivileg** steht neben den Eltern auch den Pflege- und Adoptiveltern zu, denen ein gewisser Spielraum bei der Sexualerziehung eingeräumt sein soll und denen gegenüber es als unzumutbar erscheint, mit Strafdrohungen diese zu veranlassen, ihre noch nicht 16 Jahre alten Kinder von jeglichem sexuellen Kontakt fernzuhalten. Allerdings gilt das Erzieherprivileg nur begrenzt; bei gröblicher Verletzung der Erziehungspflicht können sich auch Eltern strafbar machen. Eine klare Grenzziehung ist kaum möglich. Eine gröbliche Verletzung wird anzunehmen sein, wenn z. B. die Ausübung der Prostitution zugelassen wird.[47]
In den Fällen, in denen Sorgeberechtigte darin einwilligen, dass Erzieher entgegen dem Verbot von § 180 Abs. 1 StGB sexuelle Handlungen ihrer minderjährigen Kinder zulassen, wird man das Erzieherprivileg auch auf diese Gruppe erweitern müssen. Dieses sog. **erweiterte oder verlängerte Erzieherprivileg** ist jedoch umstritten. Die ablehnende Auffassung verkennt jedoch, dass es nicht darauf ankommen kann, ob der Sorgeberechtigte seine Entscheidung, wie seine Kinder Sexualität erfahren, selbst in die Tat umsetzt oder er sich dabei der Hilfe anderer, z. B. der von Betreuern einer Ferienfreizeit bedient.[48] Gerade in Zeiten, in denen Erziehung mehr und mehr von der Familie weg auf Schule und Freizeiteinrichtungen verlagert wird, muss jede andere Betrachtung als anachronistisch anmuten.[49]

IV. Sexueller Missbrauch von Jugendlichen unter 18 Jahren

Auch Jugendliche im Alter bis zu 18 Jahren unterliegen dem Schutz des Sexualstrafrechts. Voraussetzung für eine Bestrafung ist in den Fällen des sexuellen Missbrauchs von 16–18-jährigen Personen, dass der **Täter ein Abhängigkeitsverhältnis missbraucht**. So verlangt § 174 Abs. 1 Nr. 2 StGB sexuelle Handlungen an einer Person unter 18 Jahren, die dem Täter

45 vgl. dazu im einzelnen Häbel 1992, S. 457 ff.
46 a. a. O., S. 463
47 vgl. Tröndle/Fischer § 180 Rdnr. 11 f.
48 Brühl 1986, S. 159; Schönke-Schröder § 180 Rdnr. 17
49 vgl. Barabas 1998, S. 97 ff.

- »zur Erziehung, zur Ausbildung oder zur Betreuung in der Lebensführung anvertraut oder im Rahmen eines Dienst- oder Arbeitsverhältnisses untergeordnet ist« und
- dieser eine »mit dem Erziehungs-, Ausbildungs-, Betreuungs-, Dienst- oder Arbeitsverhältnis verbundene Abhängigkeit« missbraucht.

Nicht erforderlich ist, den schutzbefohlenen Jugendlichen unter Druck zu setzen, sondern **Macht und Überlegenheit in einer für den Jugendlichen erkennbaren Weise als Mittel einzusetzen**, um ihn sich gefügig zu machen; dabei genügt es, wenn der Jugendliche in dem Täter eine Autoritätsperson sieht, der er Gehorsam schuldig zu sein glaubt, und der Täter dies bei seinem Vorgehen bewusst in Rechnung stellt.[50]

Auch macht sich gem. § 180 Abs. 3 StGB derjenige strafbar, der unter Missbrauch eines Abhängigkeitsverhältnisses den schutzbefohlenen Jugendlichen dazu bestimmt, sexuelle Handlungen bei Dritten vorzunehmen oder zu dulden.

In gleicher Weise wird nach § 174 Abs. 1 Nr. 3 StGB bestraft, wer sexuelle Handlungen an seinem noch nicht 18 Jahre alten leiblichen oder adoptierten Kind vornimmt oder vornehmen lässt.

Schließlich untersagt § 180 Abs. 2 StGB, noch nicht 18-Jährige dazu zu bestimmen, sexuelle Handlungen gegen Entgelt an oder vor Dritten, z. B. Striptease, vorzunehmen oder solchen Handlungen durch Vermittlung Vorschub zu leisten.

V. Sexueller Missbrauch von Widerstandsunfähigen und Abhängigen

1. Nach § 179 StGB steht auch der sexuelle Missbrauch von Personen unter Strafe, die

- **wegen einer geistigen oder seelischen Krankheit oder Behinderung** einschließlich einer Suchtkrankheit oder **wegen einer tiefgreifenden Bewusstseinsstörung** oder
- körperlich zum **Widerstand unfähig sind.**

Hinzukommen muss, dass der Täter diese Abhängigkeit oder Widerstandsunfähigkeit ausnutzt. Der Strafrahmen ist aufgrund berechtigter Kritik angehoben worden (Freiheitsstrafe von sechs Monaten bis zehn Jahre ohne Berücksichtigung von minder schweren Fällen) und beträgt nach Abs. 3 in einem schweren Fall (z. B. Beischlaf, gemeinschaftliche Tat oder schwere Gesundheitsschädigung) ein Jahr bis fünzehn Jahre.[51] In besonders schweren Fällen (Beischlaf, gemeinschaftliche Tatbegehung, Gefahr der schweren Gesundheitsschädigung) ist die Strafandrohung Freiheitsstrafe nicht unter zwei Jahren (Abs. 5).

2. Einen **besonderen Schutz vor sexuellem Missbrauch** genießen gem. § 174 a StGB auch diejenigen, die sich **in einem besonderen Abhängigkeitsverhältnis als Gefangene oder auf behördliche Anordnung Verwahrte** (z. B. nach § 12 Nr. 2 JGG i. V. m. § 34 SGB VIII) befinden. Ebenso die als **Kranke oder Hilfsbedürftige** in einer Einrichtung aufgenommen sind (z. B. in Krankenhäusern, Psychiatrien oder Altersheimen).

---

50 OLG Zweibrücken NJW 1996, S. 331

51 vgl. Barabas 1998, S. 87

Auch Amtsträger wie Richter, Staatsanwälte, Polizeibeamte evtl. auch Gerichtshelfer (nicht jedoch Bewährungshelfer), die an einem Straf- oder Unterbringungsverfahren mitwirken und ihre Amtsstellung zu einem sexuellen Missbrauch gegenüber den Verfahrensbetroffenen ausnutzen, machen sich gem. § 174 b StGB strafbar.
Schließlich ist auch der sexuelle Missbrauch unter **Ausnutzung eines Beratungs- oder Behandlungsverhältnisses** strafbar. In § 174 c StGB stehen damit die Personen unter strafrechtlichem Schutz, die wegen einer geistigen oder seelischen Krankheit oder Behinderung einschließlich einer Suchtkrankheit sich beraten, behandeln oder betreuen lassen. Missbraucht der Berater, (Psycho-)Therapeut oder die Pflegeperson das Verhältnis zu dem Klienten oder Patienten zur Vornahme sexueller Handlungen, macht er sich strafbar.

C. Prostitution

Mit dem Inkrafttreten des Prostitutionsgesetzes am 1. Januar 2002 ist ein anachronistischer Rechtszustand beendet worden, nach dem die Ausübung der Prostitution als ein **Verstoß gegen die sog. »guten Sitten«** (vgl. § 138 BGB) angesehen wurde. Rechtliche Grundlage dafür war ein bis dahin nicht korrigiertes Urteil des BVerwG aus dem Jahr 1965, in der die Prostitution mit der Betätigung als Berufsverbrecher gleichgestellt wurde.[52] Die Folge war eine gesellschaftliche Ächtung und persönliche Diskriminierung der Prostituierten, denen z. B. der Zugang zur gesetzlichen und privaten Sozialversicherung verwehrt war.[53] Zu Recht hat der Gesetzgeber in der Begründung zu dem neuen Prostitutionsgesetz festgestellt, dass diese Bewertung der Prostitution nicht mehr der heutigen Zeit entspricht und von weiten Teilen der Bevölkerung nicht geteilt wird.[54]
Gleichwohl enthält das StGB Strafvorschriften, die einerseits **als Schutz der Prostituierten vor Ausbeutung und Abhängigkeiten** gedacht sind und andererseits Strafnormen, die **die Prostituierten selbst mit Strafe bedrohen**.

I. Schutz der Prostituierten

1. Mit der Streichung von § 180 a Abs. 1 Ziff. 2 StGB a. F., der noch die bloße Förderung der Prostitution durch Bordellbetreiber unter Strafe stellte, hat der Gesetzgeber der berechtigten Kritik insbesondere von Prostituierten-Selbsthilfeorganisationen Rechnung getragen (vgl. 1. Aufl., S. 248). Damit wird Prostituierten endlich die Möglichkeit gewährt, rechtlich abgesichert und unter angemessenen Bedingungen freiwillig als abhängig Beschäftigte in Bordellen oder auch selbständig tätig zu sein. Weiterhin wird Bordellbetreibern ermöglicht, die bei ihnen freiwillig und ohne Ausbeutung beschäftigten Prostituierten bei der Sozialversicherung anzumelden, ohne sich der Gefahr der Strafverfolgung wegen Förderung der Prostitution auszusetzen.[55]

52 BVerwG Bd. 22, S. 289
53 vgl. Leopold 1997, S. 32 u. 55
54 BT-Drs. 14/5958, S. 4
55 BT-Drs. 14/5958, S. 6

Während nunmehr der Betrieb eines Bordells grundsätzlich legal ist, macht sich nach § 180 a Abs. 1 StGB der gewerbsmäßige **Bordellbetreiber** nur noch dann strafbar, wenn die in seinem Betrieb tätigen Prostituierten »**in persönlicher oder wirtschaftlicher Abhängigkeit**« gehalten werden. Dies wird dann anzunehmen sein, wenn durch persönlichen Druck, durch sonstige gezielte Einwirkung oder unter Einsatz von wirtschaftlichen Zwangsmitteln (z. B. Beschränkung der Verfügungsgewalt über eigene Mittel oder Vorenthalten ausreichender Mittel) das sexuelle Selbstbestimmungsrecht der Prostituierten derart eingeschränkt wird, dass ihr der Ausstieg aus der Prostitution verunmöglicht wird.[56]
Als eine auf den Jugendschutz orientierte Vorschrift verbietet § 180 a Abs. 2 Nr. 1 StGB, jungen Menschen unter 18 Jahren zur Ausübung der Prostitution Wohnung, gewerbsmäßig Unterkunft oder Aufenthalt zu gewähren. Das Verbot gilt auch für denjenigen, der einer anderen Person, der er zur Ausübung der Prostitution Wohnung gewährt, zur Prostitution anhält oder ausbeutet.

Gem. § 181 a Abs. 1 StGB wird als **Zuhälter** bestraft, der

- eine andere Person, die sich prostituiert, **ausbeutet** (dies hat der BGH in dem Fall angenommen, in dem die Prostituierte nahezu die Hälfte ihrer Einkünfte an den Zuhälter abgeben musste[57]) oder
- die Prostituierte des eigenen wirtschaftlichen Vorteils wegen **regelmäßig überwacht**, die **Einzelheiten der Prostitution bestimmt** oder sie **von der Aufgabe der Prostitution abhält** oder
- gewerbsmäßig die »**kupplerische Zuhälterei**« betreibt, indem er Freier der Prostituierten zuführt und dadurch ihre persönliche und wirtschaftliche Bewegungsfreiheit beeinträchtigt (§ 181 a Abs. 2).

Ausdrücklich bestimmt § 181 a Abs. 3 StGB, dass auch die Zuhälterei gegenüber dem eigenen Ehegatten bzw. der eigenen Ehegattin strafbar ist.

2. Die Vorschriften der §§ 180 b und 181 StGB regeln das **strafrechtliche Verbot des Menschenhandels**, der sich zumeist die Hilflosigkeit und ökonomische Zwangslage von Frauen aus Osteuropa sowie der Dritten Welt zunutze macht, um diese in die Prostitution zu drängen. Der Schutz der betroffenen Frauen in ihrer persönlichen Freiheit und sexuellen Selbstbestimmung gilt i. S. d. **Weltrechtsprinzips** universell, so dass die genannten Vorschriften auch auf Taten anzuwenden sind, die im Ausland von Deutschen oder Ausländern begangen werden (§ 6 Nr. 4 StGB).

Menschenhandel nach § 180 b Abs. 1 StGB setzt voraus, dass auf eine Person des eigenen Vermögensvorteils wegen eingewirkt wird,

- um sie in Kenntnis einer Zwangslage zur Aufnahme oder Fortsetzung der Prostitution zu bestimmen oder
- um sie in Kenntnis der Hilflosigkeit, die mit ihrem Aufenthalt in einem fremden Land herrührt, zur Vornahme oder Duldung sexueller Handlungen gegenüber Dritten zu veranlassen.

---

56 vgl. Tröndle/Fischer § 180 a Rdnr. 10 f.

57 Tröndle/Fischer § 181 a Rdnr. 7

Die **Strafdrohung** (Geldstrafe oder Freiheitsstrafe bis zu fünf Jahren) erhöht sich, wenn die Hilflosigkeit in einem fremden Land oder das junge Alter einer Person (unter 21 Jahren) zur Aufnahme oder Fortsetzung der Prostitution ausgenutzt wird (§ 180 b Abs. 2 StGB; Strafdrohung: Freiheitsstrafe von sechs Monaten bis zu zehn Jahren).

Gem. § 181 StGB wird als **schwerer Menschenhandel** (Strafdrohung: Freiheitsstrafe von einem bis zu zehn Jahren) bestraft, wenn eine Person

- mit Gewalt, Bedrohung oder List zur Aufnahme oder Fortsetzung der Prostitution bestimmt wird,
- durch List angeworben oder gegen ihren Willen mit Gewalt, Bedrohung oder List entführt wird, um sie unter Ausnutzung ihrer Hilflosigkeit in einem fremden Land zu Sexualität mit Dritten zu veranlassen, oder
- wenn die Anwerbung gewerbsmäßig erfolgt, bei der wiederum die Hilflosigkeit in einem fremden Land ausgenutzt wird.

II. Verbotene Prostitution

Immer noch sieht das Strafrecht neben dem Schutz der Prostituierten auch die **strafrechtliche Verfolgung von Prostituierten** – nicht jedoch der Freier – vor, wenn diese in sog. **Sperrbezirken** tätig werden. Nach § 184 a StGB wird demnach mit Strafe bedroht, wer einem behördlich erlassenen Verbot beharrlich zuwiderhandelt, der Prostitution an bestimmten Orten überhaupt oder zu bestimmten Tageszeiten nachzugehen. Nach Art. 297 EGStGB werden die Landesregierungen ermächtigt, »zum Schutze der Jugend und des öffentlichen Anstandes« für das ganze Gebiet einer Gemeinde (bis zu 50.000 Einwohner) oder Teile des Gemeindegebietes, für bestimmte Straßen oder Plätze durch Rechtsverordnung die Ausübung der Prostitution zu verbieten. Diese Ermächtigung kann wiederum auf dem Verordnungswege auf Landesbehörden übertragen werden (in NRW z. B. auf die Bezirksregierungen), die dann für einzelne Gemeinden die Sperrbezirke festlegen. In Düsseldorf bspw. umfasst nach einer entsprechenden Verordnung der Sperrbezirk die Innenstadt bis zum Hauptbahnhof. Als einzige Großstadt in den alten Bundesländern hat Berlin kein Sperrgebiet.

Die Strafandrohung richtet sich **gegen die Prostituierten, die beharrlich gegen die Sperrgebietsverordnung und das damit verbundene Verbot verstoßen**. Beharrlich bedeutet, dass der Täter das Verbot aus Missachtung oder Gleichgültigkeit immer wieder übertritt oder zu übertreten bereit ist, nachdem er es schon mindestens einmal verletzt hat.[58]

Wer überhaupt in Sperrbezirken der Prostitution nachgeht, ohne dass dies beharrlich geschieht, macht sich einer **Ordnungswidrigkeit** schuldig, die mit einer Geldbuße geahndet werden kann (§ 120 OWiG).

Eine **härtere Bestrafung** sieht § 184 b StGB vor, wenn die Prostitution **in der Nähe einer Schule, an Orten, die zum Besuch von Jugendlichen unter 18 Jahren bestimmt sind, oder in einem Haus, in dem Jugendliche dieser Altersgruppe wohnen**, ausgeübt wird und diese dadurch »sittlich gefährdet« werden.

58 Tröndle/Fischer § 184 a Rdnr. 5

Gegen die Kriminalisierung von Prostituierten durch die Einrichtung von Sperrgebieten wird richtigerweise eingewendet, dass durch die Strafverfolgung z. B. Prostituierte davon abgehalten werden, gewalttätige Freier anzuzeigen, wenn die Delikte innerhalb des Sperrbezirks verübt werden, und in entlegene Randzonen der Städte gedrängt werden, wo das Risiko steigt, Opfer von Gewalttaten zu werden. Auch weisen Kritiker zu Recht darauf hin, dass der Einfluss von Zuhältern gefördert wird und Betreiber von Bordellen außerhalb der Sperrbezirke insoweit von einer solchen Reglementierung profitieren, als sie in Ermangelung von alternativen Arbeitsplätzen Tagesmieten in Wucherhöhe verlangen können.[59]

D. Der rechtliche Umgang mit Sexualstraftätern

Wenn in der öffentlichen Diskussion vom Umgang mit Sexualstraftätern die Rede ist, dann suggeriert diese Bezeichnung, dass es tatsächlich den Typ des triebhaften und hemmungslosen Täters gibt, der entweder »behandelt« oder mit harter Bestrafung für lange Zeit »aus dem Verkehr gezogen« werden muss. Dass eine derartige Vereinfachung schlicht falsch ist und es den kranken »Standard-Sexualtäter« nicht gibt, wurde zuletzt in einer Studie der Universität Göttingen aus dem Jahr 1999 bestätigt.[60] Danach ist das Spektrum der psychischen Erkrankungen der Sexualstraftäter, die im niedersächsischen Maßregelvollzug zum Zeitpunkt der Untersuchung einsaßen, breit gefächert. Von relativ seltenen Fällen von Schizophrenie über neurotische und Persönlichkeitsstörungen reicht es bis hin zu sadistischen sexuellen Abweichungen; je nach Diagnose muss die Gefährlichkeit sehr unterschiedlich beurteilt werden.[61] Dieses Forschungsergebnis deckt sich mit bisherigen Untersuchungen, die doch insgesamt ein **sehr differenziertes Bild der Täterpersönlichkeiten** zeichnen.[62] Es erscheint umso schwieriger, einen angemessenen Umgang mit den Mitteln des Strafens und des Behandelns zu finden, der dem wegen sexueller Devianz Verurteilten in seiner Individualität auch gerecht wird und so dazu beiträgt, Rückfälle zum Schutze der Allgemeinheit zu verhindern.
Der Gesetzgeber hat gerade den letzten Aspekt zum Anlass genommen, mit dem 1998 verabschiedeten »Gesetz zur Bekämpfung von Sexualdelikten und anderen gefährlichen Straftaten« zum Schutze der Bevölkerung die Gefahr von Wiederholungstaten zu reduzieren.

Dazu sieht das Gesetz vor,

- Therapiemöglichkeiten für behandelbare Straftäter im Strafvollzug zu erweitern,
- das Sicherheitsinteresse der Allgemeinheit bei der Entscheidung über die Strafrestaussetzung zur Bewährung hervorzuheben und
- Sicherungsmaßnahmen gegen rückfällige Sexualstraftäter zu verstärken.[63]

59 Leopold 1997, S. 250, 277
60 Frankfurter Rundschau vom 12.8.99
61 a. a. O.
62 vgl. Schorsch 1993, S. 470 ff.
63 BReg. BR-Drs. 163/97, S. 2

I. Besonderheiten im Strafvollzug

Trotz einer in vielen Fällen diagnostizierten Behandlungsbedürftigkeit befindet sich die weitaus größere Zahl der Straftäter, die wegen einer Sexualstraftat verurteilt sind, im allgemeinen Strafvollzug und nicht im Maßregelvollzug, wo die therapeutische Behandlung im Vordergrund steht.[64] Nach der bereits erwähnten Untersuchung befanden sich in Niedersachsen zu einem Stichtag im Jahre 1998 159 Sexualtäter in den forensischen Abteilungen der Landeskrankenhäuser, demgegenüber 373 in Gefängnissen.

Um zu gewährleisten, dass Gefangene, die wegen einer Sexualstraftat, also nach den §§ 174–180 oder § 182 StGB zu Freiheitsstrafen verurteilt worden sind, **frühzeitig in therapeutische Behandlung** kommen, ist bereits bei der ersten Untersuchung im Rahmen der **Vollzugsplanung** von Seiten der Anstalt »besonders gründlich zu prüfen, ob die **Verlegung in eine sozialtherapeutische Anstalt** angezeigt ist« (§ 6 Abs. 2 S. 2 StVollzG).

Im Falle einer Verurteilung zu einer Freiheitsstrafe von mehr als zwei Jahren muss über eine Verlegung in eine sozialtherapeutische Anstalt jeweils nach Ablauf von sechs Monaten neu entschieden werden (§ 7 Abs. 4 StVollzG).

Schließlich sieht § 9 Abs. 1 StVollzG vor, dass unter folgenden Voraussetzungen die **Verlegung in eine sozialtherapeutische Anstalt obligatorisch** ist:

- Verurteilung wegen einer Straftat gem. §§ 174–180 oder § 182 StGB zu einer zeitigen Freiheitsstrafe von mehr als zwei Jahren und
- die sozialtherapeutische Behandlung angezeigt ist, also bspw. keine Therapieunfähigkeit vorliegt.

Falls der Behandlungszweck aus Gründen, die in der Person des Gefangenen liegen, nicht erreicht werden kann, muss gem. § 9 Abs. 1 S. 2 StVollzG der Gefangene in den allgemeinen Strafvollzug zurückverlegt werden. Dies wird z. B. dann der Fall sein, wenn die anfängliche **Behandlungsunwilligkeit** fortdauert und eine **Therapiemotivation** sich nicht herstellen lässt.[65]

Bereits bei der Gesetzesänderung 1998 herrschte in der Fachwissenschaft der forensischen Psychiatrie eine gewisse Skepsis, inwieweit es den hierfür zuständigen Ländern gelingt, personell und materiell die sozialtherapeutischen Anstalten ausreichend auszustatten und über Weiter- und Fortbildungsmaßnahmen eine Qualifizierung des therapeutischen Personals zu erreichen. Immerhin gingen erste Berechnungen davon aus, dass die Zahl der Therapieplätze bei einer durchschnittlichen Behandlungsdauer von zwei Jahren zumindest verdoppelt werden müsste, um den ca. 1.000 Gefangenen, die wie 1996 nach den §§ 174–180 sowie § 182 a. F. zu mehr als zwei Jahren Freiheitsstrafe verurteilt worden sind, eine sozialtherapeutische Behandlung zu ermöglichen.[66]

64 vgl. Schneider 1999, S. 421

65 Konrad 1998, S. 267

66 Konrad 1998, S. 269; Kaiser/Schöch 2003, S. 277

II. Neuerungen bei der Straf- und Maßregelrestaussetzung zur Bewährung

Mit dem »Gesetz zur Bekämpfung von Sexualdelikten und anderen gefährlichen Straftaten« wurden angesichts von »Irritationen in der Öffentlichkeit« mit »Klarstellungen« – so die Begründung des Gesetzesentwurfs durch die Bundesregierung – die Vorschriften über die Aussetzung von Reststrafen bzw. Restmaßregeln zur Bewährung geändert (§§ 57 Abs. 1 Nr. 2, 67 d Abs. 2 StGB, § 88 Abs. 1 JGG, § 36 Abs. 1 S. 3 und Abs. 2 BtMG).[67]

Während vor der Neufassung nach § 57 Abs. 1 Nr. 2 StGB a. F. eine Reststrafenaussetzung möglich war, »wenn verantwortet werden kann zu erproben, ob der Verurteilte außerhalb des Strafvollzuges keine Straftaten mehr begehen wird«, muss dies nunmehr »**unter Berücksichtigung des Sicherheitsinteresses der Allgemeinheit verantwortet werden**« können.

Dazu heißt es in der Begründung des Regierungsentwurfes, dass eine **Abwägung zwischen dem Resozialisierungsinteresse des Verurteilten und dem Sicherheitsinteresse der Allgemeinheit** vorgenommen werden muss und insbesondere darauf abzustellen ist, dass es von dem Gewicht des bei einem Rückfall bedrohten Rechtsguts und dem Sicherheitsbedürfnis der Allgemeinheit abhängt, welches Maß an Erfolgswahrscheinlichkeit für eine Strafrestaussetzung zu verlangen ist.[68]

Strenger noch ist die Neufassung von § 67 d Abs. 2 StGB, wonach jetzt bei der Unterbringung ein Maßregelrest nur noch dann zur Bewährung ausgesetzt werden kann, »wenn zu erwarten ist, dass der Untergebrachte außerhalb des Maßregelvollzuges keine rechtwidrigen Taten mehr begehen wird«.

Ob es bei den genannten Änderungen, die nicht nur auf Verurteilungen von Sexualstraftätern sondern allgemein anzuwenden sind, auch in Zukunft lediglich um Klarstellungen einer bereits gefestigten Rechtsprechung geht, bleibt abzuwarten; in diese Richtung gehen zumindest die ersten obergerichtlichen Entscheidungen.[69] Immerhin hat das BVerfG auch im Hinblick auf die Gesetzesänderung darauf hingewiesen, dass **bei der Prognose zukünftigen Legalverhaltens »ein vertretbares Restrisiko«** eingegangen werden muss.[70]

Eine weitere gewichtige Änderung, die nicht nur wegen Sexualdelikte sondern auch alle wegen schwerer Straftaten Verurteilte betrifft, wurde **im Verfahren der Reststrafenaussetzung** vorgenommen. Nach § 454 Abs. 2 StPO n. F. ist die Strafvollstreckungskammer neben den Fällen von lebenslanger Freiheitsstrafe nunmehr auch dann verpflichtet, ein **Sachverständigengutachten** einzuholen, wenn

- es erwägt, die Vollstreckung des Restes einer zeitigen Freiheitsstrafe von mehr als zwei Jahren auszusetzen,

67 BR-Drs. 163/97. S. 10

68 BR-Drs. 163/97, S. 17

69 OLG Hamm NStZ 1998, S. 376; OLG Stuttgart Die Justiz 1998, S. 288

70 NStZ 1998, S. 374

- der Verurteilung ein Verbrechen oder eine Straftat nach den §§ 174 bis 174 c, 176, 179 Abs. 1–3 StGB, §§ 180, 182, 224, 225 Abs. 1 oder 2 StGB oder eine entsprechende Rauschtat nach § 323 a StGB zugrunde lag und
- nicht auszuschließen ist, dass Gründe der öffentlichen Sicherheit einer vorzeitigen Entlassung entgegenstehen (vgl. 10. Kap. C. IV.).

Das Gleiche gilt bei Entscheidungen der Strafvollstreckungskammer über die Aussetzung von Restzeiten der Unterbringungsmaßregel gem. § 67 d Abs. 2 StGB.
Von dem Gutachter wird insbesondere verlangt, sich zu der Frage zu äußern »ob bei dem Verurteilten keine Gefahr mehr besteht, dass dessen durch die Tat zutage getretene Gefährlichkeit fortbesteht« (§ 454 Abs. 2 S. 2 StPO). Ob ein seriöser Gutachter eine derartig **schwierige Prognose** überhaupt zu stellen vermag, stößt zu Recht auf Skepsis. Gerade die Vertreter der Psychiatrie und Sexualwissenschaft sehen sich mit »lebensfremden Anforderungen an die gutachterliche Bewährungsprognose« konfrontiert.[71] Dies muss umso mehr gelten, wenn nach den bisherigen therapeutischen Erfahrungen mit Sexualstraftätern Rückfälle nicht immer vorhersehbar sind und in kaum einem Fall gänzlich ausgeschlossen werden können.

III. Sicherungsverwahrung für Sexualstraftäter

Spektakuläre Fälle von schweren Sexualstraftaten, in denen Kinder durch einschlägig vorbestrafte Täter sexuell missbraucht und getötet worden sind, haben den Gesetzgeber veranlasst, eine weitergehende Kontrolle dieser als besonders gefährlich betrachteten Täter durch **erleichterte Anordnung der Sicherungsverwahrung** zu schaffen. Nach der Neufassung von § 66 Abs. 3 StGB sind dafür die Voraussetzungen deutlich herabgesetzt worden. Auch **ohne frühere Verurteilung kann die Sicherungsverwahrung bereits dann angeordnet werden, wenn der Täter zwei Straftaten aus dem Katalog von § 66 Abs. 3 S. 1 StGB begangen hat, durch die er jeweils Freiheitsstrafe von mindestens zwei Jahren verwirkt hat und er wegen einer oder mehrerer dieser Taten zu zeitiger Freiheitsstrafe von mindestens drei Jahren verurteilt wird** (vgl. oben 7. Kap. F. II. 3.). Da es bislang schon trotz mehrerer, früherer Verurteilungen mit großen Schwierigkeiten verbunden war, den für die Anordnung der Sicherungsverwahrung erforderlichen **»Hang zu erheblichen Straftaten«** (§ 66 Abs. 1 Nr. 3 StGB) zu prognostizieren, wird dies erst recht auf der Basis einer einzigen Verurteilung möglich sein. So wird man davon ausgehen können, dass trotz der nunmehr erleichterten Voraussetzungen die Sicherungsverwahrung entsprechend ihrem Charakter als **ultima ratio des strafrechtlichen Sanktionensystems und letzte Notmaßnahme der Kriminalpolitik nur in wenigen Ausnahmefällen** angeordnet werden wird, in denen dies **zum Schutz der Allgemeinheit vor gefährlichen Straftätern** unerlässlich ist.[72] Zum Stichtag 31. März 2003 befanden sich in Deutschland 306 Personen im Vollzug der Sicherungsverwahrung.[73]

71 so die Deutsche Gesellschaft für Sexualforschung 1998, S. 164; vgl. Nedopil 1998, S. 48
72 BGH Bd. 30, S. 222; Hammerschlag/Schwarz 1998, S. 322
73 Statist. Bundesamt 2003, Fachserie 10, Rechtspflege, Reihe 4.1

Eine weitere Verschärfung bedeutet, dass mit der Neuregelung in § 67 d Abs. 3 StGB nunmehr jede Sicherungsverwahrung unbeschränkt angeordnet wird und sie nach zehn Jahren für erledigt erklärt wird, wenn nicht die Gefahr besteht, dass der Untergebrachte infolge seines Hanges erhebliche Straftaten begehen wird, durch welche die Opfer seelisch oder körperlich schwer geschädigt werden.[74]

74 vgl. zur Verfassungsmäßigkeit dieser Regelung die Entscheidung des BVerfG vom 5. 2. 2004 – 2 BvR 2029/01 (www.bundesverfassungsgericht.de/entscheidungen)

18. Kapitel: Opferschutz

Grundlegende Literatur: Haupt/Weber u. a.: Handbuch Opferschutz und Opferhilfe, 2. Aufl., Baden-Baden 2003; Tampe: Verbrechensopfer, Stuttgart 1992; Klie: Opferentschädigungsgesetz und Soziale Arbeit, Freiburg 1996; Dölling u. a. (Hrsg.): TOA in Deutschland – Bestandsaufnahme und Perspektiven, Bonn 1998.

Mit der Herausbildung des staatlichen Gewaltmonopols und der Verlagerung der Strafgewalt auf unabhängige Gerichte verlor auch das Opfer einer Straftat im Laufe der Geschichte an Bedeutung. **Seine Rolle im Strafprozess wurde bewusst neutralisiert.** Die Verfolgung der Tat, die das Opfer erlitten hat, ist ihm aus der Hand genommen worden, so dass es an der Konfliktbewältigung lediglich in untergeordneter Funktion beteiligt ist. Nicht mehr private Rache und Sippenfehde sollen die Konfliktparteien befrieden, sondern **Vergeltung und Sühne werden »verstaatlicht«** und die **Ermittlung der Wahrheit sowie die Bestimmung der Sanktion** werden **als öffentlicher Vorgang organisiert und kontrolliert**. Der Staat trennt Täter und Opfer und tritt in seiner richtenden Funktion als unbeteiligter Dritter auf, dem es im Wesentlichen um den Täter geht. Angesichts des mehr und mehr in den Vordergrund getretenen Präventionsanliegens wendet sich das »moderne« Strafrecht allein dem Täter und seinem zukünftigen Verhalten zu. Ihn und andere von weiteren Straftaten abzuhalten und das allgemeine Normbewusstsein in der Gesellschaft zu stärken, ist nunmehr das vornehmliche Anliegen.[1]

So verwundert es nicht, dass bis in die siebziger Jahre hinein die Stellung des Opfers im Strafverfahren von Wissenschaft und Kriminalpolitik vernachlässigt wurde. Die Rolle des durch eine Straftat Verletzten wurde auf die eines – wenn auch wichtigen – Beweismittels reduziert.[2] Wenn auch die StPO nach dem 1. Opferschutzgesetz aus dem Jahre 1986 dem Opfer **Rechte als Strafantragssteller, Privat- und Nebenkläger** gewährt und ihm somit **eine aktive Rolle bei der Strafverfolgung** einräumt, handelt es sich jedoch bei diesen Rechtspositionen eher um »totes Recht«[3], das in der Praxis der Strafgerichtsbarkeit kaum in Anspruch genommen wird. Im Hinblick auf das Recht der Nebenklage wird man allerdings einschränkend darauf hinweisen müssen, dass in den letzten Jahren gerade in Sexualstrafverfahren immer mehr von diesem Recht auf aktive Einflussnahme Gebrauch gemacht worden ist.

Seit gut 25 Jahren hat insbesondere die **Kriminologie das Opferthema wiederentdeckt** und in der Wissenschaft vom Opfer, der **Viktimologie**, einen eigenständigen Forschungsansatz geschaffen.[4] Zunächst waren es breit angelegte Opferbefragungen, die ein zunehmend informationsreicheres und differenzierteres Bild des Verbrechensopfers vermittelten. Auch trug eine verstärkte Sensibilisierung für das Phänomen Ge-

1 vgl. Hassemer 1990, S. 67 ff.
2 Heinz 1993 b, S. 372
3 Weigend 1989
4 vgl. Kirchhoff 1997, S. 139 ff.

walt, insbesondere bei Kindesmisshandlung und Vergewaltigung dazu bei, sich vor allem mit sozialen Situationen zu beschäftigen, in denen Personen zu Opfern werden.[5] Bei der Analyse des sog. **Opferwerdungsprozesses** kann zwischen **primärer und sekundärer Viktimisierung** unterschieden werden. Von **primärer Viktimisierung** ist dann die Rede, wenn die vom Täter selbst ausgehenden Verletzungen und Beeinträchtigungen in den Blick genommen werden, von **sekundärer Viktimisierung**, wenn man die Schäden betrachtet, die dem Opfer nach der Tat durch die Reaktionen des sozialen Umfeldes zugefügt werden.[6] Vielfältige Untersuchungen lieferten den Nachweis, dass die Behandlung des Opfers nicht nur durch verständnislose Familienangehörige, Freunde und Nachbarn sondern gerade auch durch misstrauische Polizeibeamte, Staatsanwälte, Richter und Verteidiger zu weiteren seelischen und auch körperlichen Belastungen führen, die die Opferrolle verstärken.[7] Geradezu entsetzt reagiert das Opfer auf Fragen, die die Tat und damit die eigene Opferrolle in Zweifel ziehen oder eine Mitschuld behaupten; derartiges Misstrauen schafft das **Gefühl von erneuter Demütigung und Erniedrigung**.

Von Seiten des Opfers lässt sich folglich nur sehr schwer verstehen, dass die **rechtsstaatliche Garantie der Unschuldsvermutung** (Art. 6 MRK) nur den Beschuldigten schützt und in seiner Umkehrung so etwas wie eine »Nichtopfervermutung« bedeutet:

> »Wenn der Beschuldigte im Strafverfahren nicht als schuldig behandelt werden darf, so zwingend auch derjenige, der sich als vom Beschuldigten verletzt behauptet, nicht als Opfer dieses Beschuldigten. Strafrechtlich kann es die Opfereigenschaft nur mit der rechtskräftig festgestellten Schuld (Art. 6 Abs. 2 MRK) zusammen geben, nicht aber gibt es das eine ohne das andere«.[8]

Um so wichtiger erscheint es, dass das Opfer in der für es paradox anmutenden Situation nicht hilf- und rechtlos seinem Leid überlassen bleibt. So ist es verständlich, dass auch **Gerechtigkeit und Hilfe für das Opfer als spezifische Aufgabe des Strafrechts** angesehen werden.[9] Jan Philipp Reemtsma postuliert darüber hinaus das »Recht des Opfers auf Bestrafung des Täters«, das aus der Pflicht des Staates erwächst, den sozialen Schaden, den ein Verbrechen anrichtet, zu begrenzen.[10]

Der Gesetzgeber hat mit dem bereits erwähnten Opferschutzgesetz die Stellung des Verletzten im Strafverfahren verbessert. Dabei stehen der **Schutz der Persönlichkeitssphäre** ebenso im Vordergrund wie **die Erweiterung von Beteiligungsbefugnissen und Informationsrechten.** Schließlich wurde der **Zeugenschutz insbesondere für Kinder und Jugendliche** 1998 dadurch gestärkt, dass u. a. mit Einsatz der **Video- und Bildübertragungstechnik** die Vernehmung für die betroffenen Opfer erleichtert wird.

---

5 Jung 1993, S. 582 ff.
6 Kirchhoff 1997, S. 149 ff.
7 vgl. die detaillierten Darstellungen von Tampe 1992, S. 93 ff.; Haupt/Weber 2003, S. 36 ff.
8 Hassemer/Matussek 1996, S. 17
9 Rössner 1996, S. 215
10 Reemtsma 1999, S. 27

Schließlich erfährt die Stellung des Opfers im Strafprozess eine weitere Aufwertung, indem **Schadenswiedergutmachung** und **Täter-Opfer-Ausgleich** (TOA) auf eine stärkere Berücksichtigung von Opferinteressen zielen.
Mit dem zu Beginn des Jahres 2004 in den Bundestag eingebrachten Entwurf eines »Gesetzes zur Verbesserung der Rechte von Verletzten im Strafverfahren (Opferrechtsreformgesetz – OpferRG)« sollen die Interessen der Opfer noch stärker im Strafprozess beachtet werden.[11]
Die in jüngster Zeit entstandenen Einrichtungen der Opferhilfe bieten unabhängig von einem Strafverfahren soziale, finanzielle und therapeutische Unterstützung an, um dem »Anspruch des Opfers auf Resozialisierung«[12] auch außergerichtlich Genüge zu tun.[13]

A. Verfahrensbefugnisse des Opfers im Strafverfahren

Wenn oben darauf hingewiesen wurde, dass dem Opfer die Bestrafung aus der Hand genommen wurde und diese nunmehr im Interesse der Allgemeinheit durch staatliche Organe erfolgt, sieht das Strafrecht gleichwohl gewisse Ausnahmen von diesem Grundsatz vor. Mit dem **Strafantragsrecht, der Privat- und Nebenklagebefugnis** und einzelnen Interventionsrechten kann der Verletzte, so der in der StPO verwendete Begriff für das Opfer, **Einfluss auf das Strafverfahren** nehmen.
Darüber hinaus hat es der Verletzte faktisch schon noch selbst in der Hand, ein Strafverfahren in Gang zu setzen, wenn er sich zu einer Strafanzeige (zum Unterschied zwischen Strafanzeige und Strafantrag vgl. oben 5. Kap. E. Exkurs) bei der Polizei entschließt. Gerade bei den sog. Massendelikten wie Diebstahl, Unterschlagung, Betrug und Raub entscheiden in der Regel allein die Opfer mit ihren Anzeigen darüber, ob der Polizei Straftaten überhaupt bekannt werden.[14]

I. Strafantragsrecht

Wie bereits oben dargestellt wurde, gibt es im Strafrecht Delikte, die **nur auf Antrag** verfolgt werden können. Nach § 77 Abs. 1 StGB steht dieses Antragsrecht dem Verletzten zu. Während normalerweise die Staatsanwaltschaft und Polizei das Verfahren unabhängig vom Willen des Tatopfers von Amts wegen einleiten, soll bei einer Reihe von Straftaten (z. B. §§ 123 ›Hausfriedensbruch‹, 185 ›Beleidigung‹, 223 und 229 ›einfache bzw. fahrlässige Körperverletzung‹, 303 StGB ›Sachbeschädigung‹) allein der Verletzte darüber entscheiden, ob die gegen ihn gerichtete Tat überhaupt Gegenstand eines Strafverfahrens werden soll oder nicht. Wenn er sich gegen einen Strafantrag entscheidet, dürfen die Strafverfolgungsbehörden nicht tätig werden. Der Opferschutz liegt also darin begründet, dass allein der Verletzte Herr des Verfahrens ist.

---

11 BT-Drs. 15/2536 i. V. m. 15/1976; nach In-Kraft-Treten des OpferRG werden die Änderungen im Internet unter http://www.jugendhilfe-netz.de/fachservice/index.html dargestellt

12 so Reemtsma 1999, S. 26

13 vgl. Tampe 1992, S. 133 ff.; zur Sozialen Arbeit mit Opfern vgl. Hartmann 2002, S. 158 ff.; vgl. auch die Angaben zu Opferberatungsstellen in: Haupt/Weber u. a. 2003, Anhang 1 ff.

14 Heinz 1993 a, S. 27 ff.

Bei manchen sog. Antragsdelikten ist das anders. Wenn sich das Opfer gegen einen Strafantrag entschieden hat, so können die Strafverfolgungsbehörden dennoch ein Verfahren einleiten, wenn sie »wegen des besonderen öffentlichen Interesses an der Strafverfolgung ein Einschreiten von Amts wegen für geboten« halten (so z. B. §§ 248 a ›Diebstahl geringwertiger Sachen‹, 303 c StGB ›Sachbeschädigung‹). Das kann bspw. dann der Fall sein, wenn der Verletzte eine herausgehobene Stellung im öffentlichen Leben einnimmt oder es sich um eine Wiederholungstat handelt.[15]

II. Klageerzwingungsverfahren

Hat das Opfer Strafantrag oder Strafanzeige erstattet und die Staatsanwaltschaft nach Abschluss der Ermittlungen die Einstellung aus tatsächlichen oder rechtlichen Gründen verfügt, so hat sie gem. § 171 StPO dem Antragsteller bzw. Anzeigenden eine entsprechende Information in der Form eines Bescheides zukommen zu lassen. Gleichzeitig muss der Bescheid den Adressaten über die Möglichkeit und die Fristen der Anfechtung belehren.

Nach § 172 Abs. 1 StPO steht dem Verletzten gegen den **Einstellungsbescheid** binnen zwei Wochen nach der Bekanntmachung das **Recht der Beschwerde** zu. Diese ist an den Leiter der Staatsanwaltschaft zu richten. Hält die Staatsanwaltschaft an ihrer Entscheidung fest, muss sie in einem weiteren Bescheid den Verletzten darüber informieren und ihn wiederum über die weiteren Rechte belehren.

Binnen einen Monats kann der Verletzte nunmehr gegen den ablehnenden Bescheid der Staatsanwaltschaft die **»gerichtliche Entscheidung«** beantragen (§ 172 Abs. 2 StPO). Dieser Antrag kann nur von einem Rechtsanwalt gefertigt werden. Für die Entscheidung über den Antrag ist das OLG zuständig. Reichen die angegeben Tatsachen und Beweismittel nicht aus, verwirft das Gericht den Antrag. Andernfalls beschließt es die Erhebung der öffentlichen Klage und betraut mit dem weiteren Vorgehen die zuständige Staatsanwaltschaft (§§ 174, 175 StPO). In der Praxis wird von diesem Recht nur sehr selten Gebrauch gemacht. Wenn es doch einmal geschieht, sind die Erfolgsaussichten äußerst gering.

III. Privatklageverfahren

Wie wir gesehen haben, hat es der Gesetzgeber bei bestimmten leichten Vergehen, die die Allgemeinheit nicht sonderlich berühren, dem Verletzten anheim gestellt, mit einem Strafantrag die Straftat verfolgen zu lassen. Angesichts des mangelnden öffentlichen Interesses an der Strafverfolgung ist das Gesetz noch einen Schritt weitergegangen und überlässt es dem Verletzten, **an Stelle der Staatsanwaltschaft selbst als Kläger gegen den Täter strafprozessual** vorzugehen (§ 376 StPO). Es handelt sich dabei um das sog. Privatklageverfahren (§§ 374 ff. StPO), mit dem der Verletzte nicht wie im Zivilverfahren Schadensersatz sondern vornehmlich die Bestrafung verlangt.

15 vgl. Meyer-Goßner § 153 Rdnr. 7

Im Wege der Privatklage können nur die in § 374 Abs.1 StPO abschließend aufgeführten Straftaten vom Verletzten verfolgt werden, die im Wesentlichen mit den Antragsdelikten übereinstimmen.

Allerdings sieht das Gesetz **einige Hürden** vor, die die leichtfertige Inanspruchnahme der Gerichte verhindern sollen.

- Zum einen ist gem. § 380 StPO vor Einlegung der Privatklage bei den Delikten des Hausfriedensbruchs, der Beleidigung, der Verletzung des Briefgeheimnisses, der einfachen Körperverletzung, der Bedrohung und der Sachbeschädigung ein sog. Sühneversuch erforderlich. Dieser **Sühneversuch** ist Gegenstand eines **Schiedsmann- oder Schiedsstellenverfahrens**, das im Einzelnen von den Bundesländern geregelt ist.[16] In diesem Verfahren unternimmt die Schiedsperson den Versuch, **unter Beteiligung der Parteien eine gütliche Einigung** zu erzielen. Bleibt der Sühneversuch vor der Schiedsstelle erfolglos, wird darüber eine Bescheinigung ausgestellt, die der Privatklage beigefügt sein muss.
- Weiterhin muss der Privatkläger vorher für die Kosten, die dem von ihm Beschuldigten voraussichtlich entstehen könnten und für die im Falle einer Klageabweisung der Privatkläger einzustehen hat, bei Gericht eine Sicherheit leisten (§ 379 StPO). Gleichzeitig muss ein Gebührenvorschuss für das Gericht gezahlt werden, es sei denn, dass der Privatkläger **Prozesskostenhilfe** in Anspruch nehmen kann (vgl. §§ 114 ff. ZPO).

Wenn die genannten Voraussetzungen erfüllt sind, wird die Privatklage zu Protokoll der Geschäftsstelle erhoben oder durch eine Klageschrift beim zuständigen Amtsgericht eingereicht. Nach dem Eröffnungsbeschluss verläuft das weitere Verfahren im Wesentlichen wie in einem ordentlichen gerichtlichen Hauptverfahren und endet mit einem Urteil (§§ 383 ff. StPO).
Wird der Verletzte, nachdem er einen Strafantrag gestellt hat, von der Staatsanwaltschaft wegen mangelnden öffentlichen Interesses auf den Weg der Privatklage verwiesen, kommt dies zumeist einer Einstellung gleich; selbst wenn das Opfer Privatklage erhebt, kommt es nur in knapp zehn Prozent der Fälle überhaupt zu einem Urteil.[17]

IV. Nebenklage

Eine weit gewichtigere Rolle kann das Opfer im Strafverfahren einnehmen, wenn es sich als Nebenkläger der durch die Staatsanwaltschaft erhobenen Anklage anschließt. Die erweiterten Befugnisse des Nebenklägers sollen **eine Art prozessualer Waffengleichheit mit dem Beschuldigten** herstellen, weil sich das Opfer durch das erlittene Delikt wie bspw. durch eine versuchte Tötung oder eine Vergewaltigung in besonderem Maße Verantwortungs- und Schuldzuweisungen ausgesetzt sein kann, die eine aktive Gegenwehr im Strafverfahren verlangt.[18]

16 z. B. in NRW im Schiedsamtsgesetz v. 16. 12. 1992 (GVBI. S. 32); vgl. die Quellenangaben zu den Gesetzen in den anderen Bundesländern bei Meyer-Goßner § 380 Rdnr. 3

17 Heinz 1993 b, S. 372

18 Heinz 1993 b, S. 374

Die Befugnis, sich der Anklage als Nebenkläger anzuschließen, steht nur den in § 395 StPO bezeichneten Betroffenen zu; dazu gehören u. a.

- **der Verletzte, der durch eine rechtswidrige Tat nach folgenden Vorschriften geschädigt ist:**
  - §§ 174–174 c, 176–180, 180 b und 182 StGB (Sexualdelikte)
  - §§ 185–189 StGB (Ehrverletzungen)
  - §§ 221, 223–226 und 340 StGB (Aussetzung, Körperverletzung)
  - §§ 234–235, 239 Abs. 3, 4 und 239 a, 239 b StGB (Menschenraub, Freiheitsentziehung);
- der **durch eine versuchte Tötung oder einen versuchten Mord** Verletzte;
- der die **Klageerzwingung** i. S. v. § 172 StPO herbeigeführt hat;
- die **Eltern, Kinder, Geschwister und der Ehegatte eines durch eine rechtswidrige Tat Getöteten**;
- der **durch eine fahrlässige Körperverletzung gem. § 229 StGB Verletzte**, wenn besondere Gründe, wie die schweren Folgen der Tat, die Wahrnehmung der Interessen als Nebenkläger geboten erscheinen lassen.[19]

Die Erklärung, sich der öffentlichen Anklage als Nebenkläger anzuschließen (**Anschlusserklärung**), muss bei Gericht schriftlich eingereicht werden; sie ist in jeder Lage des Verfahrens zulässig. Nur in Strafverfahren, die sich gegen Jugendliche richten, ist die Nebenklage grundsätzlich ausgeschlossen (§ 80 Abs. 3 JGG).
Wenn das Gericht nach Anhörung der Staatsanwaltschaft die Nebenklage zugelassen hat, stehen dem Nebenkläger folgende wichtige Rechte zu:

1. Anwaltliche Vertretung und Prozesskostenhilfe

Nach § 397Abs.1 i. V. m. § 378 StPO kann sich der Nebenkläger **durch einen Rechtsanwalt vertreten oder unterstützen** lassen (Opferanwalt). Gem. § 397 a Abs. 1 S. 1 StPO muss **das Gericht dem Nebenkläger auf seinen Antrag einen Rechtsanwalt als Beistand bestellen**, wenn die Berechtigung zum Anschluss als Nebenkläger auf § 395 Abs. 1 a (Sexualstraftat) oder Nr. 2 StPO (versuchtes Tötungsdelikt) beruht und die Tat ein Verbrechen ist; das gleiche gilt auch bei bloßen Vergehen, wenn der Nebenkläger noch keine 16 Jahre alt ist. Der Nebenkläger kann sich in diesem Zusammenhang selbst einen Rechtsanwalt aussuchen. Nach dem Entwurf des OpferRG soll ebenso den Hinterbliebenen eines getöteten Verbrechensopfers (Eltern, Kinder, Geschwister, Ehegatten oder Lebenspartner) ein Anwalt beigeordnet werden.[20]
In anderen Fällen muss das Gericht dem Nebenkläger für seine anwaltliche Vertretung **Prozesskostenhilfe** i. S. v. § 114 ZPO bewilligen, wenn die Sach- und Rechtslage schwierig ist, der Verletzte seine Interessen selbst nicht ausreichend wahrnehmen kann oder ihm dies nicht zuzumuten ist (§ 397 a Abs. 2 StPO).

---

19 Nach dem Entwurf des OpferRG sind die durch Beleidigungs- und Staatsschutzdelikte Verletzten nicht mehr nebenklageberechtigt

20 vgl. Fn 11

2. Rechte vor der Hauptverhandlung

Bereits **vor der Hauptverhandlung** stehen dem Nebenkläger gem. § 397 Abs. 1 StPO folgende Rechte zu:

- Akteneinsicht durch einen Rechtsanwalt,
- rechtliches Gehör,
- Mitteilung von Entscheidungen des Gerichts,
- rechtzeitige Mitteilung von Terminen (z. B. richterliche Vernehmungen).

Der Entwurf des OpferRG sieht vor, dass bereits mit der Ladung des Zeugen, insbesondere auch des Opferzeugen, auf die in seinem Interesse liegenden prozessualen Rechte und den Möglichkeiten der Zeugenbetreuung hingewiesen wird.[21]

3. Rechte in der Hauptverhandlung

Während der Hauptverhandlung hat der Nebenkläger fast die identischen Rechte wie ein Staatsanwalt:

- Ablehnung eines Richters oder Sachverständigen wegen Besorgnis der Befangenheit,
- Fragerecht,
- Beweisantragsrecht,
- Beanstandungsrecht gegenüber Anordnungen des Vorsitzenden Richters und gegenüber Fragen von Prozessbeteiligten,
- Erklärungsrecht und Recht des Schlussvortrages (Plädoyer).

Darüber hinaus gewährt § 397 Abs. 1 S. 1 StPO dem Nebenkläger das Recht, bei der gesamten Hauptverhandlung anwesend zu sein und zwar selbst dann, wenn er als Zeuge vernommen werden soll. Kommt seiner Aussage wegen der Beweislage erhebliche Bedeutung zu, wird die Glaubwürdigkeit des Opferzeugen erhöht, wenn er erst nach der eigenen Zeugenvernehmung der Hauptverhandlung beiwohnt.

4. Rechtsmittelbefugnis

Schließlich ist der Nebenkläger befugt, **gegen Entscheidungen des Gerichtes selbständig Rechtsmittel** einzulegen.

➢ Gem. § 400 Abs. 2 StPO hat er das Recht der sofortigen Beschwerde, wenn das Gericht die Eröffnung des Hauptverfahrens ablehnt oder wegen eines Verfahrenshindernisses oder einer nachträglichen Gesetzesänderung das Verfahren einstellt.

➢ Weiterhin kann der Nebenkläger gegen alle Beschlüsse und Urteile, durch die er selbst beschwert ist, unabhängig von der Staatsanwaltschaft die zulässigen Rechtsmittel, also Beschwerde, Berufung und Revision in der gesetzlich vorgeschriebenen Form einlegen (§ 401 Abs. 1 StPO).

21 vgl. Fn 11

V. Sonstige Befugnisse der Verletzten

Auch dem bloßen – durch eine Straftat – Verletzten, der nicht als Nebenkläger zugelassen ist, wird nach dem Opferschutzgesetz von 1986 eine **eigenständige Stellung als Prozessbeteiligter** zugewiesen. Allerdings verfügt er nicht über die gleichen Befugnisse wie der zugelassene Nebenkläger.
Das Gesetz unterscheidet in den einschlägigen Vorschriften über die Verletztenbefugnisse (§§ 406 d ff. StPO) zwischen **dem Verletzten und dem nebenklageberechtigten Verletzten**.

1. Dem Verletzten stehen folgende Rechte zu, über die er rechtzeitig belehrt werden soll (§ 406 h StPO):

- Auf Antrag muss dem Verletzten mitgeteilt werden, wie das jeweils ihn betreffende gerichtliche Verfahren ausgegangen ist (§ 406 d StPO). Diese **Informationspflicht** erstreckt sich u. a. auf die Einstellung des Verfahrens gem. §§ 153 ff. StPO und auf das Urteil.
- Dem Verletzten können über einen Rechtsanwalt **Auskünfte und Abschriften aus den Akten** erteilt bzw. ausgehändigt werden, wenn nicht besondere Gründe entgegenstehen (§ 406 e Abs. 5 StPO).
- Bei jeder Zeugenvernehmung kann dem Verletzten auf Antrag gestattet werden, eine **Person seines Vertrauens** z. B. nahe Angehörige oder Mitarbeiter von Opferhilfestellen **hinzuzuziehen** (§ 406 f Abs. 3 StPO).[22]
- Der Verletzte kann, allerdings nur über einen Rechtsanwalt, **Akteneinsicht** nehmen, wenn er ein berechtigtes Interesse darlegt, z. B. um zivilrechtliche Ansprüche durchzusetzen (§ 406 e Abs. 1 StPO).
- Er kann sich eines **Rechtsanwaltes als Beistand oder Vertretung** bedienen; jedoch ist Prozesskostenhilfe gesetzlich nicht vorgesehen, so dass der Verletzte nur auf eigene Kosten einen Rechtsanwalt hinzuziehen kann. Dem Rechtsanwalt ist die Anwesenheit bei der staatsanwaltlichen und gerichtlichen Vernehmung des Verletzten gestattet und er kann für ihn Fragen beanstanden sowie in der Hauptverhandlung im Einverständnis mit dem Verletzten den Ausschluss der Öffentlichkeit beantragen (§ 406 f StPO).

Nach dem Entwurf des OpferRG sollen die Informationsrechte weiter ausgebaut werden. So sollen dem Verletzten Informationen über die Einstellung des Verfahrens, die Entscheidung über die Eröffnung des Hauptverfahrens, den Sachstand des Verfahrens sowie über Haft, Unterbringung, Entlassung oder Vollzugslockerungen mitgeteilt werden.[23]

2. **Zusätzliche Rechte** stehen **den Verletzten zu, die zur Nebenklage berechtigt sind**, auch wenn sie sich dem Verfahren als Nebenkläger nicht angeschlossen haben. Diese Rechte beziehen sich auf den **Beistand oder die Vertretung durch einen Rechtsanwalt.**

- Dieser ist zur Anwesenheit in der Hauptverhandlung berechtigt, auch wenn die Öffentlichkeit ausgeschlossen ist. Das gleiche gilt bei richterlichen Vernehmungen

22 vgl. Tampe 1992, S. 179 f.
23 vgl. Fn 11

und Inaugenscheinnahmen, zu denen der Rechtsanwalt geladen werden muss (§ 406 g Abs. 2 StPO).

- Dem Verletzten wird unter den Voraussetzungen von § 397 a StPO ein Rechtsanwalt bestellt bzw. Prozesskostenhilfe bewilligt.
- Schließlich kann auf Antrag dem Verletzten schon zu Beginn des Ermittlungsverfahrens einstweilen ein Rechtsanwalt seiner Wahl als Beistand bestellt werden, wenn dies aus besonderen Gründen geboten ist, die Mitwirkung eines Beistandes eilbedürftig ist und die Prozesskostenbewilligung möglich erscheint (§ 406 g Abs. 4 StPO). Dies wird z. B. dann der Fall sein, wenn unmittelbar nach einer Vergewaltigung eine Vernehmung des sozial schwachen Opfers zur schnellen Beweissicherung stattfinden soll und die psychische wie physische Situation des Opfers eine anwaltliche Unterstützung erfordert, die nicht von seinen wirtschaftlichen Möglichkeiten abhängig gemacht werden darf.

B. Besonderheiten der Verfahrensgestaltung zum Schutze des Opfers

Neben den Befugnissen des Opfers, ein Strafverfahren gegen den Beschuldigten selbst in Gang zu setzen oder aktiv auf ein bereits laufendes Strafverfahren Einfluss zu nehmen, sieht das Gesetz weitere Maßnahmen vor, die auch von Amts wegen zum Schutz des Opfers ergriffen werden können, insbesondere dann, wenn das Opfer als Zeuge vernommen wird.

I. Opferschutz durch Ausschluss der Öffentlichkeit

Zu den bedeutsamsten Grundsätzen des Strafprozesses gehört die **Öffentlichkeit der Hauptverhandlung**. Sie dient dem Informationsinteresse der Allgemeinheit und ist in § 169 GVG sowie in Art. 6 Abs. 1 S. 2 MRK gesetzlich vorgeschrieben. Allerdings gilt der Grundsatz der Öffentlichkeit nicht schrankenlos. Das Recht auf ausführliche Information über die Vorgänge in der Gerichtsverhandlung findet da seine Grenze, wo die Persönlichkeitssphäre der Prozessbeteiligten, insbesondere auch des Opfers, gegen nicht mehr zumutbare Beeinträchtigungen geschützt werden muss.

Dementsprechend kann das Gericht gem. § 171 b Abs. 1 GVG die Öffentlichkeit von Amts wegen ausschließen, soweit **Umstände aus dem persönlichen Lebensbereich eines Prozessbeteiligten, Zeugen oder durch eine rechtswidrige Tat Verletzten** zur Sprache kommen. Zulässig ist der Ausschluss der Öffentlichkeit aber nur dann, wenn die öffentliche Erörterung schutzwürdige Interessen verletzt und das Interesse an der öffentlichen Erörterung nicht überwiegt. Schutzwürdige Interessen sind dann verletzt, wenn bestimmte Tatsachen geheimgehalten werden sollen, um das betroffene Opfer davor zu schützen, dass sein Ansehen in der Öffentlichkeit herabgesetzt oder dass ein Einblick in die allerprivatesten Lebensgewohnheiten des Opfers verschafft wird. Insbesondere wird dies der Fall sein, wenn **Tatsachen aus der Intimsphäre des Betroffenen** besprochen werden, z. B. bei der Vernehmung einer Frau, die Opfer einer Vergewaltigung geworden ist.[24]

24 vgl. Meyer-Goßner § 171 b GVG Rdnr. 4

Wenn das Opfer aus den genannten Gründen beantragt, die Öffentlichkeit auszuschließen, muss das Gericht dem Antrag Folge leisten, soweit das Öffentlichkeitsinteresse die schutzwürdigen Interessen des Opfers nicht überwiegt (§ 171 b Abs. 2 GVG). Gem. § 172 GVG kann das Gericht die Öffentlichkeit zum Schutz eines Zeugen, also auch eines Opfers einer Straftat, ebenso ausschließen, wenn z. B. **wegen einer Drohung die persönliche Integrität des Verletzten gefährdet** ist oder wenn **eine Person unter 16 Jahren vernommen** werden soll.

II. Ausschließung des Angeklagten von der Hauptverhandlung zum Schutz des Opferzeugen

Grundsätzlich besteht für den Angeklagten die Pflicht und das Recht, während der gesamten Hauptverhandlung anwesend zu sein. Um die Wahrheitsfindung nicht zu gefährden oder um kindliche sowie jugendliche Zeugen, die z. B. Opfer einer Straftat sind, zu schützen, sieht § 247 StPO vor, dass der Angeklagte vorübergehend während einer Vernehmung von der Verhandlung ausgeschlossen werden kann.
Der **Ausschluss des Angeklagten** ist danach möglich, wenn die Vernehmung des Zeugen in Gegenwart des Angeklagten befürchten lässt,

- dass **ein Zeuge die Wahrheit nicht sagen** werde,
- dass eine **dringende Gefahr eines schwerwiegenden Nachteils für die Gesundheit eines Zeugen** besteht oder
- dass **der Zeuge in seinem körperlichen, seelischen oder geistigen Wohl erheblich beeinträchtigt** wird. Sind bspw. konkrete Anhaltspunkte für die Annahme vorhanden, bei dem jungen Opferzeugen werde eine Aussage in Anwesenheit des Angeklagten starke psychische Belastungen aus Scham- oder Angstgefühlen hervorrufen, ist ein Ausschluss gerechtfertigt.

III. Einsatz der Videotechnik bei Vernehmungen zum Schutz des Opfers

Aufgrund des Zeugenschutzgesetzes vom 30. April 1998 kann nun die Videotechnik im Strafprozess eingesetzt werden, um die bekannten Belastungen – gerade durch mehrfache Vernehmungen – von schutzbedürftigen Zeugen, wie Opfern von Gewalt- und Sexualtaten oder besonders jungen und alten Menschen zu verringern.[25] Mit der Erweiterung von Schutzmaßnahmen zugunsten des Opfers soll der Tatsache Rechnung getragen werden, dass neben den primären Traumatisierungsfolgen der Tat die Gefahr einer zusätzlichen, sekundären Schädigung durch das Strafverfahren besteht und die Justiz verpflichtet ist, das Opfer vor einer weiteren Gefährdung wirksam zu schützen.[26] Dass dadurch der rechtsstaatliche Grundsatz der Unmittelbarkeit, der gerade auch bei der Zeugenvernehmung wichtige Bedeutung erlangt, zu Lasten der Rechte des Beschuldigten durchbrochen wird, nimmt der Gesetzgeber bewusst in Kauf, um einen umfassenden Zeugen- und Opferschutz zu gewährleisten.[27] In der

25 vgl. Gesetzesbegründung, BT-Drs. 13/7165, S. 4
26 vgl. Laubenthal 1996, S. 338 m. w. N.
27 vgl. die kritischen Ausführungen von Schünemann 1998, S. 391

praktischen Anwendung der Bild-Ton-Aufzeichnung von Zeugen und der getrennten Vernehmung in der Hauptverhandlung scheint sich die Justiz schwer zu tun. Wie aus Justizkreisen zu erfahren ist, machen die Gerichte nur in sehr seltenen Fällen von der neuen Technik Gebrauch.[28]
Gleichwohl sieht der Entwurf des OpferRG erweiterte Einsatzmöglichkeiten der Bild-Ton-Aufzeichnung und deren Verwertung vor.[29]

1. Nicht nur um die Wahrheitsfindung zu erleichtern, kann gem. § 58 a Abs. 1 S. 1 StPO jede Vernehmung eines Zeugen auf **Bild-Ton-Träger** aufgezeichnet werden, sondern auch um das Opfer zu schützen. Dies gilt sowohl **für die staatsanwaltliche und gerichtliche als auch für die polizeiliche Vernehmung.**[30]
Wenn darüber hinaus der Zeuge, der Opfer der Straftat ist, **noch keine 16 Jahre alt** ist, muss in der Regel eine Videoaufzeichnung durchgeführt werden; das Gleiche gilt, wenn zu befürchten ist, dass der Zeuge, der z. B. **lebensgefährlich erkrankt** ist, in der Hauptverhandlung nicht vernommen werden kann und die Aufzeichnung erforderlich ist, um die Wahrheit zu erforschen (§ 58 a Abs. 1 S. 2 StPO).
Der Gesetzgeber erhofft sich von dieser Regelung, dass sich insbesondere die sehr belastenden Mehrfachvernehmungen von traumatisierten Zeugen, die Opfer eines Gewalt- oder Sexualdeliktes geworden sind, vermeiden lassen.[31]

2. Für seltene Ausnahmefälle sieht § 168 e StPO nunmehr vor, dass bei der richterlichen Vernehmung im Rahmen des Ermittlungsverfahrens **die Vernehmung des Zeugen durch den Richter getrennt von den übrigen Verfahrensbeteiligten**, die ein Recht auf Anwesenheit haben, z. B. Beschuldigter, Verteidiger und Staatsanwalt, **durchgeführt werden soll**. Voraussetzung dafür ist, dass die »dringende Gefahr eines schwerwiegenden Nachteils für das Wohl des Zeugen« besteht, wenn dieser in Anwesenheit der genannten Verfahrensbeteiligten vernommen wird, und diese Gefahr nicht in anderer Weise abgewendet werden kann. Hier ist ganz besonders an **Kinder** gedacht, die in Ermittlungsverfahren wegen sexuellen Missbrauchs massiven psychischen Belastungen ausgesetzt sind, wenn sie vor den Verfahrensbeteiligten, gerade auch vor dem Tatverdächtigen, ihre Zeugenaussage abgeben müssen, und nachhaltige Störungen in der kindlichen Entwicklung zu befürchten sind.
Um die Rechte der übrigen Verfahrensbeteiligten zu sichern, ist nach § 168 e S. 2 und 3 StPO die **zeitgleiche Videoübertragung der Vernehmung** in den Raum vorgesehen, in dem sich die Verfahrensbeteiligten aufhalten. Es gilt in diesem Zusammenhang auch die Regelung, dass Zeugen allein von dem Richter vernommen werden und mit Hilfe einer Standleitung nur über den Richter Fragen an sie gerichtet werden können. Auch **die getrennte Zeugenvernehmung kann bzw. soll** in Anwendung von § 58 a StPO **auf Video aufgenommen werden.**

28 vgl. Frankfurter Rundschau v. 2. 4. 2004
29 vgl. Fn 11
30 vgl. Schlothauer 1999, S. 47
31 BT-Drs. 13/7165, S. 7

3. Ein Zeuge kann **im Rahmen der Hauptverhandlung** gem. § 247 a StPO auch nunmehr zum eigenen Schutz in der Weise vernommen werden, dass er sich während seiner Vernehmung nicht im Sitzungssaal, sondern an einem anderen Ort aufhält. Die Voraussetzungen für diese Art der **getrennten Vernehmung** sind die gleichen wie in § 168 e StPO. Technisch ist die Vernehmung folgendermaßen zu organisieren: während sämtliche Verfahrensbeteiligten, auch alle Richter, im Sitzungssaal verbleiben, befindet sich der Zeuge in einem eigenen **Vernehmungszimmer**. Mittels einer **wechselseitigen Bild-Ton-Übertragung** vernimmt der Vorsitzende Richter den Zeugen. Möglich ist, dass die Fragen über Telefon, Kopfhörer oder Monitor in das Vernehmungszimmer übertragen werden; die Antworten werden zeitgleich in Bild und Ton in das Sitzungszimmer übertragen.[32]
Die Begründung des Gesetzesentwurfs geht davon aus, dass bei der Vernehmung insbesondere von Kindern eine kindgerechte Atmosphäre geschaffen werden soll, die durch den Einsatz der Videotechnik nicht beeinträchtigt werden muss. Auch kann dem evtl. trost- und anlehnungsbedürftigen Kind in dieser trotz allem fremden Situation geholfen werden, indem dem **Zeugenbeistand und/oder der Vertrauensperson die Anwesenheit im Vernehmungszimmer gestattet wird**, die eher in der Lage sein dürften, einen Zugang zu dem Kind zu finden, und dadurch die Kommunikation erleichtern können.[33]
Die Vernehmung kann auch aufgenommen werden, wenn zu befürchten steht, dass in einer weiteren Hauptverhandlung der Zeuge nicht mehr vernommen werden kann, weil bspw. die Belastungen wegen schwerster Gefährdungen des Opferzeugen nicht mehr zumutbar sind.

4. Die unmittelbare Vernehmung eines Zeugen in der Hauptverhandlung kann **durch die Vorführung der Videoaufzeichnung seiner früheren richterlichen Vernehmung** gem. § 255 a Abs. 2 StPO **ersetzt werden**, wenn es sich um S**trafverfahren wegen Sexual- oder versuchter Tötungsdelikte** handelt und der **Zeuge noch nicht 16 Jahre alt** ist. Wichtige Voraussetzung ist, dass der Angeklagte und sein Verteidiger Gelegenheit hatten, an der früheren richterlichen Vernehmung mitzuwirken. Mit dieser Regelung ist es jetzt erstmals möglich, ein Kind, das Opfer eines Sexualdeliktes geworden ist, nur einmal und dann auch unter kindgerechteren Bedingungen zu vernehmen.

IV. Opferzeugenbetreuung

Immer wieder weisen Opfer, die als **Zeugen vor Gericht** zu erscheinen haben, auf ihre **Ängste und Nöte** hin, wenn sie über persönliche, intime oder **traumatische Erlebnisse** aussagen sollen. Insbesondere die Auseinandersetzung mit dem traumatisierenden Tatereignis und die persönliche Konfrontation mit dem Angeklagten führen zu großen **Unsicherheiten und erheblichen Belastungen.**

32 BT-Drs. 13/7165, S. 10
33 BT-Drs. 13/7165, S. 10

Vor diesem Hintergrund bilden **Betreuung und Beratung eine wichtige Hilfe für Opferzeugen**. In einem Modellversuch wurde 1997 am Amts- und Landgericht Düsseldorf eine Stelle für Zeugenbetreuung eingerichtet. Ziel der Betreuung ist:

- Information über die Verhandlung und das Gericht,
- Überbrückung von Wartezeiten,
- Verhinderung der Begegnung von Angeklagtem und Opfer,
- Begleitung in die Verhandlung,
- Nachbesprechung der Verhandlung/des Urteils,
- Informationen über weitergehende Hilfsmöglichkeiten und
- Kinderbetreuung.[34] Für die Betreuungstätigkeit wurden zwei Diplom-Sozialpädagoginnen eingestellt und zwei Zimmer im Gerichtsgebäude mit einer ansprechenden Ausstattung zur Verfügung gestellt. Das Betreuungsangebot wird intensiv wahrgenommen und nach einer ersten Untersuchung fühlten sich die betreuten Zeugen und Zeuginnen beschützt, verstanden und angenommen.[35]

In Zukunft sollen nach dem Entwurf des OpferRG die Zeugen bereits mit der Ladung auf die vorhandenen Möglichkeiten der Zeugenbetreuung hingewiesen werden.[36]

C. Zivilrechtlicher Schadensersatz und Adhäsionsverfahren

Jede Straftat, die ein Rechtsgut wie Leben, Gesundheit, sexuelle Selbstbestimmung, Eigentum oder Ehre verletzt hat, verpflichtet den Täter – unabhängig vom Strafverfahren – zum Ersatz des Schadens, der dem Opfer aufgrund der Tat zugefügt worden ist (§ 823 BGB). Es kann sich dabei um einen **materiellen oder auch immateriellen (Schmerzensgeld) Schaden** handeln. Die Verpflichtung zur **Schadenswiedergutmachung** korrespondiert mit dem Anspruch auf Schadensersatz, den der Verletzte in einem eigenständigen Verfahren vor dem Zivilgericht selbständig durchsetzen muss, wenn der Täter nicht freiwillig den Schaden begleicht.

Um dem Opfer die Realisierung seiner zivilrechtlichen Ansprüche zu erleichtern, sieht die StPO in den §§ 403 ff. das sog. Adhäsionsverfahren vor. Danach kann der Verletzte oder sein Erbe bereits **im Strafverfahren seinen Anspruch auf Schadensersatz** in Form eines Antrages geltend machen, wenn noch kein zivilgerichtliches Verfahren anhängig ist (§§ 403, 404 StPO). § 404 Abs. 5 StPO bestimmt, dass **für das Adhäsionsverfahren auch Prozesskostenhilfe** in Anspruch genommen werden kann.

In der Praxis ist bisher nur in seltenen Ausnahmefällen von dem Adhäsionsverfahren Gebrauch gemacht worden.[37] Wenn der Verletzte es dennoch beantragt, nehmen die Strafgerichte zumeist die Möglichkeit gem. § 405 S. 2 StPO wahr, von einer Entscheidung mit der Begründung abzusehen, die Prüfung des Antrages verzögere das Strafverfahren.[38]

34 Schneider/Habel 2000, S. 25 f.
35 Schneider/Habel 2000, S. 72
36 vgl. Fn 11
37 vgl. Meyer-Goßner Vorbemerkung vor § 403 Rdnr. 1
38 vgl. Tampe 1992, S. 183

Der Entwurf des OpferRG beabsichtigt eine Aufwertung des Adhäsionsverfahrens. Nunmehr soll in der Regel eine Entscheidung über den – zivilrechtlichen – Schadensausgleich durch das Strafgericht erfolgen. Auch sollen die Möglichkeiten eines Vergleichsabschlusses sowie der Vollstreckbarkeit eines Urteils bzw. eines Vergleichs erleichtert werden.[39]

D. Opferentschädigung

Oft wird das Opfer einer Straftat bei dem Versuch einer Schadensregulierung leer ausgehen, wenn bspw. der Täter nicht ermittelt werden kann oder ein Schadensausgleich an der Mittellosigkeit des Täters scheitert. Wenn also das Opfer aus welchen Gründen auch immer nicht entschädigt werden kann, gehört es zu den **Aufgaben eines Sozialstaates**, für eine Opferentschädigung durch die Allgemeinheit einzutreten.[40] Mit dem **Gesetz über die Entschädigung für Opfer von Gewalttaten** aus dem Jahre 1976[41] wurde die **Rechtsgrundlage für öffentliche Versorgungsleistungen** geschaffen, die die Opfer von Straftaten **als Ausgleich für erlittene Schäden** beanspruchen können.

I. Anspruchsvoraussetzung

Gem. § 1 Abs. 1 OEG hat derjenige, der

- in Deutschland oder auf einem deutschen Schiff oder Flugzeug
- infolge **eines vorsätzlichen, rechtswidrigen tätlichen Angriffs gegen seine oder eine andere Person**
- eine gesundheitliche Schädigung erlitten hat,
- wegen der gesundheitlichen und wirtschaftlichen Folgen

einen Anspruch auf Versorgung. Auch die »vorsätzliche Beibringung von Gift« (vgl. § 224 StGB) und die »wenigstens fahrlässige Herbeiführung einer Gefahr für Leib und Leben eines anderen durch ein mit gemeingefährlichen Mitteln begangenes Verbrechen« führen zu einem **Entschädigungsanspruch** (§ 1 Abs. 2 OEG).

Ein tätlicher Angriff liegt nicht schon dann vor, wenn gegen eine Person Gewalt angewendet wird, sondern es muss sich um eine vorsätzlich begangene Tat handeln, die **in feindlicher Willensrichtung unmittelbar auf den Körper eines anderen zielt und einwirkt.**[42] Eine weitere Einschränkung sieht das Gesetz in § 1 Abs. 11 vor, wonach als Tatmittel kein Kraftfahrzeug verwendet werden darf.

In der Praxis fällt es den Antragstellern nicht selten schwer, die genannten Voraussetzungen zu beweisen, wenn z. B. ein Täter nicht ermittelt und so nicht festgestellt werden kann, ob dieser vorsätzlich oder möglicherweise nur fahrlässig den Angriff ge-

39 vgl. Fn 11

40 BR-Drs. 352/74, S. 7

41 OEG; zuletzt geändert durch Gesetz vom 21. 7. 1993 (BGBl. I, S. 1262)

42 Otte 1998, S. 98; Klie 1996, S. 19 ff.

führt hat. Da die **Beweislast bei dem Opfer**[43] liegt, führt die insoweit unsichere Beweislage in der Regel zur Ablehnung der Entschädigung.[44]
Wenn nur die gesundheitlichen und wirtschaftlichen Folgen der Schädigung nach dem OEG berücksichtigt werden, so schließt das die Entschädigung für reine Sachschäden wie zerrissene Kleidung vollkommen aus. Zu den **gesundheitlichen Schäden** gehören neben den **äußeren Verletzungen auch psychische Belastungen.**[45]

II. Anspruchsberechtigte

Zunächst sind **alle deutschen Staatsangehörigen** nach dem OEG anspruchsberechtigt. Demgegenüber haben **nur bestimmte Ausländer, die in der Bundesrepublik leben oder sich aufhalten**, Anspruch auf Versorgung; dazu gehören:

- die Staatsangehörigen eines Mitgliedsstaates der Europäischen Union (§ 1 Abs. 4 Nr. 1 OEG);
- Angehörige eines Staates, mit dem eine zwischenstaatliche Vereinbarung besteht, die eine Opferentschädigung auch für Deutsche vorsieht (§ 1 Abs. 4 Nr. 3 und 4 OEG);
- Ausländer, die sich seit mindestens drei Jahren ununterbrochen rechtmäßig, d. h. aufgrund einer ausländergesetzlichen Genehmigung, im Bundesgebiet aufhalten; dazu zählen auch diejenigen, deren Aufenthalt aus humanitären Gründen oder aus erheblichem öffentlichen Interesse geduldet wird (§ 1 Abs. 5 OEG). Ausländer, die sich weniger als 3 Jahre in Deutschland aufhalten, haben nur Anspruch auf eingeschränkte Versorgungsleistungen.

Ausländer, die nach den vorgenannten Bestimmungen keinerlei Anspruch auf Entschädigung besitzen, können **im Einzelfall eine pauschalierte Versorgung** als Ausgleich für Opferschäden erhalten, wenn andernfalls eine besondere Härte gegenüber diesen Opfern vorliegen würde (§ 10 b OEG). Diese Regelung wäre u. a. auf Touristen oder Flüchtlinge anzuwenden, die ohne legalen Aufenthaltstatus in Deutschland leben und Opfer fremdenfeindlicher Angriffe werden.
Schließlich haben auch die Hinterbliebenen eines Geschädigten unter den genannten gesetzlichen Voraussetzungen Anspruch auf Entschädigung (§ 1 Abs. 8 OEG).

III. Versagungsgründe

Nach § 2 Abs. 1 OEG sind Leistungen zu versagen, wenn **das Opfer die Schädigung selbst verursacht** hat oder eine **Entschädigung insbesondere aufgrund des Opferverhaltens unbillig** wäre. Damit sind in der Praxis der Versorgungsämter Fälle gemeint, in denen der Verletzte die Tat, die zu der Schädigung geführt hat, provoziert hat oder nicht ohne eigene Schuld z. B. in eine Schlägerei verwickelt war.[46]

---

43 vgl. Haupt/Weber u. a. 2003, S. 207
44 vgl. Tampe 1992, S. 184 f.
45 Klie 1996, S. 63
46 vgl. Otte 1998, S. 113 ff.

Leistungen werden auch dann versagt, wenn sich das Opfer an politischen oder kriegerischen Auseinandersetzungen in seinem Heimatstaat aktiv beteiligt hat oder in die »organisierte Kriminalität« verwickelt war und seine gesundheitlichen Schäden damit zusammenhängen (§ 2 Abs. 1 S. 2 OEG).
Ein weiterer Versagungsgrund (§ 2 Abs. 2 OEG) liegt vor, wenn sich **der Geschädigte bei der Tataufklärung nicht kooperativ verhalten** hat, insbesondere dann, wenn er nicht unverzüglich Strafanzeige erstattet hat.[47]

IV. Entschädigungsleistungen

Die einzelnen Entschädigungsleistungen werden nach den Vorschriften des Bundesversorgungsgesetzes (BVG) gewährt. Im Wesentlichen umfasst das Leistungsprogramm des BVG die **notwendigen Maßnahmen zur Erhaltung, Besserung und Wiederherstellung der Gesundheit und Leistungsfähigkeit sowie eine angemessene wirtschaftliche Versorgung**. Dazu zählen

- die Heil- und Krankenbehandlung (§§ 10 ff. BVG),
- die Leistungen entsprechend der Kriegsopferfürsorge (§§ 25–27 i BVG),
- die Rentenleistungen für Geschädigte und Hinterbliebene (§§ 29 ff. BVG),
- Bestattungs- und Sterbegeld (§§ 36 f. BVG) und
- Kapitalabfindungen (§§ 72 ff. BVG).

Schmerzensgeld, das als Ausgleich für erlittene Schmerzen und seelische Leiden dem Opfer auch Genugtuung verschaffen soll, ist nach dem OEG bzw. BVG **nicht vorgesehen.**

V. Zuständigkeit

Zuständig für die Gewährung der Opferentschädigung sind die **örtlichen Versorgungsämter**, die aufgrund von Ländervorschriften eingerichtet sind.[48] Als Sozialleistungsträger sind die Versorgungsämter verpflichtet, allgemeine Aufklärungsarbeit (z. B. in Form von Merkblättern) zu leisten und individuelle Beratung in jedem Einzelfall anzubieten (§§ 13, 14 SGB I).
Die Regelung der Opferentschädigung und die bisherige Praxis der Versorgungsämter haben zu erheblicher Kritik Anlass gegeben.[49] So ergaben Untersuchungen, dass nur rund jeder vierte Antrag anerkannt wird und dies mit regional erheblich voneinander abweichenden Anerkennungsquoten. 1993 erhielten 58 Prozent der Antragsteller einen Ablehnungsbescheid.[50] Ferner fließt ein Großteil der Leistungen nicht den Opfern selbst zu, sondern kommt den Krankenkassen zugute; sarkastisch wird das OEG als »Krankenkassenentschädigungsgesetz« tituliert.[51]

---

47 vgl. Tampe 1992, S. 189, die zutreffend Kritik an dieser Vorschrift übt

48 vgl. dazu die Darstellung der örtlichen Zuständigkeit in den einzelnen Bundesländern bei Klie 1996, S. 85 ff.

49 vgl. Klie 1996, S. 42 f.

50 Klie 1996, S. 42

51 vgl. Villmow/Plember 1989

E. Schadenswiedergutmachung

Das früher vorherrschende **Dogma von einer klaren Trennung zwischen Strafrecht und Zivilrecht** als zwei wesensfremden Teilen der staatlichen Rechtsordnung hatte zur Konsequenz, dass die zivilrechtlich geregelte Schadenswiedergutmachung, die dem Opfer unmittelbar vom Täter gewährt wurde, keinerlei Auswirkungen auf das strafrechtliche Verfahren haben durfte. Die Ebene der Bürger als soziale Konfliktparteien war danach überlagert von dem Herrschaftsverhältnis des Staates zu dem Täter, der wegen seines Verstoßes gegen staatliche Normen Strafe zu erwarten hatte. Die Sanktionierung erfolgte völlig unabhängig von der Interessenlage der unmittelbar Beteiligten.[52]

Inzwischen hat sich ein anderes Verständnis von Strafrecht und zivilrechtlichem Schadensausgleich herausgebildet, das es nunmehr ermöglicht, Schadenswiedergutmachung in das Strafrechtssystem zu integrieren und im Einzelfall sogar auf Strafsanktionen zu verzichten, wenn es zwischen Täter und Opfer zu einem einverständlichen Schadensausgleich kommt.[53]

Sowohl in das StGB als auch in die StPO haben zwischenzeitlich eine Reihe von Vorschriften Eingang gefunden, die die **Schadenswiedergutmachung zu einem wichtigen integralen Bestandteil des Sanktionenrechts** gemacht haben.

- So kann nach § 153 a StPO das Strafverfahren eingestellt werden, wenn »zur Wiedergutmachung des durch die Tat verursachten Schadens eine bestimmte Leistung erbracht« wird und diese geeignet ist, »das öffentliche Interesse an der Strafverfolgung zu beseitigen«. In gleicher Weise kann verfahren werden, wenn sich der Täter um einen TOA bemüht.
- Auch kann das Gericht gem. § 46 a StGB die Strafe mildern oder sogar in Fällen von geringerer Bedeutung von Strafe gänzlich absehen, wenn der Täter »seine Tat ganz oder zum überwiegenden Teil wiedergutgemacht oder deren Wiedergutmachung ernsthaft erstrebt« oder wenn er »das Opfer ganz oder zum überwiegenden Teil entschädigt« hat und die »Schadenswiedergutmachung von ihm erhebliche persönliche Leistungen oder persönlichen Verzicht erfordert hat«.
- Nach den Grundsätzen der allgemeinen Strafzumessung gem. § 46 Abs. 2 StGB muss das Gericht zugunsten des Täters sein »Bemühen« berücksichtigen, den Schaden wiedergutzumachen oder einen Ausgleich mit dem Verletzten zu erreichen.
- Bei der Entscheidung über die Strafaussetzung zur Bewährung gem. § 56 Abs. 2 S. 2 StGB, die Freiheitsstrafen zwischen ein und zwei Jahren betrifft, ist »namentlich auch das Bemühen des Verurteilten, den durch die Tat verursachten Schaden wiedergutzumachen, zu berücksichtigen«.
- Das Gericht kann dem Verurteilten gem. § 56 b Abs. 2 Nr. 1 StGB zur Bewährungsauflage machen, »nach Kräften den durch die Tat verursachten Schaden wiedergutzumachen« (vgl. die entsprechende Regelung in § 59 a Abs. 2 Nr. 1 StGB).

52 vgl. Sessar 1992

53 vgl. Frehsee 1987

- Vor der Vollstreckung einer Geldstrafe kann die Vollstreckungsbehörde gem. § 459 a Abs. 1 StPO »Zahlungserleichterungen auch gewähren, wenn ohne die Bewilligung die Wiedergutmachung des durch die Straftat verursachten Schadens durch den Verurteilten erheblich gefährdet wäre«.

Daneben sieht das JGG **Schadenswiedergutmachung sogar als eigenständige Sanktion** vor. So kann gem. § 15 Abs. 1 Nr. 1 JGG als Zuchtmittel in der Form der Auflage Schadenswiedergutmachung angeordnet werden, die auch gem. § 23 JGG als Bewährungsauflage in Betracht kommt. Auch kann ein Verfahren durch die Staatsanwaltschaft oder das Jugendgericht eingestellt werden, wenn sich der Jugendliche um Schadensausgleich bemüht hat (§ 45 Abs. 2 S. 2 und § 47 Abs.1 Nr. 2 JGG).
Auch sieht das StVollzG eine konkrete **Hilfestellung für das Opfer einer Straftat bei der Durchsetzung seiner Schadensersatzansprüche** vor. Nach § 180 Abs. 5 S. 2 können dem Verletzten auf schriftlichen Antrag Auskünfte über die Entlassungsadresse oder die Vermögensverhältnisse des Gefangenen erteilt werden, wenn dies zur Feststellung oder Durchsetzung von Rechtsansprüchen im Zusammenhang mit der Straftat erforderlich ist.

F. Täter-Opfer-Ausgleich

Im Rahmen der Schadenswiedergutmachung nimmt der Täter-Opfer-Ausgleich (TOA) eine besondere Stellung ein. Der TOA ist als ein Angebot an Beschuldigte und Geschädigte zu verstehen, die Straftat und ihre Folgen mit Hilfe eines neutralen Vermittlers eigenverantwortlich zu bearbeiten (TOA-Standards).[54] In dem TOA-Verfahren geht es **nicht allein um den materiellen Schadensersatz,** sondern auch und **vornehmlich um die Bewältigung des durch die Tat hervorgerufenen Konflikts und letztlich um den Prozess der Aussöhnung zwischen Täter und Opfer.**[55] In der persönlichen Begegnung von Täter und Opfer mit dem Ziel, sich konstruktiv an einer Konfliktregulierung zu beteiligen, eröffnet sich der Weg, die durch die Tat gestörte Sozialbeziehung wiederherzustellen.[56] Daneben sollen mit dem TOA die traditionellen Sanktionen abgebaut und so die Strafrechtspflege humanisiert werden.

- **Für das Opfer** bedeutet der TOA, **als Subjekt im Schlichtungsverfahren eine aktive Rolle** einzunehmen und in der unmittelbaren Begegnung mit dem Täter seine Sichtweise des Tatgeschehens, seine subjektiven Empfindungen, seine erlittenen Schmerzen und Schäden zum Ausdruck zu bringen. Insbesondere die persönliche Aussprache mit dem Täter kann dem Opfer helfen, das Tatereignis zu verarbeiten, Ängste abzubauen und insgesamt die psychische Belastung zu verkraften.[57] Daneben besteht für das Opfer der weitere Vorteil, den durch die Tat entstandenen materiellen Schaden schneller und unbürokratischer zu regulieren. Damit entspricht der TOA sehr viel stärker dem Interesse des Opfers, vorrangig den Schaden, den

54 TOA-Servicebüro, 2000
55 Dünkel 1990, S. 376
56 Schreckling 1988, S. 216
57 Pfeiffer 1994, S. 37 f.

der Täter angerichtet hat, ersetzt zu bekommen. Bestrafungsbedürfnisse, so das Ergebnis von Opferbefragungen, spielen demgegenüber nur eine untergeordnete Rolle.[58]

- **In Bezug auf den Täter** kann der TOA den **Zweck der Spezialprävention** erfüllen, indem dieser in der unmittelbaren Begegnung mit dem Opfer lernen kann, den der Tat zugrundeliegenden Konflikt aufzuarbeiten und für das Geschehene Verantwortung zu übernehmen. Die freiwillige Teilnahme am TOA und das Bemühen um Wiedergutmachung vermag den Täter motivieren, sich mit den Tatfolgen und dem Leid des Opfers auseinander zu setzen, so dass darüber hinaus »Sensibilität für die Rechte anderer« entwickelt werden kann.[59] Ein solcher **sozialer Lernprozess** kann den Täter zu Einstellungs- **und Verhaltensänderungen** veranlassen und ihn zu der Einsicht befähigen, Normen zum Schutze anderer zu akzeptieren. Darüber hinaus kann die von Täter und Opfer gleichermaßen angestrebte Konfliktbewältigung der Allgemeinheit den Eindruck vermitteln, es habe sich das Recht gegenüber dem Unrecht durchgesetzt. Erklärt sich das Opfer mit der ausgehandelten Wiedergutmachungsleistung einverstanden, kann dieses Ergebnis auch in der Öffentlichkeit als angemessene Problemlösung angesehen und dadurch das Vertrauen in die Rechtsordnung gestärkt werden.[60]

Diese Überlegungen und Berichte über bereits erfolgreich arbeitende TOA-Einrichtungen in den USA haben Mitte der achtziger Jahre zu den ersten Pilotprojekten im Bereich der Jugendstrafjustiz geführt.[61] 1997 konnten insgesamt 422 Stellen, die TOA-Verfahren für Jugendliche sowie Erwachsene anbieten, registriert werden.[62] Sehr unterschiedlich ist die **Trägerschaft der TOA-Einrichtungen**; neben den **Jugendgerichtshilfen in freier oder öffentlicher Trägerschaft** sowie eingetragenen **Vereinen** führen auch die **sozialen Dienste der Justiz**, so die **Gerichtshilfe** und **Bewährungshilfe** TOA-Maßnahmen durch.[63]

1. Gesetzliche Grundlagen

1994 fand mit § 46 a StGB der TOA Eingang in das Erwachsenenstrafrecht. Danach kann das Gericht die Strafe mildern oder in Fällen, in denen keine höhere Strafe als Freiheitsstrafe bis zu einem Jahr oder Geldstrafe bis zu 360 Tagessätzen festgesetzt wird, sogar von Strafe absehen, wenn der Täter »in dem Bemühen, einen Ausgleich mit dem Verletzten zu erreichen (TOA), seine Tat ganz oder zum überwiegenden Teil wiedergutgemacht oder deren Wiedergutmachung ernsthaft erstrebt« hat. Liegen die Voraussetzungen für ein Absehen von Strafe vor, kann im Einverständnis von Gericht und Staatsanwaltschaft das Strafverfahren gem. § 153 b StPO eingestellt werden.

58 Sessar 1992, S. 172 ff.
59 Bannenberger/Uhlmann 1998, S. 25 m. w. N.
60 Bannenberger/Uhlmann 1998, S. 23
61 Schreckling 1991, S. 13 ff.
62 Hassemer 1998, S. 379
63 Periodischer Sicherheitsbericht 2001, S. 392

Bereits vier Jahre zuvor wurde der TOA in den Katalog der Weisungen gem. § 10 Abs. 1 S. 3 Nr. 7 JGG aufgenommen. Der Jugendrichter kann insoweit dem Jugendlichen auferlegen, sich um einen Ausgleich mit dem Verletzten zu bemühen. Auch besteht gem. §§ 45 Abs. 2 und 3, 47 Abs. 1 Nr. 2 und 3 JGG für den Staatsanwalt bzw. den Jugendrichter die Möglichkeit, das Verfahren nach absolviertem TOA einzustellen.

Zwischenzeitlich liegen in fast allen Bundesländern Verwaltungsvorschriften zum TOA vor, die vom TOA-Servicebüro in den DBH-Materialien Nr. 30, Bonn 1995 veröffentlicht wurden.

Ende 1999 hat der Gesetzgeber mit den §§ 155 a, 155 b StPO Vorschriften geschaffen, die es Staatsanwaltschaft und Gericht zur Pflicht machen, in geeigneten Fällen für die Durchführung des TOA zu sorgen.

Der Entwurf des OpferRG sieht vor, dass in geeigneten Fällen der Beschuldigte auf die Möglichkeiten eines TOA hingewiesen werden soll.[64]

2. Konzeption und Durchführung des TOA

Trotz unterschiedlicher Konzeptionen in der Praxis lassen sich **folgende Bedingungen für den TOA** festlegen[65]:

- Personales Opfer,
- Hinreichend geklärter und anklagefähiger Sachverhalt (ein umfassendes Geständnis ist nicht erforderlich),
- Freiwilligkeit der Teilnahme an dem Ausgleichsversuch,
- Keine Deliktseinschränkung,
- Kein Ausschluss vorbestrafter Täter,
- Keine Bagatellstrafsachen,
- Keine Zurückweisung von Selbstmeldern, die sich direkt an die Ausgleichstelle wenden.

Nach den TOA-Standards[66] sollen folgende weitere Voraussetzungen vorliegen:

- Gewährleistung rechtsstaatlicher Garantien, wie Gleichheitsgrundsatz, Datenschutz, Unschuldsvermutung;
- Verzicht auf TOA-Ergebnisvorgaben durch die Justiz;
- Kostenfreie Teilnahme am TOA für alle Beteiligten;
- Möglichkeit zum TOA auch für nichtdeutsche Geschädigte und Beschuldigte.

Eine weitere wichtige Vorbedingung ist die **Kompetenz des Vermittlers**, der über besondere kommunikative Qualifikationen auch in der Methodik der Mediation verfügen sollte.[67] Folgende Merkmale sind für die Vermittlungstätigkeit bedeutsam[68]:

- Allparteilichkeit,
- Rollentrennung; keine Vermittlung und Betreuung für eine Partei,

64 vgl. Fn 11
65 Rössner/Bannenberg 1993, S. 34; TOA-Servicebüro 2000, S. 11
66 a. a. O., S. 10
67 vgl. Mühlfeld
68 Hassemer 1998, S. 414 ff.; TOA-Servicebüro 2000, S. 26

- Transparenz,
- Beachtung der Menschenwürde,
- Vertrauensschutz,
- Wahrung der Parteiautonomie,
- Fairness im Umgang mit den Parteien,
- Verhinderung von Machtgefällen.

Das **TOA-Verfahren** läuft ungefähr in folgender Weise ab[69]:

➢ Die Staatsanwaltschaft oder das Gericht weist der TOA-Stelle die Fälle zu, die für einen Ausgleich geeignet erscheinen. Die Initiative dafür kann von dem Beschuldigten selbst und seinem Verteidiger, von dem Bewährungs- oder Jugendgerichtshelfer aber auch von der Polizei ausgehen. Gem. § 155 a StPO **sollen** die Staatanwaltschaft und das Gericht in jedem Stadium des Strafverfahrens prüfen, ob der TOA durchgeführt werden kann. Erscheint ein Fall geeignet, ist insbesondere der Verletzte einverstanden, so sind sie verpflichtet, für die Realisierung Sorge zu tragen. Nach § 155 b StPO ist die Weitergabe von Informationen an die TOA-Einrichtungen nur unter Beachtung des Datenschutzes zulässig.

➢ In einer **ersten Orientierungsphase** finden getrennt **Vorgespräche** zwischen Vermittler und den Konfliktparteien statt, in denen Informationen zum Sinn eines TOA, zur Vorgehensweise, zu Rolle und Person des Vermittlers gegeben und das jeweilige Taterlebnis, die Motive und Interessen der Beteiligten offengelegt werden.

➢ Zeigen sich Opfer und Täter mit dem Ausgleichsversuch einverstanden, wird das **eigentliche Vermittlungsgespräch** vereinbart und durchgeführt. Dabei werden **vier Phasen** unterschieden:

1. Phase: Der Vermittler sorgt zunächst für eine entspannte Atmosphäre und erläutert seine eigenen Vorstellungen und Ziele. Die Parteien einigen sich auf Regeln, insbesondere der Fairness, für das Gespräch. Die Ergebnisse der Vorgespräche werden zusammengefasst.

2. Phase: Nunmehr werden der Konflikt, die Tat und die Tatfolgen in der jeweils anderen Perspektive von Täter und Opfer thematisiert. In der Konfrontation der Standpunkte werden die Meinungsverschiedenheiten offengelegt. Der Vermittler achtet darauf, dass die Parteien hinreichend zu Wort kommen sowie aufeinander Bezug nehmen und fördert den Verstehens- und Verständigungsprozess.

3. Phase: Nach Klärung der Standpunkte versuchen die Beteiligten, sich auf Wiedergutmachungsleistungen zu einigen. Der Vermittler beschränkt sich auf Vorschläge und verhindert Ungerechtigkeiten. Es wird über zivilrechtliche Schadensersatzansprüche und Schmerzensgeld sowie über die Leistungsfähigkeit des Täters oder auch andere Formen der Entschuldigung verhandelt, bis eine Einigung erzielt wird.

4. Phase: Zum Abschluss fasst der Vermittler das Ergebnis des Ausgleichsgesprächs zusammen und verdeutlicht die zwischen den Parteien gefundene Eini-

69 vgl. Hassemer 1998, S. 419 ff.; TOA-Servicebüro 2000, S. 28 ff.

gung. Art und Zeit der Wiedergutmachungsleistungen werden schriftlich dokumentiert. Nach evtl. anwaltlicher Beratung wird das Dokument von den Parteien und gegebenenfalls von den Erziehungsberechtigten unterschrieben.

- In einem Bericht werden Staatsanwaltschaft bzw. das Gericht über den Ausgang des TOA informiert (vgl. § 155 b Abs. 2 S. 3 StPO). Die Erledigung der vereinbarten Wiedergutmachungsleistungen wird durch die TOA-Stelle kontrolliert.
- Kommt es nicht zu einem Vermittlungsgespräch, wird dieses erfolglos abgebrochen oder die versprochenen Leistungen vom Täter nicht erbracht, so muss ebenfalls die Justiz benachrichtigt werden.

3. Bestandsaufnahme und Perspektiven des TOA

Die bisherigen Erfahrungen mit dem TOA sind zwiespältig. Nach wie vor scheint die Akzeptanz des TOA oder die Kenntnis davon in der Strafjustiz nicht sonderlich ausgeprägt zu sein; lediglich in ein bis vier Prozent aller Strafverfahren werden Fälle den TOA-Einrichtungen zugewiesen[70], obwohl nach Schätzungen im Bereich des Jugendstrafrechts 25 bis 30 Prozent ausgleichsgeeignet wären.[71] Weitere Einzelstudien bestätigen diesen Befund.[72] Auch nach Einführung von § 46 a StGB ist ein deutlicher Anstieg von Ausgleichsfällen nicht zu beobachten.[73] Nach den Ergebnissen der TOA-Statistik für die Jahre 1993 bis 1999 liegt der Schwerpunkt der Delikte im TOA konstant bei den Gewalt- (unter Einschluss von Raub und räuberischer Erpressung) und dabei insbesondere bei Körperverletzungsdelikten; es kann als erwiesen gelten, dass der TOA sich gerade bei dieser Deliktsgruppe bewährt hat.[74]
Die Zustimmung der Geschädigten pendelt zwischen gut 60 und gut 70 Prozent; 1999 sank die Zustimmungsquote auf nur 62 Prozent.[75] Zu einem TOA-Gespräch mit dem Vermittler kam es 1999 in fast 60 Prozent der eingeleiteten TOA-Verfahren.[76] Kommt es zu gemeinsamen Gesprächen mit Ausgleichsversuchen, liegt die Quote der einvernehmlich zustande gekommenen, abschließenden Regelungen bei gut 85 Prozent.[77] Bei den Jugendlichen und Heranwachsenden lag 1999 die Quote sogar bei über 92 Prozent.[78] Die einvernehmlich gefundenen Regelungen (im Jahr 1999) beinhalten zu 83 Prozent Entschuldigungen, zu fast 22 Prozent Schmerzensgeld und zu fast 35 Prozent Schadensersatz.[79] Der überwiegende Teil der Vereinbarungen wurde von den zahlungspflichtigen Tätern ganz oder jedenfalls teilweise erfüllt und nur ein ganz geringer Teil der Täter entzog sich seiner Verpflichtung vollständig.[80] Nur bei

70 vgl. zu den Zahlen Periodischer Sicherheitsbericht 2001, S. 392 f.
71 Bannenberg 1993, S. 158
72 Hartmann 1998; Pfeiffer 1997
73 Kerner/Hartmann 2003, S. 24
74 a. a. O., S. 27, 31
75 a. a. O., S. 54
76 a. a. O., S. 69
77 für 1999; a. a. O., S. 75
78 a. a. O., S. 77
79 a. a. O., S. 82
80 a. a. O., S. 90

15 Prozent aller Vereinbarungen wurden die Schadensersatz- und Schmerzensgeldleistungen über einen Opferfonds abgewickelt.[81]
Angesichts dieser recht positiven Entwicklung des TOA kann die **eher reservierte Haltung der Strafjustiz, insbesondere der Staatsanwaltschaft, gegenüber dem TOA** wesentlich mit der Unkenntnis über die erfolgreiche TOA-Tätigkeit in den zugewiesenen Fällen erklärt werden.
In einem **rechtspolitischen Ausblick** wird man den TOA aufgrund dieser praktischen Erfahrungen **insgesamt positiv bewerten können** und ein Ausbau des bisher nur wenig praktizierten TOA erscheint jedenfalls angezeigt.[82]
Dieser rechtspolitischen Einschätzung ist der Gesetzgeber gefolgt, indem er mit der Schaffung von § 155a StPO Staatsanwaltschaft und Gericht in die Pflicht nimmt, während des gesamten Verfahrens die Möglichkeit für die Durchführung des TOA zu prüfen und in geeigneten Fällen dies auch zu veranlassen.[83]
Gleichzeitig dürfen die Stimmen nicht überhört werden, die mit der Etablierung des TOA vor einem Verlust an rechtsstaatlicher Ausgestaltung des Verfahrens und vor einer Minderung des grundrechtlichen Schutzes des Beschuldigten warnen.[84] Nur bei strikter Wahrung rechtsstaatlicher Verfahrensgrundsätze lässt sich der TOA als Alternative und Ergänzung zu den herkömmlichen strafrechtlichen Sanktionen rechtfertigen.
Zwischenzeitlich hat auch das Ministerkomitee des Europarates den Regierungen der Mitgliedsstaaten empfohlen, bei der Entwicklung des TOA die bereits oben dargestellten Prinzipien und Standards sowie insbesondere die rechtsstaatlichen Grundsätze zu beachten.[85]

81 a. a. O., S. 93

82 so Dölling/Heinz/Kerner/Rössner /Walter 1998, S. 481; so auch Periodischer Sicherheitsbericht 2001, S. 395 f.

83 Gesetz v. 20. 12. 1999, BGBI. I S. 2491

84 vgl. Albrecht 1999, S. 391 ff.

85 Empfehlung Nr. R (99) 19, übersetzt durch das Servicebüro für TOA und Konfliktschlichtung (www.toa-servicebuero.de)

19. Kapitel: Ausländerrecht und Strafrecht*

Grundlegende Literatur: Renner: Ausländergesetz und Asylverfahrensgesetz, Kommentar, 7. Aufl., München 1999.

Straffälligkeit von Menschen, die nicht die deutsche Staatsangehörigkeit besitzen, kann neben Strafverfolgungsmaßnahmen sowie Sanktionen auch **weitergehende administrative Zwangsmaßnahmen insbesondere der Ausländerbehörden** zur Konsequenz haben. Solche Maßnahmen reichen bis zu **Ausweisungen und Abschiebungen** aus dem Bundesgebiet und bedeuten für die Betroffenen, gerade wenn sie bereits lange Zeit in Deutschland leben und hier ihren Lebensmittelpunkt besitzen, nicht selten die Zerstörung ihrer sozialen Existenz und den Verlust von Familie, Arbeit, Freunden und letztlich von Heimat. Das Risiko eines nichtdeutschen Straftäters ist folglich ein doppeltes: neben der Vollstreckung der Strafe steht die Bedrohung, zwangsweise und auf Dauer aus der Bundesrepublik entfernt zu werden. Spektakuläre Fälle wie die Ausweisung von »Mehmet«, der in München als Sohn türkischer Migranten geboren und aufgewachsen ist, verdeutlichen, dass selbst Minderjährige, die gerade strafmündig geworden sind, von sog. aufenthaltsbeendenden Maßnahmen nach dem Ausländergesetz (AuslG) nicht verschont bleiben, wenn sie – in besonderem Maße – straffällig geworden sind.

Aber auch unterhalb der Schwelle von Ausweisung und Abschiebung sehen ausländerrechtliche Vorschriften behördliche Entscheidungen vor, die für delinquente Nichtdeutsche mit Nachteilen verbunden sind und sich allein aus dem Status der Betroffenen als »Ausländer« legitimieren.

Während das Strafrecht, insbesondere das Jugendstrafrecht, darauf hinzuwirken versucht, den einzelnen Straftäter zu (re-)sozialisieren und zu (re-)integrieren, geht es dem AuslG allein um die Belange der Bundesrepublik, die durch den Aufenthalt von straffälligen Ausländern gefährdet sein könnten. Seine Aufgabe ist »**Gefahrenabwehr**« mit dem Ziel, dass künftigen **Störungen der öffentlichen Sicherheit und Ordnung** durch sog. Ausländerkriminalität vorgebeugt wird.

A. Ausweisung

Das bedeutsamste Mittel der »Gefahrenabwehr« nach dem AuslG ist die Ausweisung. Die Voraussetzungen für einen Ausweisungsgrund sind in den §§ 45, 46 und 47 AuslG geregelt. Dabei wird zwischen.

- »**Ist-Ausweisung**«,
- »**Regelausweisung**« und
- »**Ermessensausweisung**«

unterschieden.

* Die zu erwartenden Änderungen in einem neuen Zuwanderungsgesetz werden im Internet unter http://www.jugendhilfe-netz.de/fachservice/index.html dargestellt.

I. Ist-Ausweisung

Nach § 47 Abs. 1 AuslG muss ein Ausländer **zwingend ausgewiesen** werden, ohne dass für die Ausländerbehörde die Möglichkeit besteht, weitere Erwägungen bei ihrer Entscheidung zu berücksichtigen. Eine solche »**Ist-Ausweisung**« erfolgt, wenn der Betroffene

- wegen einer oder mehrerer vorsätzlicher Straftaten rechtskräftig zu einer Freiheits- oder Jugendstrafe von mindestens drei Jahren verurteilt worden ist (Nr. 1),
- wegen vorsätzlicher Straftaten innerhalb von fünf Jahren zu mehreren Freiheits- oder Jugendstrafen von zusammen mindestens drei Jahren verurteilt worden ist (Nr. 1),
- bei der letzten rechtskräftigen Verurteilung Sicherungsverwahrung angeordnet worden ist (Nr. 1) oder
- wegen einer vorsätzlichen Straftat nach dem BtMG, wegen Landfriedensbruchs in einem besonders schweren Fall gem. § 125 a S. 2 StGB oder wegen eines einfachen Landfriedensbruchs gem. § 125 StGB, der im Rahmen einer verbotenen öffentlichen Versammlung begangen wurde, rechtskräftig zu einer Jugendstrafe von mindestens zwei Jahren oder zu einer Freiheitsstrafe verurteilt und die Strafvollstreckung nicht zur Bewährung ausgesetzt worden ist (Nr. 2).

II. Regelausweisung

Nach § 47 Abs. 2 AuslG muss ein straffällig gewordener Ausländer »**in der Regel**« ausgewiesen werden, wenn er

- wegen einer oder mehrerer vorsätzlicher Straftaten rechtskräftig zu einer Jugendstrafe von mindestens zwei Jahren oder zu einer Freiheitsstrafe ohne Strafaussetzung zur Bewährung verurteilt worden ist (Nr. 1),
- gegen die Vorschriften des BtMG verstößt, indem er ohne Erlaubnis Betäubungsmittel anbaut, herstellt, einführt, durchführt oder ausführt, veräußert, an einen anderen abgibt oder in sonstiger Weise in Verkehr bringt oder mit ihnen handelt oder wenn er zu einer solchen Handlung anstiftet oder Beihilfe leistet (Nr. 2) oder
- sich im Rahmen einer verbotenen oder aufgelösten Versammlung bzw. eines solchen Aufzuges (vgl. §§ 5 und 15 Versammlungsgesetz) an Gewalttätigkeiten gegen Menschen oder Sachen als Täter oder Teilnehmer beteiligt und die Gewalttätigkeiten aus einer Menschenmenge in einer die öffentliche Sicherheit gefährdenden Weise mit vereinten Kräften begangen werden (Nr. 3).

Die Ausländerbehörde hat in den genannten Fällen, wie es in § 47 Abs. 2 AuslG heißt, »in der Regel« die Ausweisung zu verfügen. Auch wenn diese Formulierung für die Behörde kein Ermessen einräumt, so darf ausnahmsweise die »**Regelausweisung**« dann unterbleiben, wenn ein Sachverhalt so erheblich von der gesetzlich vorausgesetzten Normalsituation abweicht, dass die Ausweisung ungerecht und insbesondere unverhältnismäßig erscheint.[1] Hat sich bspw. der Betroffene in einer einmaligen Aus-

1 Renner § 47 Rdnr. 15

nahmesituation strafbar gemacht oder besteht die Gefahr, erneut im »Heimatland« bestraft zu werden, kann von der »Regelausweisung« abgesehen werden. Das gleiche gilt, wenn bei einem Betäubungsmitteldelikt gem. § 29 Abs. 5 BtMG von einer Bestrafung abgesehen wurde.[2]
Unter verfassungsrechtlichen Gesichtspunkten erscheint die Regelung von § 47 Abs. 2 Nr. 2 und 3 AuslG problematisch, wonach die **»Regelausweisung« auch ohne rechtskräftige Verurteilung** erfolgen kann. Wenn die Ausländerbehörde selbst schon vor Abschluss des Ermittlungsverfahrens anstelle der eigentlich zuständigen Justizorgane Feststellungen zu Tatbestand, Rechtswidrigkeit und Vorsatz trifft und damit die weitreichende Konsequenz der Ausweisung verknüpft, so ist dies kaum mit dem rechtsstaatlichen Grundsatz der Unschuldsvermutung zu vereinbaren.[3]

III. Ermessensausweisung

Schließlich **kann** gem. § 45 Abs.1 i. V. m. § 46 AuslG ein Ausländer ausgewiesen werden, wenn er

- einen nicht nur vereinzelten oder geringfügigen Verstoß gegen Rechtsvorschriften oder gerichtliche oder behördliche Entscheidungen oder Verfügungen begangen hat (Nr. 2),
- außerhalb des Bundesgebietes eine Straftat begangen hat, die im Bundesgebiet als vorsätzliche Straftat anzusehen ist (Nr. 2),
- gegen eine für die Ausübung »der Gewerbsunzucht«, also der Prostitution, geltende Rechtsvorschrift oder behördliche Verfügung verstößt (Nr. 3; vgl. §§ 184 a, 184 b StGB; § 120 Abs.1 Nr. OWiG) oder
- Heroin, Cocain oder ein vergleichbar gefährliches Betäubungsmittel verbraucht und nicht zu einer erforderlichen seiner Rehabilitation dienenden Behandlung bereit ist oder sich ihr entzieht (Nr. 4).

Liegen die genannten Voraussetzungen vor, entscheidet die Ausländerbehörde nach **pflichtgemäßem Ermessen**. Dabei muss sie **zwischen den schutzwürdigen Interessen des Ausländers und dem öffentlichen Interesse an Sicherheit und Ordnung abwägen**. Auf Seiten des Betroffenen sind gem. § 45 Abs. 2 AuslG besonders die Dauer des rechtmäßigen Aufenthaltes sowie die persönlichen und wirtschaftlichen Bindungen im Bundesgebiet ebenso zu berücksichtigen wie die Folgen der Ausweisung für seine Familienangehörigen, die sich rechtmäßig in Deutschland aufhalten und mit ihm in familiärer Lebensgemeinschaft leben.
Wird ein Strafverfahren gem. § 153 StPO wegen Geringfügigkeit eingestellt, muss dies bei der Ermessensentscheidung ebenfalls berücksichtigt werden. Die gebotene sorgfältige Sachaufklärung kann dann verletzt sein, wenn die Ausländerbehörde in einem solchen Fall ihre Entscheidung ausschließlich auf die in den Ermittlungsakten befindlichen Anzeigenberichte der Polizeibeamten stützt und nicht aufgrund der Erklärungen des betroffenen Ausländers, der die Tat bestreitet, ergänzende Ermittlungen anstellt.[4]

2 Fraenkel 1991, S. 256 f.
3 Heldmann § 46 Rdnr. 4
4 VerfGH Berlin InfAuslR 1996, S. 93

Bei der Entscheidung der Ausländerbehörde sind sowohl spezial- als auch generalpräventive Gründe zulässig. Wenn auch die Ausweisung eine Wiederholungsgefahr nicht ausdrücklich voraussetzt, so muss gleichwohl eine Gefährlichkeitsprognose vorgenommen werden; dabei sind der Wert des bedrohten Schutzgutes und die persönlichen Einzelfallumstände einschließlich der Persönlichkeitsstruktur maßgeblich.[5] Auch darf bei der Interessenabwägung nicht außer Acht gelassen werden, wie die Resozialisierungsprognosen etwa der Strafvollzugsbehörden oder der sozialen Dienste der Justiz ausfallen.[6]

IV. Mitwirkung der Staatsanwaltschaft

Grundsätzlich muss gem. § 64 Abs. 3 AuslG vor jeder Ausweisung und Abschiebung eines Ausländers, gegen den Anklage erhoben oder ein strafrechtliches Ermittlungsverfahren eingeleitet worden ist, **das Einvernehmen der zuständigen Staatsanwaltschaft** eingeholt werden. Daraus folgt, dass die Strafverfolgung Vorrang vor aufenthaltsbeendenden Maßnahmen hat. Dementsprechend ist eine Abschiebung nicht zulässig, wenn der staatliche Strafanspruch noch nicht erloschen ist und nicht von der weiteren Strafvollstreckung gem. § 456 a StPO abgesehen wurde. Danach ist auch eine Abschiebung vor Beendigung einer Therapie gem. § 35 BtMG ohne Einvernehmen der Strafvollstreckungsbehörden unzulässig.[7]

B. Ausweisungsschutz

Sowohl im AuslG als auch in anderen Rechtsvorschriften sind Schutzvorkehrungen gegen Ausweisungen enthalten, die insbesondere bei einer gewissen Dauer des Aufenthaltes und der damit erreichten Integration in die deutsche Gesellschaft zum Tragen kommen.

I. Ausländer mit gesichertem Aufenthaltsstatus

Ausländer mit einem **gesicherten Aufenthaltsstatus** (Aufenthaltsberechtigung gem. § 27 oder unbefristete Aufenthaltserlaubnis gem. §§ 24–26 AuslG) oder mit besonderen familiären Bindungen z. B. zu einem deutschen Staatsangehörigen genießen gem. § 48 Abs. 1 AuslG einen gewissen Schutz vor Ausweisungen. Sie dürfen **nur aus sog. schwerwiegenden Gründen der öffentlichen Sicherheit und Ordnung** ausgewiesen werden, die in der Regel bei strafrechtlichen Verurteilungen i. S. v. § 47 Abs.1 AuslG mit der Folge einer »Ist-Ausweisung« angenommen werden.

II. Minderjährige Ausländer

Minderjährige Ausländer, die sich strafbar gemacht haben, können nur im Rahmen einer Ermessensentscheidung in den Fällen von § 47 Abs. 2 Nr. 2 und 3 AuslG ausge-

5 Renner § 46 Rdnr. 16 ff.
6 so Hessischer VGH ZAR 1993, S. 40
7 OLG Düsseldorf StV 1999, S. 444

wiesen werden. Eine Ist- oder Regelausweisung ist dagegen gem. § 47 Abs. 3 S. 4 AuslG ausgeschlossen.

Daneben verbietet § 48 Abs. 2 AuslG die Ausweisung eines Minderjährigen, dessen Eltern sich rechtmäßig im Bundesgebiet aufhalten. Ausnahmsweise ist eine Ausweisung dann zulässig, wenn der Minderjährige wegen serienmäßiger Begehung nicht unerheblicher vorsätzlicher Straftaten, wegen schwerer Straftaten oder einer besonders schweren Straftat rechtskräftig verurteilt worden ist.

III. Heranwachsende Ausländer

Heranwachsende Ausländer, also 18–20-Jährige, unterliegen ebenfalls einem besonderen Schutz vor Ausweisungen, wenn sie im Bundesgebiet aufgewachsen sind und einen gesicherten Aufenthaltsstatus[8] besitzen. Gem. § 47 Abs. 3 S. 3 AuslG wird in den Fällen, in denen normalerweise eine »Ist- oder Regelausweisung« vorgenommen werden muss, der Behörde ein Ermessen eingeräumt. Dabei unterliegt sie nach § 48 Abs. 2 S. 2 AuslG einer weiteren Einschränkung, wenn der Heranwachsende mit seinen Eltern in häuslicher Gemeinschaft lebt. In diesem Fall kann eine Ausweisung nur unter der Voraussetzung erfolgen, dass der Tatbestand einer »Ist- oder Regelausweisung« nach § 47 Abs. 1 und 2 Nr. 1 AuslG vorliegt. Einfache Verstöße gegen das BtMG oder ein einfacher Landfriedensbruch bei verbotener oder aufgelöster Versammlung reichen selbst für eine Ermessens-Ausweisung nicht aus.

IV. Staatsangehörige der Mitgliedsstaaten der Europäischen Union

Einen weiteren Schutz vor Ausweisungen aufgrund von Straffälligkeit genießen die **Staatsangehörigen der Mitgliedsstaaten der Europäischen Union**. Nach § 12 Abs. 4 Aufenthaltsgesetz/EWG genügt eine strafrechtliche Verurteilung für sich allein nicht, Ausweisungen gegenüber dieser Personengruppe zu begründen. Nur aus **schwerwiegenden Gründen der öffentlichen Sicherheit und Ordnung**, d. h. bei Verurteilungen wegen schwerer Straftaten, können EU-Staatsangehörige, die eine unbefristete Aufenthaltserlaubnis besitzen, ausgewiesen werden (§ 12 Abs. 1 S. 2 Aufenthaltsgesetz/EWG). Allein generalpräventive Gründe kommen für eine Ausweisung in keinem Fall in Betracht (vgl. § 12 Abs. 3 Aufenthaltsgesetz/EWG).

V. Türkische Arbeitnehmer

Gegenüber **türkischen Arbeitnehmern** und ihren rechtmäßig im Bundesgebiet lebenden Familienangehörigen besteht nach dem Beschluss Nr. 1/80 des Assoziationsrats EWG – Türkei über die Entwicklung der Assoziation (Art. 14) ebenfalls ein Ausweisungsschutz. Ob dieser in gleicher Weise gilt wie für Staatsangehörige aus EU-Mitgliedsstaaten, ist nach der Rechtsprechung bislang offen.[9]

8 vgl. oben unter 1.

9 vgl. Hessischer VGH InfAuslR 1994, S. 173 f.

VI. Rechtsprechung des Europäischen Gerichtshofs für Menschenrechte

Schließlich ist in diesem Zusammenhang auf die **Rechtsprechung des Europäischen Gerichtshofes für Menschenrechte** hinzuweisen. In einer Reihe von bemerkenswerten Entscheidungen hat das Straßburger Gericht Ausweisungen von Ausländern, die über lange Zeit mit ihren Familien in Mitgliedsstaaten des Europarates lebten und zu teilweise sehr hohen Freiheitsstrafen verurteilt wurden, für unzulässig erklärt.[10] In diesen Fällen wurde nach Auffassung der Richter mit den verfügten Ausweisungen gegen Vorschriften der MRK verstoßen, die in Art. 8 das Recht auf Achtung des Familienlebens und in Art. 3 den Schutz vor unmenschlicher Behandlung bestimmen.

C. Weitere ausländerrechtliche Auswirkungen der Straffälligkeit

Mit der Ausweisung erlischt die Aufenthaltsgenehmigung, also das Recht, sich im Bundesgebiet aufzuhalten (§ 44 Abs. 1 Nr. 1 AuslG). Damit verbunden ist die Pflicht auszureisen. Diese Verpflichtung kann **unter polizeilichem Zwang in Form der Abschiebung** durchgesetzt werden (vgl. § 49 AuslG).
Neben der Ausweisung, dem wohl einschneidendsten Nachteil für einen straffällig gewordenen Ausländer, sieht das AuslG noch andere Restriktionen vor, die die Rechtsstellung erheblich beeinträchtigt.

- Liegt ein **Ausweisungsgrund** vor, so wird **in der Regel die Aufenthaltsgenehmigung versagt oder diese nicht mehr verlängert** (§§ 7 Abs. 2 und 13 AuslG). Die Folge ist die Gleiche wie bei der Ausweisung, nämlich die **Pflicht zur Ausreise**.
- Nach dem am 1. Januar 2000 in Kraft getretenen **Einbürgerungsrecht** hat ein Ausländer, der sich seit acht Jahren rechtmäßig in der Bundesrepublik aufhält, einen Anspruch auf Einbürgerung, wenn er bestimmte Voraussetzungen erfüllt. Gem. § 85 Abs. 1 Nr. 5 AuslG gehört dazu, dass der Antragsteller nicht wegen einer Straftat verurteilt worden ist. Jedoch bleiben gem. § 88 Abs. 1 AuslG folgende Sanktionen hierbei außer Betracht:
  - die Verhängung von Erziehungsmaßregeln oder Zuchtmitteln nach dem JGG,
  - Verurteilungen zu Geldstrafe bis zu 180 Tagessätzen und
  - Verurteilungen zu Freiheitsstrafe bis zu sechs Monaten, die zur Bewährung ausgesetzt und nach Ablauf der Bewährungszeit erlassen worden sind.

Aber auch bei einer Verurteilung zu einer höheren Strafe ist im Einzelfall zu entscheiden, ob die Straftat bei der Einbürgerung außer Betracht bleiben kann (§ 88 Abs. 1 S. 2 AuslG; z. B. wenn eine Verurteilung im Bundeszentralregister in Kürze getilgt wird oder eine Freiheitsstrafe bis zu sechs Monaten nicht zur Bewährung ausgesetzt wurde). Wird eine Jugendstrafe bis zu einem Jahr zur Bewährung ausgesetzt, erhält der Betroffene die Zusicherung eingebürgert zu werden, wenn die Strafe nach Ablauf der Bewährungszeit erlassen wird (§ 88 Abs. 2 AuslG). Im Falle eines laufenden Ermittlungsverfahrens ist die Einbürgerung solange auszusetzen, bis das Strafverfahren z. B. im Wege der Einstellung gem. § 170 Abs. 2 oder gem. §§ 153 ff. StPO, §§ 45,

10 vgl. Urteil v. 13. 7. 1995 – Nasri ./. Frankreich –, InfAuslR 1996, S. 1

47 JGG endgültig abgeschlossen bzw. eine Verurteilung rechtskräftig geworden ist (§ 88 Abs. 3 AusIG).
Schließlich besteht ein Anspruch auf Einbürgerung gem. § 86 Nr. 3 AuslG auch dann nicht, wenn ein Ausweisungsgrund nach § 46 Nr. 1 vorliegt, also gewalttätige Straftaten mit politischer Motivation begangen worden sind.

Teil 5: Die Akteure der Sozialen Arbeit als Adressaten des (Straf-)Rechts

20. Kapitel: Die (straf-)rechtlichen Bedingungen der Sozialen Arbeit

Grundlegende Literatur: Proksch: Sozialdatenschutz in der Jugendhilfe, Münster 1996; Riehle: Sozialdatenschutz und Zeugnisverweigerungsrecht, ZfJ 8/2000, S. 290 ff.; Riekenbrauk: Schweigepflicht – Datenschutz – Zeugnisverweigerungsrecht, in: Cornel u. a. (Hrsg.): Handbuch der Resozialisierung, 2. Aufl., Baden-Baden 2003, S. 461 ff.

Wie wir gesehen haben, sind Sozialarbeiter und Sozialpädagoginnen, Psychologen sowie Therapeutinnen an sehr unterschiedlichen Stellen im System der strafrechtlichen Kontrolle tätig. Sie arbeiten nicht selten an **Schnittstellen von Hilfe und Strafe, von persönlicher Betreuung und Zwang.** Dabei entstehen naturgemäß **Interessenkonflikte zwischen den Institutionen der Strafverfolgung und den Akteuren Sozialer Arbeit.** Das folgende Beispiel, mit dem auch das BVerfG befasst war, mag diesen Konflikt verdeutlichen:

> Die Drogenberatungsstelle in Aachen war seit einiger Zeit ein Dorn im Auge der dortigen Kriminalpolizei. Man vermutete aufgrund von Beobachtungen, dass einige Klienten in der Teestube der Beratungsstelle mit Drogen Handel treiben und somit gegen die Strafvorschriften des BtMG verstießen. In berechtigter Weise durfte davon ausgegangen werden, dass die in der Beratungsstelle tätigen Sozialarbeiter über Informationen und Datensammlungen verfügten, die u. a. Aufschluss über strafrechtlich relevante Aktivitäten der Klientel, insbesondere über Dealer, geben konnten. Aus diesem Grunde ordnete auf Antrag der Staatsanwaltschaft das Amtsgericht die Durchsuchung der Beratungsstelle an. Anlässlich der Durchsuchung wurden eine Reihe von Klientenakten sichergestellt, die im Anschluss vom Amtsgericht beschlagnahmt wurden. Aufgrund der Akten wurden Strafverfahren eingeleitet, die jedoch nicht den vermuteten Drogenhandel, sondern lediglich den Erwerb und Besitz von Betäubungsmitteln zum Gegenstand hatten.[1]

Das Interesse, ja die Aufgabe der Polizei ist es, Straftaten zu erforschen und so schnell wie möglich Anordnungen zu treffen, um die Verdunkelung einer Strafsache zu verhindern (vgl. § 163 Abs. 1 StPO). Dem steht diametral das Interesse der Drogenberatung gegenüber, auf der Grundlage eines Vertrauensverhältnisses soziale und gesundheitliche Hilfe für Drogenabhängige zu leisten. Unzweifelhaft ist mit der polizeilichen Beschlagnahmeaktion das zwischen den Beratern und ihren Klienten bestehende Vertrauensverhältnis und damit die Basis der Sozialarbeit der Drogen-

1 vgl. BVerfG Bd. 44, S. 353 ff.

beratungsstelle ernsthaft erschüttert worden. Wenn weiterhin derartige polizeiliche Aktionen zu befürchten gewesen wären, hätte dies das Ende der Drogenberatung bedeutet.

Das BVerfG hat in diesem Fall nach **Abwägung der Interessen von effektiver Strafverfolgung einerseits und Gesundheitsfürsorge andererseits zugunsten der Arbeit der Drogenberatung** entschieden. Auf der Grundlage ähnlicher Überlegungen hat auch der Gesetzgeber zum Schutz der Sozialen Arbeit und des Vertrauensverhältnisses zum Klienten, aber auch zur Wahrung der Rechte von Hilfesuchenden, Regelungen geschaffen, die für das Arbeits- und Konfliktfeld nicht nur der Straffälligenhilfe, sondern darüber hinaus aller Sozialarbeiterinnen und Sozialpädagogen wichtige Bedingungen festlegt. Dazu gehören das **Recht der Schweigepflicht, des Datenschutzes, des Beschlagnahmeverbots und der Zeugnisverweigerung**.

Demgegenüber sieht das Gesetz auch Regelungen vor, die die Sozialarbeit stärker dem Geltungsanspruch des Strafrechts unterordnen und Verpflichtungen begründen, die dem Interesse an Kontrolle und Überwachung entsprechen. Hier ist an die **Offenbarungs- und Zeugnispflichten in der Straffälligenhilfe** zu denken.

Neben § 203 StGB, der zentralen Vorschrift zur Schweigepflicht, sind die Regelungen zur Zeugnispflicht und zum Zeugnisverweigerungsrecht sowie zum Beschlagnahmeverbot in der StPO enthalten. Werden im Zusammenhang mit der Straffälligenhilfe Aufgaben des Sozialrechtes wahrgenommen, wie z. B. durch die JGH nach den Vorschriften des SGB VIII, müssen die Datenschutzbestimmungen dieses Gesetzes (§§ 61 ff.), des SGB I (§ 35) und SGB X (§§ 67 ff.) beachtet werden.

A. Recht der Schweigepflicht

Die Schweigepflicht schützt das Vertrauen, das eine um Unterstützung und Hilfe nachsuchende Person braucht, um z. B. einem Arzt oder einer Sozialarbeiterin Geheimnisse aus ihrer Intim- oder Privatsphäre zu erzählen. Jeder, der sich trotz Ängsten und Hemmungen entschließt, seine Geheimnisse zu offenbaren, muss sicher sein können, dass diese **grundsätzlich unter dem Siegel der Verschwiegenheit vertraulich behandelt und nicht weitergetragen werden**.

Das in Art. 1 Abs. 1 und Art. 2 Abs. 1 GG geschützte Menschenrecht auf Würde und Achtung der Persönlichkeit begründet das verfassungsrechtlich gesicherte »**Recht auf informationelle Selbstbestimmung**«, das grundsätzlich jedem Menschen uneingeschränkt die eigene Entscheidung überlässt, wann und innerhalb welcher Grenzen persönliche Lebenssachverhalte von Dritten offenbart werden dürfen.[2] Der Schutz dieses Rechtes wird mit der Vorschrift von § 203 StGB in besonderem Maße gewährleistet, indem denen, die Privatgeheimnisse verletzen, Geldstrafe oder Freiheitsstrafe bis zu einem Jahr angedroht werden. Über den Schutz des Individualinteresses an der Geheimhaltung anvertrauter Tatsachen hinaus hat § 203 vorrangig auch eine »**sozialrechtliche Funktion**«. Es geht nämlich auch um das **allgemeine Vertrauen in die Verschwiegenheit der Angehörigen bestimmter Berufe**, die die unabdingbare

2 vgl. BVerfG 65, 1 ff. ›Volkszählungsurteil‹

Voraussetzung dafür ist, dass diese ihre im allgemeinen Interesse liegenden Aufgaben erfüllen können.[3]
Da die soziale Arbeit geradezu existenziell auf der Respektierung und strikten Einhaltung der Schweigepflicht beruht, ist die Kenntnis von § 203 StGB für alle Sozialarbeiterinnen und Sozialpädagogen von großer Wichtigkeit.

I. Der Tatbestand von § 203 StGB

Die Vorschrift von § 203 Abs. 1 StGB lautet:

> »Wer unbefugt ein fremdes Geheimnis, namentlich ein zum persönlichen Lebensbereich gehörendes Geheimnis oder ein Betriebs- oder Geschäftsgeheimnis, offenbart, das ihm als
> 1. Arzt, Zahnarzt, Tierarzt, Apotheker oder Angehörigen eines anderen Heilberufs, der für die Berufsausübung oder die Führung der Berufsbezeichnung eine staatlich geregelte Ausbildung erfordert,
> 2. Berufspsychologen mit staatlich anerkannter wissenschaftlicher Abschlussprüfung,
> 3. (...),
> 4. Ehe-, Familien-, Erziehungs- oder Jugendberater sowie Berater für Suchtfragen in einer Beratungsstelle, die von einer Behörde oder Körperschaft, Anstalt oder Stiftung des öffentlichen Rechts anerkannt ist,
> 4 a. Mitglied oder Beauftragten einer anerkannten Beratungsstelle nach den §§ 3 und 8 des Schwangerschaftskonfliktgesetzes,
> 5. staatlich anerkanntem Sozialarbeiter oder staatlich anerkanntem Sozialpädagogen (...)
> 6. (...)
>
> anvertraut worden oder sonst bekannt geworden ist, wird (...) bestraft.

a. Neben den in Abs. 1 aufgeführten Berufsgruppen unterliegen auch ihre »berufsmäßig tätigen Gehilfen und die Personen (...), die bei ihnen zur Vorbereitung auf den Beruf tätig sind« (§ 203 Abs. 3 S. 2 StGB), der Schweigeplicht. Dazu gehören u. a. auch Schreib- und Teilzeitkräfte, Zivildienstleistende sowie die Praktikantinnen in den studienbegeleitenden Praktika und im Anerkennungsjahr.[4] Dagegen zählen nicht die ehrenamtlich Tätigen zu den Schweigepflichtigen, da sie nicht berufsmäßig tätig sind.[5] Ebenso fallen Erzieherinnen und Pädagogen nicht unter die Schweigepflicht.

Weiterhin gehören gem. § 203 Abs. 2 Nr. 1 und 2 StGB »Amtsträger« und »für den öffentlichen Dienst besonders Verpflichtete« zu dem Kreis der Schweigepflichtigen:

- »Amtsträger« sind Beamte und andere Arbeitnehmer, die dazu bestellt sind, bei einer Behörde oder bei einer sonstigen Stelle oder in deren Auftrag Aufgaben der öffentlichen Verwaltung wahrzunehmen (§ 11 Abs. 1 Nr. 2 StGB), also z. B. angestellte Sozialarbeiter in der Kommunalverwaltung oder bei freien Trägern, die bspw. Jugendgerichtshilfeaufgaben erfüllen.
- »Für den öffentlichen Dienst besonders Verpflichtete« sind diejenigen, die bei einer Behörde, bei einer anderen Stelle der öffentlichen Verwaltung oder einem

3 vgl. Schönke-Schröder § 203 Rdnr. 3
4 Proksch 1996, S. 161
5 Kunkel LPK SGB VIII § 61 Rdnr. 187

Verband oder einem Betrieb, die im behördlichen Auftrag öffentliche Verwaltungsaufgaben wahrnehmen, beschäftigt sind und die zur gewissenhaften Erfüllung ihrer Aufgaben förmlich verpflichtet sind (§ 11 Abs.1 Nr. 4 StGB). Dazu gehören bspw. Personen, die vom Jugendamt im Rahmen einer Hilfe zur Erziehung in Anspruch genommen werden wie Pflegeeltern, Familienhelferinnen oder Heimerzieher.[6]

Allerdings gilt für die genannten Amtsträger und amtsnahen Personen die Schweigepflicht dann nicht, wenn sie Geheimnisse anderen Behörden oder sonstigen Stellen für Aufgaben der öffentlichen Verwaltung bekannt geben und dem kein ausdrückliches gesetzliches Verbot entgegensteht. Nach inzwischen h. M. gilt **diese Durchbrechung des Geheimhaltungsgebotes jedoch nicht für die soziale Arbeit im öffentlichen Dienst**. Denn es kann nicht einleuchten, dass die Schweigepflicht nicht auch gegenüber anderen Behörden oder Verwaltungsstellen zur Geltung kommen soll, nur weil die Beratungs- oder Hilfseinrichtung in öffentlicher und nicht in private Trägerschaft ist.[7] Das mit § 203 Abs. 1 StGB besonders geschützte Vertrauensverhältnis, das die Grundlage für eine erfolgreiche soziale Arbeit ist, muss auch gegenüber den Vorteilen eines ungehinderten behördlichen Datenaustauschs Vorrang haben.

b. Unter **fremden Geheimnissen** sind solche **Tatsachen** zu verstehen, **die nur einem Einzelnen oder einem beschränkten Personenkreis bekannt sind und an deren Geheimhaltung der Betroffene ein schutzwürdiges Interesse hat.**[8] Geheimnisse, die zum persönlichen Lebensbereich gehören, sind z. B. Charaktermerkmale, die wirtschaftlichen und beruflichen Verhältnisse, physische oder psychische Auffälligkeiten sowie die familiären Verhältnisse. Aber auch die Tatsache, dass ein Besuch in einer Beratungsstelle stattgefunden hat, ist ein Geheimnis, ebenso wie die persönlichen Daten (Name und Anschrift) und die Notizen in den Klientenakten.[9]

c. Die Geheimnisse müssen dem Schweigepflichtigen **in seiner beruflichen Eigenschaft anvertraut**, d. h. in dem Vertrauen mitgeteilt worden sein, dass darüber Schweigen bewahrt wird. Oder sie müssen dem Schweigepflichtigen sonst bekannt geworden sein. Bekannt geworden ist einem Sozialarbeiter alles, was er in Ausübung seines Berufes, ob mit oder ohne Willen des Klienten, gezielt oder zufällig, erfährt.[10]

d. Die bekannt gewordenen Geheimnisse müssen – so die Tathandlung gem. § 203 Abs. 1 StGB – **offenbart**, d. h. einem anderen mitgeteilt werden, der diese nicht, nicht in dem Umfang oder nicht sicher kennt.[11] Unerheblich ist dabei, ob der andere selbst schweigepflichtig ist.[12] Die Sozialpädagogin darf also dem Psychologen ihr anvertraute Geheimnisse nicht weitergeben in dem Glauben, dass dieser schon schweigen werde. Die **Geheimnisverletzung kann auch durch ein Unterlassen**

---

6 Kunkel LPK SGB VIII § 61 Rdnr. 45

7 vgl. Proksch 1996, S. 159 ff.

8 Tröndle/Fischer § 203 Rdnr. 2

9 vgl. Barabas 2003, S. 259

10 Brühl 1986, S. 147

11 Tröndle/Fischer § 203 Rdnr. 30

12 BayObLG NJW 1995, S. 1623

geschehen, indem Akten oder Notizen über ein Beratungsgespräch auf dem Schreibtisch liegengelassen und nicht sicher weggeschlossen werden, so dass andere Personen die Möglichkeit erhalten diese einzusehen.
Kein Offenbaren i. S. d. StGB (oder der Datenschutzgesetze) liegt dagegen vor, wenn die Daten, insbesondere die Angaben zur Person des Betroffenen, anonymisiert weitergegeben werden, d. h., dass die personenbezogene Bestimmbarkeit des Betroffenen unmöglich gemacht wird.[13]

II. Offenbarungsbefugnisse

Nur dann macht sich ein Sozialarbeiter wegen Verstoßes gegen die Schweigepflicht strafbar, wenn er die ihm anvertrauten oder sonst bekannt gewordenen Geheimnisse **unbefugt** offenbart. Besteht aufgrund eines Gesetzes oder eines allgemeinen Rechtsgrundsatzes eine **Befugnis** oder sogar eine **Verpflichtung, die geheimen Informationen weiterzugeben**, also das Schweigen zu brechen, handelt man nicht rechtswidrig und macht sich folglich nicht strafbar.[14] Da die Offenbarungsbefugnisse nicht einheitlich und abschließend im StGB geregelt sind, ist es nicht einfach, die zumeist in verschiedenen Gesetzen enthaltenen oder nach der Rechtsprechung entwickelten Befugnisse im Einzelnen präsent zu haben, um im beruflichen Alltag die Grenze zwischen Schweigepflicht und berechtigter Informationsweitergabe präzise bestimmen zu können. Für die Praxis der sozialen Arbeit sind folgende Fallgruppen bedeutsam:

- die **Einwilligung**,
- die **gesetzlichen Offenbarungspflichten** und
- der **rechtfertigende Notstand.**

Für das Tätigkeitsfeld der Straffälligenhilfe kommen noch **berufsspezifische Offenbarungspflichten** sowie die **Zeugnispflicht** hinzu.

1. Einwilligung

Die wohl bedeutsamste Befugnis, fremde Geheimnisse anderen Personen oder Institutionen zu offenbaren, lässt sich über die Einwilligung des verfügungsberechtigten Klienten oder Patienten herleiten. Wenn dieser sein vorheriges Einverständnis (vgl. § 183 BGB) dazu erklärt, dass seine Daten ganz oder teilweise an Dritte weitergegeben werden, ist die Geheimhaltung nicht weiter schutzbedürftig.

a. Eine **wirksame Einwilligung** setzt voraus, dass der Betroffene **freiwillig, also ohne Täuschung, Drohung und Zwang** handelt. Außerdem ist er stets darüber aufzuklären, an wen welche Informationen mit welchen möglichen Konsequenzen weitergegeben werden sollen.[15] Eine besondere Form für die Einwilligungserklärung ist nicht erforderlich; sie kann also mündlich wie schriftlich erfolgen. In Zweifelsfällen oder auch aus Gründen späterer Beweissicherung kann es ratsam sein, sich schriftlich von der Schweigepflicht entbinden zu lassen.[16]

---

13 Barabas 2003, S. 260
14 SK-Samson § 203 Rdnr. 36
15 vgl. Proksch 1996, S. 172
16 vgl. Deutscher Verein 1986, S. 227 ff., These 30

b. Wenn der Betroffene nicht ausdrücklich seine Einwilligung erklärt, sondern sich für ihn aus den Umständen des Beratungsgesprächs erkennen lässt, dass seine Geheimnisse und Daten an Dritte weitergegeben werden sollen, und er allem Anschein nach, ersichtlich damit einverstanden ist, liegt eine sog. **stillschweigende Einwilligung** vor. Um eine solche stillschweigende Einwilligung in die Datenweitergabe annehmen zu können, muss für den Sozialarbeiter oder die Sozialpädagogin zweifelsfrei feststehen, dass der Klient erkennbar kein Interesse daran hat, die anvertrauten Daten weiterhin als geheim zu wahren.[17] Ein leichtfertiger Umgang mit dieser Argumentation, um aus praktischen Erwägungen den gewünschten Datenfluss nicht »unnötig zu verkomplizieren«, ist unzulässig und widerspricht dem Recht auf informationelle Selbstbestimmung.[18]
Ein besonderes Problem stellt sich im Zusammenhang mit der stillschweigenden Einwilligung demjenigen, der in einer Behörde oder einer Beratungseinrichtung der Straffälligenhilfe arbeitet und in Arbeitsabläufen integriert ist, die auch die Beteiligung anderer Mitarbeiter vorsieht. Zu denken sind hier an **Teambesprechungen, Supervisionssitzungen, Hilfeplankonferenzen und an die Gespräche im Kolleginnenkreis oder mit der Leitung bzw. der Geschäftsführung der Behörde oder Einrichtung**. Lässt sich in allen Fällen die stillschweigende Einwilligung der Klientin oder des Probanden unterstellen, dass die anvertrauten Geheimnisse innerhalb der genannten Personengruppen weitergegeben werden? Dies wird man ohne weiteres annehmen können, wenn z. B. die Schreibkraft beauftragt wird, das Gutachten oder die Stellungnahme über einen Klienten zu schreiben. In den anderen Fällen sollten **soweit wie möglich anonymisierte Schilderungen** erfolgen. Ist dies bei Einzelfallbesprechungen wie in Hilfeplankonferenzen (§ 36 SGB VIII) nicht möglich, führt kein Weg daran vorbei, nach vorheriger Aufklärung des Klienten über die geplante Datennutzung die **ausdrückliche Einwilligung des Klienten** einzuholen.[19] Auch können Dienst- und Arbeitsanweisungen die erforderliche Einwilligung nicht ersetzen. Eine Anweisung des Dienstherrn oder des Arbeitgebers, anvertraute Informationen innerdienstlich weiterzugeben, sind solange unbeachtlich, bis eine Offenbarungsbefugnis, also in der Regel die Einwilligung des Betroffenen, vorliegt.[20]

c. Neben der ausdrücklich erklärten und der stillschweigenden Einwilligung kann in Ausnahmefällen auch die **mutmaßliche Einwilligung** ausreichen, anvertraute Geheimnisse befugt zu offenbaren. Die Einwilligung ist in den Fällen zu mutmaßen, in denen das Einverständnis des Betroffenen nicht eingeholt wurde oder nicht eingeholt werden konnte, jedoch davon ausgegangen werden kann, dass **die Weitergabe der geschützten Daten in seinem Interesse** erfolgt und er auch zugestimmt hätte, wenn er dazu die Gelegenheit gehabt hätte.[21]

17 BGH NJW 1993, S. 16389
18 vgl. Fromman 1985, S. 178 ff.
19 Proksch 1996, S. 181
20 vgl. Schönke-Schröder § 203 Rdnr. 56
21 vgl. Tröndle/Fischer § 203 Rdnr. 36

d. Schließlich ist eine Einwilligung nur wirksam, wenn der betroffene Klient über eine **genügende Einsichts- und Urteilsfähigkeit** verfügt. Bei jüngeren Minderjährigen bis zum 14. Lebensjahr fehlt eine solche Fähigkeit; aus diesem Grund müssen für sie ihre gesetzlichen Vertreter, in der Regel also ihre Eltern, die Einwilligungserklärung abgeben. Dies gilt jedoch nicht für ältere Minderjährige, die bereits intellektuell in der Lage sind, die Bedeutung und Folgen ihres Handelns zu erkennen und nach dieser Einsicht auch Entscheidungen zu treffen.[22] Eine solche Einsichtsfähigkeit wird man regelmäßig bei 16-Jährigen und älteren Jugendlichen annehmen können.[23] Für Jugendliche zwischen 14 und 16 Jahren ist jeweils nach dem individuellen Reifegrad zu entscheiden.[24]

2. Rechtfertigender Notstand

Es kommen hin und wieder Fälle vor, in denen Sozialarbeiter aufgrund von Informationen, die sie in einem Beratungsgespräch erfahren, in einen **Konflikt** geraten. Trotz ihrer Schweigepflicht müssten sie diese Informationen eigentlich weitergeben, **um ein anderes höherwertiges Rechtsgut zu schützen**. Folgendes Beispiel soll diesen Konflikt illustrieren:

> Eine Sozialarbeiterin in einer Einrichtung für Strafentlassene erfährt von einer Klientin, dass ihr Lebensgefährte ihre zehnjährige Tochter schon seit einiger Zeit sexuell missbraucht. Aus Angst und auch aus Loyalität zu ihrem Freund möchte sie nicht, dass diese Information an irgendwen weitergegeben wird. Trotz der fehlenden Einwilligung entschließt sich die Sozialarbeiterin, die Information an die Polizei weiterzugeben, um zu verhindern, dass der sexuelle Missbrauch fortgesetzt wird.

In diesem Beispielsfall stehen **auf der einen Seite das Rechtsgut der informationellen Selbstbestimmung**, das nach § 203 StGB geschützt ist, und **auf der anderen Seite das sexuelle Selbstbestimmungsrecht** des zehnjährigen Kindes, das gem. § 176 StGB ebenfalls strafrechtlich geschützt ist, konflikthaft gegenüber. Die Lösung eines derartigen Konfliktes bietet § 34 StGB an. Danach handelt derjenige nicht rechtswidrig, der »in einer gegenwärtigen, nicht anders abwendbaren Gefahr für Leben, Leib, Freiheit, Ehre, Eigentum oder ein anderes Rechtsgut eine Tat begeht, um die Gefahr von sich oder einem anderen abzuwenden«. Dabei ist allerdings Voraussetzung, dass »bei Abwägung der widerstreitenden Interessen, namentlich der betroffenen Rechtsgüter und des Grades der ihnen drohenden Gefahren, das geschützte Interesse das beeinträchtigte wesentlich überwiegt«. Schließlich muss »die Tat ein angemessenes Mittel (sein), die Gefahr abzuwenden«. Um diese recht kompliziert formulierte Regelung des sog. rechtfertigenden Notstandes verständlich zu machen, soll sie im Folgenden auf das vorherige Beispiel angewendet werden:

Zunächst müssen die beiden genannten Rechtsgüter oder Interessen, nämlich das informationelle Selbstbestimmungsrecht und das sexuelle Selbstbestimmungsrecht gewertet und gegeneinander abgewägt werden. Diese **Rechtsgüterabwägung** lässt sich

22 BGH Bd. 23, S. 1

23 vgl. Krahmer/Stähler 2003, S. 62

24 Barabas 2003, S. 263

mit dem Gebrauch einer **Waage** vergleichen: Auf der einen Waagschale liegt das Rechtsgut des informationellen Selbstbestimmungsrechts, auf der anderen das der sexuellen Selbstbestimmung. Ein wichtiges Indiz für die Gewichtigkeit eines Rechtsgutes ist die Strafandrohung, die das Strafrecht für ihre Verletzung vorsieht. Während die Schweigepflichtverletzung im Höchstmaße mit Freiheitsstrafe bis zu einem Jahr geahndet wird, wird der einfache sexuelle Missbrauch mit einer Freiheitsstrafe bis zu zehn Jahren bestraft (§ 176 Abs. 1 StGB). Die Waage wird also eindeutig das Rechtsgut der sexuellen Selbstbestimmung als das gewichtigere anzeigen.

Nunmehr muss durch die Verletzung der Schweigepflicht, nämlich der Information über den sexuellen Missbrauch an die Polizei, die akute Gefahr abgewendet werden, dass der Freund der Klientin weiterhin das Mädchen sexuell missbraucht. Dies wird man annehmen können.

Eine weitere wichtige Frage ist schließlich, ob außer dem Bruch der Schweigepflicht nicht auch noch andere Möglichkeiten vorhanden waren, die Gefahr des weiteren sexuellen Missbrauchs zu bannen. Bestehen **weniger eingriffsintensive Handlungsalternativen**, die auch zur Abwendung der Gefahr geeignet sind, wie z. B. ein unverzügliches Gesprächsangebot gegenüber dem Lebensgefährten, müssen diese zunächst gewählt werden.[25] Stellen sich diese Alternativen als von vornherein ungeeignet oder nicht realisierbar dar, rechtfertigt die Notstandslage gem. § 34 StGB die Verletzung der Schweigepflicht.

Ein Fall des rechtfertigenden Notstands hat das OLG Frankfurt/M. bei einem Sachverhalt angenommen, bei dem der behandelnde Arzt eines Aids-Patienten vor der Frage stand, ob er dessen Lebenspartnerin, ebenfalls eine Patientin des Arztes, über die Erkrankung ihres Freundes entgegen der ärztlichen Schweigepflicht aufklären darf bzw. muss.[26] Das OLG sah es als Pflicht des Arztes an, die Schweigepflicht zu durchbrechen und unverzüglich die Partnerin über die Aidserkrankung sowie die bestehende Ansteckungsgefahr aufzuklären. Das Gericht begründet seine Entscheidung damit, dass das zu schützende Rechtsgut – Vertrauen des Erkrankten in die Verschwiegenheit des Arztes – weniger Gewicht habe als die Rechtsgüter Leben und Gesundheit der akut Bedrohten.

3. Gesetzliche Offenbarungspflichten

Enthalten besondere gesetzliche Bestimmungen qualifizierte Offenbarungspflichten, lassen sich aus diesen Pflichten auch Befugnisse herleiten, die erhaltenen Informationen an die vom Gesetz bestimmte Stelle weiterzugeben.[27] Folgende gesetzliche Vorschriften **verpflichten nicht nur zur Datenweitergabe**, sondern **erlauben damit auch den Bruch der Schweigepflicht:**

- Nach § 138 StGB besteht eine Anzeigepflicht für diejenigen, die glaubhaft von dem Vorhaben oder der Ausführung von besonders schweren Straftaten wie z. B. Mord oder schweren Menschenhandel zu einem Zeitpunkt erfahren haben,

25 vgl. Barabas 1998, S. 132

26 NStZ 2001, S. 150

27 vgl. Wiesner/Mörsberger SGB VIII Anhang § 65 (§ 203) Rdnr. 14; a. A. Kunkel, LPK SGB VIII § 61 Rdnr. 194

zu dem die Ausführung der geplanten Tat noch abgewendet werden kann. Unterlässt man es, seine Kenntnis der Behörde, also in der Regel der Polizei, oder dem von der Tat Bedrohten mitzuteilen, macht man sich strafbar. Die **Pflicht zur Anzeige** betrifft folglich nicht Straftaten, die bereits begangen und zu Ende gebracht wurden, sondern **allein noch bevorstehende Taten**. Um das weit verbreitete Missverständnis aus der Welt zu schaffen, sei noch einmal darauf hingewiesen, dass es ansonsten **keine Verpflichtung gibt, bei der Polizei oder der Staatsanwaltschaft bereits begangene und vollendete Straftaten anzuzeigen.** § 138 StGB bildet die **alleinige Ausnahme von diesem Grundsatz.**[28]

- Gem. §§ 3 ff., 69 Bundesseuchengesetz und §§ 11 Abs. 2, 12, 13, 27 Geschlechtskrankheitengesetz sind diejenigen, die eigentlich der Schweigepflicht unterliegen, verpflichtet, die ihnen bekannt gewordenen **Seuchen oder Geschlechtskrankheiten** den zuständigen Ämtern zu melden. An dieser Stelle sei ausdrücklich darauf hingewiesen, dass eine **HIV-Infektion oder eine Aids-Erkrankung nicht zu den meldepflichtigen Krankheiten** i. S. d. genannten Gesetze gehören.
- Öffentliche Stellen sowie ihre Mitarbeiter sind gem. § 8 Asylverfahrensgesetz und gem. §§ 76 ff. AuslG verpflichtet, bestimmte personenbezogene Daten an die Behörden weiterzuleiten, die für die Ausführung der genannten Gesetze zuständig sind (z. B. Ausländerämter).
- Eine weitere gesetzliche Offenbarungspflicht enthält der 1998 neu gefasste § 182 Abs. 2 S. 2 StVollzG. Danach haben neben den Anstaltsärzten und -psychologen auch **die im Strafvollzug tätigen anerkannten SozialarbeiterInnen und SozialpädagogInnen** die Verpflichtung, die ihnen von einem Gefangenen anvertrauten oder ihnen sonst bekannt gewordenen Geheimnisse i. S. v. § 203 Abs. 1 StGB der Anstaltsleitung zu offenbaren, »soweit dies für die Aufgabenerfüllung der Vollzugsbehörde oder zur Abwehr von erheblichen Gefahren für Leib oder Leben des Gefangenen oder Dritter erforderlich ist«. Da die Offenbarungspflicht nach dem Gesetzeswortlaut **nur bei erheblicher Gefährdung** besteht, ist der Angehörige des sozialen Dienstes im Strafvollzug in jedem Einzelfall zu besonders sorgfältiger Abwägung der in Betracht kommenden Interessen verpflichtet. Die – eher negativen – Auswirkungen einer Geheimnisoffenbarung auf eine eventuelle therapeutische Beziehung zum Gefangenen sind bei dieser Abwägung zu berücksichtigen.[29]
- Nach § 35 Abs. 4 2. Halbsatz BtMG sind die behandelnden Personen (z. B. Therapeuten) oder Drogentherapieeinrichtungen verpflichtet, der Strafvollstreckungsbehörde, also der Staatsanwaltschaft, einen Behandlungsabbruch mitzuteilen (vgl. oben 15. Kap. B.).

28 Tröndle/Fischer § 138 Rdnr. 2

29 Preusker/Rosemeier 1998, S. 324; vgl. Riekenbrauk 2003 a, S. 478 ff.

4. Berufsspezifische Offenbarungspflichten

Die **Gerichtshilfe** ebenso wie die **Bewährungshilfe** hat – wie bereits oben dargestellt wurde – zum einen die Aufgabe, notwendige **Hilfe für die Klienten** zu leisten, zum anderen aber auch den gesetzlichen Auftrag, **Ermittlungstätigkeiten und Kontrollen für das Gericht** auszuüben.

a. Die **Bewährungshilfe** ist gem. § 56 d Abs. 3 StGB verpflichtet, im Einvernehmen mit dem Gericht die Erfüllung der Auflagen und Weisungen sowie der Anerbieten und Zusagen zu überwachen. Daneben hat sie in vom Gericht bestimmten Zeitabständen über die Lebensführung des Probanden zu berichten. Schließlich muss sie gröbliche oder beharrliche Verstöße gegen Auflagen, Weisungen, Anerbieten und Zusagen dem Gericht mitteilen. Die Angehörigen der Bewährungshilfe können sich insoweit nicht auf das Schweigegebot nach § 203 Abs. 1 StGB berufen, auch wenn sie zu der Berufsgruppe der anerkannten Sozialarbeiter oder Sozialpädagoginnen gehören. Auch wenn sie im Hinblick auf die unbestimmten Rechtsbegriffe »gröbliche und beharrliche Verstöße« einen **gewissen Beurteilungsspielraum** besitzen, haben sie gleichwohl in dem gesetzlich vorgegebenen Rahmen eine Offenbarungspflicht. Um trotzdem unter diesen äußerst schwierigen Bedingungen die zugewiesenen Probanden hilfreich betreuen zu können, sollten diese sofort zu Beginn der Unterstellungszeit über die Offenbarungspflichten der Bewährungshilfe umfassend aufgeklärt werden.

b. Auch die **Gerichtshilfe** ist in ihrer Aufgabenstellung verpflichtet, an den staatsanwaltlichen Ermittlungen gem. § 160 Abs. 3 StPO oder im Vollstreckungsverfahren mitzuwirken. In gleicher Weise wie die Bewährungshilfe ist sie von Weisungen des Gerichtes bzw. der Staatsanwaltschaft abhängig und hat ihre Ermittlungsergebnisse entsprechend ihrem Auftrag mitzuteilen. Diese gesetzliche Verpflichtung beinhaltet auch die Befugnis, Daten, die der Schweigepflicht gem. § 203 Abs. 1 oder Abs. 2 StGB unterliegen, weiterzugeben. Diese Informationen des Beschuldigten sind jedoch nur verwertbar, wenn der Gerichtshelfer ihn zuvor gem. § 136 Abs. 1 S. 2 StPO belehrt hat.[30]

c. Auch die **Jugendgerichtshilfe** (JGH) ist verpflichtet, am jugendgerichtlichen Verfahren nach Maßgabe der §§ 38 und 50 Abs. 3 JGG mitzuwirken (§ 52 SGB VIII). Neben ihrer Aufgabe, den straffällig gewordenen Jugendlichen zu betreuen, hat sie auch Ermittlungen für das Gericht und die Staatsanwaltschaft durchzuführen sowie Kontrollfunktionen auszuüben. Im Folgenden ist zwischen der **Ermittlungsaufgabe** einerseits und der **Überwachungsfunktion** andererseits zu unterscheiden.

Im Einzelnen hat die JGH gem. § 38 Abs. 2 S. 2 JGG die am Jugendstrafverfahren beteiligten Stellen zu unterstützen. Im Rahmen ihres allgemeinen Auftrages, die »erzieherischen, sozialen und fürsorgerischen«, d. h. sozialpädagogischen Gesichtspunkte im Verfahren zur Geltung zu bringen, hat sie die »Persönlichkeit, die Entwicklung und die Umwelt des Beschuldigten« zu erforschen und das Ergebnis ihrer Ermittlungen an das Gericht oder die Staatsanwaltschaft in einem Bericht oder einer Stellung-

30 Meyer-Goßner § 160 Rdnr. 25

nahme weiterzuleiten. Dies geschieht allerdings nicht auf einzelne Weisungen des Gerichtes oder der Staatsanwaltschaft, sondern auch in diesem Zusammenhang ist das Jugendamt und mit ihr die JGH **autonom und unabhängig**. Sie entscheidet folglich selbst, wie sie dem Auftrag des Gesetzes am besten im Sinne der Jugendhilfe gerecht wird.[31]

Ob sich aus § 38 Abs. 2 S. 2 JGG die Befugnis herleiten lässt, Daten, die von dem Jugendlichen selbst stammen, an Gericht und Staatsanwaltschaft weiterzugeben, ist umstritten.[32]

Meines Erachtens ist in diesem Zusammenhang zu beachten, dass die JGH in der Wahrnehmung ihrer Aufgaben den datenschutzrechtlichen Bestimmungen des SGB VIII unterliegt. Nach § 62 Abs. 2 S. 2 SGB VIII ist der betroffene Jugendliche, bevor mit der Befragung begonnen wird, über die Funktion der Datenerhebung sowie die Rechte und Pflichten der JGH aufzuklären (vgl. auch § 67 b Abs. 2 SGB X). Darüber hinaus ist er über sein Recht zu belehren, zu schweigen und jeglichen Kontakt mit der JGH abzulehnen.[33] Weigert sich der Jugendliche, mit der JGH zu sprechen, oder verweigert er die Einwilligung in die Weitergabe der Daten, die die JGH bereits gesammelt hat, um bspw. jugendhilferechtliche Leistungen wie einen sozialen Trainingskurs zu gewähren, kommen die bereichsspezifischen Datenschutzvorschriften des SGB VIII zum Tragen.[34] Allerdings besteht das Kuriosum, dass die für die Mitwirkung im jugendgerichtlichen Verfahren allein einschlägige Vorschrift von § 61 Abs. 3 SGB VIII ins Leere geht, indem sie auf § 38 JGG verweist – eine Vorschrift, die eben hinsichtlich der Ermittlungstätigkeit keine datenschutzrelevante Regelung enthält, sondern lediglich die Aufgaben der JGH beschreibt.[35] Die Folge davon ist, dass eine ausdrückliche gesetzliche Grundlage fehlt und daher unter Berücksichtigung der allgemeinen Sozialdatenschutzgrundsätze **ohne Mitwirkung oder Einwilligung des betroffenen Jugendlichen oder Heranwachsenden für die Erfüllung der Ermittlungsaufgabe keine Sozialdaten erhoben bzw. weitergegeben werden dürfen**.[36] Dies muss in gleicher Weise für Berichte an die Jugendgerichte, an die Bewährungshilfe oder Strafvollzugsanstalten gelten.

Dieses Ergebnis kann jedoch **nicht für die Überwachungstätigkeit der JGH** gelten. Nach § 38 Abs. 2 S. 5 JGG ist es nicht nur die Aufgabe der JGH, darüber zu wachen, dass der Jugendliche Weisungen und Auflagen des Gerichtes nachkommt. Gem. § 38 Abs. 2 S. 6 JGG wird die JGH darüber hinaus ausdrücklich verpflichtet, **dem Gericht erhebliche Zuwiderhandlungen** mitzuteilen. Diese Regelung enthält **unzweideutig eine Offenbarungsverpflichtung** verbunden mit der Befugnis, die nach § 203 geltende Schweigepflicht zu brechen.

---

31 vgl. Kunkel/Riekenbrauk § 52 Rdnr. 30

32 vgl. Kunkel LPK SGB VIII § 61 Rdnr. 267, der eine Befugnis bejaht; im Gegensatz dazu Proksch 1996, S. 279 ff.

33 vgl. Kunkel/Riekenbrauk § 52 Rdnr. 31

34 vgl. Kreuz 2001, S. 16

35 Mörsberger 1995, S. 314; Münder/Trenczek 2003 § 52 Rdnr. 35

36 so Proksch 1996, S. 281

5. Zeugnispflicht

Wie bereits oben[37] beschrieben wurde, besteht die **allgemeine Verpflichtung, in gerichtlichen Verfahren als Zeuge auszusagen.** Diese Zeugnispflicht beinhaltet gleichzeitig die Befugnis, anvertraute oder sonst bekannt gewordene Geheimnisse i. S. v. § 203 StGB zu offenbaren.[38] Von dieser **prozessualen Offenbarungspflicht bzw. -befugnis** gibt es auch für Angehörige der sozialen Arbeit eine Reihe wichtiger **Ausnahmen.**

a. Gesetzliche Zeugnisverweigerungsrechte

Das gesetzlich geregelte **Zeugnisverweigerungsrecht aus beruflichen Gründen** ist in den verschiedenen Prozessordnungen unterschiedlich geregelt. Während in Zivilverfahren (§ 383 Abs. 1 Nr. 6 ZPO) und auch in Verfahren nach dem FGG sowie in Arbeits- und Verwaltungsgerichtsverfahren ein Zeugnisverweigerungsrecht für Sozialpädagoginnen und Sozialarbeiter grundsätzlich anerkannt ist, sieht die StPO nach § 53 ein solches Recht in dieser Allgemeinheit nicht vor.[39] Auch staatlich anerkannte Sozialarbeiterinnen oder Sozialpädagoginnen müssen auf Ladung des Strafgerichtes oder der Staatsanwaltschaft (§§ 48 ff. bzw. 161 a StPO) in einem Strafverfahren aussagen. Der Gesetzgeber hat lediglich ganz **bestimmte Berufsgruppen** wie z. B. Geistliche, Rechtsanwälte, Ärztinnen, Hebammen von der Zeugnispflicht ausgenommen. Aus der Berufsgruppe der Sozialarbeiterinnen oder Sozialpädagogen sind nur

- die Mitglieder oder Beauftragten einer **anerkannten Schwangerschaftskonfliktberatungsstelle** oder
- die Berater für **Fragen der Betäubungsmittelabhängigkeit** in einer Beratungsstelle, die eine Behörde oder eine Körperschaft, Anstalt oder Stiftung des öffentlichen Rechts anerkannt oder bei sich eingerichtet hat,

gem. § 53 Abs. 1 Nr. 3 a und 3 b StPO zur Zeugnisverweigerung berechtigt.
Gem. § 53 a StPO gilt dieses Recht **auch für Gehilfen, Praktikantinnen und Berufshelfer.**
Da die Angehörigen der Straffälligenhilfe nicht unter diese Ausnahmeregelungen fallen, steht ihnen somit auch kein generelles Zeugnisverweigerungsrecht zu.[40] Dies trifft **jedoch nur eingeschränkt für die Mitarbeiterinnen der JGH** zu. In den Fällen, in denen die JGH auch Leistungen nach dem SGB VIII wie soziale Gruppenarbeit, Beratung, Betreuungs- oder Erziehungshilfe oder Unterbringung in betreuten Wohnformen bzw. Heimen erbringt (§§ 27 ff. SGB VIII), unterliegt sie als **Sozialleistungsträgerin** der Pflicht zum Datenschutz nach § 35 Abs. 3 SGB I.[41] Danach besteht für sie und ihre Mitarbeiter weder eine Auskunfts- noch eine Zeugnispflicht, soweit eine Übermittlung von Sozialdaten nicht zulässig ist. Unter welchen Voraussetzungen So-

37 4. Kap. D. I.
38 Wiesner/Mörsberger SGB VIII Anhang § 65 Rdnr. 21
39 vgl. Proksch 1996, S. 196 m. w. N.
40 vgl. BVerfG 33, S. 367 ff.
41 vgl. Laubenthal 1993, S. 129 f.

zialdaten übermittelt werden dürfen, ergibt sich zum einen aus den **allgemeinen Datenschutzvorschriften** der §§ 67 ff. SGB X sowie den **bereichsspezifischen Datenschutznormen** der §§ 61 ff. SGB VIII. Da die Weitergabe der erhobenen Daten durch die JGH der Durchführung eines strafgerichtlichen Verfahrens dienen soll, kommen in diesem Zusammenhang nur die Erlaubnistatbestände der §§ 68 und 73 SGB X in Betracht.[42]

Nach § 68 Abs. 1 SGB X ist die Weitergabe von Name, Vorname, Geburtsdatum, Geburtsort, derzeitige Anschrift des Betroffenen, des derzeitigen oder zukünftigen Aufenthaltes sowie Namen und Anschriften seiner derzeitigen Arbeitgeber zulässig, wenn

- dies zur Erfüllung von Aufgaben u. a. der Polizeibehörden, der Staatsanwaltschaften und Gerichte sowie der Justizvollzugsanstalten erforderlich ist,
- dadurch keine schutzwürdigen Interessen des Betroffenen beeinträchtigt werden,
- die ersuchende Stelle die gewünschten Angaben nicht auf andere Weise beschaffen kann und
- das Ersuchen nicht länger als 6 Monate zurückliegt.

In der Regel kann davon ausgegangen werden, dass Staatsanwaltschaft und Gericht über die genannten Daten zu dem Zeitpunkt, zu dem eine zeugenschaftliche Vernehmung der Angehörigen der JGH in Betracht kommt, bereits verfügt und aus diesem Grund die Vorschrift von § 68 SGB X keine besondere Relevanz hat.[43]
Bedeutsam hingegen ist die Regelung, wonach in den Katalog der zu übermittelnden Daten auch der »derzeitige oder zukünftige Aufenthalt« des Betroffenen aufgenommen wurde.

> »Das bedeutet, dass beispielsweise Arbeits-, Jugend- und Sozialämter ohne richterliche Anordnung Auskunft über die derzeitige Anwesenheit oder über zukünftige Termine Ratsuchender geben müssen. Dies stellt eine grundlegende, verfassungsrechtlich bedenkliche Durchbrechung des Sozialgeheimnisses dar. Eine vertrauensvolle Zusammenarbeit mit den Betroffenen wird dadurch erheblich erschwert«.[44]

Nach § 73 SGB X ist die Übermittlung von Daten nur auf Anordnung des zuständigen Gerichts zulässig, soweit sie **zur Durchführung eines Strafverfahrens wegen eines Verbrechens** (vgl. § 12 StGB) **oder wegen einer sonstigen Straftat von erheblicher Bedeutung** erforderlich ist. Haben Staatsanwaltschaft oder Gericht konkrete Anhaltspunkte, dass die **JGH als Sozialleistungsträger** Tatsachen kennt, die zur Aufklärung einer der genannten Straftaten beitragen können, ist die Übermittlung dieser Tatsachen zulässig und es besteht damit die Pflicht zur Zeugenaussage. Unbestimmt bleibt der Begriff »einer sonstigen Straftat von erheblicher Bedeutung«. Gemeint sind z. B. schwere Betrugsfälle mit Schadenssummen in Millionenhöhe sowie Vergehen gegen die sexuelle Selbstbestimmung, also Vergehen, die in ihrem Unrechtsgehalt einem Verbrechen zumindest nahe kommen.[45] Wegen seiner völligen Unbestimmtheit

42 vgl. Proksch 1996, S. 193; Riekenbrauk 2003 a, S. 474 ff.
43 vgl. aber für die Mitarbeiterinnen von Babyklappen Riekenbrauk 2003 b, S. 139
44 Krahmer/Ensslen SGB X § 68 Rdnr. 5 a
45 vgl. Riekenbrauk 2003 b, S. 139; Krahmer/Stähler 2003, S. 167

muss dieser im Strafrecht unbekannte Rechtsbegriff, der dem vom BVerfG geforderten Gebot der Normenklarheit bei Eingriffen in das Grundrecht auf informationelle Selbstbestimmung zuwiderläuft und so erhebliche Zweifel an seiner Verfassungsmäßigkeit begründet, äußerst restriktiv angewandt werden.[46]
Betrifft ein Strafverfahren Taten, die nicht in § 73 Abs. 1 SGB X genannt sind, so dürfen lediglich personenbezogene Angaben wie die in § 68 SGB X aufgeführten weitergegeben werden (§ 73 Abs. 2 SGB X).

Es bleibt allgemein festzuhalten, dass staatlich anerkannte Sozialarbeiterinnen, Sozialpädagogen oder Psychologen im Strafprozess **grundsätzlich kein Zeugnisverweigerungsrecht** besitzen, obwohl sie gem. § 203 StGB der Geheimhaltungspflicht unterliegen. In einer mittlerweile über 30 Jahre zurückliegenden Entscheidung hat das BVerfG den gesetzlich bestimmten Ausschluss der Berufsgruppe der Sozialarbeiter und Sozialpädagogen vom Zeugnisverweigerungsrecht für verfassungskonform erklärt.[47] Das in dem Beschluss gezeichnete Berufsbild, das nach Ansicht des Gerichts von dem eines Arztes oder Rechtsanwaltes erheblich abweiche und nicht von einer vergleichbaren Vertrauensbeziehung zu Hilfesuchenden geprägt sei, ist zu Recht auf Kritik gestoßen und wird sich heute unter den geänderten – rechtlichen – Bedingungen insbesondere bei dem wachsenden sowie rechtlich anerkannten Schutzbedürfnis gegenüber Eingriffen in die Privat- und Intimsphäre nicht aufrechterhalten lassen.[48] Zu Recht weist Barabas auf den unübersehbaren Wertungswiderspruch hin, wenn die in der sozialen Beratung »anfallenden« hochsensiblen Daten im Strafprozess offenbart werden müssen, während die Mandanten von Ärztinnen, Rechtsanwälten oder Steuerberaterinnen sich darauf verlassen dürfen, dass ihre »Geheimnisse« auch in Strafverfahren sicher sind.[49]

b. Zeugnisverweigerungsrecht im Einzelfall

Wenn auch nach den Vorschriften der StPO ein generelles Zeugnisverweigerungsrecht für Sozialarbeiter und Sozialpädagoginnen nicht existiert, kann es nach der Rechtsprechung des BVerfG ausnahmsweise der **Verhältnismäßigkeitsgrundsatz** gebieten, die Zeugnispflicht auch in Strafverfahren zu begrenzen. Dazu hat das BVerfG entschieden,

> »dass im Einzelfall ausnahmsweise und unter ganz besonders strengen Voraussetzungen eine Begrenzung des Zeugniszwangs unmittelbar aus der Verfassung folgt, wenn unabhängig von der Berufszugehörigkeit des Zeugen dessen Vernehmung wegen der Eigenart des Beweisthemas in den durch Art. 2 Abs. 1 in Verbindung mit Art. 1 Abs. 1 GG grundrechtlich geschützten Bereich der privaten Lebensgestaltung des Einzelnen, insbesondere seine Intimsphäre, eingreifen würde. (...) Eine solche Einschränkung des Zeugniszwangs im Hinblick auf Art. 2 Abs. 1 in Verbindung mit Art. 1 Abs. 1 kann jeweils nur als Ergebnis einer vom Richter vorzunehmenden konkreten und fallorientierten Abwägung zwischen den Belangen der Strafrechtspflege und den Geheimhaltungsinteressen des Einzelnen festgestellt werden,

46 vgl. Kunkel LPK SGB VIII § 61 Rdnr. 156
47 Bd. 33, 377 ff.
48 Papenheim 2001, S. 288 ff.
49 Barabas 2003, S. 283 f.

> wobei – insbesondere unter dem Gesichtspunkt des Verhältnismäßigkeitsgebots – alle Umstände des Falles in die Prüfung einzubeziehen sind. Dazu gehören z. B. Art und Schwere der in Rede stehenden Straftat, die Höhe der Straferwartung, das Vorhandensein anderer Aufklärungsmöglichkeiten, die Bedeutung des Beweisthemas für die Beurteilung der Tat-, Schuld- oder Strafmaßfrage und die Intensität des durch die Zeugenvernehmung bewirkten Eingriffs in die Privatsphäre des Betroffenen«.[50]

Berühren anvertraute Geheimnisse bspw. die Intimsphäre und steht deshalb zu befürchten, dass die durch die Zeugnispflicht erzwungene Aussage die Fortführung der sozialen Arbeit massiv gefährdet oder letztlich unmöglich gemacht wird, lässt sich die Zeugnisverweigerung im Einzelfall über die Grenzen von § 53 StPO hinaus rechtfertigen. **Dieses unmittelbar aus der Verfassung abgeleitete Zeugnisverweigerungsrecht** gilt für Fachkräfte, die gleichermaßen bei öffentlichen und freien Trägern beschäftigt sind.[51]

Allerdings darf nicht der Eindruck vermittelt werden, dass nunmehr neben dem in § 53 StPO normierten Recht der Zeugnisverweigerung gleichsam ein weiteres – ungeschriebenes – Zeugnisverweigerungsrecht für den Einzelfall der sozialen Arbeit existiert. In einer Entscheidung aus dem Jahr 1996 hat das BVerfG noch einmal ausdrücklich betont, dass sich das Zeugnisverweigerungsrecht grundsätzlich nur auf die Angehörigen der in § 53 StPO genannten Berufsgruppen beschränkt und es z. B. nicht auf ehrenamtlich tätige Berater in Selbsthilfegruppen (Eltern drogenabhängiger Kinder) ausgedehnt werden kann.[52]

6. Verschwiegenheitspflicht für Beschäftigte im öffentlichen Dienst

Neben der beruflichen Schweigepflicht gem. § 203 StGB und der institutionellen Pflicht zur Verschwiegenheit nach den Sozialdatenvorschriften sind Beschäftigte im öffentlichen Dienst aufgrund von **beamten- bzw. arbeitsrechtlichen Vorschriften** ebenfalls verpflichtet, über bestimmte Kenntnisse Schweigen zu bewahren.

Für Beamtinnen und Beamte gelten in diesem Zusammenhang die Vorschriften von § 39 BRRG, § 61 BBG sowie die entsprechenden landesbeamtengesetzlichen Regelungen, nach denen

> »der Beamte (...), auch nach Beendigung des Beamtenverhältnisses, über die ihm bei seiner amtlichen Tätigkeit bekannt gewordenen Angelegenheiten Verschwiegenheit zu bewahren (hat)«.

Gem. § 9 Abs. 1 BAT ist die Schweigepflicht für Angestellte des öffentlichen Dienstes nicht so weitgehend; danach hat

> »der Angestellte (...) über Angelegenheiten der Verwaltung oder des Betriebes, deren Geheimhaltung durch gesetzliche Vorschriften vorgesehen oder auf Weisung des Arbeitgebers angeordnet ist, Verschwiegenheit zu bewahren«.

Darüber hinaus darf nach § 9 Abs. 2 BAT der Angestellte sich oder anderen keine Kenntnis von dienstlichen Schriftstücken, Plänen, Zeichnungen usw. zu außerdienst-

50 BVerfG Bd. 33, S. 374 f.

51 Proksch 1996, S. 197

52 BVerfG StV 1998, S. 355

lichen Zwecken verschaffen. Unzulässig ist auch, wenn die Einsichtnahme in die genannten Papiere bloß geduldet wird.[53]
Diese beamten- bzw. arbeitsrechtliche Verschwiegenheitspflicht erlangt insbesondere Bedeutung, wenn **Beschäftigte des öffentlichen Dienstes, also in der Bewährungshilfe, im Strafvollzug oder im Jugendamt, aber auch Mitarbeiter der Kirchen als Körperschaften des öffentlichen Rechts und der privatrechtlichen Vereinigungen, die den Kirchen rechtlich zugeordnet sind, z. B. die Wohlfahrtsverbände der Caritas oder der Diakonie, vor Gericht als Zeugen aussagen sollen.**[54] In diesen Fällen entscheidet der Dienstvorgesetzte in der Form einer **Aussagegenehmigung**, ob und in welchem Umfang die Zeugenaussage gemacht werden darf. Es obliegt dem Gericht oder der Staatsanwaltschaft, sich um die erforderliche Aussagegenehmigung zu kümmern. Gem. § 54 Abs. 1 StPO sind für Strafverfahren die entsprechenden beamtenrechtlichen Vorschriften anzuwenden, die auch für die Angestellten gelten. Danach darf die Aussagegenehmigung nur versagt werden, wenn

> »die Aussage dem Wohle des Bundes oder eines deutschen Landes Nachteile bereiten oder die Erfüllung öffentlicher Aufgaben ernstlich gefährden oder erheblich erschweren würde« (§ 62 BBG und § 39 Abs. 3 BRRG).

Bei der Entscheidung über die Aussagegenehmigung hat der Dienstvorgesetzte insbesondere die Regelungen des sozialrechtlichen Datenschutzes (§ 35 SGB I, §§ 67 ff. SGB X und §§ 61 ff. SGB VIII) sowie die Schweigepflicht gem. § 203 StGB zu beachten.[55]
Weigert sich der Dienstvorgesetzte, die erwünschte Aussagegenehmigung zu erteilen, haben Gericht und die Verfahrensbeteiligten die Möglichkeit, im Wege der Dienstaufsichtsbeschwerde oder der Klage vor dem Verwaltungsgericht gegen die Entscheidung vorzugehen.

B. Beschlagnahmeverbot

Kenntnisse, die für die Staatsanwaltschaft im Rahmen eines Ermittlungsverfahrens von Interesse sind, können nicht nur durch Zeugenaussagen von Sozialarbeiterinnen in der Straffälligenhilfe sondern auch durch Akten oder andere Schriftstücke aus den entsprechenden Einrichtungen den Strafverfolgungsbehörden übermittelt werden.

I. Herausgabepflicht

Sind Schriftstücke wie z. B. Klientenkarteien als Beweismittel für die Ermittlungen bedeutsam, müssen sie gem. § 94 Abs. 1 StPO von den Ermittlungsbehörden sichergestellt werden. Aus diesem Grunde sind die Einrichtungen oder deren Mitarbeiter verpflichtet, derartige Beweismittel auf entsprechende Aufforderung hin herauszugeben (§ 95 Abs. 1 StPO). Erfolgt die Herausgabe nicht freiwillig, so können die verlangten

53 Proksch 1996, S. 185
54 vgl. Papenheim 2001, S. 299 ff.
55 vgl. Krahmer/Stähler 2003, S. 17

Beweismittel durch das zuständige Gericht oder bei Gefahr im Verzuge[56] durch die Staatsanwaltschaft oder die Polizei beschlagnahmt werden (§§ 94 Abs. 2, 98 StPO). Im letzteren Fall muss innerhalb von drei Tagen eine richterliche Bestätigung eingeholt werden.

II. Beschlagnahmefreie Gegenstände

Nicht alle Gegenstände, die für die staatsanwaltlichen Ermittlungen von Interesse sind, unterliegen dem uneingeschränkten Zugriff der Ermittlungsbehörden. In ähnlicher Weise, wie die Kenntnisse von bestimmten Zeugen, sind auch schriftliche Aufzeichnungen, die entsprechendes geheimes Zeugenwissen enthalten, geschützt. Gem. § 97 Abs. 1 StPO unterliegen demnach nicht der Beschlagnahme:

- **schriftliche Mitteilungen zwischen dem Beschuldigten und den Personen, die u. a. nach § 53 Abs. 1 Nr. 1 bis 3 b sowie nach § 53 a StPO das Zeugnis verweigern dürfen** (also Drogenberaterinnen und Mitarbeiter einer Schwangerschaftskonfliktberatung sowie ihre Hilfspersonen);
- Aufzeichnungen, die die zuvor Genannten über die vom Beschuldigten anvertrauten Mitteilungen oder über andere Umstände gemacht haben, auf die sich das **Zeugnisverweigerungsrecht** erstreckt;
- andere Gegenstände, z. B. Testbefunde, sowie Ton-, Bild- und Datenträger auf die sich das **Zeugnisverweigerungsrecht** der Genannten erstreckt.

Voraussetzung für das Verbot der Beschlagnahme ist, dass sich die geschützten Gegenstände im Gewahrsam, d. h. in der Verfügungsmacht, der Zeugnisverweigerungsberechtigten oder der entsprechenden Einrichtungen befinden (§ 97 Abs. 2 StPO).
Für **Sozialleistungsträger**, die wie die JGH in der Straffälligenhilfe tätig sind, gilt darüber hinaus die **Spezialvorschrift von § 35 Abs. 3 SGB I.** Danach besteht für diese Einrichtungen nicht nur keine Auskunfts- oder Zeugnispflicht, sondern auch keine Pflicht, Schriftstücke, Akten und Dateien vorzulegen oder auszuliefern, soweit diese nach dem SGB keine Übermittlungsbefugnisse haben. Daraus folgt, dass die Beschlagnahme solcher Gegenstände unzulässig ist.[57] Insoweit ist die Entscheidung des LG Bonn[58] überholt, nach dessen Auffassung die JGH als ein Prozessorgan eigener Art nicht den Bestimmungen des SGB unterliegt und somit auch grundsätzlich verpflichtet ist, schriftliche Unterlagen an das Jugendgericht auszuhändigen.[59] Sobald die JGH ihrer Pflicht gem. § 52 Abs. 3 SGB VIII nachkommt, den jugendlichen oder heranwachsenden Beschuldigten zu betreuen, erbringt sie **Sozialleistungen in ihrem Status als unabhängige sozialpädagogische Fachbehörde**. Selbstverständlich sind dann auch ihre über den Beschuldigten gesammelten Daten durch das Beschlagnahmeverbot gem. § 35 Abs. 3 SGB I geschützt.
Anders ist die Situation der freien Träger in der Straffälligenhilfe zu beurteilen, deren Mitarbeiter kein gesetzliches Zeugnisverweigerungsrecht haben. Ein Beschlag-

56 vgl. die restriktive Auslegung des BVerfG (StV 2001, S. 207)
57 vgl. Proksch 1996, S. 200 m. w. N.
58 ZfJ 1986, S. 67 ff
59 vgl. Kunkel/Riekenbrauk LPK SGB VIII § 52 Rdnr. 25

nahmeverbot kommt hier nur ausnahmsweise dann in Betracht, wenn mit der Beschlagnahme der **Grundsatz der Verhältnismäßigkeit** verletzt wird. Nach der bereits oben genannten Entscheidung des BVerfG ist die Beschlagnahme von Klientenakten unzulässig, wenn – wie im entschiedenen Fall der Drogenberatung – damit die Belange der Gesundheitsfürsorge in einem solchen Maße beeinträchtigt werden, dass der durch die Beschlagnahme verursachte Schaden außer Verhältnis zu dem mit der Maßnahme angestrebten Erfolg steht.[60] In derartigen – wohl eher seltenen – Fällen kann es der **Verhältnismäßigkeitsgrundsatz** gebieten, auch Daten von Einrichtungen der Straffälligenhilfe, die in freier Trägerschaft arbeiten, vor einer Beschlagnahme zu schützen.

60 Bd. 44, S. 353 f.

Literaturverzeichnis

Albrecht, Hans-Jörg: Generalprävention, in: G. Kaiser u. a. (Hrsg.), Kleines Kriminologisches Wörterbuch, 3. Aufl., Heidelberg 1993, S. 157 ff.

Albrecht, Hans-Jörg: Kriminologie, in: G. Kaiser u. a. (Hrsg.), Kleines Kriminologisches Wörterbuch, 3. Aufl., Heidelberg 1993, S. 308 ff.

Albrecht, Hans-Jörg: Ist das deutsche Jugendstrafrecht noch zeitgemäß? NJW 2002, Beilage zu Heft 23, S. 30 ff.

Albrecht, Peter-Alexis: Jugendstrafrecht, 3. Aufl., München 2000

Albrecht, Peter-Alexis: Kriminologie, München 1999

Anleitung des scheswig-holsteinschen Generalstaatsanwaltes für Sitzungsvertreter der Staatsanwaltschaft in Jugendstrafverfahren, DVJJ V1991, S. 13 ff.

Bannenberger, Britta: TOA-Standortbestimmung und empirische Ergebnisse, DVJJ-Journal 1993, S. 158 ff.

Bannenberger/Uhlmann: Die Konzeption des TOA in Wissenschaft und Kriminalpolitik, in: D. Dölling u. a. (Hrsg.): TOA in Deutschland – Bestandsaufnahme und Perspektiven, Bonn 1998, S. 25 ff.

Barabas, Friedrich K.: Sexualität und Recht – Ein Leitfaden für Sozialarbeiter, Pädagogen, Juristen, Jugendliche und Eltern, Frankfurt/M. 1998

Barabas, Friedrich K.: Beratungsrecht – ein Leitfaden für Beratung, Therapie und Krisenintervention, 2. Aufl., Frankfurt/M. 2003

S. Barton, Stephan: Lässt sich die niedrige Verteidigerquote in Jugendstrafsachen mit mangelnder Verteidigungseffizienz begründen? in: Michael Walter (Hrsg.): Strafverteidigung für junge Beschuldigte, Pfaffenweiler 1997, S. 133 ff.

Barth, Wera: Ehrenamt in der Straffälligenhilfe, BewHi 3/2002, S. 243 ff.

Beckmann, Peter: Lebenslagen Straffälliger und Straffälligenhilfe. Das Hilfesystem auf dem Prüfstand aus der Sicht der Sozialarbeit im Vollzug, in: W. Nickolai u. a. (Hrsg.): Straffällig – Lebenslagen und Lebenshilfen, Freiburg 1996, S. 78 ff.

Bericht des Justizministeriums, Landtag NRW, Information 12/542

Berner, Hermann: »Und dann fragt man halt beim Sozialarbeiter« – Zur Arbeit des Sozialdienstes im Vollzug, ZfStrVo 1996, S. 91 ff.

Beulke, Werner: Die notwendige Verteidigung in Jugendstrafverfahren – Land in Sicht? in: Feuerhelm, Wolfgang u. a. (Hrsg.): Festschrift für Alexander Böhm, Berlin 1999, S. 647 ff.

Blau, Günter: Bemerkungen zur nichtstaatlichen Entlassenenhilfe, in: Feuerhelm, Wolfgang u. a. (Hrsg.): Festschrift für Alexander Böhm, Berlin 1999, S. 498 ff.

Block, Petra: Rechtliche Strukturen der Bewährungs- und Gerichtshilfe, BewHi 2/1994, S. 120 ff.

Block, Petra: Rechtliche Strukturen der ehrenamtlichen Bewährungshilfe, BewHi 2/1998, S. 121 ff.

Böllinger/Stöver/Fietzek: Drogenpraxis-Drogenrecht-Drogenpolitik, 4. Aufl., Frankfurt/M. 1995

Böllinger/Stöver (Hrsg.): Drogenpraxis-Drogenrecht-Drogenpolitik, 5. Aufl., Frankfurt/M. 2002

Böllinger, Lorenz: Drogengebrauch und Drogenpolitik, in: Cornel, Heinz u. a. (Hrsg.): Handbuch der Resozialisierung, 2. Aufl., Baden Baden 2003, S. 347 ff.

Bossong/Marzahn/Scheerer (Hrsg.): Sucht und Ordnung, Frankfurt/M. 1983

Brühl, Albrecht: Strafrecht für Sozialarbeiter, 2. Aufl., Weinheim 1986

Brühl, Albrecht: Jugendgerichtshilfe oder Sozialleistungshilfe? in: Lehmann, Karl-Heinz (Hrsg.): Recht sozial – Rechtsfragen der Sozialen Arbeit, 2. Aufl., Hannover 2002, S. 41 ff.

Brunner/Dölling: Jugendgerichtsgesetz, Kommentar, 10. Aufl., Berlin 1996

Brusten, Manfred: Immer mehr »Vollverbüßer« – immer mehr »Zwangshilfen«, BewHi (33) 1986, S. 273 ff.

Bundesarbeitsgemeinschaft Straffälligenhilfe: Dokumentation zur lebenslangen Freiheitsstrafe, Neue Praxis 5/1995, S. 515 ff.

Bundesministerium für Familie, Senioren, Frauen und Jugend (Hrsg.): Menschen statt Mauern, Baden Baden 2003

Calliess, Rolf-Peter: Strafvollzugsrecht, 3. Aufl., München 1992

Calliess/Müller-Dietz: Strafvollzugsgesetz, Kommentar, 8. Aufl. München 2000

Christie, Niels: Kriminalitätskontrolle als Industrie – Auf dem Weg zu Gulags westlicher Art, Pfaffenweiler 1995

Cornel, Heinz: Untersuchungshaftvermeidung und -reduzierung bei Erwachsenen durch Kooperation von Strafverteidigung und Sozialarbeit, StV 1994, S. 209 ff.

Cornel, Heinz: Soziale Arbeit und Strafjustiz, Neue Kriminalpolitik 2/1997, S. 10 ff.

Cornel, Heinz: Strafrecht und seine Alternativen, in: Jansen/Peters (Hrsg.), Kriminologie für soziale Arbeit, Münster 1997, S. 168 ff.

Cornel, Heinz: Gemeinnützige Arbeit zur Abwendung der Vollstreckung von Ersatzfreiheitsstrafen und als selbständige Sanktion, in: Prittwitz, Cornelius u. a. (Hrsg.): Festschrift für Klaus Lüderssen, Baden Baden 2002, S. 821 ff.

Cornel, Heinz: Resozialisierung – Klärung des Begriffs, seines Inhalts und seiner Verwendung, in: ders. u. a. (Hrsg.), Handbuch der Resozialisierung, 2. Aufl., Baden Baden 2003, S. 13 ff.

Cornel, Heinz: Untersuchungshaft – Verhängung, Vollzug und Vermeidung/Verkürzung, in: ders. u. a. (Hrsg.): Handbuch der Resozialisierung, 2. Aufl., Baden Baden 2003 a, S. 231 ff.

Cremer-Schäfer, Helga: Weshalb Arme so leicht kriminell werden müssen, Neue Kriminalpolitik 4/1998, S. 33 ff.

Deubner, Karl: Urteilsanmerkung, NJW 1967, S. 1921

Deutsche Aids-Hilfe e. V. (Hrsg.): Betreuung im Strafvollzug, Berlin 1996

Deutsche Gesellschaft für Sexualforschung: Stellungnahme zur beabsichtigten Einführung eines Straftatbestandes »Sexueller Missbrauch von Jugendlichen«, MschKrim 1992, S. 227

Deutsche Gesellschaft für Sexualforschung: Stellungnahme zum »Gesetz zur Bekämpfung von Sexualdelikten«, Zeitschrift für Sexualforschung 11/1998, S. 164

Deutscher Verein, Grundsatzthesen des Deutschen Vereins – Schutz der Sozialdaten, Sozialgeheimnis und Schweigepflicht, NDV 1986, S. 227 ff.

Diemer/Schoreit/Sonnen: Jugendgerichtsgesetz, Kommentar, 4. Aufl., Heidelberg 2002

Dölling/Heinz/Kerner/Rössner/Walter: Rechtspolitischer Ausblick, in: Dölling, Dieter u. a. (Hrsg.): TOA in Deutschland – Bestandsaufnahme und Perspektiven, Bonn 1998, S. 481 ff.

Dünkel, Frieder: Täter-Opfer-Ausgleich und Schadenswiedergutmachung, in: Marks/Rössner (Hrsg.): TOA. Vom zwischenmenschlichen Weg zur Wiederherstellung des Rechtsfriedens, Bonn 1990, S. 376 ff.

Dünkel, Frieder: Untersuchungshaft als Krisenmanagement? Daten und Fakten zur Praxis der Untersuchungshaft in den 90 er Jahren, in: Reindl, Richard u. a. (Hrsg.): Untersuchungshaft – Stiefkind der Justiz, Bonn 1995

Dünkel, Frieder: Jugendstrafrecht – Streit um die Reform, Neue Kriminalpolitik 3/2002, S. 90 ff.

Dünkel/Kunkat: Zwischen Innovation und Restauration, Neue Kriminalpolitik 2/1997, S. 24 ff.

Egg, Rudolf: Straftäterbehandlung unter Bedingungen äußeren Zwanges, in: Feuerhelm, Wolfgang u. a. (Hrsg.): Festschrift für Alexander Böhm, Berlin 1999, S. 397 ff.

Eisenberg, Ulrich: Jugendgerichtsgesetz, 9. Aufl., München 2002

Elias, Norbert: Über den Prozess der Zivilisation, Frankfurt 1977, Bd. 2

Ellwanger, Dieter: Schwangerschaftskonfliktgesetz, Stuttgart 1997

Feest, Joachim u. a. (Hrsg.): Alternativ Kommentar zum StVollzG, 4. Aufl., Neuwied 2000

v. Feuerbach, Paul Johann Anselm: Revision der Grundsätze und Grundbegriffe des positiven peinlichen Rechts, Bd. 1, Erfurt-Chemnitz 1799

Feuerhelm, Wolfgang: Die gemeinnützige Arbeit im Strafrecht, Neue Kriminalpolitik 1/1999, S. 22 ff.

Foucault, Michel: Überwachen und Strafen, Frankfurt/M. 1976

Fraenkel, M.: Einführende Hinweise zum neuen Ausländergesetz, Baden Baden 1991

Frehsee, Detlev: Verschwindet der Rechtsstaat?, Neue Kriminalpolitik 1/1999, S. 16 ff.

Frehsee, Detlev: Schadenswiedergutmachung als Instrument strafrechtlicher Sozialkontrolle, Berlin 1987

Friedrichsen, Gisela: Abtreibung – der Kreuzzug von Memmingen, Zürich 1989

Frommann, Matthias: Schweigepflicht und Berufsauftrag des Sozialarbeiters, in: ders. u. a., (Hrsg.): Sozialdatenschutz, Frankfurt/M. 1985, S. 159 ff.

Frommel, Monika: Präventionsmodelle in der deutschen Strafzweck-Diskussion. Beziehungen zwischen Rechtsphilosophie, Dogmatik, Rechtspolitik und Erfahrungswissenschaften, Berlin 1987

Frommel, Monika: § 218: Straflos, aber rechtswidrig; zielorientiert, aber ergebnisoffen – Paradoxien der Übergangsregelungen des BVerfG, KJ 93, 324 ff.

Frommel, Monika: Zaghafte Versuche einer Reform der sexuellen Gewaltdelikte, KJ 1996, S. 164 ff.

Gatzweiler, Norbert: Haftunfähigkeit – Chancen und Versagen von Strafverteidigung bei Haftvollzug, StV 1996, S. 283 ff.

Geiter, Helmut: Untersuchungshaft in NRW, Berlin 1998

Glueck/Glueck: Jugendliche Rechtsbrecher, 2. Aufl., Stuttgart 1972
Grosser, Rudolf: Duale Steuerung, BewHi 2/1994, S. 184 ff.
Hammerschlag/Schwarz: Das Gesetz zu Bekämpfung von Sexualdelikten und anderen gefährlichen Straftaten, NStZ 1998, S. 321 ff.
Hannover, Heinrich: Die Republik vor Gericht, 1975–1995, Berlin 1999
Häbel, Hannelore: Minderjährigenprostitution, Erziehungshilfe und § 180 StGB, ZfJ 1992, S. 457 ff.
Hartmann, Ute Ingrid: Staatsanwaltschaft und TOA, Baden-Baden 1998
Hartmann, Ute Ingrid: Viktimologie und Soziale Arbeit, in: Lehmann, Karl-Heinz (Hrsg.): Recht sozial – Rechtsfragen der Sozialen Arbeit, 2. Aufl., Hannover 2002, S. 145 ff.
Hartmann/Stroezel: Die bundesweite TOA-Statistik, in: Dölling, Dieter u. a. (Hrsg.): TOA in Deutschland – Bestandsaufnahme und Perspektiven, Bonn 1998, S. 149 ff.
Hassemer, Elke: Praktische Erfahrungen mit dem TOA – Befunde und Konsequenzen, in:
Dölling, Dieter u. a. (Hrsg.): TOA in Deutschland – Bestandsaufnahme und Perspektiven, Bonn 1998, S. 419 ff.
Hassemer, Winfried: Kriminologie und Strafrecht, in: Kaiser, Günther u. a. (Hrsg.): Kleines Kriminologisches Wörterbuch, 3. Aufl., Heidelberg 1993, S. 312 ff.
Hassemer, Winfried: Die Voraussetzungen der Untersuchungshaft, AnwBl. 1984, S. 64 ff.
Hassemer, Winfried: Einführung in die Grundlagen des Strafrechts, 2. Aufl. München 1990
Hassemer/Matussek: Das Opfer als Verfolger, Frankfurt/M. 1996
Haupt/Weber u. a.: Handbuch Opferschutz und Opferhilfe, 2. Aufl. Baden Baden 2003
Hegel, Georg Friedrich Wilhelm: Grundlinien der Philosophie des Rechts, in: ders.: Werke, Frankfurt/M. 1970, Bd. 7
Heinz, Wolfgang (1993 a): Opfer und Strafverfahren, in: Kaiser, Günther u. a. (Hrsg.): Kleines Kriminologisches Wörterbuch, 3. Aufl., Heidelberg 1993, S. 372 ff.
Heinz, Wolfgang (1993 b): Anzeigeverhalten, in: Kaiser, Günther u. a. (Hrsg): Kriminologisches Wörterbuch, 3. Aufl., Heidelberg 1993, S. 27 ff.
Heinz, Wolfgang: Sanktionspraxis im Jugendstrafrecht, DVJJ-Journal 2/1996, S. 105 ff.
Heinz, Wolfgang: Diversion im Jugendstrafrecht und im allgemeinen Strafrecht, DVJJ-Journal 3/1998, S. 245 ff.
Heinz, Wolfgang: Konstanzer Inventar Sanktionsforschung im Internet, 2002 (www.uni-konstanz.de/rtf/kis)
Heldmann, Hans Heinz: Kommentar zum Ausländergesetz, 2. Aufl., Köln 1993
Hennig, Dietmar: Rettet die Geldstrafe – und macht sie einbringlich. Keine »gemeine« Arbeit im Strafrecht, BewHi 3/99, S. 298 ff.
Heßler, Manfred: Vermeidung von Untersuchungshaft bei Jugendlichen, Mönchengladbach 2001
Hinrichs, Klaus: Auswertung einer Befragung der Jugendarrestanstalten in der Bundesrepublik Deutschland 1999, DVJJ-Journal 3/1999, S. 267 ff.

Höflich, Peter: Die Ausbildung an Fachhochschulen für Sozialwesen: Vorbereitung auf eine Tätigkeit in der Straffälligenhilfe?, BewHi 1/1998, S. 21 ff.

Höflich, Peter: Neue Anforderungen an die Sozialarbeit im Strafvollzug, in: Lehmann, Karl-Heinz (Hrsg.): Recht sozial – Rechtsfragen der Sozialen Arbeit, 2. Aufl., Hannover 2002, S. 171 ff.

Jakobs, Günter: Strafrecht. Allgemeiner Teil, 2. Aufl., Berlin 1991

Janssen/Peters (Hrsg.): Kriminologie für Soziale Arbeit, Münster 1997

Janssen, Helmut: Die Praxis der Geldstrafenvollstreckung, Frankfurt/M. 1994

Jehle, Jörg-Martin: Voraussetzungen und Entwicklungstendenzen der Untersuchungshaft, BewHi 4/1994, S. 373 ff.

Jehle, Jörg-Martin: Strafrechtspflege in Deutschland, hrsg. v. Bundesministerium der Justiz, Bonn 2003

Jehle/Heinz/Sutterer: Legalbewährung nach strafrechtlichen Sanktionen – Eine kommentierte Rückfallstatistik, Berlin 2003

Joachim, Norbert: Anonyme Zeugen im Strafverfahren – Neue Tendenzen in der Rechtsprechung, StV 1992, S. 245 ff.

Jung, Heike: Viktimologie, in: Kaiser, Günther u. a. (Hrsg.): Kleines Kriminologisches Wörterbuch, 3. Aufl., Heidelberg 1993, S. 470 ff.

Justizministerium NRW (Hrsg.), Kriminalbiologie, Düsseldorf 1997

Kaiser, Günther: Kriminalität, in: ders. u. a. (Hrsg.): Kleines Kriminologisches Wörterbuch, 3. Aufl., Heidelberg 1993, S. 238 ff.

Kaiser/Schöch: Strafvollzug, 5. Aufl., Heidelberg 2003

Kant, Immanuel: Die Methaphysik der Sitten, in: ders., Werke, Bd. 6, Berlin 1968

Karstedt-Henke, Susanne: Diversion – Ein Freibrief für Straftaten?, DVJJ-Journal 2/1991, S. 108 ff.

Kawamura, Gabriele: Zur Praxis der Vermeidung von Untersuchungshaft durch Angebote der Sozialarbeit, BewHi 4/1994, S. 409 ff.

Kawamura, Gabriele: Gemeinnützige Arbeit statt Ersatzfreiheitstrafe – Die Rolle der Sozialarbeit, BewHi 4/1998, S. 338 ff.

Kawamura-Reindl, Gabriele: Freie und kommunale Hilfen für Straffällige und deren Angehörige, in: Cornel, Heinz u. a. (Hrsg.): Handbuch der Resozialisierung, 2. Aufl., Baden Baden 2003

Kawamura/Reindl (Hrsg.): Strafe zu Hause – elektronische Fußfessel, Freiburg 1999

Kawamura-Reindl/Sonnen: Gemeinnützige Arbeit zur Vermeidung der Vollstreckung von Ersatzfreiheitsstrafen, in: Cornel, Heinz u. a. (Hrsg.): Handbuch der Resozialisierung, 2. Aufl., Baden Baden 2003, S. 291 ff.

Kerner, Hans-Jürgen: Kriminalstatistik, in: Kaiser, Günther u. a. (Hrsg.): Kleines Kriminologisches Wörterbuch, 3. Aufl., Heidelberg 1993, S. 294 ff.

Kerner, Hans-Jürgen: Bewährungshilfe, in: Kaiser, Günther u. a. (Hrsg.): Kleines Kriminologisches Wörterbuch, 3. Aufl., Heidelberg 1993, S. 78 ff.

Kerner/Hartmann: Auswertung der bundesweiten Täter-Opfer-Ausgleichs-Statistik für die Jahre 1993 bis 1999, 2003 (www.bmj.bund.de/images/11687.pdf)

Kirchhoff, Gerd F.: Das Verbrechensopfer – Die lange vergessene Perspektive, in: Janssen/Peters: Kriminologie für Soziale Arbeit, Münster 1997, S. 139 ff.

Meyer-Goßner, Lutz: Strafprozessordnung, Kommentar, 46. Aufl., München 2003

Klie, Thomas: Opferentschädigungsgesetz und Soziale Arbeit, Freiburg 1996

Klier/Brehmer/Zinke: Jugendhilfe in Strafverfahren – Jugendgerichtshilfe. Handbuch für die Praxis Sozialer Arbeit, 2. Aufl., Berlin 2002

Klug, Ulrich: Abschied von Kant und Hegel, in: Vormbaum, Thomas: Strafrechtsdenker der Neuzeit, Baden Baden 1998, S. 572 ff.

Klug, Wolfgang: Hilfe und Kontrolle – Das »doppelte Mandat« in der US-amerikanischen und deutschen Bewährungshilfe, BewHi 2002, S. 426 ff.

Körner, Harald Hans: Betäubungsmittelgesetz, Kommentar, 5. Aufl., München 2001

Konrad, Norbert: Sexualstraftäter und sozialtherapeutische Anstalt – Nach der Gesetzesänderung, ZfStrVo 5/1998, S. 265 ff.

Krahmer, Utz (Hrsg.): Lehr- und Praxiskommentar (LPK) – SGB I, Baden Baden 2003

Krahmer/Stähler: Sozialdatenschutz – nach SGB I und X, Köln 2003

Krahmer/Ensslen: SGB X § 68, in: Giese/Krahmer, SGB, 20. Lfg./August 1999

Kreft, Dieter u. a.: Soziale Arbeit und Recht, 4. Aufl., Weinheim 1994

Kreuz, Marcus: Zwischen Scylla und Charybdis – Jugendgerichtshelfer und Zeugenschaft, Unsere Jugend, 1/2001, S. 16 ff.

Kunkel, Peter Christian (Hrsg.): Lehr- und Praxiskommentar – LPK SGB VIII, 2. Aufl., Baden-Baden 2003

Kurze, Martin: Die Tätigkeit der Sozialen Dienste in der Justiz, in: Egg/Jehle/Marks (Hrsg.): Aktuelle Entwicklungen in den Sozialen Diensten der Justiz, Wiesbaden 1996, S. 39 ff.

Lamnek, Sigfried: Neue Theorien abweichenden Verhaltens, 2. Aufl., München 1997

Lamprecht, Rolf: Vom Mythos der Unabhängigkeit – Über das Dasein und Sosein der deutschen Richter, Baden-Baden 1995

Laubenthal, Klaus: Jugendgerichtshilfe im Strafverfahren, Köln 1993

Laubenthal, Klaus: Schutz missbrauchter Kinder durch Einsatz von Videotechnologie im Strafverfahren, JZ 1996, S. 338 ff.

Lehmann, Karl-Heinz (Hrsg.): Recht sozial – Rechtsfragen der Sozialen Arbeit, 2. Aufl., Hannover 2002

Lemm, Caroline: Die strafrechtliche Verantwortlichkeit jugendlicher Rechtsbrecher, Münster 2000

Leopold, Beate: Dokumentation zur rechtlichen und sozialen Situation von Prostituierten in der BRD, hrsg. Bundesministerium für Familie, Senioren, Frauen und Jugend, 2. Aufl., Stuttgart 1997

Lindenberg, Michael: Elektronisch überwachter Hausarrest auch in Deutschland? Kritische Anmerkungen für die Diskussion in der Praxis, BewHi 1/1999, S. 11 ff.

Lindenberg/Schmidt-Semisch: Sozialer Ausschluss – Neue Probleme und Aufgaben in der Arbeit mit Straffälligen, BewHi 4/1998, S. 376 ff.

Liszt, von Franz: Der Zweckgedanke im Strafrecht, Marburger Universitätsprogramm 1882, in: ders.: Strafrechtliche Aufsätze und Vorträge, Bd. 1, Berlin 1905, S. 126 ff.

Löwe/Rosenberg: Die Strafprozessordnung und das Gerichtsverfassungsgesetz mit Nebengesetzen, Großkommentar, hrsg. von Rieß, Peter 25. Aufl. 1997 ff.

Ludwig-Mayerhofer/Rzepka: Die Verteidigung im jugendstrafrechtlichen Hauptverfahren; Hilfreich, nutzlos oder schädlich? In: Walter, Michael (Hrsg.): Strafverteidigung für junge Beschuldigte, Pfaffenweiler 1997, S. 101 ff.

Lüthke/Müller: Strafjustiz für Nicht-Juristen – Ein Handbuch für Schöffen, Pädagogen, Sozialarbeiter und andere Interessierte, Opladen 1997

Maelicke, Bernd: Gerichtshilfe, Bewährungshilfe, Führungsaufsicht und Soziale Hilfe im Strafvollzug, in: Cornel, Heinz u. a. (Hrsg.): Handbuch der Resozialisierung, 2. Aufl., Baden Baden 2003, S. 135 ff.

Matenaer, Hermann: Haftentscheidungs-, Haftvermeidungs-, Inhaftierungshilfe, ZfJ 1989, S. 411 ff.

Meyer-Höger, Maria: Der Jugendarrest – Entstehung und Weiterentwicklung einer Sanktion, Baden-Baden 1998

Mittermeier, C. J. A. (Hrsg.): Lehrbuch des gemeinen in Deutschland gültigen Peinlichen Rechts (1801), 14. Aufl., 1847

Mörsberger, Thomas: Fragen des Datenschutzes und der Schweigepflicht – Ein Problemaufriss, in: Comel, Heinz u. a. (Hrsg.): Handbuch der Resozialisierung, Baden- Baden 1995

Mühlfeld, Stefanie: Mediation im Strafrecht: Unter besonderer Berücksichtigung von gewalt in Schule und Strafvollzug, Frankfurt/M. 2002

Müller-Dietz, Heinz: Urteilsanmerkung, StV 1999, S. 484

Münder, Johannes: Sexualstrafrecht bei Fremderziehung und Fremdbetreuung, ZfJ 1986, S. 353 ff.

Münder, Johannes u. a.: Frankfurter Kommentar zum SGB VIII: Kinder- und Jugendhilfe, 4. Aufl., Weinheim 2003

Nauke, Wolfgang: Über die Zerbrechlichkeit des rechtsstaatlichen Strafrechts – Materialien zur neueren Strafrechtsgeschichte, Baden Baden 2000

Nauke, Wolfgang: Strafrecht – Eine Einführung, 10. Aufl., Neuwied 2002

Nedopil, Norbert: Folgen der Änderung des § 67 d Abs. 2 StGB für den Maßregelvollzug und die Begutachtung, MschrKrim 81/1998, S. 48 ff.

Ostendorf, Heribert: Jugendgerichtsgesetz, Kommentar, 5. Aufl., Köln 2000

Ostendorf, Heribert: Resolution »Wider die repressive Hilflosigkeit«, in: Wieviel Strafe braucht die Gesellschaft? Baden Baden 2000, S. 190 ff.

Otte, Torsten: Staatliche Entschädigung für Opfer von Gewalttaten in Österreich, Deutschland und der Schweiz, Mainz 1998

v. Paczensky/Sadronitzki (Hrsg.), Die neuen Moralisten – § 218 – Vom leichtfertigen Umgang mit einem Jahrhundertthema, Hamburg 1984

Papenheim, Heinz-Gert: Zeugnisverweigerungsrechte der Sozialarbeiter und Sozialpädagogen – unter besonderer Berücksichtigung verfassungsrechtlicher Gesichtspunkte –, in: Lehmann, M. Karl-Heinz (Hrsg.): Recht sozial – Rechtsfragen der Sozialen Arbeit, 2. Aufl., Hannover 2001, S. 285 ff.

Pieplow, Lukas: Erziehung als Chiffre, in: Walter, Michael (Hrsg.): Beiträge zur Erziehung im Jugendkriminalrecht, Köln 1989, S. 5 ff.

Pfeiffer, Christian: Jugendarrest – für wen eigentlich? Arrestideologie und Sanktionswirklichkeit, MschrKrim 1/1981, S. 28 ff.

Pfeiffer, Christian: Forschung zum TOA im Allgemeinen Strafrecht als Beispiel interdisziplinärer Forschung, in: Hof, H. (Hrsg.): Recht und Verhalten. Interdiszplinäre Studien zu Recht und Verhalten, Baden Baden 1994, S. 37 ff.
Pfeiffer, Christian (Hrsg.): TOA im allgemeinen Strafrecht, Baden-Baden 1997
Preusker/Rosemeier: Umfang und Grenzen der Schweigepflicht von Psychotherapeuten nach dem 4. Gesetz zur Änderung des Strafvollzugsgesetzes, ZtStrVo 6/1998, S. 323 ff.
Proksch, Roland: Sozialdatenschutz in der Jugendhilfe, Münster 1996
Rasch, Winfried: Die Zuordnung der psychiatrisch-psychologischen Diagnosen zu den vier psychischen Merkmalen der §§ 20,21, StV 1984, S. 264 ff.
Redmann, Jürgen: Das Geschäft mit der Doppelmoral, Frankfurter Rundschau v. 5. 6. 1999
Reemtsma, Jan Philipp: Das Recht des Opfers auf die Bestrafung des Täters – als Problem, München 1999
Renner, Günter: Kommentar zum Ausländerrecht, Kommentar, 7. Aufl., München 1999
Riekenbrauk, Klaus: Lehr- und Praxiskommentar – LPK SGB VIII, 2. Aufl., Baden-Baden 2003 (Kommentierung von § 52)
Riekenbrauk, Klaus (2003 a): Schweigepflicht – Datenschutz – Zeugnisverweigerungsrecht, in: Cornel, Heinz u. a. (Hrsg.): Handbuch der Resozialisierung, 2. Aufl., Baden-Baden 2003
Riekenbrauk, Klaus (2003 b): Babyklappen und Zeugnisverweigerungsrecht, ZfJ 2003, S. 136 ff.
Rieß, Peter: Zur Häufigkeit der Mitwirkung von Verteidigern, StV 1985, S. 211 ff.
Rössner, Dieter: Was kann das Strafrecht im Rahmen der Sozialkontrolle und der Kriminalprävention leisten? in: Jehle, Jörg-Martin (Hrsg.): Kriminalprävention und Strafjustiz, Wiesbaden 1996, S. 215 ff.
Rössner/Bannenberger: Das Prinzip des TOA im allgemeinen Strafrecht – Leitfaden für die Praxis, in: Hering/Rössner (Hrsg.): TOA im allgemeinen Strafrecht – Theorie und Praxis konstruktiver Tatverarbeitung: Grundlagen, Modelle, Resultate und Perspektiven, Bonn 1993, S. 34 ff..
Rosenkötter, Günter: Das Recht der Ordnungswidrigkeiten, 6. Aufl., Stuttgart 2002
Roxin/Arzt/Tiedemann: Einführung in das Strafrecht und Strafprozessrecht, 3. Aufl., Heidelberg 1994
Roxin, Claus: Täterschaft und Tatherrschaft, 6. Aufl., Berlin 1994
Rublack, Ulinka: Magd, Metz oder Mörderin – Frauen vor frühneuzeitlichen Gerichten, Frankfurt/M. 1998
Rusche/Kirchheimer: Sozialstruktur und Strafvollzug, Frankfurt/M. 1974
Sack, Fritz: Neue Perspektiven in der Kriminologie, in: Sack/König (Hrsg.): Kriminalsoziologie, Frankfurt/M. 1968, S. 431 ff..
Schätzler, Johann G.: Handbuch des Gnadenrechts, 2. Aufl., München 1992
Schaffstein/Beulke, Jugendstrafrecht, 14. Aufl., Stuttgart 2002
Schaub, Günter: Arbeitsrechtshandbuch, 8. Aufl., München 1996
Schaumburg, Cornelia: Maßregelvollzug, Bonn 2003

Scheerer/Vogt, Drogen und Drogenpolitik, in: dies.: Drogen und Drogenpolitik – Ein Handbuch, Frankfurt/M. 1989, S. 5 ff.
Schellhoss, Hartmut: Resozialisierung, in: Kaiser, Günther u. a. (Hrsg.): Kleines Kriminologisches Wörterbuch, 3. Aufl., Heidelberg 1993, S. 429 ff.
Schlothauer, Reinhold: Video-Vernehmung und Zeugenschutz, StV 1999, S. 47 ff.
Schlothauer/Weider, Untersuchungshaft, 3. Aufl., Heidelberg 2001
Schneider, Hans Joachim: Die Behandlung von Sexualstraftätern im Strafvollzug, in: Feuerhelm, Wolfgang u. a. (Hrsg.): Festschrift für Alexander Böhm, Berlin 1999, S. 419 ff.
Schneider/Habel: Psychosoziale Betreuung von Opferzeugen in Strafprozessen, Baden Baden 2000
Schönke/Schröder, Strafgesetzbuch, Kommentar, 26. Aufl., München 2001
Schorsch, Eberhard: Sexualität als Straftatbestand, in: Schuh/Killias (Hrsg.): Sexualdelinquenz, Chur/Zürich 1992, S. 183 ff.
Schorsch, Eberhard: Sexualkriminalität, in: Kaiser, Günther u. a. (Hrsg.): Kleines Kriminologisches Wörterbuch, 3. Aufl., Heidelberg 1993, S. 470 ff.
Schorsch, Eberhard: Perversion, Liebe, Gewalt, Stuttgart 1993
Schreckling, Jürgen: Täter-Opfer-Ausgleich – Konzepte, Praxiserfahrungen, Perspektiven. Theorie und Praxis der sozialen Arbeit 39, 1988, S. 214 ff.
Schreckling, Jürgen: Bestandsaufnahmen zur Praxis des TOA in der Bundesrepublik Deutschland, Bonn 1991
Schünemann, Bernd: Der deutsche Strafprozess im Spannungsfeld von Zeugenschutz und materieller Wahrheit, StV 1998, S. 391 ff.
Schumann, Karl F.: Eine Gesellschaft ohne Gefängnisse, in: ders. u. a. (Hrsg.): Vom Ende des Strafvollzugs, Bielefeld 1988, S. 16 ff.
Schumann, Karl F.: Justizforschung, in: Kaiser, Günther u. a. (Hrsg.): Kriminologisches Wörterbuch, 3. Aufl., Heidelberg 1993, S. 204 ff.
Seebode, Manfred: Recht und Wirklichkeit der Untersuchungshaft, ZfStrVo 5/1988, S. 268 ff.
Seebode, Manfred: Problematische Ersatzfreiheitsstrafe, in: Feuerhelm, Wolfgang u. a. (Hrsg.): Festschrift für Alexander Böhm, Berlin 1999, S. 519 ff.
v. Selle, Dirk: Gerechte Geldstrafe, Berlin 1997
Servicebüro für TOA und Konfliktschlichtung (Hrsg.): TOA-Standards – Qualitätskriterien für die Praxis des TOA, 4. Aufl. 2000
Sessar, Klaus: Rechtliche und soziale Prozesse einer Definition der Tötungskriminalität, Freiburg 1981
Sessar, Klaus: Wiedergutmachung oder Strafen, Pfaffenweiler 1992
Sonnen, Bernd-Rüdeger: Jugendstrafrecht als Spielball politischer Debatten? Stellungnahme zu Gesetzgebungsinitiativen zum Jugendstrafrecht, DVJJ-Journal 4/2000, S. 338
Steinert, Heinz: Alternativen zum Strafrecht, in: Kaiser, Günther u. a. (Hrsg.): Kleines Kriminologisches Wörterbuch, 3. Aufl., Heidelberg 1993, S. 9 ff.
Streng, Franz: Strafrechtliche Sanktionen. Die Strafzumessung und ihre Grundlagen, 2. Aufl., Stuttgart 2002
Tampe, Evelyn: Verbrechensopfer, Stuttgart 1992

TOA-Servicebüro/Arbeitsgruppe: TOA-Standards, Köln 2000
Trenczek, Thomas: Die Mitwirkung der Jugendhilfe im Strafverfahren. Konzeption und Praxis der Jugendgerichtshilfe, Weinheim 2003
Tröndle, Herbert: Das 2. Fristenlösungsurteil des BVerfG und die Folgen, MedR 1994, S. 356 ff.
Tröndle/Fischer, Strafgesetzbuch, Kommentar, 51. Aufl., München 2003
Walter, Michael (Hrsg.): Strafverteidigung für junge Beschuldigte, Pfaffenweiler 1997
Walter, Michael: Elektronisch überwachter Hausarrest als neue Vollzugsform? ZfStrVo 1999, S. 287 ff.
Walter, Michael: Jugendkriminalität, 2. Aufl., Stuttgart 2001
Walter, Michael: Das Jugendkriminalrecht in der öffentlichen Diskussion. Fortentwicklung oder Kursänderung zum Erwachsenenstrafrecht? in: Goltdammer's Archiv für Strafrecht 2002, S. 431 ff.
Weber, Hartmut-Michael: Die Abschaffung der lebenslangen Freiheitsstrafe, Baden Baden 1999
Weber/Scheerer: Leben ohne Lebenslänglich – Gegen die lebenslängliche Freiheitsstrafe, Bielefeld 1988
Weigend, Thomas: Deliktsopfer und Strafverfahren, Berlin 1989
Wesel, Uwe: Fast alles, was Recht ist, Frankfurt/M. 1991
Weßlau, Edda: In welche Richtung geht die Reform des Sanktionenrechts?, StV 1999, S. 278 ff.
Wiesner/Kaufmann: SGB VIII – Kinder- und Jugendhilfe, 2. Aufl., München 2000
Wiesner/Mörsberger: SGB VIII – Kinder- und Jugendhilfe, 2. Aufl., München 2000
Wilmers/Enzmann/Schaefer/Herbers/Greve/Wetzels: Jugendliche in Deutschland zur Jahrtausendwende: Gefährlich oder gefährdet?, Baden Baden 2002
Villmow/Plember: Praxis der Opferentschädigung, Pfaffenweiler 1989
Villmow/Robertz: Untersuchungshaftvermeidung bei Jugendlichen – Hamburger Konzepte und Erfahrungen, Münster 2004
Volckart/Grünebaum: Maßregelvollzug, 6. Aufl., Neuwied 2003
Zentralstelle für psychologische Information und Dokumentation, Universität Trier (Hrsg.), Kindesmisshandlung und sexueller Missbrauch von Kindern, Trier 1997
Zimmermann, Dieter: Resozialisierung und Verschuldung, in: Cornel, Heinz u. a. (Hrsg.): Handbuch der Resozialisierung, 2. Aufl., Baden Baden 2003, S. 407 ff.

Stichwortverzeichnis

T

U